北京师范大学史学探索丛书

陈其泰史学萃编

学术史沉思录

◎陈其泰 著

华夏出版社

图书在版编目（CIP）数据

学术史沉思录 / 陈其泰著. -- 北京：华夏出版社，2018.1
（陈其泰史学萃编）
ISBN 978-7-5080-9366-6

Ⅰ．①学… Ⅱ．①陈… Ⅲ．①史学史－研究－中国 Ⅳ．① K092

中国版本图书馆 CIP 数据核字（2017）第 288423 号

陈其泰史学萃编·学术史沉思录

著　　者	陈其泰
责任编辑	杜晓宇　董秀娟　王　敏
责任印制	汪　军　周　然

出版发行	华夏出版社
经　　销	新华书店
印　　装	三河市万龙印装有限公司
版　　次	2018 年 1 月北京第 1 版 2018 年 4 月北京第 1 次印刷
开　　本	720×1030　1/16 开
印　　张	28.75
字　　数	443 千字
定　　价	86.00 元

华夏出版社　地址：北京市东直门外香河园北里 4 号　邮编：100028
　　　　　　　网址：www.hxph.com.cn　电话：（010）64663331（转）
若发现本版图书有印装质量问题，请与我社营销中心联系调换。

陈其泰　广东丰顺人，1939年出生。1963年毕业于中山大学历史系。现为北京师范大学历史学院教授、博士生导师，山东大学兼职教授，全国哲学社会科学规划学科组成员，享受国务院政府特殊津贴专家。主要著作有：《陈其泰史学萃编》（九卷）、《中国史学史·近代卷》、《从文化视角研究史学》、《历史学新视野——展现民族文化非凡创造力》。主编《20世纪中国历史考证学研究》及《中国马克思主义史学的理论成就》，分获北京市第九届、第十一届哲学社会科学优秀成果二等奖、一等奖。发表论文、文章约三百篇。

就读于中山大学／1960 年

与白寿彝先生合影／1985 年

《北京师范大学史学探索丛书》
编辑委员会

顾　问　刘家和　瞿林东　郑师渠　晁福林
主　任　杨共乐
副主任　李　帆　易　宁
委　员（按姓氏笔画排序）
　　　　　宁　欣　刘林海　安　然　张　升
　　　　　张　皓　张　越　张荣强　张　建
　　　　　吴　琼　周文玖　罗新慧　郑　林
　　　　　庞冠群　侯树栋　姜海军　郭家宏
　　　　　耿向东　董立河

出版缘起

在北京师范大学的百余年发展历程中，历史学科始终占有重要地位。经过几代人的不懈努力，今天的北师大历史学院业已成为史学研究的重要基地，是国家"211"和"985"工程重点建设单位，首批博士学位一级学科授予权单位。拥有国家重点学科、博士后流动站、教育部人文社会科学重点研究基地等一系列学术平台，综合实力居全国高校历史学科前列，被列入国家一流大学、一流学科建设行列，正在向世界一流学科迈进。在教学方面，历史学院的课程改革、教材编纂、教书育人，都取得了显著的成绩，曾荣获国家教学改革成果一等奖。在科学研究方面，同样取得了令人瞩目的成就，在出版了由白寿彝教授任总主编、被学术界誉为"20世纪中国史学的压轴之作"的多卷本《中国通史》后，一批底蕴深厚、质量高超的学术论著相继问世，如十卷本《中国文化发展史》、二十卷本《中国古代社会与政治研究丛书》、三卷本《清代理学史》、五卷本《历史文化认同与统一多民族国家的发展》、二十三卷本《陈垣全集》以及《历史视野下的中华民族精神》、《上博简〈诗论〉研究》等巨著，这些著作皆声誉卓著，在学界产生较大影响，得到同行普遍好评。

上述著作外，历史学院的教师们潜心学术，以探索精神攻关，又陆续完成了众多具有原创性的成果，在历史学各分支学科的研究上连创佳绩，始终处在学科前沿。为了集中展示历史学院的这些探索性成果，我们组织了这套"北京师范大学史学探索丛书"，希冀在促进北师大历史学科更好发展的同时，为学术界和全社会贡献一批真正立得住的学术力作。这些作品或为专题著作，或为论文结集，但内在的探索精神始终如一。

当然，作为探索丛书，不成熟乃至疏漏之处在所难免，还望学界同仁不吝赐教。

北京师范大学历史学院
北京师范大学史学理论与史学史研究中心
北京师范大学史学探索丛书编辑委员会

自　序

我于1939年农历十月十九日出生在粤东韩江边的一个小镇。我的外祖父是清末秀才，曾担任本地一所小学的校长，母亲于20世纪30年代初在粤东著名的韩山师范学校就读，后来辍学出嫁到陈家，我舅舅是镇上中心小学的教师。我在少年时代经常随母亲到江对岸十几里地外的外祖父家，最有兴趣的一件事情，是读舅舅房间小楼上保存得很完整的《小朋友》《东方杂志》等书刊。我的父亲和叔叔也都上过中学，家里有一个小书橱，记得书架上摆有《辞源》，鲁迅、周作人、孙伏园的散文著作集，《三国演义》和中国地图、世界地图等书，因年龄小读不懂鲁迅的文章，而《三国演义》则很有吸引力，在家里曾经如饥似渴地读过。我母亲平日也常将她学习过的古诗和散文名篇给我背诵、讲解。因此，我从小就培养了阅读的兴趣，以后上初中、高中至大学，都喜欢在课余阅读文学作品和各种报章杂志，从中吸取知识和思想营养。

我的初中、高中阶段更有许多值得回忆的地方。1951年，我考入家乡的球山中学。在我就读的三年中，担任校长、教导主任的都是教育界的精英，又恰好学校从汕头、潮州聘来一批有学识、有新的观念和作风、热爱教育事业的青年教师，课程开设齐全，采用新的"五分制"，老师认真改进教学方法，重视课堂上师生互动，提高教学效果，体育课也上得新颖、活泼，活动多样，总之整个学校呈现出蓬勃向上的景象。1954年我考入丰顺中学读高中，学校设在县城，是县里的重点中学。这里不仅学校规模更大，环境更优美，更重要的是许多任课老师讲课都很精彩，每天引导我们在知识的海洋中畅游。县城离家乡山路一百里，我们这些来自球山中学的学生只有放寒假、暑假才回家，平时每个星期天上午都坐在教室里安静地做作业，或预习，下午则到操场锻炼身体，整理内务，生活过得很充实、愉快。在校也不是死读书，学校重视社会实践和参加生产，安排学生上山植树、挖水渠，参加附近乡村的生产劳动和抗旱，我虽然个子小，视力不好，但也能在烈日下蹬水车，蹬几个小时车水抗旱，干得劲头十足。从1951年上初中到1957年9月考入大学，这六年时间，正是新中国成立后国家蒸蒸日上、社会风气良好的时期，六年时间，我在老师指导下专心地读书，广泛地吸收知识，并且接触了一些社会实践。这是一段极其珍贵的岁月，使我以系统、坚实的各学科知识和奋发向上的社会理想武装了头脑，这对于我的人生道路和学术历程是极其重要的。在许多年之后，我的《史学与民族精神》出版，有一位作者在书评中说，"阅读本书能强烈地感受到著者论述诸多史家史著和文化传统时所怀有的昂扬、饱满的热情"。我以为这话讲出了书中的一个特点，而它恰恰是我在中学时代这一关键时期形成的世界观、价值观奠定的。

在中学阶段，我的文科、理科成绩都属优良，喜欢钻研数学、物理问题，记得高一《物理学》课本后面有约三百六十道总复习题，有的题很有难度，我利用假期大部分都做完了。当时对历史课兴趣一般，对地理却很有兴味，家中那两本《中国地图》《世界地图》是彩色大开本，虽是解放前出版的，却印制精美，又采用了一些很直观的显示方法，如"世界十大河流"，按比例并排地宛延画出每条河流从发源地流到海洋的示意图,依照当时测量的长度顺序为:密西西比河、尼罗河、亚马孙河、长江、多瑙河、黄河……并在地图边整齐地标出公里数,使读者一目了然,印象深刻难忘。我常常双手捧着"读"地图,一遍遍阅读、记忆图中城市、铁路、地形、河流、山脉、海岸线、港口、湖泊、名胜、沙漠、国界、省界、洲界等等,读得津津有味,许多知识历久而不忘。到了高中二年级时,我面临着高考选择什么志愿的问题。记得是和同学散步时一起议论,问到我报考什么时,我脱口而出:"我当然报理工科。"立即有一位同学表示十分惊异,说:"你怎么不报文科?你如果报理工科,考上名牌大学不一定有把握,如果报文科,就准能考上。"同学的话引起我的一番思索,我倒并不同样认为考文科定能考上最好的学校,而是考虑到自己先天性近视,报考理工科有许多限制;那就报文科吧!就这样,也没有请教过老师或其他长辈,报考文科的事情便这样决定了。到高三临近填报高考志愿时,班主任何方老师找我谈话,他是优秀数学老师,表示为我未报考理工科感到遗憾,建议我在志愿表中加填哲学系,说如学哲学,数理知识能有用处。事后多年回想起来,虽然我后来走上学习历史学科的道路,未能直接用上数、理学科知识,但是,在老师教育下长期下功夫学习数学、物理、化学、生物学等学科知识,长期地训练逻辑思维与严谨、严肃的治学态度和方法,对于以后在历史学领域的发展,仍然是十分重要的。

1957年高考,我幸运地考上中山大学历史系。这一年正赶上大学招生的"低谷",因为上一年,全国"向科学进军",大学扩大招生,到这一年就赶上调整压缩,全国只招生10.7万人,录取率为40%。丰顺中学由于师生奋发努力,成绩良好,录取率超过60%,且有不少学生考上全国著名大学,我的母校因而一下子在粤东出了名。考上中山大学,当然是我学习的新起点。踏进美丽的康乐园,见到一座座古典式建筑的教学楼,藏书丰富的图书馆，宽敞的操场……这里一切都是那么新鲜！特别是，历史学系拥有一批全国著名的教授，陈寅恪、岑仲勉、刘节、梁方仲、戴裔煊、董家遵、金应熙，还有当时比较年轻的李锦全、蔡鸿生等先生，他们有的亲自为我们授课，有的虽未授课却能读到他们的著作或耳闻师生对其为人为学的讲述，让青年学子感受到他们的学术风范。我就在这样优越的环境中认真读书，吮吸着智慧的甘露。

在中大，对我影响最大的是著名史学家刘节教授。他于1928年毕业于清华大学国学研究院，师从梁启超、王国维、陈寅恪先生研习古代史。曾任国立北平图书馆金石部主任，自1946年起长期在中山大学任教授（1950至1954年兼任系主任）。他于1927年撰成的《洪范疏证》是学术界首次对《尚书·洪范》篇撰成年代进行系统、严密考证的名文，梁启超曾称赞文中提出的见解"皆经科学方法研究之结果，可谓空前一大发明"。其后撰著的《好大王碑考释》《管子中所见之宋钘一派学说》均受到学界的重视。新中国成立后，刘先生曾撰有《西周社会性质》等多篇文章，主张西周已进入封建社会，并论述由低级奴隶社会向封建制度的过渡、社会发展的不平衡性与一贯性等带规律性问题。他多年开设史料学和史学史课程，著有《中国史学史稿》，对于历代修史制度、史籍之宏富多样和著名史家的成就均有详实的论述，见解独到，尤其重视历史哲学的发展，是中国史学史学科重要代表作之一，著名史学家白寿彝先生称誉该书和金毓黻先生所著《中国史学史》"同为必传之作"。我在校即听了刘节先生开设的"历史文选"课程，对他渊博的学识和认真教学的态度深感敬佩。后来先生为研究生讲授《左传》，也让我去听讲。1963年初，全国第一次统一招考研究生，我即选择了刘先生的"中国史学史"为报考志愿。大约至5月初，正值等待录取消息的时刻，有一次恰好在路上遇到刘先生，那时他是校务委员会委员，高兴地对我说：你已被录取，校务委员会已经讨论批准，报教育部备案，你可准备下学期初开学要用的书籍。当时我们都绝未料到，一场批判刘节先生的风暴即将刮起，后来发生的一切就都完全事与愿违。虽然自毕业离校后我再无机会见到刘节先生，但我今日从事的专业，渊源则始自大学时代受业于先生，师恩难忘。

1963年7月由中山大学毕业，我被分配到河南省工作，一直担任高中语文教师，至1978年。虽然在基层工作与科研机构差别很大，但我认真从事，十五年下来，自觉在对中国优良文化传统的认识，对古今名著名篇的钻研阐释，对语言文字的精心推敲运用等项，都有颇为深刻的体会，实也为此后学术研究之一助。粉碎"四人帮"之后，我国历史进入新时期，1978年全国恢复统一招考研究生，我有幸考取了白寿彝教授指导的"中国史学史专业"研究生，真正实现了大学时代从事本专业的梦想。

这时，正值全国拨乱反正、解放思想的年代，举国上下意气昂扬、千帆竞发，彻底批判极左路线、砸烂思想枷锁，呼唤科学的春天、重视知识重视人才，成为不可阻挡的时代洪流。我深深庆幸自己赶上了这个伟大的时代，庆幸投到名师门下受业深造。白寿彝先生在多个学科领域均深有造诣，他又担任全国人大常委、中国史学会主席团成员、中国社会科学院历史民族宗教三个研究所学术委员等多项职务，而他的主要精力则放在学术工作上，尤其专注于主编多卷本《中国通史》和推动中国史学史学科建设。其时先生已届七旬，但他不知老之将至，相反地是迎来他学术上最辉煌的时期，许多重要著作，正是在他人生道路最后二十年中完成的。他热爱伟大祖国的历史文化，同时他坚信以与时俱进、不断发展的马克思主义来指导学术研究和各项工作。"在唯物史观指导下从事新的理论创造"这句掷地有声的话，精当地概括了白寿彝先生的学术宗旨。他真正做到了把认识和总结客观的历史、体现当今的时代要求、关心国家和民族的未来三者有机地统一起来。他几十年的著述，则是把坚持正确的理论方向、丰富详实可靠的史料、恰当优美、雅俗共赏的表现形式三者有机地统一起来。

　　白先生担任总主编、汇集国内众多学者共同完成的多卷本《中国通史》（共十二卷，二十二巨册，总字数约一千四百万字），于1999年由上海人民出版社全部出版，被学术界誉为"20世纪中国史学压轴之作"。白先生又是中国史学史学科的重要奠基者和开拓者。他在这一领域辛勤耕耘达半个多世纪，出版有一系列重要著作，如：《史记新论》、《史学史教本初稿（上册）》、《历史教育与史学遗产》、《中国史学史论集》、《白寿彝史学论集》、《中国史学史》（第一册），并主编了《史学概论》、《中国史学史教本》、多卷本《中国史学史》等。他提出了许多精辟的论点和推进学科建设的构想，如，于50年代提出史学史研究要摆脱书目解题式格局，至80年代初进而提出要突破学术专史的局限，要总结史学如何反映了时代的特点和成功史书撰成之后又如何推动时代前进；论述研究史学史应区分精华与糟粕，传统史学是一笔宝贵遗产，应当根据时代的需要，大力继承和发扬；对于史著或一个时期的史学成就，应从历史思想、史料学、历史编纂学和历史文学四个方面来分析评价。又如，论述古代史家提出的问题可以作为今人观察历史与社会的思想资料；论述不应以凝固不变或互相孤立的观点看待古代几种主要史书体裁，而应看到其发展和互相联系，要从传统史学提出的改革历史编纂的主张获得启示，并设想以"新综合体"来撰写通史或断代史。事实证明，白先生提出的这些重要观点和命题，对于推进史学史研究均有指导性意义。先生领我走进学术殿堂，我研究生毕业后，即留在北京师范大学历史学院任教，前后跟随先生达二十一年，时时聆听教诲，使我受益终生。

　　我在研究生阶段除完成学位论文《论魏源的爱国主义史学著述》外，还撰写有《司马迁经济思想的进步性》《龚自珍的社会历史观》《史书体裁应有创新》《中国古代史学史分期问题》的论文。以后在教学与科研工作中，逐步确立了以先秦两汉史学，清代及近代学术史，20世纪中国史学等作为研究的重点。我念研究生时已三十九岁，深感时间珍贵，时不我待，因而认真读书、写作。先后出版的著作有十一种，主编的著作二种，另有合著三种。进入80年代以后，学术界出现前所未有的思想活跃局面，一方面是大胆破除旧的思想束缚，勇于探索和创新，另一方面，又出现不同观点的交锋和碰撞。我认为，置身于这样的环境实属难得，使我能够从多方面吸收思想营养，也启发我思考：在各种主张纷至沓来的时候，应当坚持正确观点，大力弘扬先辈们的优秀学术遗产，同时要防止和克服消极的倾向。只有这样，经过大家努力，才能不断创造学术发展的大好局面。在科研和教学工作中，我坚持两项基本指导思想。第一，史学史研究应当以发掘、阐释优良遗产为主；对于传统学术的精华，要根据时代需要加以改造和大力弘扬。第二，要充分占有材料，遵循"实事求是"的原则，严谨治学。既重视材料的发掘，又要重视理论的分析。"充分占有材料"应当包含三层意思，一是研究问题务必尽可能完备地搜集材料，通过发现新材料提出新见解，二是对材料要深入分析，去伪存真，去粗取精，三是尤应重视典型材料的价值，提供有力的论证依据。创新不是故意标新立异，不是为了取得轰动效应。尊重前人的成果，以之作为出发点，根据自己发掘的新材料，认真地进行广泛联系、上下贯通、客观辩证的分析，从而得出证据确凿、经得起时间考验的新见解，这才是学术创新的大道。

为了推进学术研究和中国史学史学科建设，我们应当着力探讨中国史学演进中带有关键性的问题，要努力总结和阐释那些显示出中国史学的民族特色，彰显民族文化伟大创造力，具有当代价值，具有中西融通学理意义的内容、思想、命题、方法，以展示传统史学和近现代史学的成就和独具魅力，促进中国学术向世界的传播。这是中国学人的时代责任。围绕这些问题，遵循这一思路，我鼓励自己深入探索，并力求作出新概括、新表述。举例来说，有以下八项。

（一）从文化视角研究史学

中国古代史学高度发达，但以往对史家、史著的研究，却容易局限于单科性的局部范围之内。因此，应当跳出这种局限，转换角度，"从文化视角研究史学"。即是说：认识历史学的发展与文化学和其他学科有多向性的联系，它跟一个时代的文化走向、社会思潮有紧密联系，不可分割。因此，研究者应当跳出单科性研究的局限，将"史学"与"文化"作互动考察。即：探究和评价一部优秀的史著，应当与它所产生的时代之社会生活、民族心理、文化思潮、价值观念等结合起来，从而更恰当地揭示出这部优秀史著的思想价值，捉住书中跳动的时代脉搏。同时，"史学"与"文化"互动考察，又能通过更加准确评价优秀史家、史著的成就，增加我们对中国优秀文化传统丰富蕴涵的了解，更加深刻地认识中华文化的向心力、凝聚力和伟大创造力，提高民族自信心。我所著《史学与中国文化传统》《史学与民族精神》《再建丰碑》《学术史沉思录》等书，对于《史记》《汉书》《史通》《文史通义》，以及《春秋》《左传》《日知录》，乾嘉考史三大家钱大昕、王鸣盛、赵翼及龚自珍、魏源、崔述等名著、名家，都力求提出新的看法，作出新的阐释。

（二）深入探索，揭示出史学演进的纵向联系和时代的特点

史学史作为一门专史，对它的研究应当将深度开掘与纵向考察二者相结合。前者是指对一部名著或一个时期的史学成就，应当从著述内容、编纂形式、同时代人的学术交往、史著与社会思潮的互动等项作深入的分析；后者是指应将史著置于史学长河的演进作纵向考察，探讨它对前代学术的承受、对后代的影响，它解决了史学演进中的什么问题而构成了新的学术高峰。还需注意对学术界曾经提出过的一些看法作出回应，或赞成、引申，或解疑、辩难，通过学术争鸣，以推进真知。如《史记》，之所以被赞誉为"史家之绝唱"、"传统史学之楷模"，这除了司马迁本人

具有雄奇的创造力以外，又决定于他对先秦各家学说精华的大力吸收，和对汉初多元文化格局的自觉继承。汉初思想家陆贾、贾谊、晁错等人吸收秦亡教训，谴责秦的文化专制政策，他们勇于提出自己的思想主张，同时重视吸收各家之长。如陆贾重视儒家"仁义"学说，又吸收道家、法家思想。司马谈《论六家要旨》总结各家学说，有肯定，也有批评，成为司马迁的重要学术渊源。汉初学术的多元化局面，是先秦百家争鸣的继响，是对秦朝文化专制政策的巨大超越，因而成为司马迁社会思想成长的肥沃土壤。当时，封建制度处于上升时期，具有蓬勃的活力，国家的空前统一，都为他的著述提供了极好的时代机遇，因而勇于提出"成一家之言"的目标，形成自由表达思想的高尚志趣。还有，以往有的哲学史教科书评价司马迁的思想倾向是"崇道抑儒"，实际上，我们结合司马迁生活的时代，却能从书中举出大量证据，证明他高度评价"六经"对于治理国家的作用，以"继《春秋》"自任，书中评价人物和历史事件的标准均大量地以孔子的论断作为依据，其《孔子世家》系对孔子在文化史上的崇高地位作了全面的论述。所以梁启超称他是西汉时代独一无二的大儒。当然司马迁又善于吸收各家学说之所长，有拥抱全民族文化的宽广胸怀，他对道家的智慧和哲理也重视采纳。

再如《汉书》，本来历史上长期《史》《汉》并举，但是在一段时间内，《汉书》的评价却处于低谷。其中一个重要原因，是一度盛行"对立面斗争"的思维定势的影响，要肯定《史记》的杰出成就，称它是"异端"思想的代表，就要拿《汉书》作为陪衬，贬低它是"正宗"思想的典型。这与史学发展的实际情形大相径庭，需要结合中国史学的纵向发展与班固所处的时代环境作深入分析，重新评价《汉书》的历史地位。《史记》著成之后，成就卓异，人们仰慕不已，此后一百余年间只能"续作"，写出若干零篇。这些续作者自褚少孙以下有十余人，所做的工作自觉不自觉地置于司马迁巨大成就的笼罩之下。他们并未意识到需要构建新的史学体系,而这个问题不解决,则"保存历史记载长期连续"的目的便会落空。试看,这些"续作"之大部分都已湮灭无闻,就是明证。班固既继承了司马迁的纪传体结构,同时又认识到"大汉当可独立一史",因而"断汉为史"。在内容上提供了时代所需要的历史教材,在构史体系上取得了重大突破,推动中国史学向前跨进一大步。以前,有的研究者对班固"宣汉"大加批评,认为是对封建皇朝唱赞歌。其实,与班固同时代的大思想家王充著《论衡》一书,内容有《宣汉》《恢国》《超奇》《齐世》等篇,都是记述和赞美汉朝比前代的进步。他并且尖锐地批评当时俗儒"好褒古而贬今",因为他们生下来读的就是颂扬三代的书,"朝夕讲习,不见汉书,谓汉劣不若",所以识古不识今。我们联系王充的大量论述,正可证明:班固是以其成功的史学实践回答了时代的需要。在历史编纂上,起自高祖,终于王莽,这一断代史格局正与以后历代皇朝周期性更迭相适应,所以被称为后世修史者"不祧之宗",历两千年沿用不改。进而再深入探析《汉书》的内容,有大量史实证明,班固发扬了司马迁的实录精神,"不为汉讳";在对汉初历史变局和藩国由猖獗到废灭等历史问题的阐述上,具有唯物主义的因素;有一定的人民性,尤其是对封建刑律的残酷作了深刻揭露;十志则在反映封建国家政治职能上提供了丰富的材料和很有价值的看法。简要言之,我们结合纵向和横向考察,可以雄辩地得出结论:《汉书》是一部适应时代需要的、继《史记》而起的巨著,在史学发展上无疑应占有崇高的地位。由于《汉书》的成功,自东汉至唐六百年间形成了一门发达的"汉书学"。

(三)对"经"与"史"作贯通考察,拓展史学史学科的研究领域

经史关系对史学研究有重要的意义。"六经"是中国文化的源头,是古代先民智慧的结晶。其中包含着关于自然、社会以及人类思维活动的现象和规律之深刻观察和概括,影响极其深远,

构成了中华民族的文化基因。"六经"在长期封建社会中处于独尊地位，成为政治指导思想和学术指导思想，因此，重视考察各个时代的经史关系，是深化史学史研究和拓展学术探索范围的关键之一。《春秋公羊传》即与史学的长期发展关系很大，它是儒家经典之一部，又是解释《春秋经》的三传之一，在西汉和晚清时期曾两度大盛于世，但因时过境迁，当代许多人都对它感到陌生。公羊学说既有深刻的政治智慧和精微的哲理，又包含有隐晦芜杂甚至怪异神秘的内容。研究这套学说，就特别需要思辨的智慧和剥离剔别的能力，才能于"荒诞丛中觅取最胜义"。公羊学说的源头，在于《春秋》之"义"，而《公羊传》对《春秋》大义的解释，便构成公羊学说具有活跃生机的内核。再经过汉代董仲舒和何休的大力推演，更成为有体系的学说，以专讲"微言大义"而在儒家经典中独具特色。我在以上分析的基础上，归纳、提炼出公羊学体系的三大特征：一是政治性。主张"大一统"，倡导适应时代需要而"改制"、"拨乱反正"、"为后王制法"，阐发经义以谴责暴君贼臣，关心民族关系。二是变易性。提出一套含义深刻的变易历史观，强调古今社会和制度都在变，变革是历史的普遍法则，时代越来越进步。三是解释性，或称可比附性。其优点是善于解释，在阐发经书"微言大义"的名义下，为容纳新思想提供合法的形式。但大胆解释又容易造成穿凿武断，随意比附，这又是明显的弊病。清中叶以后，研治春秋公羊学的学者甚众，有庄存与、孔广森，至晚清夏曾佑、皮锡瑞等十余家，写出风格多样的著作，经过深入探究、辨析，我们能够准确地把握住其演进脉络和本质特征。晚清公羊学说的展开，恰与清朝统治危机相激荡，又与新思想的传播相伴随、相呼应。它环环相扣，符合逻辑地有序展开，由庄存与揭起复兴序幕，至刘逢禄张大旗帜，至龚自珍、魏源改造发展，至达到极盛，成为近代维新派领袖康有为倡导变法维新的理论武器。戊戌前后，好学深思之士，都喜谈《公羊》。至20世纪初年，公羊学说在政治上的作用，随着变法失败而告终结，但在思想文化层面，它却成为中国学者接受西方进化论学说的思想基础，并且是五四前后兴起的"古史辨"派学术源头之一。这些足以证明，绀绎春秋学说，对于深化先秦、西汉史学的研究和清代、近代学术史的研究，确实裨益甚大。

（四）重视比较研究

比较研究的主要功能在于，它能够推进我们的认识能力，开阔我们的视野，使我们对研究对象的认识更加准确、更加深刻。事物的特点和意义是相比较而存在的，而且由于适当的比较而相得益彰。马克思研究资本主义的生产、交换、流通的特点，就不仅研究它们本身，还以之与前资本主义的生产方式相比较，与资本主义生产关系发展程度不高的国家作比较。比较不同时期的史学名著，就可以广泛地考察两者之间联系、继承、发展的各个侧面，更加清楚地认识其不同特点，以及各自在史学发展史上的地位，促使我们的认识更趋深化和更加正确。

如，《史通》和《文史通义》这两部名著被称为"古代史评双璧"，但是章学诚本人却曾经强调二者的相异，在其一封家书中说："自信发凡起例，多为后世开山，而人乃拟吾于刘知幾。不知刘言史法，吾言史意；刘言馆局纂修，吾议一家著述。截然两途，不相入也。"但我们通过认真的比较研究，却的确能够深刻地认识这两部名著的共同性：刘、章二人都重视总结史学演进的经验和教训，以理论的创新推进著史实践的发展；二人都具有强烈的批判意识，都有独到的哲学思想作指导，重"独断"之学，重"别识心裁"。通过比较研究而认识这两部书的共同性，对于史学史研究意义甚大，证明刘知幾和章学诚都重视历史体裁创新，凸显出中国史学有重视理论总结的优良传统，以之指导史学实践。这就更加彰显中国传统文化的独特魅力！通过比较研究，我们又能认识到两部著作的差异性，由此更深刻地把握唐代与清代史学面临的不同特点和刘、章二位著名史家不同的学术个性：刘知幾处在断代史正史纂修的高峰期，他承担的主要使命是总结以往、提出著述的范式，他提出的范畴、命题内涵丰富，且颇具体系性。章学诚则处于正史末流在编纂上陷于困境阶段，其主要任务是开出新路。他洞察当时史识、史学、史才都成为史例的奴隶之严重积弊，又发现晚出的纪事本末体因事命篇的优点正是救治之良方，因此主张大力改造纪传体，创立新的体裁，其论述具有深刻的哲理性和明显的超前性。

又如，魏源完成于鸦片战争时期的《海国图志》和黄遵宪于甲午战争前撰成的《日本国志》同为近代史学两部名著。《海国图志》第二次增订本为一百卷，全书包括论（《筹海篇》一至四）、图（各国沿革图）、志（《志东南洋海岸各国》《志大西洋欧罗巴各国》等）、表（《中国西洋纪年表》等）。《日本国志》全书共四十卷，分为十篇"志"（国统、邻交、地理、职官、食货等）。假如从表象看问题，《海国图志》介绍外国史地知识包括了亚、欧、美、非各大洲，而《日本国志》只专记日本一国，两书范围之广狭相去甚远，似乎不适于比较。其实，这是由于未能达到对两部史书深层认识的原故。我们试就两书的背景、观点、内容、影响作逐层比较，即可以认识：两部史书具有相同的主题，都不愧为近代向西方寻找真理的里程碑式的著作。这两部书的编纂内容和体裁的共同特点，是创造性地运用典志体以容纳具有时代意义的新鲜内容。作为谙熟史书体裁特性和感觉敏锐的学者，魏源和黄遵宪都采取改造了的典志体来撰写史著。他们充分地发挥了传统典志体所具有的两大长处。一是它适合于反映社会史的丰富内容。典志体可以包容各种典章制度、天文、地理、民族、经济、物产、军事、外交、学术文化等。每一部分既可反映社会史的一个侧面，同时又可储备各种知识。在近代，迫切需要了解外国的历史、地理、制度文化，典志体史书正适合囊括这些内容。二是具有灵活性。这种体裁没有固定的框框，可根据需要调整，可以灵活变通。通过比较，我们能够进一步认识近代史学发展的阶段特点。在近代史开端，反侵略的需要十分迫切；到了19世纪后期，则进而要求学习西方的制度文化。处在近代史开端时期的进步史家向往资本主义的民主制度，但认识比较肤浅；到19世纪后期，这种认识则要深刻得多。在历史编纂上，《海国图志》和《日本国志》有共同的特点，但后者的编撰技术更加成熟了。

（五）探讨传统史学向近代史学转变的途径，阐发其理论意义

"传统史学"一词，大体上是指鸦片战争以前在中国文化自身环境中演进的、原有的史学。至鸦片战争后，则进入近代史学时期；而"近代史学"的正式产生，应以20世纪初梁启超发表《新史学》，以及在此前后出版的新型学术史和通史著作，为其标志。"传统史学"与"近代史学"基本格局迥异，近代史学无论在历史观念、治史内容等方面都有极其鲜明的时代色彩。由此之故，对于"传统史学是如何向近代史学转变的？"这一问题，研究者的看法很有分歧。我国历史进入改革开放时期后，国门大开，西方思想大量涌入，使人感到格外新鲜。于是，有的人因对中国文化的自身价值认识不足，遂产生一种偏颇看法，认为传统史学与近代史学之间存在一个断裂层，近代史学从理论到方法都是由外国输入，在编纂上也是摒弃了传统史书形式而从外国移植的。我认为，这种"断层论""摒弃论"的看法，与历史事实极不相符。传统史学向近代史学演进的轨迹清晰可寻，而转变的动力，乃在于传统史学内部有近代因素的孕育。研究这一"转变的中介"，不但内涵十分丰富，而且具有重要的理论价值，进一步证明传统文化的精华在近代具有一定的应变力，具有向现代学术转变的内在基础。从清初顾、黄、王三大家，到乾嘉时期一批出色学者，再而继起的龚自珍、魏源等人，都为酝酿、推动这种转变做出了贡献。他们相继的努力汇集起来创辟了如下的转变途径：在历史观点上，批判专制，憧憬民主，以及对公羊学朴素进

化观的阐释；在历史编纂上，是章学诚提出的改革历史编纂的方向，和魏源、夏燮等史家所作的成功探索；在治史方法上，则是乾嘉史家严密考证的科学因素在新时代条件下的发展。近代史学就是发扬传统学术的精华与接受西方新学理二者结合的产物。近代著名史家，如梁启超、王国维、陈寅恪、陈垣等人，他们都勇于吸收西方新思想，同时又都深深地扎根于中国文化土壤之中，写出来的论著都是地道中国式的，所以才为学者和大众所欢迎。

（六）高度珍视20世纪中国史学的思想遗产

20世纪中国史家人才辈出、成果丰硕。由于中国文化悠久的优良传统的滋养，又适逢中西文化交流提供的相互对话、切磋和启示，加上大量考古文物和稀有文献重见天日，凭借这些难得的时代机遇，学者们精心耕耘，因而取得众多佳绩，蔚为大观，这里包含着对待祖国文化传统的正确态度，包含对外来学说吸收容纳的勇气和善于鉴别的眼光，是留给我们的极其珍贵的思想遗产。由于20世纪史家大量的创新性、系统性研究，使我们对于中国漫长历史认识的广度、深度和准确度，都大大推进了，使我们对中国统一多民族国家如何发展巩固，各个历史时期的特点，国家治乱盛衰的总结，各种制度的建立、沿革，民族关系的处理，历史人物评价，学术文化的发展、变迁等重要方面的认识，较之以往要丰富得多、正确得多。20世纪几代学人的贡献，诚然功不可没！我们绝不能因为中国近代社会积贫积弱，就妄自菲薄，而对先辈的遗产有丝毫的低估。20世纪中国史学遗产的丰厚，最集中的显示是形成了"三大干流"，并且它们互相吸收、互相影响和互相推动。第一，是新历史考证学派。它与乾嘉考证学派有继承关系，同时又接受西方近代史家重视审查史料、拓展史料、严密考证等观念的影响，代表性人物有王国维、陈寅恪、陈垣、胡适、顾颉刚、傅斯年等。第二，是马克思主义史学流派。其创始在五四时期，以后经过奠基、壮大，新中国成立后在全国范围确立其指导地位等阶段，代表性人物有李大钊、郭沫若、范文澜、翦伯赞、吕振羽、侯外庐等。第三，是新史学流派。以往，曾称前二者是"20世纪史学两大干流"，对于"新史学"则一般只关注它是20世纪初年由梁启超倡导、形成磅礴声势的重要学术思潮，而未明确认识它事实上已经形成为一个重要"学派"。我们经过深入探究即能把握到，这一学派不但有影响巨大的领军人物、重要的代表性著作，而且有共同遵奉的学术旨趣，有明显的学术传承关系。构成"新史学流派"基本的学术特点是：以进化史观为指导，主张探求历史的因果关系和规则性；不局限于研治政治史，而要研究、叙述人类社会生活的整体面貌；史家要关心国家民族命运，著史要激发国民的爱国热情；重视史学与其他学科的关系，扩大视野，扩大史料范围；重视历史编纂的创新，写出受大众欢迎的史著。不仅"新史学"倡导者梁启超本人，他如萧一山、吕思勉、张荫麟、周予同、周谷城等，尽管各有其学术个性，而上述诸项，又构成他们学术上的共性。不同学派并非互不相干、壁垒森严，而是互相吸收、互相影响。譬如，梁启超的史学方法影响了新考证学派学者，而马克思主义史家郭沫若、侯外庐等又很重视考证学派的成就。学派繁盛，各展风采，又互相取鉴，正是20世纪中国史学发达的确证。更加深入地考察"三大干流"的形成及其影响，无疑是推进20世纪史学研究的重要课题。

推进对20世纪史学的研究，还需要着力解决一些难点、重点问题。如，唯物史观和实证史学都是为了探究历史的真相，二者之间绝非互不关联，更不是互相对立。唯物史观也强调搜集史料，要求占有充分的材料；同样重视对材料的考辨，去伪存真，重视史料出处的环境，重视甄别、审查的工作，务求立论有坚实的史料依据；同样遵从孤证不能成立的原则，遇有力之反证即应放弃，训练严谨、科学的态度，反对主观臆断，所得的结论必须经受住事后的验证，发现原先认识有错误迅即改正，决不讳饰；同样要求尊重前人的成果，同时又反对盲从，学贵独创，要有所发现，不断前进，等等。诸如此类，因为都是做学问的基本方法和原则，所以唯物史观与实证史学都是相通的。新中国成立后，许多研究者通过自觉学习唯物史观，收获巨大，能够对复杂的历史现象和学术问题，透过现象，看到本质，以辩证的眼光作具体、细致的分析，互相联系，上下贯通，从而得出正确的结论，解决了长期困惑自己的问题，获得真理性的认识。这些事实证明唯物辩证法确是比传统思想和近代流行的诸多学说远为高明，唯物辩证法能给人以科学分析问题的理论武器。当时有一批四十岁上下的学者，如徐中舒、杨向奎、王仲荦、韩国磐、邓广铭、周一良、谭其骧、唐长孺等史学俊彦，他们原本熟悉传统经史文献典籍，在运用历史考证方法上很有造诣，其具有科学价值的观念和方法，本来就与唯物史观相通；而马列主义、唯物史观理论又比传统学术、近代学术具有更高的科学性，以之为指导，能帮助研究者更全面地把握研究对象的全局，更深入地揭示研究对象的本质。因此，这些学者得到科学世界观指导以后，极感眼前打开了一片新天地，学术研究达到更高的层次。这些年，有的人由于痛恨教条主义，而不恰当地将之与提倡唯物史观联系起来。关键在于，对教条主义盛行的原因应当作深入的具体分析。"十七年"中一度教条主义泛滥，其原因甚为复杂，除了研究者因经验不足，运用不当以外，主要的，是因当时政治上"左"的路线的影响、干预，以及其后"四人帮"别有用心的破坏。实际上，"十七年"中存在着两种对立的学风，与教条主义恶劣学风相对立的，是实事求是的优良学风。这是许多正直的马克思主义学者和像徐中舒、杨向奎、谭其骧、唐长孺等一批严谨治学的学者所坚持的，因此，"十七年"史学虽经历了严重曲折，但仍取得许多重大的成绩。令人欣喜的是，进入新时期以后，教条主义恶劣学风受到彻底清算，而实事求是、坚持唯物史观与时俱进的优良学风则更加显示出其蓬蓬勃勃的活力！

（七）历史编纂学：新的学术增长点

传统史书体裁的丰富多样充分显示出中华文化的巨大创造力，每一种体裁都有成功之作，世代流传。这些名著是历史家呕心沥血著成的，其成功，包含着进步的史识，渊博的学识，高明的治史方法，合理、严密的编纂技巧，这些具有宝贵价值的内涵都承载在历史编纂的成果之中。以往一般认为，史书的体裁、体例，似乎只关乎技术性问题。其实决非如此。史书的组织形式与其内容、思想是辩证的统一，组织形式的运用，结构、体例的处理，体现出作者的史识、史才、史学，包含着多方面的思想价值和深刻的哲理。白寿彝先生在其所著《中国史学史》（第一册）中曾说："史书的编纂，是史学成果最便于集中体现的所在，也是传播史学知识的重要的途径。历史理论的运用，史料的掌握和处理，史实的组织和再现，都可以在这里见个高低。刘知幾所谓才、学、识，章学诚所谓史德，都可以在这里有所体现。"这对于我们有深刻的启发。我们应当对历史编纂学的内涵和特点重新给予恰当的定位：历史编纂学是一个时代史学发展水平的集中体现，也是衡量史家的史识、史学、史才、史德达到何种水平的有效尺度。史家再现历史的能力如何，其史著传播历史知识的效果如何，在这里都直接受到检验。历史编纂学既是史学史研究的内容之一，同时，它又是推进研究史学发展的新颖视角和重要方面。通过深入研究历史编纂学，就能提出一系列新的课题，拓展史学理论与史学史的研究广度与深度，因而是重要的新的学术增长点。近些年，历史编纂学领域的研究成果已日见增多，这是很好的现象，我们应当举起双手欢迎，并经过共同努力，尽快建立起"中国历史编纂学"这一分支学科。无论从主要史书体裁的发展，或不同历史阶段历史编纂的特点，或一些名著中对体裁体例的匠心运用等项，值得探讨的问题无疑都很多，而其中我们尤应深入地探讨"编纂思想"如何体现和运用，作为推进研究工作的关键环节；因为史书的框架设计、体例运用，都是为了反映客观历史进程的需要，而精心安排，或作调整、改造、创新。故此，应当特别重视从"编纂思想"这一角度来深入揭示史学名著成功的真谛。所谓"编纂思想"，可以初步提出主要包括以下数项：一是史家著史的立意，最著名者，如司马迁之"究天人之际，通古今之变，成一家之言"，司马光之"关国家盛衰，系生民休戚，善可为法，恶可为戒者"。二是史家对客观历史进程的理解，并在史著中努力加以凸显的。三是史家为了达到再现客观历史的复杂进程，如何精心地运用体裁形式和体例上的处理。四是史家的编纂思想如何与社会环境、时代条件息息相关。以此作为重要的切入点，再联系对风格各异的史学名著的独创性、时代性，不同时期历史编纂的特点，以及学者提出的观点主张等项深入考察，就一定能够不断获得有原创性价值的新成果。

（八）大力发掘和阐释传统学术精华的当代价值

传统文化典籍内容博大精深，承载着古代先民观察社会生活、总结历史进程所得到的睿思和经验。历史是过往的社会生活，当今时代是历史的发展。现代社会虽然比古代远为复杂和进步，但作为人类社会活动的一些最基本的内容和原理，古今是相通的，因此，古代经典中的精深哲理和先辈们的创造性成果，具有超越时空的意义，具有当代价值。我们应当大力发掘和阐释这些珍贵的原理、原则和精神，展示中华文化的独特魅力，并结合今天时代的需要进行改造和再创造，以大大增强民族文化创造活力。对于古代历史名著，同样应当努力发掘、总结其中具有珍贵价值的思想、观念和方法，作为我们发展新史学的借鉴。譬如，《史记》创立的体裁以"本纪"为纲，其余"表""书""世家""列传"与之配合，体例完善，故被后代学者称誉为"载笔之体，于斯备矣"，又称为著史之"极则"。《史记》的体裁一般称为"纪传体"，实际上其本质和优长，是五体配合的综合体裁。以后历代正史的纂修者只知因循，不求创造，只会刻板地沿用体例，而丧失运用别识心裁加以驾驭和灵活变通的能力，因而遭到章学诚的严厉批评，称之为如洪水泛滥，祸患无穷！章学诚由此提出改革历史编纂的方向："仍纪传之体，而参本末之法。"这就是：要创造性地发扬《史记》诸体配合、包罗宏富的体例特点，和根据记载客观历史变迁的需要，灵活变通、"体圆用神"的著史灵魂；同时，糅合纪事本末体的特点，以解决"类例易分而大势难贯"的严重缺陷。此后，梁启超、章太炎撰著中国通史的尝试和罗尔纲著《太平天国史》，都体现出朝着这一方向继续努力。至20世纪末白寿彝明确主张对传统纪传体实现创造性改造，用"新综合体"撰著多卷本《中国通史》，完成了既大力发扬传统史学精华，又具有鲜明时代特色的成功巨著。

  我们既有历经数千年形成的中华文化优良传统，又有一百年来创造性运用马克思主义、引领社会前进的优良传统，这两者是保证中华民族处于当今国际激烈竞争中繁荣、发展的强大精神支柱。马克思主义中国化，正是中国共产党人创造性地将马恩著作中的基本原理，与中华民族的优良传统相结合而确立的正确方向。如何在实现现代化大业中，更加自觉地把这两个优良传统结合起来，是当前我们应该解决的具有重要理论意义和现实意义的课题。通过研讨，更加深刻地认识传统文化的精华与马克思主义中国化方向二者互相贯通，使我们在大力弘扬民族优良文化传统的同时，更加自觉地坚持马克思主义中国化的正确方向，与时俱进，发展21世纪的中国马克思主义理论。我在2008年主编《中国马克思主义史学的理论成就》一书时，专门写了一个题目：传统思想的精华何以通向唯物史观。我提出的基本观点是："中国传统思想中的精华，同样表达了历代人民大众的美好追求和理想，虽然未达到欧洲19世纪先进学说的高度，但其发展方向是相同的；这就成为'五四'以后先进的中国人接受唯物史观学说的思想基础和桥梁。""马克思主义的基本原理与传统思想的精华，与中国文化形成的价值观的内涵深深地相契合，无疑是马克思主义中国化的伟大事业在过去将近一个世纪中与时俱进地发展，一直保持旺盛的生命力的重要原因。"并从传统思想中有丰富的唯物主义思想资料；历代思想家有大量关于辩证、发展的观点的论述，光辉闪耀，前后相映；历代志士仁人反抗压迫、同情民众苦难的精神；先哲们向往的大同思想四个方面，作详细论证。文章发表后，得到学界同仁的肯定和鼓励。我愿继续对此探索，为学术研究和服务社会尽绵薄之力。

当前我们正处于社会主义学术文化发展的黄金期。发扬中华文化的优良传统和近现代优秀学者的精神；当前学术界持续高涨的创新意识；大力吸收外来文化并加以鉴别、选择的自觉态度；这三大要素，为学术的繁荣、发展提供了极佳条件。我深信，更加光辉灿烂的未来必将展现在我们面前！

2015 年 3 月 17 日
于北京师范大学寓居

目 录

卷首识语 …………………………………………………… 1

上篇　学术史探索

董仲舒春秋公羊学说的理论体系 ………………………… 3
论章学诚对历史哲学的探索 ……………………………… 43
公羊家法与清代今文学复兴之统绪 ……………………… 68
龚自珍与晚清经学的嬗变 ………………………………… 76
论魏源社会改革思想的时代特征 ………………………… 96
公羊学说与晚清历史文化认同的推进 …………………… 110
西学传播与近代史学的演进 ……………………………… 120
传统思想的精华何以通向唯物史观 ……………………… 141

中篇　当代史学的思考

恩格斯晚年对唯物史观理论的重大贡献 ………………… 171
中国马克思主义史学发展道路的思考 …………………… 186
新历史考证学与史观指导 ………………………………… 213
《中国近代史资料丛刊》的学术价值 ……………………… 255
关于中国近代历史进程基本线索的理论 ………………… 282
当代中国马克思主义史学家关于民族问题的理论 ……… 309

范文澜与毛泽东的学术交谊 ………………………………… 315

下篇　白寿彝学术风采

刻意的追求　新辟的境界
　　——白寿彝著《中国史学史》第一册评介 …………… 329

理论方向和开拓精神
　　——读白寿彝主编《中国通史·导论卷》 ……………… 344

不断开拓史学史学科的新境界
　　——读《白寿彝史学论集》 ……………………………… 354

史学体系的重大创新
　　——白寿彝先生主编《中国通史》成就略论 …………… 362

为学术投入了全部生命
　　——深切怀念白寿彝师 …………………………………… 381

白寿彝先生编纂《回民起义》的学术价值 ………………… 391

白寿彝主编《中国通史纲要》对历史上民族关系的处理 …… 397

白寿彝先生学术创新的风范 ………………………………… 407

《白寿彝画传》后记 ………………………………………… 415

跋　语 ………………………………………………………… 419

卷首识语

这本《学术史沉思录》,反映了笔者近些年来集中在三个学术领域思考的心得。分为上中下三篇。

上篇为"学术史探索",论述的内容包括春秋公羊学说的演进、清代学术史的若干问题以及唯物史观与传统思想的关系。

春秋公羊学说在传统学术中独树一帜,有一套独特思想体系,在汉代和晚清时期,因为与社会环境互相适应,曾两度风靡海内。汉代公羊学说的代表人物是董仲舒。他著有"天人三策"《春秋繁露》,大力推阐《公羊传》的"微言大义",提出一整套"大一统"、"张三世"、"通三统"、德刑并举、谴告说、经权说的理论体系。这套公羊学说与时代的需要相适应,受到专制皇帝的激赏,从此开始了中古时代罢黜百家、独尊儒术的局面。公羊学说俨然成为统一意识形态的官方哲学。这恰恰表明,西汉春秋公羊学盛行,是由于经学内在的演进逻辑与时代机遇交汇。由于汉初经过长期休养生息,至武帝时代国力强盛,鼓吹清静寡欲的黄老学说再也不合时宜,需要更换全新的哲学、行动的哲学。而春秋公羊学说因力倡"大一统",主张拨乱反正,"为后王立法",主张"改制",而成为最适合时代需要的学说,故史称:武帝

"推明孔氏,抑黜百家,立学校之官,州郡举茂材孝廉,皆自仲舒发之"。董仲舒以毕生精力治春秋公羊学,既深得经典的阃奥,又自觉地适应时代的需要,大胆而成功地诠释《春秋》大义,构建了春秋公羊学的理论体系。他所大力彰显的公羊学说,虽然充满"非常异义可怪之论",但由于符合先秦以来儒学内部的逻辑发展,并且深刻体现了"改制"时代的要求,因而大盛于世。对于晚清春秋公羊学说由揭起复兴序幕到形成高潮,笔者认为有两个问题特别值得关注。一是公羊家法与清代今文学复兴之统绪二者的关系。今文公羊家法的真谛,是阐发微言大义,以经议政,主张"改制"、进化。东汉何休提出"三科九旨",对公羊家法作了比较完备的总结。必须牢牢把握公羊家法这一标准,才能正确地辨析、判定清代今文学复兴之统绪。乾隆间庄存与公开举起旗帜,继承董仲舒、何休的路数,求公羊学之正途,对"大一统""张三世""通三统"等基本问题作进一步阐释,故成为清代今文学复兴的开山人物。孔广森自立"三科九旨",混淆今古文家法,他用"尊、亲、贤"来诠释《公羊传》中的褒贬手法,其结果是抽掉了公羊学说活跃的思想内涵,使之庸俗化;对此,前贤梁启超、陈寅恪、杨向奎都有过明确的论述。刘逢禄继承了庄存与的事业,将之发皇壮大,他阐发了一套反映清朝统治由盛而衰的"变"的哲学,为公羊学撰著了一系列有价值的著作,因而成为复兴事业的关键人物。至龚自珍、魏源对公羊学说大力改造,倡导改革,批判专制,成为著名的今文学派两健将,以后为康有为所直接继承。文章中以上述公羊家法作为分析的标准,对近年来有的学者所持应当肯定孔广森将戴震"情欲说"的主张引入公羊学、清代公羊学乃起因于刘逢禄同和珅的政治斗争、清代常州学者共同形成了"庄氏外家之学"等观点,提出了商榷意见。二是公羊学说对晚清历史文化认同的推进。长时间以来,有关今文公羊学说在晚清时期所导演的一幕幕活剧似乎已被人淡忘,这是学术研究的一大缺憾。历史事实是,在鸦片战争前后,龚自珍、魏源对公羊学说改造、发展,回答了民族危机时代的紧迫课题,批判专制,倡导改革,并首先提出向西方学习的主张;至19世纪末,康有为进一步将公羊"三世说"与西方资产阶级政治理论相结合,提出了"君主专制(据乱世)——君主立宪(升平世)——民主共和(太平世)"的新"三世说",成为发动变法维新运动的理论纲领。进步的公羊学说与有识之士探索救亡道路相激荡,有力地推进了晚清时期全国民众的文化认同。这是晚清历史上的重要事件,也是具有新鲜活力的公羊哲学观建立的功绩。在今天,公羊学说对于巩固伟大祖国统一和加强各民族的团结,仍有重要的积极作用,此即研究本课题的理论价值所在。

清代学术史演进波澜起伏,值得进一步探讨的问题甚多,本篇所论还涉及三项。一是章学诚对历史哲学的探索。对乾嘉时期著名学者章学诚的学术建树,前辈和时贤已发表不少论著,使人得益良多。不过,以往只关注从史学评论视角对《文史通义》进行评价实有明显的不足,因为章学诚著述的重要立意所在是进行哲学问题的探索。他自标界说,表明要在训诂考证学风盛行的情况下,独树一帜,以"义理"即哲学思想为指导,探究学术发展的深层次问题。其历史哲学探索的第一层次,是对儒家经典《周易》《诗经》《尚书》《周礼》等作新的诠释;第二层次,是围绕哲学最高范畴"道",提出道出自然,渐形渐著,存在"不得不然"的客观趋势,"圣人学于众人",随着社会生活的变化,道也应向前发展等一系列新的命题。前者是其"义理"探讨的基础,后者则是深化和升华。章学诚自信其哲学探讨之作有"开凿鸿蒙"之功,近代学者梁启超高度评价章氏学术为"乾嘉以后思想解放的源泉",这些都说明对这一领域进行系统的发掘、阐释,实为亟须补上的重要课题。二是魏源社会改革思想的时代特征。魏源是开启近代打破封闭状态、奖励对外观念,因而支配国民心理长达半个多世纪的杰出思想家。推进对魏源的研究,应当把他的改革主张及其代表时代精神的哲学思想,与当时哲学领域的深刻变革联系起来，并且发掘其前期改革思想中的近代意识，探讨他由前期向后期思想发展的内在逻辑联系。考察魏源社会改革思想的时代特点，还可从中得出对于当前推进中国现代化进程的启示。三是西学传播与近代史学的演进。由鸦片战争时期发轫的近代史学，其八十年行程中，在历史观、著述内容和体例形式上经历了一系列的深刻变化，重要的原因即由西学的传播而推动形成的，这是近代中西文化交流史和学术史的重要课题，以往尚缺乏系统的探讨。由于逐步吸收西方新学理，近代史学的演进经历了三个阶段，各具鲜明的时代特点。鸦片战争前后在中西文化撞击中，以魏源为代表的有识史家呼吁了解外部世界的广阔和先进性，撰成介绍外国史地的名著，突破了传统史学的旧格局。1860年至甲午战前，先由冯桂芬、郑观应等早期维新派人物，从以前的"师其技"跨到"采其学"；其后，以黄遵宪撰成《日本国志》为代表，直接介绍外国制度文化，探讨其富强之由，为变法运动提供了借鉴。

中国传统文化中的许多宝贵的精华，是十分值得我们认真发掘、总结的。马克思和恩格斯所创立的唯物史观理论在五四时期传入中国以后，很快得到广泛传播，在中国土地上扎下根来，不论是在指导革命实践上，还是在指导学术研究上都产生了奇效大验，使中国社会和学术界的面貌为之一新。这样的巨大变化是怎样产生的呢？这一方面是中国社会存在深刻的矛盾，需要有这一革命学说的指引，才能找到救亡、复兴的正确道路；另一方面，则是中国传统思想中长期形成和发展的优良因素，成为先进的中国人顺利接受唯物史观指导的思想基础和内在动力。传统思想中的精华，表达了历代人民大众的美好追求和理想，虽然尚未达到欧洲19世纪先进学说的高度，但其发展方向是相同的，其中所包括的命题也往往是相同或相似的，因而中国传统文化中的优秀遗产是同唯物史观基本原理相通的。"传统思想的精华何以通向唯物史观"，应当作一个重要课题作深入的探讨。这不仅是阐明中国马克思主义史学的创立所需要的，而且对于认识唯物史观应当在新的时代条件下加以丰富和发展，更好地发挥其指导作用，具有重要的现实意义。

中篇为"当代史学的思考"。选入的文章旨在讨论如何正确评价中国马克思主义史学的成就和历史地位。自从五四时期马克思主义传入中国以后，以"马克思主义的普遍原理与中国实际相结合"为指导，中国共产党领导全国人民共同努力，使中国社会面貌发生了翻天覆地的变化，中国史学也发生了根本的变革。这是人所共见的事实。随着1949年新中国成立，马克思主义史学在全国范围内确立了主导地位，20世纪的中国史学在三四十年代取得重大成就的基础上迎来了新的发展阶段。关于"十七年"历史研究的基本估价，学术界实际上存在着完全不同的两种看法。一种意见认为"十七年"历史研究虽然走过了曲折道路，但是总的来说取得了巨大的成绩。另一种意见则认为"十七年"的史学完全服务于政治，它被"农民战争史的研究体系"所笼罩，故无学术独立性可言，甚至将"十七年"史学与"文革"十年中"四人帮"疯狂践踏、摧残历史科学，蓄意制造混乱，颠倒黑白扯到一起，认为新中国成立后三十年的史学应划作一个历史阶段。如果后一种观点确有道理，那么，"十七年"中用以指导历史研究的唯物史观基本观点也就早已过时或应宣布为非科学的，当前史学应当彻底地改辙更张的看法，似乎也就有道理了。可见，对"十七年"史学的方向如何正确评价，实则是直接关系到怎样认识20世纪中国马克思主义史学的历史地位，和怎样看待唯物史观的科学价值及其在新世纪史学中的作用这样一个全局性的问题。

我的看法是，新中国成立后"十七年"的史学，既经历过严重曲折，有过严重失误，同时又确确实实取得了巨大的成绩。在进入新时期之际，我们为了拨乱反正、揭露极"左"错误的危害，曾经着重批判教条化、公式化的种种恶劣表现和严重危害，反思其教训。如果说，在当时条件下着重批判错误一面确有必要的话，那么在今天，认真地总结"十七年"中历史研究的成绩也同样是非常必要的。因为，客观地、全面地看问题，是我们史学工作者的责任。今天的许多历史系大学生和研究生，因为没有经历过"十七年"，又很少能看到正确评价"十七年"史学的文章，所以竟然以为"十七年"史学没有什么成绩可言，闭目一想，"十七年"史学一言以蔽之，就是"教条化盛行"。这不仅造成对"十七年"史学的完全错误的认识，而且导致对整个中国马克思主义史学的历史地位及其在今日的发展前景认识模糊。今天，站在新世纪之初的时代高度，回顾新中国成立后十余年历史研究的历程，可以看得很清楚：当时存在着两种对立的学风，两种对立的倾向。一种是正确的学风，坚持创造性地运用唯物史观原理，将之应用到研究中国历史实际中，推进史学工作的发展，开展健康的批评和讨论。一种是教条式地对待马克思主义理论，只会套用现成公式，不愿作严肃、艰苦的搜集、分析史料工作。"十七年"历史研究的成绩，就是在坚持唯物史观指导的正确方向下所取得的，也是在与背离唯物史观原理的教条化倾向作斗争中取得的。曲折和失误，则是背离了唯物史观的结果。强调这一点是十分必要的，因为这是总结"十七年"史学道路的一个实质问题。"十七年"史学不仅在通史、专史、史学理论、整理历史文献等方面有巨大成绩，同时，由于学习唯物史观，一批原先在三四十年代主要从事实证性研究的学者开阔了视野，提高了理论水平，从而使他们的学术达到新的境界；"十七年"使我国历史学领域基本上建立起比较完整的学科体系，大学历史系教育课程设置比较齐全，并且培养了一批人才，他们后来成为在新时期中活跃的学术骨干，为纠正过去的错误和开创新局面作出了许多贡献。所以，"十七年"史学把20世纪中国史学推向新的阶段，由此而显示出唯物史观的科学价值和生命力。

近年来，唯物史观受到严重的责难和挑战。原因很复杂，需要经过深入讨论和不断实践，来予以澄清和作出理论上较为令人信服的回答。我想，其中有两点可能是比较重要的：第一，要认真区分以往历史研究成绩与失误之轻重大小，尤其是要深入分析造成失误的原因，不能一讲到以往的失误，就归结到唯物史观的账上。第二，马克思主义创始人总结了人类历史和社会结构等等，创立了唯物史观的学说，总结出人类社会因生产力与生产关系的矛盾运动等项，而从低级阶段向高级阶段发展的规律。马恩指出的"规律"，不应理解为就如同自然科学的"定律"一样，是任何时间、任何条件都要重复地出现的东西。毋宁说，是以它概括历史发展的逻辑关系，指导我们以其原理从生动丰富的历史进程中去创造性地发掘和总结。新世纪的史学，必定前景更加广阔，风格更加多样，方法更有不断创新。然而，唯物史观是科学的体系，它能在吸收许多有益的学说、原理之中丰富自己，在实践中发展自己。新世纪中最有前途的史学，能真正拿出来与外国同行平等对话的史学，必定是坚持唯物史观基本原理，又善于发扬前人学术遗产，并通过对外交流、学习外国有用东西以丰富自己，在此基础上勇于开拓创新的史学流派和著作。

基于上述认识，笔者选取了若干应予重点关注的问题进行分析、论证。如，《中国马克思主义史学发展道路的思考》一文认为，自五四以后，中国马克思主义史学的发展应划分为三个阶段，并特别提出：新中国成立后十七年，马克思主义史学虽然经历过严重的曲折，但成绩仍是主要的，并非如有的论者所言"完全成为政治的附庸"。主要表现在：以唯物史观原理与中国实际相结合的方向得到坚持，形成百家争鸣的局面，在通史、断代史和专史领域，以及大规模整理历史文献等方向都有重要成果；当1958年以后教条化严重泛滥时，郭沫若、范文澜、翦伯赞等勇于挺身而出进行抵制，在他们身上真正体现了唯物史观的风格；一批熟悉历史考证的学者在唯物史观指导下，学术达到新的境界。《新历史考证学与史观指导》一文，即以蒙文通、谭其骧、唐长孺、赵光贤为代表,论述这些原先在严密考证上训练有素、重视因果关系等治史观念的学者,在接受唯物史观指导之后,自觉地探求历史的本质性和规律性认识,遂将新历史考证学推向新的发展阶段,因而分别在通论性研究、民族史研究、历史地理学研究、断代史研究等领域取得了令人瞩目的成就。由此证明:唯物史观是科学的历史观,又是科学的思想方法论,它与新历史考证学的方法互相贯通,而又具有更高的科学性和更深刻的洞察力。精熟典籍、考证严密的学者掌握了它,思想认识能力就能大大得到提升,在学术研究上跃进到新的阶段。这是20世纪中国史学演进极其宝贵的思想遗产,值得我们高度珍视并予以大力发扬。《关于中国近代历史进程基本线索的理论》一文,论述关于近代史进程基本线索的理论,是中国马克思主义史学理论建设史上的一项重大收获。这一探讨历经曲折的过程,其发端于30年代,马克思主义学者论证了近代史主线是反帝反封建革命的正确观点;50年代对近代史分期进行了热烈的争鸣,认识更加深入,尤其是以范文澜为代表的学者提出同时应以资本主义的发展来考察近代社会进程的看法,具有前瞻性意义;进入新时期以后,在解放思想、实事求是路线指引下,学者们从新颖的视角进行思考和分析,更有许多创获,胡绳、李时岳、陈旭麓、刘大年的主张尤有代表性,集广大近代史研究者的共同努力,最终得出"两个基本问题"的科学认识。总结这一探索历程有深刻的意义,证明中国马克思主义史家坚持革命性与科学性二者相结合,坚持从掌握充分的史料来科学地分析问题,这同死搬教条的做法完全不可同日而语。这一理论问题最终圆满解决,是近代史领域坚持解放思想,坚持以唯物史观原理分析中国实际问题的逻辑依归。《范文澜与毛泽东的学术交谊》一文,论述范文澜在数十年学术生涯中把近代史研究作为治学之一个重点,确立了"实事求是"的治史指导思想,将马克思主义普遍原理与中国历史的具体实际相结合,在长期的学术研究中一贯自觉地防止和反对教条主义,积极地倡导和模范地实行百家争鸣等项治学旨趣和特色，都是由于受到毛泽东的个人影响。他们两人各自在学术领域和政治领域，代表了20世纪中国的时代精神，又同样具有浓厚的中国民族的特色，因而彼此在精神上保持着强烈的共鸣。

下篇为"白寿彝学术风采"。选入的文章是有关白寿彝先生学术思想的评论和对他高尚人格的缅怀。白寿彝先生是我国著名的老一辈马克思主义史学家、教育家和社会活动家。他在学术园地上辛勤耕耘长达半个多世纪。自20世纪50年代初以后长期担任北京师范大学历史系教授、主任，1980年又创办北京师范大学史学研究所，曾任中国史学会主席团成员、北京史学会会长、国务院学位委员会委员和第四至第六届全国人大常委等职务。他治学领域广阔，在中国通史、史学理论、史学史、民族史、宗教史、中国交通史等领域都有高深的造诣。由他担任总主编的《中国通史》共计十二卷二十二册，共约一千四百万字，是以科学历史观为指导、上起远古时代下迄中华人民共和国成立、内容丰富系统的通史巨著，汇集了全国约五百位专家的劳动，凝聚着总主编白寿彝先生二十余年的心血。学术界称誉这部巨著是20世纪中国史学的压轴之作。在此后五年时间内，《中国通史》又重印了三次，累计印数达三万七千套，这在大型历史著作出版史上是极为罕见的。由白寿彝先生主编、撰成于1980年的《中国通史纲要》则先后重印达三十次之多，总印数逾一百万册。寿彝先生撰著和主编有《中国回回民族史》（四卷本）、《回族人物传》、《中国史学史》第一册、《史学概论》、《白寿彝史学论集》、《白寿彝民族宗教论集》、《中国交通史》、《中国史学史论集》等著作，无不受到学术界的高度重视，为诸多学科和研究领域的研究者提供了十分有益的启迪。严谨治学和锐意创新，是贯彻寿彝先生一生治学的准则，是他能在多学科领域内同时取得卓著建树的真谛，也是他老人家留给后人的宝贵精神财富。他撰写论著，总是广搜材料，仔细地审查和分析，深入开掘，多方面发现材料的内在联系，总结客观地存在于事物中的规律性，然后熔炼成观点鲜明、表达准确、逻辑清晰、篇章结构合理完美的文章。他临文必敬，大到数十万字的专著，小到一千几百字的小文章，无不精心构撰而成，真正是严肃认真、一丝不苟。他对访问他的记者说：我永不走老路。并告诫周围的同志和学生：你只有把生命投进去，你写的东西才有生命。他又常说，我七十岁以后才真正做学问。当我们国家进入改革开放的新时期，寿彝先生已届七十岁，但他不知老之将至，而是迎来他学术上最辉煌的时期，许多重要著作和重大科研项目，正是在他人生道路最后二十年中完成的，确实令人景仰和赞叹！他对伟大祖国的历史文化真挚地热爱，大力继承、发掘传统文化中的优良遗产。同时，他坚信社会主义前途，坚信以与时俱进、不断发展的马克思主义来指导学术研究和各项工作。"在唯物史观指导下从事新的理论创造"这句掷地有声的话，精当地概括了寿彝先生的学术宗旨。他真正做到了把认识和总结客观的历史——体现当今的时代要求——关心国家和民族的未来三者有机地统一起来。他几十年的著述，则是把坚持正确的理论方向——丰富翔实可靠的史料——恰当优美、雅俗共赏的表现形式三者有机地统一起来。他的优良学风和创新精神无疑是一笔极其宝贵的思想遗产，值得我们高度珍视、发扬光大。

这一辑文章，有对寿彝先生撰著的《中国史学史》第一册、《白寿彝史学论集》、《中国通史·导论卷》等著作的书评，有关于《中国通史纲要》对历史上民族关系的处理的评论。《史学体系的重大创新》一文，对白寿彝先生主编《中国通史》的重大成就作了简略的评论，认为：多卷本《中国通史》，是一部以马克思主义为指导的、内容丰富的皇皇巨著。它集中了"积一代之智慧"的研究成果，在历史理论指导上达到了新的高度，并且在体裁上创造了新综合体的崭新形式，实现史学体系的重大创新。这部巨著的完成，是白先生和各位共同合作的专家们向新中国成立五十周年和 21 世纪献出的一份厚礼！总主编白寿彝先生不顾高龄，仍然保持如此旺盛的学术创新精神，以一二十年的艰苦劳动作出如此巨大的成就，对于我们后学实是最可宝贵的激励！这部巨著又昭示我们：坚持在唯物史观指导下从事新的理论创造这一方向，发扬传统史学的优良传统，吸收近代史家的优秀成果，坚持学术研究中的创新精神，就能不断推进史学走向新的境界。这对未来世纪史学的发展无疑具有深远的意义。《白寿彝先生编纂〈回民起义〉的学术价值》一文，则对寿彝先生于 1952 年编纂完成的《回民起义》（四册，共二百余万字）一书作了简要评价，认为：这部史料集的编纂确是开创性的工作。搜集回民起义史料的工作有特殊的困难，因为，在清代，云南或西北的起义都被镇压，也就不可能有当时人站在起义民众立场所作的正面记载，若干原始资料即使能幸而得以保存也早已散落在民间，寻找极其不易。白先生 1940 年代在昆明时，即以执着的精神千方百计到处访求，包括在昆明和外县，克服种种困难，辗转寻觅，找到了一些原始史料和抄本，其中还有马生凤这样的长时期以保存本民族历史文献为职志的回族学者搜集并存留下来的资料。《回民起义》书中有关清代云南回族人民起义的史料，即以此为基础。新中国成立后，又进一步在北京各图书馆、回族学者和宗教人士，以及其他历史学家、文献学家帮助下，加以扩充和系统化。这部书之所以具有很高的史料价值，首先在于搜集文献丰富，种类齐全。共包括四大类：（一）官书（和半官书）；（二）奏议；（三）私人著述；（四）方志和碑刻文字。正因为《回民起义》有重要的学术价值，因此出版以后一向受到近代史和民族史研究者的重视，近年，上海人民出版社与上海书店出版社又联合将此书再版发行。

上篇　学术史探索

董仲舒春秋公羊学说的理论体系

一、董仲舒：把春秋学推向高峰最有功的人物

《汉书·董仲舒传》赞引刘歆评价董仲舒云："仲舒遭汉承秦灭学之后，六经离析，下帷发愤，潜心大业，令后学者有所统一，为群儒首。"《儒林传》又载：景、武间传《春秋》者有公羊、穀梁两派。胡毋子都及董仲舒都因专治《公羊春秋》，景帝时同为博士。胡毋生"与董仲舒同业，仲舒著书称其德。年老，归教于齐，齐之言《春秋》者宗事之，公孙弘亦颇受焉"。传《穀梁传》的学者则为瑕丘江公。"武帝时，江公与董仲舒并。仲舒通五经，能持论，善属文。江公呐于口，上使与仲舒议，不如仲舒。而丞相公孙弘本为公羊学，比辑其议，卒用董生。于是上因尊公羊家，诏太子受《公羊春秋》，由是《公羊》大兴。"《汉书》的这两段记载虽然简略，却很明确地传达了如下重要信息：经过秦朝焚书、禁绝儒学的浩劫以后，儒家典籍散亡，学说传授几乎中绝。值汉初几十年的因缘际会，儒学重新获得非凡的生命力，并加快其复兴的步伐，至武帝时取得独尊地位。儒家的五

经，确立了经典的至高无上的地位，不但为学者所宗从，而且是朝廷的指导思想，中国文化史上的"经学时代"从此开始，一直延续到晚清，相沿达二千年。一个学派的经典，在一个人口众多的大国如此长期地居于意识形态的支配地位，这是世界史上独一无二的现象。西汉景武时代起，《诗》《书》《礼》《易》《春秋》五部儒家经典，均有博士立于学官，传授各有其人，而《春秋》一经却无疑享有最尊显的地位，它令"学者有所统一"，并且为帝王所提倡，成为一代显学。对于《春秋》在西汉中期以后这种在政治上和学术上的特殊指导地位，前代学者也有中肯的评语，如宋代胡安国说："武宣之世，时君信重其书，学士大夫诵说，用以断狱决事。虽万目未张，而大纲克正，过于春秋之时。"[1]《两汉三国学案》作者清儒唐晏也说："凡朝廷决大疑，人臣有献替，必引《春秋》为断。"[2] 总之，《春秋》在当时俨然是一部"圣经"，凡朝廷决大疑，大臣呈奏议，以至决狱判案，都必须引《春秋》为根据。这是西汉中后期"经学时代"正式生成之始特有的，堪称时代标志性的现象。历数把《春秋经》推向如此独一无二的尊显地位的有功人物，自然不应忘记景帝时将《春秋公羊传》著之竹帛的公羊寿，在齐地传春秋公羊学、身为朝廷博士的胡毋子都，以通春秋公羊学跻身丞相的公孙弘。而相比之下，功劳最巨、"为群儒首"的人物则是董仲舒。董仲舒因精通春秋公羊学，在向汉武帝对策中提出罢黜百家，独尊儒术，而为武帝所激赏。他精通五经，尤致力于春秋公羊学的传授，"下帷讲诵，弟子传以久次相授业"，因而使春秋公羊学盛行于世。他写有关于春秋公羊学的多种著作，史书称"仲舒所著，皆明经术之意，及上疏条教，凡百二十三篇"。[3]《春秋繁露》八十二篇，是流传至今的董氏的重要著作，书名"繁露"，即是对《春秋》发挥、引申之意。[4] 书中可能有后人附加的字句，但其思想体系和基本

---

[1] 据皮锡瑞《经学通论》卷四《春秋》所引，中华书局1954年版。
[2] 唐晏：《两汉三国学案》卷八《春秋》，中华书局1986年版。
[3]《汉书·董仲舒传》，中华书局1962年版。
[4] 按，古语"繁露"义为"冕之所垂"，故有引申、发挥之意。

内容出自董仲舒无疑。董仲舒先后任江都王相、胶西王相，后去位归家，修学著书，然朝廷有大议，常"使使者及廷尉张汤就其家而问之，其对皆有明法"。董仲舒之所以能把春秋公羊学推向高峰，在当时被尊奉为"一代儒宗"，所撰《春秋繁露》一书能在思想史上产生如此巨大而久远的影响，关键就在于他根据时代的发展，创造性地诠释了《春秋经》的大义，从而为经学的发展作出了巨大贡献。董仲舒为何能成功地推演《春秋》大义？他如何诠释和建构春秋公羊学说的理论体系？他的学说何以能在西汉政治领域和学术领域产生强烈的反响？董仲舒经学诠释的成功经验对后代公羊学者提供了什么启示？这些都是经学思想史上很有意义的问题，值得深入地探讨。

二、经学内在的逻辑发展与时代机遇的交汇

董仲舒成为西汉春秋公羊学的大师，《春秋繁露》成为全面诠释《春秋经》达到高峰的代表作，实是先秦以来经学发生史内在的逻辑发展与西汉时代机遇二者相结合的产物。

首先，是由于《春秋》在原始儒家经典中具有突出的经世特点，至西汉，适逢时会地发挥出对现实政治生活强有力的指导作用。先秦儒家经典的共同本质是：它们凝结了三代甚至更为古远的华夏民族的历史经验和文化智慧，尤其总结了西周初年文王、武王、周公为代表的"敬德保民"的历史经验和政治智慧并加以发展、丰富，形成了以行仁政、重民心、遵礼制、敬天命，以及重视历史经验、祖先崇拜、亲亲和孝道，提倡温柔敦厚和中庸之道，相信万物生生不已，保持积极进取的人生态度等项为主要纲目的学说体系，集中地代表了中华民族的价值观念、生活方式和共同心理。因此，先秦儒家经典从总体上构成了中华民族文化发展的源头活水，反映了先民对人类所关心的重大问题（包括自然、社会、人生）的思考，由此形成中华民族认识世界和把握世界的思维方式，在以后各个社会阶段中，有关社会发展和民众生

活的课题虽然带有不同特点，但许多问题的实质与原始儒学所提出的命题又是相贯通的。因此，两千多年来各个时代有成就的思想家和志士仁人表达他们兴邦济世、为国为民的思想主张，都是通过对儒家经典的阐释进行的。一方面，依靠彰显儒家经典的权威性来加强其主张的影响力。另一方面，通过总结新的时代智慧而对原有的命题作出新的诠释，为经学思想注入新的时代精神和动力。这就决定了两千多年间经学诠释的传统，它不断丰富和发挥先秦经典的基本内涵，并且不断进行着再创造。

在经学诠释传统中，《春秋经》占有特殊的重要地位。此中原因值得深入研究，初步考察，至少有以下三层理由。一者，《春秋》是孔子据鲁史而作，是儒家五经中唯一由孔子修成的，这与经过孔子删订、编次或部分作解释的其他经典有所不同，更有权威性。二者，《春秋经》记载春秋二百四十二年史事，文字极简略，却处处寓含着孔子的褒贬大义。孔子修《春秋》的目的，是拨乱世，反之正。孔子所处的时代，周王室式微，诸侯各国攻战不已，礼坏乐崩，弑君三十六，亡国五十二。孔子要通过记载历史重整天下纲纪，重新规定政治生活的准则和人们的价值标准，因而《春秋经》具有政治威慑作用，使乱臣贼子惧。而后代阐释孔子修《春秋》的"微言大义"，对于现实政治生活和威权势力有巨大的干预作用。三者，孔子通过修《春秋》以寄托自己的政治理想，希望重新实现"天下一统""礼乐征伐自天子出"的局面。因而《春秋经》被称为"为汉制法""立一王之法"，如《公羊传》所强调的具有"以俟后圣"的政治意义。儒家各部经典各有自己的特点和功用，《春秋经》最被称道的便是"纲纪天下"、重新安排社会秩序的作用。在先秦时期，《庄子·天下》篇即说："《诗》以道志，《书》以道事，《礼》以道行，《乐》以道和，《易》以道阴阳，《春秋》以道名分。"强调《春秋》具有重整政治秩序和伦理秩序的作用。西汉的董仲舒尤精于《春秋》，他进一步作了诠释："《诗》道志，故长于质。《礼》制节，故长于文。《乐》咏德，故长于风。《书》著功，故长于事。《易》本天地，故长于数。《春秋》正是非，故长于治人。"① 突出地指明《春秋经》确定社会规范、治理国家的作用。既然《春秋》之明是非、别善恶、拨乱反正，是立国的纲纪和社会共遵的准则，那么它在儒家五经中就必然被推向特殊重要的地位，对它进行诠释、以它作为君臣和所有社会成员行为的标准，就是国家的大事和时代的需要了！

其次，孟子已为诠释《春秋》作出具有不平凡意义的成功示范，为经学发展创辟了一条大路。从战国中叶至西汉武帝年间，是儒家经典地位上升和经学确立的重要时期，孟子以其弘扬孔子之道的卓识，对推进、形成华夏民族对儒家典籍的共尊意识作出巨大贡献，他又独具慧眼地对《春秋》作了成功的诠释，这些都激励后人继续为推进这一很有价值的事业作出努力。董仲舒正是自觉担当道义，继承了孟子的功业，因而成为西汉一代巨儒，这同样反映了自先秦至西汉儒学发展的内在逻辑。孟子之所以在经学发生史上起到特殊重要的作用，是由于：从原始儒家典籍的产生到经学的确立，需要具备几项必不可缺的思想基础和文化认同，包括尊奉孔子为圣人，推崇经书的教义具有至尊性和普世性，和作出创造性地诠释经典的示范等项。孟子恰恰是推进这种文化认同和创辟经学确立之思想基础的关键人物。② 孟子不遗余力地推尊"先王之道"，称圣人为"人伦之圣""百世之师"，这些先圣就是自尧、舜、禹、文王、武王、周公，以至集大成者孔子。他称孔子修《春秋》是关系到华夏民族兴衰存亡的伟大事业，其功可与"禹抑洪水而天下平，周公兼夷狄，驱猛兽而百姓宁"相等列。这就将《春秋》从儒家五经中特别突出出来，成为孔子对民族和历史所建树的不朽功绩的代表之作。他诠释《春秋》寄托着孔子的政治思想，要重整天下纲纪："世衰道微，邪说暴行有作，臣弑其君者有之，子弑其父者有之。孔子惧，作《春秋》。《春秋》，天子之事也。是故孔子曰：'知我者其惟《春

---

① 《春秋繁露·玉杯》，苏舆《春秋繁露义证》本，中华书局1992年版。
② 参见姜广辉《孟子在中国经学发生史上的地位》，见《中国经学思想史》第一卷第五章，中国社会科学出版社2003年版。

秋》乎！罪我者其惟《春秋》乎！'"阐明孔子因目睹社会秩序崩坏紊乱，要挽狂澜之既倒，于是采取修《春秋》的方式，以褒贬为手段，明是非，别善恶，要让社会恢复到"天下有道"的局面。他认为孔子这样做是针砭世事以垂法后人，对后世治理国家具有头等重要的意义，所以称《春秋》是"天子之事"，并说"孔子成《春秋》而乱臣贼子惧"，具有巨大的政治威慑力量。①孟子还阐释《春秋》中有史事、史文、史义，而最重要的是"史义"，这是孔子特意灌输进去的。他说："王者之迹熄而《诗》亡，《诗》亡然后《春秋》作。晋之《乘》，楚之《梼杌》，鲁之《春秋》，一也。其事则齐桓、晋文，其文则史。孔子曰：'其义则丘窃取之矣。'"②指出《春秋》是孔子当社会混乱时期所作，人们应该特别重视其中所曲折表达的孔子的政治观点和政治理想，体会其中的"微言大义"。总之，孟子虽然没有撰著关于《春秋》的专门著作，他所讲的《春秋》的三段话文字也并不长，但是在经学发生史和《春秋》诠释传统上却都是意义重大，影响深远。他指明《春秋》在儒家经典中居于特殊重要的地位，强调孔子虽无天子之位，而行"天子之事"，强调人们要深入钻研孔子贯注在《春秋》中的大义，它们具有使乱臣贼子惧的政治威力。以孟子"亚圣"的地位，论定《春秋》具备后世治国的纲纪和伦理教科书的价值，并为人们结合自己时代的需要创造性地诠释《春秋》树立了典范，指明应着重致力的《春秋》的大纲巨目：这对中国经学思想史的影响是极其深远的，而首先启发和激励了西汉的董仲舒，他正是沿着孟子诠释《春秋》的路子发展，而成为一代公羊学大师。

第三，西汉武帝时代恰好为春秋公羊学的盛行提供了最适宜的时代环境。秦和西汉相继建立了封建的统一国家。西汉消灭了异姓王、同姓王之后，国家政治统一的规模更加向前发展。汉武帝以其雄才大略，在边境上进行自卫性质的战争，连续击败匈奴

---

① 均见《孟子·滕文公下》，《十三经注疏》本，中华书局1980年版。
② 《孟子·离娄下》。

主力，解除了长期以来北方游牧民族对华夏民族的威胁，并且开拓边郡，扩大版图，从而把中华一统的事业推进到空前的阶段。司马迁在《史记》中盛赞道："汉兴，海内为一，开关梁，弛山泽之禁，是以富商大贾周流天下，交易之物莫不通，得其所欲。"① 又说："汉兴以来，至明天子，获符瑞，封禅，改正朔，易服色，受命于穆清，泽流罔极，海外殊俗，重译款塞，请来献见者，不可胜道。"② 战国以来中国统一的事业如此加快发展，亟须一种学说来集中表达它，并且运用这种学说来巩固中国的统一。春秋公羊学说倡导"大一统"，尊奉天子号令天下的地位，正好适应这种需要。国家统一的规模和程度的发展，反映在民族关系上，是自东周后期以来民族间的融合一再呈现新的局面。如范文澜所说，在春秋时期，"华族与居住在中国内部和四方的诸侯因文化不同经常发生斗争，斗争的结果，华夏文化扩大了，中国也扩大了，到东周末年，凡接受华夏文化的各族，大体上融合成一个华族了"③。又说："东周后期，华族生产力进步，文化程度提高，因此逐渐地把居住在中原地区和四周边沿地区的各族融合起来。……战国时期，北起秦、赵、燕三国长城，南至旧吴、越海滨，大体上只存在着一个华夏文化，也就是居住在广大境域内二千万左右的人口，文化是共同的，心理状态是共同的。孟荀大儒主张行仁政，使天下'定于一'。明确地代表这种共同心理。"④ 秦、汉统一国家的建立，促使中国境内出现政治上共尊中央朝廷、经济上沟通、文化上交融的新局面，到西汉，北起长城、南至长江流域的广大地区，汉族已成稳定的民族共同体，形成坚强的民族了，从此以后，这个人口众多的民族就以汉朝这个强盛的朝代命名。当时的周边民族，也形成围绕中原地区的汉族而环列在东西南北的有序局面，并且明显地表现出对中原地区的向心力。春秋公羊学说的大一统观和变易观，就突出地包含民族

---

① 《史记·货殖列传》，中华书局1959年版。
② 《史记·太史公自序》。
③ 范文澜：《中国通史简编》（修订本）第一编，人民出版社1955年版，第270页。
④ 范文澜：《中国通史简编》（修订本）第一编，第265页。

的交流融合大踏步向前推进的极其宝贵的思想,并且预示未来民族间的隔阂、矛盾将完全消失的美好远景。春秋公羊学的进步民族观点,由于得到董仲舒的深入诠释而更加光彩焕发,《春秋繁露》中的有关篇章也因此而成为反映汉代这一历史性进步的具有独特价值的珍贵文献,并为后人打开了创造性地发挥公羊学通达的夷夏观的法门。汉武帝时期由汉初的无为政治向大有作为政治的转变,尤其给董仲舒构建公羊学说体系以直接的有力的推动。西汉初因承秦朝暴政和秦汉之际长期战乱之后,社会残破,生产破坏,经济凋敝,需要实行清静无为政策以恢复民力。文帝、景帝两世,成为历史上著名的休养生息时期。贾谊在文帝时已经提出"改正朔,易服色,法制度,定官名,兴礼乐"的主张,确有先见之明,但当时却因社会经济的恢复尚未达到可观的水平和文帝谦让节俭的性格而未得实行。至武帝时代,经过七十多年休养生息,经济上已积累了雄厚的实力,这个民族像是憋足了劲的巨人,已经不再无为,而是要大有作为,鼓吹清静寡欲的黄老学说再也不合时宜,需要更换全新的哲学、行动的哲学。时代选择了儒家经典这一思想体系。汉初社会虽以黄老思想占主导地位,但在若干关键问题上,儒学已一再发挥了重要作用,如刘邦接受"时时前说称《诗》《书》"的陆贾的建议,由任用武力转变为实行宽省政治;叔孙通制定礼仪,整肃群臣争功混乱的局面,建立起君臣上下等级分明的秩序;贾谊从儒家立场出发,主张削藩,打击诸侯王割据势力,为加强中央集权建立了大功。这些事实是对汉初诸家学说的最好验证,证明经过休养生息之后,为了巩固封建统治秩序和加强中央集权,儒家经典是最为适合的指导思想。而春秋公羊学说因力倡"大一统",主张拨乱反正,"为后王立法",主张"改制",而成为最适合时代需要的学说,同汉武帝"夙兴夜寐以思",冀图"兴造功业"的愿望正相应和。建元元年(前140)武帝即位,任命爱好儒术的窦婴为丞相、田蚡为太尉。诏举贤良方正、直言极谏之士。丞相卫绾奏所举贤良或治申、韩、苏、张之言,乱国政,请皆罢。奏可。证明武帝登位伊始,立即表明尊儒的立场。窦婴、田蚡依武帝旨意,迎耆老宿儒鲁申公，议设明堂。建元五年（前136）置五经博士。元光元年（前134），初令郡国举孝廉各一名。五月，复征贤良。董仲舒以"天人三策"应对，① 发挥《春秋》之义，提出罢黜百家、独尊儒术的建议，受武帝赞赏。故史称：武帝"推明孔氏，抑黜百家，立学校之官，州郡举茂材孝廉，皆自仲舒发之"②。如果说，儒家学说在武帝时代走向了政治舞台的中心，那么春秋公羊学则无疑地成为西汉中后期政治指导思想和社会指导思想的主角。董仲舒以毕生精力治春秋公羊学，既深得经典的阃奥，又自觉地适应时代的需要，大胆而成功地诠释《春秋》大义，构建了春秋公羊学的理论体系。他所大力彰显的公羊学说，虽然充满"非常异义可怪之论"，但由于符合先秦以来儒学内部的逻辑发展并且深刻体现了"改制"时代的要求，因而大盛于世，成为春秋公羊学说的第一个高峰。

三、论《春秋》具有纲纪天下的神圣法典的意义

董仲舒通过对《春秋》经传的阐释，构建了公羊学的基本理论体系，主要包括：突出《春秋》在儒家六经中的地位，论述它具有纲纪天下的神圣法典的意义；"大一统"的政治观；"张三世"的变易观；"通三统"的改制观；"德刑相兼"；天人感应和谴告说；经权之说。上述七项互相补充，构成了一个丰富的、极具政治色彩和辩证思维色彩的思想体系。

《春秋经》开宗明义第一句为："隐公元年春王正月。"《春秋》之所以在儒家经典中地位最为重要，是因为它指明了天子是承天命而治，具有无上的威权，并规定了治理国家的大纲大法。

---

① 董仲舒对策年代，《汉书·武帝纪》明确载于元光元年，但有不少论者主张应系于建元元年。现采用徐复观、周桂钿的意见，仍定于元光元年。徐复观所著《两汉思想史》论云："《汉书·武帝纪》于元光元年，记武帝策问之文，甚为明备；不以此为断定董生对策之年的基准，而另作摸索，将皆流于穿凿。"确为斟酌多处记载而得的审慎之见。

② 《汉书·董仲舒传》。

依照《春秋繁露》的阐释，董仲舒认为，在此"元年春王正月"六个字之中，集中地传达了天子统治的神圣性和确保封建国家得以大治的根本纲纪这些最重要的信息。《春秋繁露·玉英》篇云："是故《春秋》之道，以元之深（按，此字据《玉海》所引应作气）正天之端，以天之端正王之政，以王之政正诸侯之即位，以诸侯之即位正竟内之治。五者俱正，而化大行。"这段话，体现了解释《春秋经》至关重要的"微言大义"，包括帝王承天而治，位居至尊；帝王的号令必须符合天的意志，故人君首先要正心；诸侯必须忠于王室，才有其合法的地位；故诸侯必须秉承王的旨意，正境内之治，实行善政。总之，经过董仲舒的解释，"元年春王正月"这句看似简单的话却是从根本上确定了封建政治的伦理和秩序，王者承天意以行政事，封建国家的政治行动都是由上天安排的，以此论证王权的神圣性和正确性。因此说"五者俱正，而化大行"。而《春秋》全书更是孔子上探天意，下明得失，包含辩证天下复杂事物之是非的精微道理，所以有国家者，不可不学《春秋》。由此可见，《春秋》这部经典对于封建政治具有何等重要的意义！在"天人三策"中，董仲舒向汉武帝郑重陈述的是完全同样的意思："臣谨案《春秋》之文，求王道之端，得之于正。正次王，王次春。春者，天之所为也；正者，王之所为也。其意曰，上承天之所为，而下以正其所为，正王道之端云尔。"并且直接阐发孟子及《公羊传》中论述《春秋》"天子之事"，"制《春秋》之义，以俟后圣"的意义，说："孔子作《春秋》，先正王而系万事，见素王之文焉。""故《春秋》受命所先制者，改正朔，易服色，所以应天也。"①《春秋繁露》和"天人三策"中所论述的《春秋》中所体现的国家政治的根本纲纪，概括来说主要有以下三项：

一是王权神圣。武帝对董仲舒的策问中，也是启发他就"固天降命不可复反"，"三代受命，其符安在"，"何修何饬而膏露降，百谷登……受天之祐，享鬼神之灵"方面作回答。这种神化

---

① 《汉书·董仲舒传》。

王权的天命论固然是迷信、落后的,是让庶民顺服地接受统治,但在历史上,它又是不能跨越的意识形态的阶段。汉武帝对天意如此关切,董仲舒即回答说:"《春秋》之中,视前世已行之事,以观天人相与之际,甚可畏也。"① 而天这种主宰人世间一切的神秘力量,是授命于天子来实现的,由"天子受命于天",再派生出整个封建社会的伦理和秩序,"诸侯受命于天子,子受命于父,臣妾受命于君,妻受命于夫"。② 《春秋繁露》中进一步对天子承受天命治理万民从各方面加以阐释。《楚庄王》篇说:"受命之君,天之所大显也。事父者承意,事君者仪志,事天亦然。"申述国君既已受天之命,其所作为必须符合天意,而臣子对于受命之君同样应当绝对服从。《天地之行》篇说:"为人君者,其法取象于天。……是故天执其道为万物主,君执其常为一国主。天不可以不刚,主不可以不坚。天不刚则列星乱其行,主不坚则邪臣乱其官。"强调天主宰一切,故赋予国君以统制百官万民的无上权力。天子威严刚强,群臣柔顺服从,这是天意安排,不可移易。《符瑞》篇又说:"一统乎天子,而加忧于天下之忧也,务除天下所患。而欲以上通五帝,下极三王,以通百王之道,而随天之终始,博得失之效,而考命象之为。"这是进一步申论天子是天命所归,所以为了达到至治,必须总结古今成败的教训,以符合天命的昭示。

二是论述《春秋》"为后王制法"。《公羊传》在其终卷有一段重要的议论:"君子曷为为《春秋》?拨乱世,反诸正,莫近诸《春秋》。则未知其为是与?其诸君子乐道尧舜之道与?末不亦乐乎尧舜之知君子也?制《春秋》之义,以俟后圣。"③ 据此,《公羊传》作者已经认定,《春秋》拨乱反正的政治主张实则为后王提出治国的指导性原则。董仲舒大大推进了这一观点,提出孔子以《春秋》立一王之义,为后王制法。《春秋繁露·俞序》篇论曰:

---

① 《汉书·董仲舒传》。
② 《春秋繁露·顺命》。
③ 《春秋公羊传》哀公十四年,《十三经注疏》本,中华书局1980年版。

仲尼之作《春秋》也,上探正天端王公之位,万民之所欲,下明得失,起贤才,以待后圣。……史记十二公之间,皆衰世之事,故门人惑。孔子曰:"吾因其行事而加乎王心焉。"以为见之空言,不如行事博深切明。故子贡、闵子、公肩子,言其切而为国家资也。其为切而至于杀君亡国,奔走不得保社稷,其所以然,是皆不明于道,不览于《春秋》也。故卫子夏言,有国家者不可不学《春秋》,不学《春秋》,则无以见前后旁侧之危,则不知国之大柄,君之重任也。故或胁穷失国,掩杀于位,一朝至尔。苟能述《春秋》之法,致行其道,岂徒除祸哉,乃尧舜之德也。

　　董仲舒剀切地申论《春秋》所记鲁国十二公之间的史事,乃是处处体现出孔子欲使明王达到国家至治的良苦用心,所以孔子的门人子贡等人深刻地领会孔子的这番义旨,懂得《春秋》义理深切,足为后王治国的宝鉴。如不按《春秋》之大义实行,则将导致国家礼义制度崩坏,以至亡国灭身。如能按《春秋》所制定的纲纪治国,则不但可以免祸,而且能达到尧舜那样的境地!

　　三是论述《春秋》之义无所不包,见微知著,防患于未形。《春秋繁露·精华》篇云:"(《春秋》)其辞体天之微,故难知也。弗能察,寂若无;能察之,无物不在。""是故为《春秋》者,得一端而多连之,见一空而博贯之,则天下尽矣。"《王道》篇谓:"孔子明得失,差贵贱,反王道之本。""刺恶讥微,不遗小大,善无细而不举,恶无细而不去,进善诛恶,绝诸本而已矣。"以此告诫人们,《春秋》中所书不论得失、贵贱、大小、善恶之事,其中运用的褒贬书法,都寓含着王道之本,人人必须细心体会,返求诸己,身体力行。《二端》篇云:"《春秋》至意有二端,不本二端之所从起,亦未可与论灾异也,小大微著之分也。"这是说,如果不按照君臣上下的纲纪法度行事,小错会导致大乱,微末将酿成显祸。必须警省于"小"和"微",才能防止大而显的祸乱,故谓之"二端",必须谨慎警觉。故此篇又云:"内动于心志,外见于事情,修身审己,明善心以反道者也,岂非贵微重始、慎终推效者哉!"故《文选》注引如淳曰:"《春秋》义理繁茂，故比之于林薮。"此言义理繁茂，正说明董氏所述《春秋》之义无所不包，并为学者所赞同。

按照董仲舒如此的诠释，《春秋》上探得国君所承的天命，下昭示治理国家各项政事的纲纪伦理，因而在儒家经典中便享有最高的地位。一代大史学家司马迁曾师从董仲舒习公羊学说。他接受了董氏关于《春秋》具有纲纪天下的神圣法典的意义的观点，《史记·太史公自序》中有一段极重要的话，酣畅地论述《春秋》的至尊地位和对于治理国家的无与伦比的意义。

余闻董生曰："周道衰废，孔子为鲁司寇，诸侯害之，大夫壅之。孔子知言之不用，道之不行也，是非二百四十二年之中，以为天下仪表，贬天子，退诸侯，讨大夫，以达王事而已矣。"子曰："我欲载之空言，不如见之于行事之深切著明也。"夫《春秋》，上明三王之道，下辨人事之纪，别嫌疑，明是非，定犹豫，善善恶恶，贤贤贱不肖，存亡国，继绝世，补敝起废，王道之大者也。《易》著天地阴阳四时五行，故长于变；《礼》经纪人伦，故长于行；《书》记先王之事，故长于政；《诗》记山川豀谷禽兽草木牝牡雌雄，故长于风；《乐》乐所以立，故长于和；《春秋》辨是非，故长于治人。是故《礼》以节人，《乐》以发和，《书》以道事，《诗》以达意，《易》以道化，《春秋》以道义。拨乱世反之正，莫近于《春秋》。《春秋》文成数万，其指数千。万物之散聚皆在《春秋》。《春秋》之中，弑君三十六，亡国五十二，诸侯奔走不得保其社稷者不可胜数。察其所以，皆失其本已。故《易》曰"失之豪厘，差以千里"。故曰"臣弑君，子弑父，非一旦一夕之故也，其渐久矣"。故有国者不可以不知《春秋》，前有谗而弗见，后有贼而不知。为人臣者不可以不知《春秋》，守经事而不知其宜，遭变事而不知其权。为人君父而不通于《春秋》之义者，必蒙首恶之名。为人臣子而不通于《春秋》之义者，必陷篡弑之诛，死罪之名。其实皆以为善，为之不知其义，被之空言而不敢辞。夫不通礼义之旨，至于君不君，臣不臣，父不父，子不子。夫君不君则犯，臣不臣则诛，父不父则无道，子不子则不孝。此四行者，天下之大过也。以天下之大过予之，则受而弗敢辞。故《春秋》者，礼义之大宗也。

司马迁的这段话，对于我们理解董仲舒尊崇《春秋》在当时思想界所产生的巨大影响，实在至关重要。他完全接受了董氏所论"有国家者不可不学《春秋》，不学《春秋》，则无以见前后旁侧之危，则不知国之大柄，君之重任"和"修身审己，贵微重始"这些基本观点，而且又沿着董氏公羊学的思路而大力发挥，这也是司马迁重视师说、重视儒学、重视吸收当代学术之精华的有力见证。董氏的观点得到史学家司马迁这样的承受和发挥，本身就是公羊学诠释史上的一大成功！司马迁所发挥的春秋公羊学观点，最突出者有四点：其一，由于孔子在《春秋》中做到上明三王之正道，下辨人事之纲纪，对于种种复杂的人物和事件，都以明确的标准作出恰当的褒贬和裁断，判定其是非善恶，即令遇到含混可疑之处，也必定使其无所遁形，故《春秋》代表了王道之大者和治国的根本。其二，儒家六经各有所长，各有其重要的用处，而《春秋经》的长处在治人，在于辨明是非善恶，所以它具有拨乱反正，使乱臣贼子惧的政治威慑力量！其三，《春秋》评判裁定的人物和事件复杂纷纭，《春秋》之义无所不包，但是《春秋》又体现出治理国家的纲纪大法，所以它是实施政治和规定人伦关系的总枢，"万物之散聚皆在《春秋》"。《春秋》所记大量弑君、亡国、诸侯篡权、政治败坏的事，究其根本，都在违背《春秋》所规定的大义。所以，掌握最高政治权力的一国之君必须通《春秋》，否则对于潜在的祸患不能觉察，最终难逃弑身败亡的命运。为人臣子如果不精通《春秋》，必然会做出越轨的行为，以至走上篡国弑君的道路。其四，孔子在《春秋》中又规定了君臣、父子的人伦关系的准则，所以，《春秋》又是礼义之大宗。董仲舒所诠释的《春秋》具有纲纪天下的作用这一重要观点为汉代学者所宗从，我们还可以从其他典籍中获得明确的证据。如《说苑·君道》说："'《春秋》作而后君子知周道亡也。'故上下相亏也，犹水火之相灭也，人君不可不察，而大盛其臣下,此私门盛而公家毁也。人君不察焉,则国家危殆矣。"故曰:"故有国者不可以不知《春秋》。"

四、"大一统","张三世","通三统"

董仲舒沿着《公羊传》的独特方向大大加以发展,形成了一套体系化的理论。公羊学有一套基本命题和道理。康有为曾有过很恰切的比喻:如同不懂四元、借根、括弧等就无法解算学题一样,若对有关的基本命题和道理无知,就无法理解公羊学说。董仲舒归纳并加以阐述的公羊学说核心层面的基本命题,就是:大一统,张三世,通三统;亲周、故宋、以《春秋》作新王。这几项,是理解董氏春秋公羊学的关键问题。

(一) 阐释"大一统"的政治观

"大一统"就是大大地推崇一统于天子的政治思想,以此作为至高无上的原则。《公羊传》隐公元年解释"元年春王正月"说:"元年者何?君之始年也。春者何?岁之始也。王者孰谓?谓文王也。曷为先言王而后言正月,王正月也。何言乎王正月?大一统也。"意思是,《春秋经》首书"元年春王正月",不止表示"元年"为记年之始,以及采用周历作为确定春季和正月的依据,而是有更加深刻、更加重要的政治含义,这就是:以遵用周的历法表示尊奉周天子作为天下共主的崇高地位;并且采用置于《春秋经》开篇首句这样突出的写法,更显示出具有"微言大义",有力地表明以推崇一统于周天子,作为至高无上的原则,所以称"大一统"。由于"大一统"的思想符合自春秋、战国以来历史的发展趋势和人民的根本利益,并且符合汉武帝时代巩固封建统一国家、加强各民族的联系的需要,因此这一命题得到董仲舒的高度重视,他进一步从两个层次对此加以阐释,因而使公羊学"大一统"政治观更具有充实的内涵,产生了深远的影响。

首先，论述尊王道是国家之根本。《春秋繁露·王道》篇曰："《春秋》何贵乎元而言之？元者，始也，言本正也。"此为对董氏"天人三策"中"《春秋》之文，求王道之端，得之于正"的发挥。最主要的道理是："王者，人之始也。王正则元气和顺、风雨时、景星见、黄龙下。王不正则上变天，贼气并见。"剔除其中天人感应的成分，董氏重视的在于王权的确立才能导致天下太平。因此强调王道之正在于得民心，减轻赋税，不过分地使用民力，不妨碍农业生产："什一而税。教以爱，使以忠，敬长老，亲亲而尊尊，不夺民时，使民不过岁三日。民家给人足，无怨望忿怒之患，强弱之难，无谗贼妒疾之人。"并且对桀、纣无道之君严加诛伐："桀纣皆圣王之后，骄溢妄行。侈宫室，广苑囿，穷五采之变，极饰材之工，困野兽之足，竭山泽之利，食类恶之兽。夺民财食，高雕文刻镂之观，尽金玉骨象之工，盛羽旄之饰，穷白黑之变。深刑妄杀以陵下，听郑卫之音，充倾宫之志，以希见之意，赏佞赐谗。以糟为丘，以酒为池。孤贫不养，杀圣贤而剖其心，生燔人闻其臭，刳孕妇见其化，斫朝涉之足察其拇，杀梅伯以为醢，刑鬼侯之女取其环。诛求无已。天下空虚，群臣畏恐，莫敢尽忠，纣愈自贤。周发兵，不期会于孟津者八百诸侯，共诛纣，大亡天下。《春秋》以为戒，曰：'蒲社灾'。"（按：蒲社本作亳社。哀公四年《公羊传》："蒲社者何？亡国之社也。"何休注云："殷都于亳，武王克纣，而列其社于诸侯，为有国者戒。灾亳社，所以示诸侯纵恣不自警之象，故谨之。"）由此可见，董仲舒诠释"尊王道"，一方面继承了孔、孟实行仁政、不夺农时、节用而爱人的思想，另一方面又张扬了孔、孟关于对暴虐无道之君应予讨伐的大义。故《王道》篇又谓："孔子明得失，差贵贱，反王道之本。讥天王以致太平。刺恶讥微，不遗小大……进善诛恶，绝诸本而已矣。"认为《春秋》进善诛恶，从根本上堵绝违反王道、失去民众、导致国家祸乱的道路。

其次，强调必须实行君臣大义：天子独尊，臣子不得擅权、僭越，不得专地，不得专封。《王道》篇云：

《春秋》立义：……有天子在，诸侯不得专地，不得专封,不得专执天子之大夫,不得舞天子之乐,不得致天子之赋,不得适天子之贵。

董仲舒这段论述含意深刻,是把《公羊传》中分散于各年的史实记载和义理发挥,加以集中和提炼,从而归纳出处理君臣关系的基本原则。他所归纳的主要史实有:

《春秋》桓公元年载:"郑伯以璧假许田。"《公羊传》解释说:"其言以璧假之何?易之也。易之,则其言假之何?为恭也。曷为为恭?有天子存,则诸侯不得专地也。许田者何?鲁朝宿之邑也。诸侯时朝乎天子,天子之郊,诸侯皆有朝宿之邑焉。"许田是鲁国君四时朝见天子的宿邑,属鲁国土地,近郑。现郑伯以璧换取许田。然普天之下,莫非王土,故诸侯不得专地,根据尊王的原则,鲁国本不得擅自以邑与郑伯交换。为了维护周天子的威权,故不直接称"易地",而称为"假",以表示对王权的尊敬。

《春秋》僖公元年载:"齐师、宋师、曹师次于聂北,救邢。"此役是因狄灭卫,齐桓公率齐、宋、曹三国之师前往救援。由于齐桓公此举并非奉周天子之命,而是以大国霸主的地位号令发兵,违反了"诸侯不得专封"的原则,因此经文不书齐桓公,只称"齐师"云云。《公羊传》对此作了解释:"救不言'次',此其言'次'何?不及事也。不及事者何?邢已亡矣。孰亡之?盖狄灭之。曷为不言狄灭之?为桓公讳也。曷为为桓公讳?上无天子,下无方伯,天下诸侯有相灭亡者,桓公不能救,则桓公耻之。曷为先言次而后言救?君也。君则其称师何?不与诸侯专封也。"本来,当时周天子已失去治理全中国、号令天下的力量,降为小国的地位,只徒有"王室"的名义,此时,若再无为各诸侯国会盟所拥戴的大国充当保护,帮助小国抵御戎、狄等落后族的侵扰,那么就不能保卫中原先进地区的安宁,因此,齐桓公以霸主的地位率师救邢,这种行动实际上是需要的。故何休注云:"故以为讳,所以醇其能以治世自任,而厚责之。"但对此又必须表示郑重的保留,齐桓公的行动毕竟是未经周天子授命而采取的,违反"礼乐征伐自天子出"的原则,若不加约束,岂不将导致诸侯擅权僭越、任意作为吗?! 经文只称"齐师",不书齐桓公,就有含蓄地责备的意思。故《公羊传》作者阐释说:"君则其称师何?不与诸侯专封也。""专封",在此即指擅权号令处置、率师讨伐。陈柱先生曾有中肯的论述:"君臣之道,职位所在,有不可专滥者也。盖可以专为善,即可以专为恶;可以越职专封,即可越职专灭。故不与诸侯之专封,非固为尊君抑臣,亦以明职位之权限而已。"① 可谓深得公羊学的义旨。

《春秋》隐公七年载:"冬,天王使凡伯来聘。戎伐凡伯于楚丘以归。"《公羊传》解释说:"凡伯者何?天子之大夫也。此聘也,其言伐之何?执之也。执之则其言伐之何?大之也。曷为大之?不与夷狄之执中国也。"凡伯是周天子的大夫,奉天子之命来聘鲁,途中在卫地楚丘却被戎所执以归。《公羊传》作者解释说,《春秋》尊王,视天子之大夫与诸侯国君有相当的地位,对戎执天子之大夫的行为严加贬责,因此不称"执",而称"伐",这种书法是表示把"不与夷狄之执中国也"提高到更加严重的程度来看待,故说"大之也。曷为大之?不与夷狄之执中国也"。董仲舒《春秋繁露》将此同样归为不尊王命、应予贬绝的典型事件,即是对《公羊传》所阐释的意义予以充分的肯定。何休注更对此详加诠释:"中国者,礼义之国也。执者,治文也。君子不使无礼义制治有礼义,故绝不言'执',正之言'伐'也。执天子大夫而以中国正之者,执中国尚不可,况执天子之大夫乎?所以降夷狄,尊天子,为顺辞。"又说:"不地以卫者,天子大夫衔王命至尊,顾在所诸侯,有出入所在赴其难,当与国君等也。"所言显然是对《传》义和董说作进一步的发挥。②

---

① 陈柱:《公羊家哲学·经权说》,台湾中华书局1980年版,第96—97页。
② 按,苏舆《春秋繁露义证》《王道》篇注解释"不得专执天子之大夫"句,称:"据此则董亦以戎为卫。"何注:"中国者,礼义之国也。执者,治文也。君子不使无礼义制治有礼义。"苏舆以凡伯在卫国之楚丘被执,据论是被卫人所执,《春秋》因其违反礼义,故不称"卫"而贬之为"戎"。又谓董氏《繁露》也有此义。细审《公羊传》《繁露》及何休《春秋公羊解诂》,均无指卫为戎而贬之的含意。春秋时,卫与戎相杂居,故后来卫为戎所灭。见《左传》闵公二年。苏舆盖未明当时民族杂居之状况而推论致误。

《春秋》大一统的思想符合中华民族历史发展的趋势。周初天子大规模分封诸侯，拥有统率各国、号令天下的威权，各诸侯国必须对王室奉职纳贡，这种政治格局的确立标志着中国的统一程度向前大为推进了。春秋以后，虽然王室势力严重削弱，但在名义上仍是全中国的共主，虽然各诸侯国间战伐兼并不绝，但从历史发展的本质看，春秋、战国时期酝酿着全中国在新的规模上的统一，秦汉封建统一帝国的建立就是这种历史趋势发展的结果。《春秋经》《公羊传》所阐释的尊奉王权、推崇一统的思想正好反映了这种历史要求，因而具有进步的意义。到了汉代，维护和加强国家的空前统一尤其成为时代的迫切需要，董仲舒的公羊学说集中地反映了这一时代要求，因而具有极大的权威性，被帝王所采纳，学者所宗从。在汉武帝时代，版图极大开拓的封建国家迫切需要巩固全国范围的统一，同时也迫切需要加强朝廷的权力，并且儒学独尊，以文化思想的一元来加强专制皇权。董仲舒向武帝建议罢黜百家，独尊儒术，提出"强干弱枝"等主张，都是为了实现"大一统"这一最高政治原则。

（二）阐释"张三世"的变易观

公羊"三世说"的发端，是在《公羊传》中有"三世异辞"的说法。此为后来公羊学者推演的"公羊三世说"的雏形，其中包含着历史变易观点，人们可以据之发挥，划分历史发展的阶段。不仅如此，《公羊传》更有特别的解释："定、哀多微辞，主人习其读而问其传，则未知己之有罪焉尔。"[①] 讲的是时代越近，孔子越因惧祸而有忌讳，故多采用隐晦的说法。这样，《公羊传》再三强调"所见异辞，所闻异辞，所传闻异辞"，就包含着对待历史的一个很宝贵的观点：不把春秋时期二百四十二年视为凝固不变或混沌一团，而看作可以按一定标准划分为各自显示出特点的不同发展阶段。这种历史变易观点，在中国"述而不作"风气

---

① 《春秋公羊传》定公元年。

甚盛的文化氛围中，更显出其独特的光彩和价值。

董仲舒进一步作了诠释，他将《公羊传》只具雏形的说法大大向前推进，提出公羊学又一基本命题——"张三世"说，初步显示出把春秋二百四十二年划分为所传闻、所闻、所见三个阶段的意向。《春秋繁露·楚庄王》中，称"《春秋》分十二世以为三等"，"有见三世，有闻四世，有传闻五世"，划分哀、定、昭为所见世，襄、成、文、宣为所闻世，僖、闵、庄、桓、隐为所传闻世，并说："于所见微其辞，于所闻痛其祸，于传闻杀其恩，与情俱也。"① 所见世，当事人或其近亲都在世，容易招祸，记事使用什么书法忌讳多，因而用词隐晦；所闻世，对于事件造成的祸害感受真切，因此记载明确详细；所传闻世，恩惠和感情都减弱，因此记载简略。董氏首先举出的例证有："子赤杀，弗忍书日，痛其祸也。子般杀，而书乙未，杀其恩也。"前者，系指《春秋》鲁文公十八年载："子卒。"《公羊传》解释说："子卒者孰谓？谓子赤也。何以不日？隐之也。何隐尔？弑也。弑则何以不日？不忍言也。"文公属所闻世，离撰修《春秋》的年代近，臣子对父恩情尚较深厚，所以对子赤杀感到痛心，不忍书卒于何日。后者，系指《春秋》鲁庄公三十二年载："十月乙未，子般卒。"庄公属所传闻世，臣子对高祖曾祖父时代恩情减弱，故对同是大夫子般之卒，感情上有所不同，采用的书法也不同，于是书日。

《春秋繁露·奉本》篇对"张三世"变易观有更集中的阐释：

> 今《春秋》缘鲁以言王义，杀隐、桓以为远祖，宗定、哀以为考妣，至尊且高，至显且明。其基壤之所加，润泽之所被，条条无疆。……大国齐、宋，离不言会。（按，此作"离不言会"，显误，衍一"不"字。苏舆《春秋繁露义证》，对此考证甚确，今从之。）微国之君，卒葬之礼，录而

---

① 按，文、宣两字误倒，应据卢文弨《春秋繁露》校本作宣、文。又，何休《春秋公羊解诂》即采用董氏之说，《解诂》隐元年注云："所见者，谓昭、定、哀，己与父时事也。所闻者，谓文、宣、成、襄，王父时事也。所传闻者，谓隐、桓、庄、闵、僖，高祖曾祖时事也。"

辞繁。远夷之君,内而不外。当此之时,鲁无鄙疆,诸侯之伐哀者皆言我。邾娄庶其、鼻我,邾娄大夫。其于我无以亲,以近之故,乃得显明。隐、桓,亲《春秋》之先人也,益师卒而不日。于稷之会,言其成宋乱,以远外也。黄池之会,以两伯之辞,言不以为外,以近内也。

董氏这段论述,概括了所见世、所闻世、所传闻世书法之不同,由此证明公羊学之"三世说"实有显示历史发展之不同阶段之意向。

所见世(昭、定、哀)因时代不同,故书法与所传闻世、所闻世也有明显的不同。据《公羊传》桓公五年对经文"夏,齐侯、郑伯如纪"的解释:"外相如不书,此何以书?离不言会。"按,离,俪也,两也,指两国君相见。在所传闻世(桓公属所传闻世),社会尚未进步,故只书内离会,故对鲁以外的国君相见,一律不言会。此次,齐侯、郑伯在纪相见,纪国国君却不与会,故不言会,只书曰:"齐侯、郑伯如纪。"而到定公十四年,《春秋》则载云:"齐侯、宋公会于洮。"因为此时已是所见世,凡诸夏之国,都早就不视为外国,所以鲁以外国君相见,也明确记载其会见。并且在所见世,对于小国之君卒和葬礼,都要具体记载其日、月。如《春秋》哀公三年载:"冬十月癸卯,秦伯卒。"秦原是僻居西陲一隅的小国,一向被中原各国所歧视,现在到了所见世,微国之君也得到升格的对待,对其卒葬之礼不但记载而且具体详备。以下《春秋》对两类事件书法的不同,也同样体现出"三世"意味着历史阶段之不同的变易观点。《春秋》襄公二十一年载:"邾娄庶其以漆、闾丘来奔。"襄公二十三年载:"邾娄鼻我来奔。"昭公二十七年载:"邾娄快来奔。"此三人都是小国之大夫,《春秋》皆书其名以彰显之,正是由于这三个事件发生的时间是在所见世,或者是已经临近所见世,为显示社会的进步、时代的不同,故《春秋》特意采用这种与所传闻世大不相同的书法。所传闻世的两个明显例证,一是,《春秋》隐公元年冬十二月载:"公子益师卒。"《公羊传》解释说:"何以不日?远也。"所传闻世距离太远,恩薄义浅,因此记载简略,不书卒日。二是,《春秋》桓公二年三月载:"公会齐侯、陈侯、郑伯于稷,以成宋乱。"《公羊传》解释说:"内大恶讳,此其目言之何?远也。"同样由于所传闻世远在高祖、曾祖之时,恩情浅淡,由此对鲁国君会同齐侯等酿成宋国大乱的恶事,也不加讳饰地记载下来。

董仲舒解释公羊三世变易观更有进步意义的内容,是关于民族关系的论述。中国自古以来是多民族国家,政治家、思想家、史学家对民族关系如何看待,乃是涉及对历史发展本质的认识和国家民族根本利益、根本前途的大问题。《春秋》及《公羊传》当然也有许多记载民族关系的事件。向来很多人持有一种几成定论的见解:"《春秋》严夷夏之防。"似乎认为孔子对少数民族一向持严厉的态度。所谓重视夷夏的差别,这种看法有其一定的道理,因为古代中原各国,即"诸夏",是文明进化程度较高的国家,而周边少数民族,即"夷狄",是处于文明程度较后进的阶段。抵御和防止夷狄对诸夏的侵扰,是保证文明向前发展的需要。故认为《春秋》严夷夏之别,确实有其根据和道理,而且在古代的历史条件下,论"夷夏之别"也有一定的合理性。但这仅是事情的一个方面。事情的另一方面是,民族关系是向前发展的,华夏族与原先文明较落后的民族在中原杂居,不断地交流、融合,关系越来越密切,华夏族越来越扩大,许多原先的少数族融合在其中了。周边的少数族,原先处于比较落后的阶段,由于华夏文化的传播、吸引,和原先后进族自身的努力,文化程度显著进步,达到了与华夏族相同的水平,原先的夷夏界限也随之消失。这是中华民族文明不断向前发展的强大动力,也是汉族经过几千年发展成为全世界人口最多的民族的源头活水。古代政治家、史学家如能认识这一趋势,从这样一个前进方向观察问题,就更具进步性,应该受到充分的重视和表彰。《春秋》中已有这种观点的最初显示,《公羊传》中进一步加以阐释,到董仲舒《春秋繁露》更将此观点推向前所未有的高度。《奉本》篇中所论:"远夷之君,内而不外。当此之时,鲁无鄙疆,诸侯之伐哀者皆言我。""黄池之会,以两伯之辞,言不以为外,以近内也。"

就是关于这一命题的很有意义的论述。前者所指的史实有如：《春秋》昭公十五年载："春，王正月，吴子夷昧卒。"昭公十六年载："楚子诱戎曼子杀之。"吴、楚原先都被视为夷狄，现皆称"子"，与诸夏各国之国君居同等爵位。戎曼更是夷狄小国，现在也称为"子"，表明按照孔子和《公羊传》作者的思想，到所见世，已不再区分诸夏与夷狄的界限了。再看《春秋》哀公八年载："吴伐我。"又哀公十一年载："齐国书帅师伐我。"此同庄公十九年所载"齐人、宋人、陈人伐我西鄙"形成明显对照。庄公属所传闻世，王化的范围狭小，因此严格区分鲁与其他诸夏国的界限，称"伐我西鄙"，表示疆界不可逾越。到所见世，社会大大进化，天下同风，无此疆彼界，因此诸侯各国来伐鲁者皆称"伐我"。至哀公十三年诸侯各国黄池之会，吴原先被视为夷狄之国，现在却被承认为中原盟主，与晋侯地位等列。故《公羊传》解释说："其言及吴子何？会两伯之辞也。不与夷狄之主中国，则曷为以会两伯之辞言之？重吴也。曷为重吴？吴在是，则天下诸侯莫敢不至也。"董仲舒认为，《春秋》及《公羊传》中有关民族关系的书法和解释之明显变化，突出地反映出春秋三世时代之进化。对此，《春秋繁露·竹林》中尚有更加深刻的论述：

> 《春秋》之常辞也，不予夷狄而予中国为礼，至邲之战，偏然反之，何也？曰：《春秋》无通辞，从变而移。今晋变而为夷狄，楚变而为君子，故移其辞以从其事。夫庄王之舍郑，有可贵之美，晋人不知其善，而欲击之。所救已解，如挑与之战，此无善善之心，而轻救民之意也，是以贱之。

邲之战在宣公十二年。《春秋》对此载云："春……楚子围郑。夏，六月乙卯，晋荀林父帅师，及楚子战于邲，晋师败绩。"以《春秋》这一书法与僖公二十八年城濮之战所用书法相对比，即可探得其"微言大义"。《春秋》对城濮之战载："晋侯、齐师、宋师、秦师及楚人战于城濮，楚师败绩。"这场大战，晋军主帅是晋文公，楚军主帅是令尹子玉，《春秋》却用对地位卑微者的称呼，书曰"楚人"，这是表示对子玉的贬责。因为子玉骄横跋扈又毫无谋略,未出战之前,楚国有识之士即预言其必败。此等骄蹇之人并无资格可以敌君。故《公羊传》解释说:"此大战也……曷为贬?大夫不敌君也。"而此番邲之战,《春秋》却采用"晋荀林父帅师,及楚子战于邲"的书法,用完整的名氏称荀林父,成为与楚子君臣相对阵的架势。这是表彰楚子,以此正经郑重的"君臣之礼"的形式显示出楚子是无可争辩的国君。此役的起因,是楚庄王伐郑,取得胜利,郑伯肉袒向庄王谢罪。庄王予以答礼,并下令退师。楚庄王以礼让人,故有可贵之美。晋师之救郑者明知郑国已经解围免祸,却仍向楚挑战,逞一时之意气,而无善善之心,又轻救民之意,因此被孔子和《公羊传》作者所贱视。楚子被迫应战,既胜之后又念及晋国之民无辜受累,故意放晋师逃逸。楚过去被视为蛮夷,现在却得到崇高的嘉许,这是肯定楚子在此战前后所作所为符合于礼义;而对本是"诸夏"的晋却是严肃的贬责,剥夺其与楚成礼的资格。这与一贯持"严夷夏之大防"、对少数族顽固地歧视的态度是截然相反的。董仲舒眼光极其敏锐,他准确地抓住《春秋》及《公羊传》这种很有进步意义的看法,大力加以提升、彰显,论述在情况变化之时,民族的文明礼义水平有升有降,那么,就必须如实地表彰前进了的民族,即使原先是"蛮夷",也应将之提高到诸夏先进国的地位;而对文明礼义水准降低了的民族,即使它原先居于诸夏先进国,也要严肃地加以贬责。因而毫不含糊地宣布,依据邲之战中双方的作为,"晋变而为夷狄,楚变而为君子"。这种不以种族或血统的标准划分诸夏与夷狄,而以文明进化的程度划分诸夏与夷狄的观点,是董仲舒诠释公羊学说最有进步性、最能启发后人的宝贵思想遗产。以后何休以至近代的龚自珍、魏源、康有为、梁启超等人都从中吸取思想营养,加以发扬光大。

(三) 阐释"通三统"的改制观

董仲舒的春秋公羊学又是改制的哲学。他在"天人三策"中说:"今汉继秦之后,如朽木粪墙矣,虽欲善治之,亡可奈何。

法出而奸生，令下而诈起，如以汤止沸，抱薪救火，愈甚亡益也。窃譬之琴瑟不调，甚者必解而更张之，乃可鼓也；为政而不行，甚者必变而更化之，乃可理也。""故《春秋》受命所先制者，改正朔，易服色，所以应天也。"这是以《春秋》之义论证汉代必须改制更法。

为了提供改制的哲学和历史依据，董氏又总结出公羊学"通三统"的命题。"通三统"和"张三世"是有着紧密联系的。"张三世"，是指对《春秋经》所记载的二百四十二年提供以历史变易观为指导的划分方法，"通三统"则把眼光放得更远，综观自五帝、三代以来的历史，从中总结出更加深刻的历史变易观和改制的哲学政治主张。

《春秋繁露·三代改制质文》篇对"通三统"是这样解释的：

> 王者必受命而后王。王者必改正朔，易服色，制礼乐，一统于天下，所以明易姓，非继人，通以己受之于天也。王者受命而王，制此月以应变，故作科以奉天地，故谓之王正月也。

> 王者改制作科奈何？曰：当十二色，历各法而正色，逆数三而复。绌三之前曰五帝，帝迭首一色，顺数五而相复，礼乐各以其法象其宜。顺数四而相复。咸作国号，迁宫邑，易官名，制礼作乐。

> 故汤受命而王，应天变夏作殷号，时正白统。亲夏故虞，绌唐谓之帝尧，以神农为赤帝。作宫邑于下洛之阳，名相官曰尹。作《濩乐》，制质礼以奉天。

> 文王受命而王，应天变殷作周号，时正赤统。亲殷故夏，绌虞谓之帝舜，以轩辕为黄帝，推神农以为九皇。作宫邑于丰。名相官曰宰。作《武乐》，制文礼以奉天。武王受命，作宫邑于镐，制爵五等，作《象乐》，继文以奉天。周公辅成王受命，作宫邑于洛阳，成文武之制，作《汋乐》以奉天。殷汤之后称邑，示天之变反命。故天子命无常，唯命是德庆。

> 故《春秋》应天作新王之事，时正黑统。王鲁，尚黑，

绌夏，亲周，故宋。……

董氏作如此详细的论述，是以汤受命而王、文王受命而王、《春秋》应天作新王为重点，证明因历史变化，制度需随时代变化而变革。这一理论的核心是显而易明的：当新王朝代替旧王朝兴起的时候，为了表示自己是"受命而后王"，是天命所归，就必须"改正朔，易服色，制礼乐"，以有效地实行"一统于天下"。兹将其所论三者受命改制及封二王后诸项表列如下：

	改国号	迁都邑	易官名	制礼作乐	三统	封二王之后
汤受命而王	殷	下洛之阳	名相曰尹	制质礼。作《濩乐》	正白统	亲夏故虞。绌唐
文王受命而王	周	作邑于丰	名相曰宰	制文礼。作《武乐》	正赤统	亲殷故夏。绌虞
《春秋》应天作新王	王鲁				正黑统	亲周故宋。绌夏

三统论又与三代实行不同的历法直接相关。由于"三正"不同（指夏、商、周实行的历法，各以正月为岁首、十二月为岁首、十一月为岁首之不同），故万物有处于即将生长、处于萌芽状态、处于根株积累力量状态的不同，故有尚黑、尚白、尚赤的不同。《三代改制质文》篇又加以排比援引，作为三统说的进一步根据："然则其略说奈何？曰：三正以黑统初，正日月朔于营室，斗建寅。天统气始通化物，物见萌达，其色黑，故朝正服黑"；"正白统者，历正日月朔于虚，斗建丑。天统气始蜕化物，物始芽，其色白，故朝正服白"；"正赤统者，历正日月朔于牵牛，斗建子。天统气始施化物，物始动，其色赤，故朝正服赤"。

"通三统"理论外衣有神秘色彩，其实际内涵却有重要价值。董仲舒讲夏、殷、周各是黑、白、赤统，这种说法含有神秘性，因为他是要宣扬帝王"应天受命而王"，而且当时天命思想盛行，非独董仲舒一人为然。我们若透过这层神秘色彩和古色古香的词句看其实质，那么，他的理论主张的实质就是要解释历史的变化和治国办法的不同，其现实价值是讲汉代要"改制"，要创立新的制度、办法。在汉代,封建关系正在成长,当时的封建阶级处于上升时期,他们有创造精神,对历史有勇气向前看。董仲舒在《公羊传》基础上提出"张三世""通三统"的命题,就反映了这种时代特点。

(四) 阐释"亲周,故宋,以《春秋》当新王"

"亲周,故宋,以《春秋》当新王"的命题,本来是与"通三统"密切相关。但由于这些理论主张在公羊学中占有很重要的地位,而历代有不少学者因习惯古文学派关于历史推演的模式和思维的方法,对于亲周、故宋等不理解,甚至感到骇怪,时至今日,还有专门评论公羊学的论著称这些命题是董仲舒、何休的"严重错误"。鉴于以上原故,需要单独列出来作专门讨论。

"亲周,故宋"完整的说法是"绌夏,亲周,故宋"。"以《春秋》作新王"又称为"王鲁"。对此,董仲舒讲有很重要的话:"故《春秋》应天作新王之事,时正黑统。王鲁,尚黑,绌夏,亲周,故宋。……具存二王之后也。""《春秋》作新王之事,变周之制,当正黑统。而殷、周为王者之后,绌夏改号禹谓之帝,录其后以小国,故曰绌夏存周,以《春秋》当新王。"① 从公羊学的角度说,董氏所论是确有根据、颇有道理的。董仲舒的根据,就是周朝建立时,曾封夏之后于杞,殷之后于宋。依据这一先例,他认为,每一"新王受命",就须封二代之后为王。孔子作《春秋》,代表"一王之法""应天作新王之事",以鲁为王,故"王鲁"。《春秋》继周的"赤统",所以"尚黑",故"正黑统"。夏离《春秋》当新王远了,就不再享受先王后代的封赠,改称为"帝",故"绌夏"。周是《春秋》当新王的前代,《春秋》仍封其后人,故"亲周"。宋作为殷之后,仍得受封,使服其服,行其礼乐,称客而朝,但其位置离新王远了,所以称"故宋"。"存二王之后"的制度,体现出"通三统"。又再推其

---

① 均见《春秋繁露·三代改制质文》。

前五代为"帝",如周封夏、殷二代子孙以外,又存黄帝、帝颛顼、帝喾、帝尧、帝舜,"录五帝以小国"。又推其前为九皇,封其后为附庸。按董仲舒所说,这种"存二王之后以大国"和"录五帝以小国"的制度,是一种滚动式的推迁。

《春秋繁露》又提出"王鲁"的命题。"王鲁",即"《春秋》托新王受命于鲁",它既表示历史的变革,易姓而王必改制,而且也是"大一统"思想在《春秋》书中特殊的显示。《奉本》篇云:"今《春秋》缘鲁以言王义,杀隐、桓以为远祖,宗定、哀以为考妣,至尊且高,至显且明。……当此之时,鲁无鄙疆,诸侯之伐哀者皆言我。"在《王道》篇中又云:"诸侯来朝者得褒,邾娄仪父称字,滕、薛称侯,荆得人,介葛卢得名。内出言如,诸侯来曰朝,大夫来曰聘,王道之意也。"于此,董仲舒大大推进《公羊传》"制春秋之义,以俟后圣"的观点。他明确提出孔子以《春秋》立一王之义,假托鲁王受命作新王,认为《春秋》和《公羊传》在两个方面体现出这一"微言大义":一是,以鲁为受命之新王,故诸侯及小国先来朝聘通好者,表明其尊慕王道,或先被王化,所以得褒誉。二是《春秋》既然缘鲁以言王义,那么定公、哀公离得近,有如考妣至尊且高,而隐公、桓公之世已是远祖,恩薄情减。故《春秋》书法,定、哀之世,表示王化程度已深,记载的程度越宽厚,因时代近而密切;而对隐、桓之世态度越严,因时代远而疏淡。

董仲舒阐发的王鲁、绌夏、故宋、亲周这组命题,其理论内涵与"通三统""张三世"相同,是从确实存在的具体史实或制度的演变出发,经过加工、概括、演绎,成为一套具有独特格调的理论。其实际意义,一是讲历史和制度是变化的;二是进一步从这个侧面讲《春秋》政治性的特色,发展公羊学"以经议政"、讲"微言大义"的学术风格。

《春秋繁露》中提出并阐述"《春秋》应天作新王之事""《春秋》缘鲁以言王义"的命题是很明确的。何休忠实地继承并发挥董说,故其《春秋公羊解诂》中隐公元年注即一再标明"《春秋》托新王受命于鲁"、"《春秋》王鲁,托隐公以为始受命王"、"《春秋》王鲁,以鲁为天下化首"之义。三统嬗代、封二王之后的礼制,在古代也一再有反映。如《汉书·成帝纪》载:绥和元年诏曰:"盖闻王者必存二王之后,所以通三统也。昔成汤受命,列为三代,而祭祀废绝。考求其后,莫正孔吉,其封吉为殷绍嘉侯。"汉光武建武五年(29),封殷后孔安为殷绍嘉公,建武十三年(37),又改封他为宋公。直到清康熙致奠明陵,论曰:"古者夏、殷之后,周封之于杞、宋,即今本朝四十八旗蒙古,亦皆元之子孙,朕仍沛恩施……应酌授一官。"可是,由于东汉以后古文学派盛行,历代有不少学者研习古文经典,思想形成了定势,因而对董仲舒王鲁、亲周、故宋等命题不理解,加以贬责,这是因学派不同形成的隔膜。晚清苏舆撰成《春秋繁露义证》,钩稽大量典籍记载解释《繁露》中许多难懂之处,在学术上是有价值的。但因苏舆在政治上追随其师王先谦,反对维新变法,故对于公羊学改制之说及"王鲁"之说均持异议。如他在《三代改制质文》篇注"王鲁,绌夏,亲周,故宋"句云:"邵公(何休字)昧于董,兼盲于史,既动引此文以释经、传,又因王鲁造为黜周之说。《晋王接传》(指《晋书·王接传》)已言何休训释甚详,而黜周王鲁,大体乖贻,且志通《公羊》,往往还为《公羊》疾病。"足见苏舆对公羊学此一重要命题是如何之隔膜!

五、"德刑相兼",谴告说,经权之说

除了以上几项重要命题外,董仲舒构建的公羊学基本理论体系还包括"德刑相兼"、谴告说和经权之说。

董仲舒发挥"制《春秋》之义,以俟后圣"和正君臣等级名分的观点,明确提出:"《春秋》正是非,故长于治人。"[①]他适应汉朝统治阶级的需要,总结出德刑相兼的理论,作为统治人

---

① 《春秋繁露·玉杯》。

民、治理国家的手段。值得注意的是，《春秋繁露》中对国君实行德政与否的经验教训有很深入的探讨，并总结出"敬贤重民"和"行善得众"的论点，这些都应该视为董仲舒思想中人民性的精华。《竹林》篇云："夫庄王之舍郑，有可贵之美，晋人不知其善，而欲击之。……此无善善之心，而轻救民之意也，是以贱之。而不使得与贤者为礼。秦穆侮蹇叔而大败。郑文轻众而丧师。《春秋》之敬贤重民如是。"前二事所指为：僖公三十三年，秦穆公欲越千里之险袭无备之滑国。秦之贤臣百里子、蹇叔子苦谏曰："千里而袭人，未有不亡者也。"却遭秦穆公侮辱，咒骂道："子之冢木已拱矣！"果然秦穆公遭晋人与姜戎截击于殽，匹马独轮无返者。又闵公二年，郑文公因厌恶大夫高克，故意使之将兵抵御狄人，高克丢开士卒不管，自己恣意在河上嬉戏，结果郑师溃败。董氏列举的这些史实，都是因不敬贤重民而造成惨败的教训，让后代国君引以为戒。并引申说："考意而观指，则《春秋》之所恶者，不任德而任力，驱民而残贼之。其所好者，设而勿用，仁义以服之也。"① 董氏又阐释《春秋》对被侵伐者的同情，尤其高度评价楚国大夫司马子反能怜悯宋国因久被围困而奄奄一息的民众。（按，此事见宣公十五年）董氏论云："司马子反为其君使。废君命，与敌情，从其所请，与宋平。是内专政而外擅名也。专政则轻君，擅名则不臣，而《春秋》大之，奚由哉？曰：为其有惨怛之恩，不忍饿一国之民，使之相食。推恩者远之而大，为仁者自然而美。今子反出己之心，矜宋之民，无计其间，故大之也。"② 董氏以爱民、重民的原则，作为判断是非功过的标准，司马子反能解救陷于"人相食"惨境中的宋国民众，此一行为之意义比起他违反君命、擅权处理的过失，不知要超过多少，所以值得大力表彰。董氏又对于子夏所论"《春秋》重人"的观点大加赞赏，认为《春秋》对很多事情加以讥议，其根本原则和标准就在于"重民"，说："不爱民之渐乃至于死亡，故言楚

---

① 《春秋繁露·竹林》。
② 《春秋繁露·竹林》。

灵王、晋厉公生弑于位，不仁之所致也。……故子夏言《春秋》重人，诸讥皆本此。或奢侈使人愤怨，或暴虐贼害人，终皆祸及身。"①

董仲舒既把《春秋》视为指导封建国家一切领域的圣经，又把它当作决狱量刑的法律依据。他论述刑罚得当，才能使民众明白道理，乃是推行教化的助力。两者相辅而相成，才能达到治国的目的，因此应该受到高度重视："故折狱而是也，理益明，教益行。折狱而非也，暗理迷众，与教相妨。教，政之本也。狱，政之末也。其事异域，其用一也，不可不以相顺，故君子重之也。"②他讲用《春秋》审理案件的原则是："《春秋》之听狱也，必本其事而原其志。志邪者不待成；首恶者罪特重；本直者其论轻。"③强调分清故意犯罪与无动机而造成犯罪后果的不同，此即后世区分首从之律。故汉人称"《春秋》之义，原心定罪"④。董仲舒著有《公羊董仲舒治狱》十六篇，《汉书·艺文志》有著录。原书已佚，但从现能见到的佚文，尚可窥见他用《公羊传》决狱判案的原则、方法。如有一个寡妇改嫁的案件，有人主张应以违反法律处死，董氏则引用《公羊传》，以"夫死无男，有更嫁之道"为理由，认为应判处无罪。⑤比起后世道学家宣称"一女不嫁二夫"、"夫死守节"、"饿死事小，失节事大"一类违反人道的主张，显然要进步、合理得多。

---

① 《春秋繁露·俞序》。
② 《春秋繁露·精华》。
③ 《春秋繁露·精华》。
④ 《汉书·薛宣传》。
⑤ 此将《太平御览》所引董氏治狱佚文引录于此，可以获见原书的片断。《太平御览》卷六百四十："董仲舒《决狱》：甲父乙与丙争言相斗，丙以佩刀刺乙，甲即以杖击丙，误伤乙，甲当何论？或曰：殴父也，当枭首。议曰：臣愚以为，父子至亲也，闻其斗，莫不有怵怅之心。扶杖而救之，非所以欲诟父也。《春秋》之义，许止父病，进药于其父而卒。君子原心，赦而不诛。甲非律所谓殴父也，不当坐。又曰：甲夫乙，将船。会海盛风，船没溺，流死（与尸同。）亡不得葬。四月，甲母丙即嫁甲。欲当何论？或曰：甲夫死未葬，法无许嫁，以私为人妻，当弃市。议曰：臣愚以为《春秋》之义，言夫人归于齐。言夫死无男，有更嫁之道也。妇人无专制擅恣之行，听从为顺，嫁之者归也。甲又尊者所嫁，无淫衍之心，非私为人妻也。明于决事，皆无罪名，不当坐。"

天人感应说也是董仲舒公羊学说的一个基本观点，指天能干预人事，人们的行为也能感应上天。谴告说是讲自然界灾异的出现表示天对人间过失的谴责和警告。董仲舒说："孔子作《春秋》，上揆之天道，下质诸人情，参之于古，考之于今。故《春秋》之所讥，灾害之所加也。《春秋》之所恶，怪异之所施也。书邦家之过，兼灾异之变。"[①] "小者谓之灾。灾常先至而异乃随之。灾者，天之谴也；异者，天之威也。谴之而不知，乃畏之以威。"[②] 这种认为天有愤怒和喜悦、灾异出于天的意志的谴告说，当然是一种神学目的论。不过，在鬼神迷信盛行的汉代，谴告说有其一定的意义。这是因为，在专制制度下，皇帝拥有至高无上、不受限制的权力。然而，为所欲为的权力，对于国家实际上又是危险的。所以封建思想家也要想办法对君权施加一点限制。可是，在君权的绝对权威下，有什么力量能予以限制呢？这就需要抬出"天"的神秘力量。当时一些大臣或思想家，即利用"天灾"作为与暴政作斗争的合法工具。用"灾异"恐吓皇帝，要求他反省错误，施行仁政。这即是谴告说在当时具有积极意义的一面。

经权之说，是在《公羊传》中已经明显地提出了的、很有思辨色彩的命题，经过董仲舒大力发挥，从多方面阐释处理事情的原则性和策略的灵活性二者的关系，从而成为包含古代丰富的辩证思维和政治智慧的宝贵哲学遗产。

《公羊传》桓公十一年云：

> 权者何？权者，反于经然后有善者也。

"经"原义为织物的纵线，引申为常道、规范，即至当不移的道理、正常情况下的准则，也就是今天所说的原则性。"权"原义为秤锤，引申为权宜、权变，与"经"相对，便指要善于衡量是非轻重，以因事制宜，也就是今天所说的灵活性。《公羊传》有三处讲"实与文不与"，也包含了"经"与"权"的意思。

---

① 《汉书·董仲舒传》。
② 《春秋繁露·必仁且智》。

《公羊传》庄公十九年及僖公三十年有云："大夫无遂事。"是说：大夫奉诸侯之命外出朝聘，只限于完成所派遣的本职之事，不能自作主张连带进行其他活动。然《公羊传》庄公十九年却又云："出竟有可以安社稷、利国家者，则专之可也。"此为对《经》文所载"秋，公子结媵陈人之妇于鄄，遂及齐侯、宋公盟"作解释。公子结是鲁国大夫，因陈侯娶妇，按古代有媵礼，"诸侯娶一国，则二国往媵"，鲁国有女子随嫁，鲁庄公派公子结送行。而此前鲁国与齐有隙，公子结出境后，即遇到齐、宋联合深谋攻伐鲁国。公子结急中生智，灵活作出决定，矫奉鲁君之命与两国结盟，以此解除了国难。《公羊传》作者对他这种安社稷、利国家的行为作了充分的肯定，并认为他此次灵活地擅权处理是正确而必要的。

然则，"经"与"权"的关系，并非都如公子结矫君命结盟之事这么容易判明，实际上，客观事物异常复杂，因此需要根据不同的情况作出恰当的判断。《春秋繁露》中有多篇从不同方面讨论并阐释这个问题。

《公羊传》宣公十五年记楚大夫司马子反奉命去窥探被围宋城，在得知宋人已至"易子而食之，析骸而炊之"的惨状之后，他将楚军只剩七日粮的实情告诉宋大夫公华元，故导致楚庄王释围议和而罢兵之事。对此，《竹林》篇提出两项诘问，一是"子反为楚臣而恤宋民，是忧诸侯也；不复其君而与敌平，是政在大夫也。溴梁之盟，信在大夫，而诸侯（按，此二字应依他本作《春秋》）刺之，为其夺君尊也。平在大夫，亦夺君尊，而《春秋》大之，此所闻也"。二是"《春秋》之义，臣有恶，擅名美（按，卢文弨校本云《大典》作"臣有恶，君名美"）。故忠臣不显谏，欲其由君出也。……今子反去君近而不复，庄王可见而不告，皆以其解二国之难为不得已也。奈其夺君名美何？此所惑也"。第一项，是从子反身为大夫却擅自与敌国平，夺了国君之权提出论难；第二项，是从子反夺了国君的美名提出论难。

对此两项论难，董仲舒作了铿锵有力的反驳，说："《春秋》之道，固有常有变，变用于变，常用于常，各止其科，非相妨也。""常"就是经,"变"就是权,正常情况下的准则和特殊情况下的变通,各适用于具体的情况,二者不相妨碍,表面相反而实际相辅相成。反之,如果不懂得在特殊情况下应该变通,就会贻误大事。并且进一步申述子反灵活变通远远超出只会死守程式的拘牵之见:"今诸子所称,皆天下之常,雷同之义也。子反之行,一曲之变,独修之意也。夫目惊而体失其容,心惊而事有所忘,人之情也。通于惊之情也,取其一美,不尽其失。"这是回答第一项诘问,说明司马子反的做法是因面对特殊情况而采取的很具独创性的明智之举,由于同情宋国民众而产生的惊骇,使他忘记了通常的规矩,故应该肯定他富有同情心的美好品质,而不能以通常情况求全责备。董氏又针对第二项诘难反驳说:"今子反往视宋,闻人相食,大惊而哀之,不意之至于此也,是以心骇目动而违常礼。礼者,庶于仁、文,质而成体者也。今使人相食,大失其仁,安著其礼?方救其质,奚恤其文?故曰'当仁不让',此之谓也。《春秋》之辞,有所谓贱者,有贱乎贱者。夫有贱乎贱者,则亦有贵乎贵者矣。今让者《春秋》之所贵。虽然见人相食,惊人相爨,救之忘其让,君子之道有贵于让者也!"这是说,行古人归美于君之礼,当然是对的。不过,礼的本质是仁,以此决定礼的仪节(文)和内涵(质),而内涵比仪节更为重要。如今面对人相食的惨状,如果丧失了爱民的仁心,讲礼还有何用?需要紧急拯救民众的时候,又哪能顾及那么多表面的仪节呢!所以,对君讲让固然是美德,但拯救民众于人相食的惨景之中,这是贵中尤贵者,难道不是比"让"更加重要得多吗!司马子反当时又哪能顾到谦让呢!董氏经过上述正面阐释和回答反面的诘难之后,更从辩证思维的高度加以总结:"故说《春秋》者,无以平定之常义,疑变故之大则,义几可谕矣。""常义"只适合于通常的情况,而特殊情况下的权变,有时具有更加重大的意义,故董氏称之为"变故之大则"。承认通常情况下的准则,但不拘泥,不拿它否定需要因时因地作灵活变动,具有这种辩证观点的人,才算懂得《春秋》啊!董氏此论,是用古人的语言对原则性与灵活性的辩证关系所作的阐释,类似的议论在《春秋繁露》中还有多处。《精华》篇解释《公羊传》襄公十九年载："秋，晋士匄帅师侵齐，至穀，闻齐侯卒，乃还。还者何？善辞也。何善尔？大其不伐丧也。此受命乎君而伐齐，则何大乎其不伐丧？大夫以君命出，进退在大夫也。"晋大夫士匄受君命率师侵齐，不想路上闻说齐侯丧亡之事，于是改变主意还师。《公羊传》作者认为，《春秋经》此处书"还"字，是褒扬士匄不伐丧的行为。虽然士匄的决定与原先晋君给他的命令是相违背的，但《公羊传》作者认为他做得对，理由是"大夫以君命出，进退在大夫也"。可是《公羊传》宣公八年载："公子遂如齐，至黄乃复。其言至黄乃复何？有疾也。何言乎有疾乃复？讥。何讥尔？大夫以君命出，闻丧徐行而不反。"两处所述理由，形式上互相矛盾。又《公羊传》庄公十九年和僖公三十年均提出："《春秋》之法，大夫无遂事。"（按：僖公三十年："公子遂如京师，遂如晋。"《公羊传》解释说："大夫无遂事，此其言遂何？公不得为政尔。"）而前述对鲁大夫公子结出境途中遇到齐、宋深谋联合伐鲁，遂矫君命与之结盟一事，则说："出竟有可以安社稷、利国家者，则专之可也。"对此两桩事情的评论，形式上看也互相对立。董氏将此四项集中起来，进一步阐释公羊学家如何对待"经"与"权"、"常"与"变"的道理：

> 夫既曰无遂事矣，又曰专之可也。既曰进退在大夫矣，又曰徐行而不反也。若相悖然，是何谓也？曰：四者各有所处。得其处则皆是也，失其处，则皆非也。《春秋》固有常义，又有应变。无遂事者，谓平生安宁也。专之可也者，谓救危除患也。进退在大夫者，谓将率用兵也。徐行不反者，谓不以亲害尊，不以私妨公也。……故公子结受命往媵陈人之妇，于鄄。道生事，从齐桓盟，《春秋》弗非，以为救庄公之危。公子遂受命使京师，道生事之晋，《春秋》非之，以为是时僖公安宁无危。故有危而不专救，谓之不忠；无危而擅生事，是卑君也。故此二臣俱生事，《春秋》有是有非，其义然也。

董氏所提炼的"《春秋》有常义，又有应变"确为精当之论。总之，如果死板地拘守"常义"，不懂灵活变通，都必将贻误大事，或是与伦理准则大相径庭。"大夫无遂事"，是通常情况下必须遵守的行为准则，但是在遇到突发情况时，又允许其有擅作主张的权力，因为必须这样做才能为国家救危除患。同样，规定"大夫以君命出，进退在大夫也"的原则，是适应于将帅领兵外出征战，往往会遇到复杂多变的情况，若一成不变地拘守事先规定的方案，必定会贻误大事，因此应当给予将帅根据多变情况作出果断决定的权力；但是若果遇到父母之丧这样的事，则应采取"徐行不返"的办法，因为国君定会安排别人前来接替职事，而不能不顾使命立刻返回，那是以私事妨公事。

因此，董氏又申论何种情况下谓之"知权"，何种情况下违反"知权"的道理。他举出逢丑父与郑祭仲两件典型例子，作了深入的阐释：

> 逢丑父杀其身以生其君，何以不得谓知权？丑父欺晋，祭仲许宋，俱枉正以存其君。然而丑父之所为，难于祭仲，祭仲见贤而丑父犹见非，何也？曰：是非难别者在此。此其嫌疑相似而不同理者，不可不察。夫去位而避兄弟者，君子之所甚贵；获虏逃遁者，君子所甚贱。祭仲措其君于人所甚贵以生其君，故《春秋》以为知权而贤之。丑父措其君于人所甚贱以生其君，《春秋》以为不知权而简之。其俱枉正以存君，相似也；其使君荣之与使君辱，不同理。故凡人之有为也，前枉而后义者，谓之中权，虽不能成，《春秋》善之，鲁隐公、郑祭仲是也。前正而后有枉者，谓之邪道，虽能成之，《春秋》不爱，齐顷公、逢丑父是也。①

董氏举出两件表面很类似而道理实不相同的事，详加辨析，从而得出二者一为"中权"而另一属于"邪道"的结论，对于理解儒家伦理观和探讨董氏春秋诠释学的伦理意义和哲理内涵很有

---

① 《春秋繁露·竹林》。

价值。祭仲是郑国辅政大臣，他面对宋国的压力，以曲求伸，暂时接受宋国胁迫他立郑公子突为国君的要求，而最终保住了郑国的社稷，因而受到《春秋经》和《公羊传》的褒扬。事见《公羊传》桓公十一年载："九月，宋人执郑祭仲。祭仲者何？郑相也。何以不名？贤也。何贤乎祭仲？以为知权也。其为知权奈何？古者郑国处于留。先郑伯有善于邻公者，通乎夫人，以取其国而迁郑焉，而野留。庄公死已葬，祭仲将往省于留。途出于宋，宋人执之，谓之曰：'为我出忽而立突。'祭仲不从其言，则君必死，国必亡。从其言，则君可以生易死，国可以存易亡。少辽缓之，则突可故出，而忽可故反。是不可得则病，然后有郑国。"郑相祭仲当时所面对的，是强而横的宋国，宋利用郑庄公刚死的困难时刻，蛮横地要求郑废去太子忽的法定继承地位，改立宋夫人所生之公子突。祭仲如果坚持立嫡不立庶的通常准则，势将引起宋用武力灭郑，郑国必亡无疑。现在祭仲采取灵活措施，先且答应宋的要求，立公子突，而暂让太子忽外出避难。宋国强横而贪财，定将通过公子突向郑国索取财物。突是篡立之君，得不到朝臣和民众拥护，朝臣一致采取拒不赂宋的态度，那么宋国必怨积而抛弃公子突，则郑太子忽仍可回国居国君之位。故祭仲采取的灵活策略，虽暂时付出代价，但从长远讲，则保住了郑国的利益，避免了郑国亡国的大祸。正由于这一道理，《公羊传》进一步引申说："古人之有权者，祭仲之权是也。权者何？权者反于经，然后有善者也。权之所设，舍死亡无所设。行权有道，自贬损以行权，不害人以行权；杀人以自生，亡人以自存，君子不为也。"这是赞扬祭仲之懂得行权，可与古人伊尹相比。伊尹为了殷商国家的利益，采取权变的措施，自己负放逐国君的罪名，放太甲于桐宫，令自思过，三年之后重新登上君位，遂能行商汤之道。《公羊传》所提炼的"权者何？权者反于经，然后有善者也。权之所设，舍死亡无所设"这一精辟思想，因董仲舒的阐释、发挥而更得彰显。"权"的意义，正在于它采用与正常情况的准则看似相反的处理方法和表面形式，目的正是为了使国家和大局获得根本的好处，这恰恰也是"经"所要求达到的，所

39

以形式上相反而达到的目的相同，而舍此适当的行权则会严重损害根本利益，因而非处生死危亡的重要关头，不轻易采取违反正常准则的"权"。同时，行权是要受到制约、有其原则的，只允许本人承担有负于国或违反常理的罪名，而绝不能杀死或坑害别人以自存，那是卑劣小人行径，君子不为！

董氏认为，逢丑父救齐顷公的事，乍看起来与祭仲保存郑国颇为类似，但实质上二者的意义完全相反。逢丑父事见《公羊传》成公二年所载："逢丑父者，顷公之车右也，面目与顷公相似，衣服与顷公相似。代顷公当左，使顷公取饮。顷公操饮而至，曰：'革取清者。'顷公用是佚而不反。逢丑父曰：'吾赖社稷之神灵，吾君已免矣。'郤克曰：'欺三军者，其法奈何？'曰：'法斫！'于是斫逢丑父。"此是鞌之战一役，晋郤克率晋、鲁、曹、卫四国之师伐齐，逢丑父本为齐顷公戎右，相貌酷似顷公，他为救顷公，让其下车取水逃逸，本人坐到车左边顷公的位置冒充顷公，结果被执。郤克以"欺三军"之罪将他处死。董氏阐释说，逢丑父与祭仲之所为实质意义相反的原因，在于祭仲行权的效果是"措其君于人所甚贵以生其君"，逢丑父却是"措其君于人所甚贱以生其君"。祭仲的行权，得到有利于国家和国君的好结果，逢丑父的做法，却使其君处于临阵弃师脱逃不能为国死难、违反儒家伦理的耻辱地位，所以是不知权的"邪道"。简言之，二人行为意义之相反，是祭仲所为"前枉而后义"，逢丑父所为"前正而后枉"。

董氏更从儒家伦理道德的角度，斥责逢丑父让顷公逃逸的行为不当，其大错在于欺三军、辱宗庙。《春秋繁露·竹林》篇进一步申论云："故欺三军为大罪于晋，其免顷公为辱宗庙于齐，是以虽难而《春秋》不爱。丑父大义（按，言丑父如知大义），宜言于顷公曰：'君慢侮而怒诸侯，是失礼大矣。今被大辱而弗能死，是无耻也而获重罪。请俱死，无辱宗庙，无羞社稷。'如此，虽陷其身，尚有廉名。当此之时，死贤于生。故君子生以辱，不如死以荣，正是之谓也。"

"经""权"关系，即原则性与灵活性二者的关系，不论在古代或今世，都是人们经常要遇到的重要课题，上述董氏阐释的"《春秋》之道，有常有变，变用于变，常用于常，各止其科，非相妨也"；"无以平定之常义，疑变故之大则"；"前枉而后义者，谓之中权；前正而后有枉者，谓之邪道"等项，从各个角度分析经权关系，辨析入微，切中肯綮，是对古代辩证理论和政治智慧的极大丰富和发展。《韩诗外传》引孟子之言曰："夫道二，常之谓经，变之谓权。怀其常道而挟其变权，乃得为贤。"此即为董氏学说对孟子思想作直接发挥的明证。《春秋繁露》中尚有诸多精义，如谓："《春秋》固有常义，又有应变。""权虽反经，亦必在可以然之域。不在可以然之域，故虽死亡，终弗为也。""《春秋》有经礼，有变礼。为此安性平心者，经礼也。至有于性虽不安，于心虽不平，于道无以易之，此变礼也。""明乎经变之事，然后知轻重之分，可与适权矣。"也都是对"行权"必须有一定范围的限制，"权"是对"经"的有效补充，是在特定情形下为了达到"经"而必须采取的手段，是通过灵活手段而达到利于国家的正当的目的等项道理的恰当界定。董氏从多方面讲经权之说，都是阐释《春秋》与治国的道理，因而使春秋公羊学具有"以经议政"的鲜明性格，这对后世产生了巨大而深远的影响。陈柱先生在其所著《公羊家哲学》一书中专设有"经权说"一章，其中有论云：董氏"论《春秋》之义，有常有变。子反之处变，不忍一国之民，使之相食，故发其惨怛之情，而为之平。当其平之时，盖已置一切厉害之念于度外，而唯有恻隐之情盘郁于胸际。故曰：'为仁者自然而美。'此所以贤而大之也。此所以贵乎权也。然虽贤而大之，而传犹云：'此皆大夫也，其称人何？贬。曷为贬？平者在下也。'何休释之云：'言在下者，讥二子在君侧，不先以便宜反报归美于君，而生事专平，故贬称人。'斯则以子反华元之事，不足以为常法；于褒之中，仍寓贬词，则权之中有经矣"。刘家和先生说："经与权的关系就是指常与变的关系。……因为它虽反于经而最终却达到了经所要求的善的结果。经之与权以及常之与变，在这里并非绝对互相排斥，而是相反相成。在公羊学家看来，历史是有其常规的，因此论史须有恒常的标准，即《春秋》之义。然而，他们也承认历史是有变化的，在条件变化了的情况下，人们的行为就不能'刻舟求剑'，而是要以'权'应变，这样就少不了要行权。守经与行权，在直观的层面上是相反的，而在深层次上却又是相成的。"① 他们的论述，对于探究《春秋繁露》书中经权说之义是很有帮助的。

西汉《春秋》学大盛，实则是春秋公羊学大盛。董仲舒大力推阐《公羊传》的"微言大义"，提出一整套大一统、"张三世"、"通三统"、德刑并举、谴告说、经权之说的理论体系。这套公羊学说与时代的需要相适应，受到专制皇帝的激赏，从此开始了中古时代罢黜百家、独尊儒术的局面。公羊学说俨然成为统一意识形态的官方哲学。董仲舒、公孙弘都因精通公羊学而平步青云。武帝本人重《公羊》，因此也令太子由原先习《穀梁》而改习《公羊》，这就更加推动士人及全社会尊崇公羊学的风气。

（原刊《中国哲学》第二十三辑［2001 年］）

---

① 刘家和：《史学的悖论与历史的悖论——试对汉代〈春秋〉公羊学中的矛盾作一种解释》，载《庆祝杨向奎先生教研六十年论文集》，河北教育出版社 1998 年版，第 235 页。

论章学诚对历史哲学的探索

一、哲学探索:《文史通义》[①] 重要立意所在

　　章学诚（乾隆三年—嘉庆六年，1738—1801）所著《文史通义》，一向被视为史学评论名著，而它作为18世纪中国学者哲学探索的重要著作的价值则尚未受到应有的重视。实际上，无论是从《文史通义》篇目所反映的探讨范围，还是从《文史通义》一

[①] 《文史通义》在章学诚生前曾刊刻过一部分，但非全帙。学诚临终前，以全稿托友人萧山王宗炎为之编校。以后由嘉业堂主人刘承幹刊刻为《章氏遗书》，又称《章学诚遗书》，征辑较完备，除有其主要著作《文史通义》外，还有《校雠通义》、论方志文章（包括所修方志序跋等）及其他文章。此书刻于1921年，称《章氏遗书》本。另一是章学诚次子华绂在河南编辑刊刻的，刻于道光十二年（1832），称大梁本。这两种刻本，就"内篇"部分言，大多相同，而《章氏遗书》本多《礼教》《所见》《博杂》《同居》《感赋》《杂说》六篇，而"大梁本"的篇目则不甚完备。再就"外篇"言，《章氏遗书》本所收录的是学诚致友人及家人的书信，为友人文集著作写的序跋，解答别人问题的文字，在书院教导学子的言论等，这些文章都可与"内篇"之内容相发明。而"大梁本"之"外篇"所收者为章氏有关方志叙例的文章。这些对于理解章氏学术思想体系来说，关系相对小一些。但章华绂在"大梁本"序言中却云王宗炎校定本"多与先人原意互异"。故叶瑛《文史通义校注·例言》中批评华绂"则亦未必尽得先生意也"。本文引用的《文史通义》篇目，均据《章氏遗书》本。

书命名的寓意，或从章氏对本书著述宗旨的"夫子自道"，都说明哲理探索是其撰著的重要立意之所在。

从《文史通义》的篇目内容看，列于全书"内篇"之首者，即是《易教》上、中、下篇，继之为《书教》上、中、下，《诗教》上、下，《礼教》，《经解》上、中、下。再其后，是《原道》上、中、下，《原学》上、中、下，《博约》上、中、下，以及《浙东学术》、《朱陆》诸篇。从这些篇目内容，即已清楚地显示出：阐释儒家六经中蕴涵的哲学内容，专题论述传统思想中"道"这一哲学范畴，以及评论总结宋代理学盛行以来到清代学术中的义理问题，在《文史通义》全书中不但在位置上最为重要，而且论述方面甚广，内容分量甚重。此外，其他篇目中相关的论述也多有出现。

章学诚作为一位思想深刻的学者，对其《文史通义》的命名和其本人的学术宗旨，曾经一再予以揭示。

《上晓徵学士书》云：

> 学诚自幼读书无他长，惟于古今著述渊源、文章流别殚心者，盖有日矣。尝谓古人之学，各有师法，法具于官，官守其书，因以世传其业。访道者不于其子孙则其弟子，非是即无由得其传。……盖向、歆所为《七略》《别录》者，其叙六艺百家，悉惟本于古人官守，不尽为艺林述文墨也。其书虽佚，而班史《艺文》独存。《艺文》又非班固之旧，特其叙例犹可推寻。……然赖其书，而官师学术之源流，犹可得其仿佛。故比者校雠其书，申明微旨，又取古今载籍，自六艺以降讫于近代作者之林，为之商榷利病，讨论得失，拟为《文史通义》一书。分内外杂篇，成一家言。①

钱大昕是章氏最敬佩的学者，当时有很高的学术地位，学诚处于坎坷侘傺、无人理解的情况下，写信向他讲出肺腑之言。最值得注意者，是学诚揭示出本人学术宗旨是殚心于"古今学术渊

---

① 章学诚著，仓修良编：《文史通义新编》，上海古籍出版社1993年版，第522—523页。

源,文章流别","自六艺以降讫于近代作者之林,为之商榷利病,讨论得失",他所确定的目标,是要分析古今学术的渊源,评判著作之林的利病。这就大大超出了史学评论的范围,证明他要探讨的是自六艺以来讫于当代学术的指导思想及其演变,探讨二千多年来不同著作家学术根本观念的得失。他之所以一再强调古人之学"法具于官,官守其书",且认为自刘向、歆至班固《汉书·艺文志》的主要价值是"悉惟本于古人官守",即强调古代学术的本原在于国家施政部门治理政事的职能,学术的发生、儒家经典中记载的精深义理,都是与国家治理、社会生活密切联系的。

正由于此,章氏更直接说出《文史通义》所要探究的是"古人之大体"。此见《上朱中堂世叔》中言:"近刻数篇呈诲,题似说经,而文实论史,议者颇讥小子攻史而强说经,以为有意争衡,此不足辩也。……《通义》所争,但求古人大体,初不知有经史门户之见也。"[1] 何谓"古人大体"?即指影响两千年来学术发展、世道人心的根本原理和指导思想,也就是哲学问题。当时没有"哲学"一词,章氏论著中所言"古今学术渊源""校雠心法""著述义理""别识心裁""学术经世"等,即指哲学思想,或是对与哲学思想密切相关问题的探索。处于乾嘉当日,学者无不奔竞于文字训诂、史实考订、校勘辑佚等项,且以为此即学问的最高境界、学问的全部,章学诚却倾其全力探究有关古今学术演变、有关世道人心的哲学问题,其立意何等高远,思想何等深刻。但又不被理解,甚至被诧为"怪物""异类",他的心境又是何等凄苦!故章氏晚年致信向知己朱少白吐露心曲,告知《文史通义》一书乃发愤之作:

鄙著《通义》之书,诸知己者许其可与论文,不知中多有为之言,不尽为文史计者,关于身世有所怅触,发愤而笔于书,尝谓百年而后,有能许《通义》文辞与老杜歌诗同其

---

[1] 章学诚著,仓修良编:《文史通义新编》,第630页。

沉郁，是仆身后之桓谭也。①

由此可以明瞭，章氏在书中所发的议论，不只超过史学评论范围，且不限于一般分析学术源流或评价高下得失，而是针对与社会历史和学术指导思想的深层次问题而发，所以才称"中多有为之言"，并且将深沉地忧国忧民、向以沉郁顿挫著名的杜甫诗歌引为同调，自信百年之后能有人真正理解其"学术经世"的深刻意义。章氏考察的范围极为广阔而深刻，既总结千年史学的演变、讨论"史学义例"，做到"辨章学术、考镜源流"，又要论述有关社会历史和学术变迁的哲学问题，发挥学术经世、挽救时代风气流弊的作用。章氏命名其书为《文史通义》，正是自标界说，表明他在训诂考证之风盛行情况下，独树一帜，打通文史，以"义理"即哲学思想为指导，对深层次问题进行探讨、总结。

二、历史哲学探索的第一层次：
对儒家经典的新诠释

中国古代，哲学与儒家经典几乎成为同义语，章学诚的哲学探讨，自然必须依据儒家六经，以之为资料，据以提出问题展开讨论。章学诚是以与前人不同的时代眼光、不同的态度来研究问题的。历代儒者视经典词句为万古不变的教条，只能顶礼崇拜，甚至将其神秘化，缺乏独立思考和理性批判的精神，更不能引发和创立新的哲学原理。如《诗经》被定性为"夫《诗》者，论功颂德之歌，止僻防邪之训"②。又说："故正得失，动天地，感鬼神，莫近于《诗》。先王以是经夫妇，成孝敬，厚人伦，美教化，移风俗。"③《诗经》中的十六国风，本是采自各个地区的民歌，却被《毛传》解释为是宣扬封建政治规范、教化伦理的标

---

① 章学诚著，仓修良编：《文史通义新编》，第645页。
② 《毛诗正义序》，《十三经注疏》本，中华书局1980年版，第261页。
③ 《毛诗正义》，《十三经注疏》本，第271页。

本，称"《周南》《召南》，正始之道，王化之基"。《关雎》本是表达男女相悦的爱情诗，却被孔颖达解释为"由言二《南》皆是正始之道，先美家内之化。是以《关雎》之篇，说后妃心之所乐，乐得此贤善之女，以配己之君子；心之所忧，忧在进举贤女，不自淫欲其色。又哀伤处窈窕幽闲之女未得升进，思得贤才之人与之共事君子，劳神苦思而无伤害善道之心。此是《关雎》诗篇之义也"①。而《尚书》这部上古时代政治文件的总汇，则被神化为："夫《书》者，人君辞诰之典。……得之则百度惟贞，失之则千里斯谬，枢机之发，荣辱之先，丝纶之动，不可不慎。"② 又称孔子修《春秋》为"据周经以正褒贬，一字所嘉，有同华衮之赠；一言所黜，无异萧斧之诛。所谓不怒而人威，不赏而人劝，实永世而作则，历百王而不朽也"③。而章学诚则迥异流俗，他要从经典中探求、阐释有关社会、世风和学术的真理性认识，他以实事求是、独立思考的态度，既能揭示出经典中的真价值，又能评判其中得失，并进行创造性的发挥。《文史通义》书中，《易教》《书教》《诗教》《礼教》等篇都是针对各部经典作论说。他论述的问题颇为广泛和深刻，择其最具理论价值者，约有以下四项。

一是，倡"六经皆史"说，鲜明地提出"儒家经典是圣人头脑制造出来的，还是古代治国实践的产物"的问题，并给以发人深省的回答。

《文史通义》首篇《易教上》开宗明义提出：

> 六经皆史也。古人不著书；古人未尝离事而言理，六经皆先王之政典也。

章学诚提出的"六经皆史"命题，实具深刻的哲理性和明确的针对性。自从儒学确立独尊地位以来，千百年来，因封建帝王的提倡，世代儒生的鼓吹传播，儒家经典已被神圣化，"六经"

---

① 《毛诗正义》，《十三经注疏》本，第273页。
② 《尚书正义序》，《十三经注疏》本，第110页。
③ 《春秋正义序》，《十三经注疏》本，第1698页。

是孔子"天纵之圣"头脑中固有的，具有纲举天下的意义，而且将万古不变，成为不可移易的定理。历代的所谓贤者加以神化、经师们大力推演，将六经和孔子之教涂上一层神圣的光环，如董仲舒言"天地之常经，古今之通谊"①，伪《古文尚书》孔安国序中称，孔子删《书》，"举其宏纲，撮其机要，足以垂世立教……所以恢弘正道，示人主以轨范也"②。整个社会实则弥漫在这种神秘化、凝固化的思想体系之下，造成严重的禁锢作用，压制、摧残活泼的创造和革新精神。

　　章学诚"六经皆史"说恰恰在"儒家经典是如何生成的"这一具有根本意义的问题上提出了挑战。他明确提出："六经"是古代治理国家的制度和智慧的记载，"六经皆先王之政典"。儒家经典虽然地位很高，但不是古代圣贤周公、孔子有意专门写出一部包含极其高深的"道"的书，古人没有离开具体活动、闭门写书的事情。六经中的"道"和"理"，都是与古代社会生活、人伦日用密切联系的，六经乃先王治理国家的历史记载，所以，"六经皆史也"。章学诚又提出，六经是先王之政典，以《诗》《书》《礼》《乐》《春秋》等经典的内容言，应当容易理解，而《易》是讲阴阳变化的，为何也是"先王之政典"呢？答曰："其道盖包括政教典章之所不及"，"其教盖出政教典章之先矣"。故《易》不但与五经同为政典、具有"与史同科"之义，而且，《易》之道是具体典章制度之本原。庖羲、神农、黄帝有"三《易》"，都是根据"天理之自然"，即对自然现象观察、总结而得的规律性知识来教民。章学诚又引孔子所说："我观夏道，杞不足征，吾得夏时焉；我观殷道，宋不足征，吾得坤乾焉。"可证《易经》究明阴阳道理，是与观象授时、制定历法同为一代法宪，故也是有关治世之记录；此又足以说明《易经》并不是圣人"空言著述"，有意专门写一部讲抽象的"道"的书。章氏认为《左传》昭公二年所载韩宣子聘鲁，"观书于太史氏，得见《易》

---

① 《汉书》卷五十六《董仲舒传》，中华书局1962年版，第2523页。
② 伪《古文尚书》孔安国序，《十三经注疏》本，第114页。

象、《春秋》,以为周礼在鲁"这一史实很有意义。"夫《春秋》乃周公之旧典,谓周礼之在鲁可也。《易》象亦称周礼,其为政教典章,切于民用而非一己空言,自垂昭代而非相沿旧制,则又明矣。"①

章学诚将"六经皆史"作为《文史通义》全书开篇首先提出的命题,意义是很深刻的。以往研究者曾论述"六经皆史"的论点是扩大了史学的范围,提高了史学的地位,将儒家经典也作为史料看待。还有的论述章氏的论点有抹去儒家经典神圣光环的意义,将经书降至与史学平起平坐的地位。这些看法无疑都有道理,对于理解章氏观点有积极的意义。但若仅只限于这种认识则显然是很不够的。"六经皆史"这一理论创造的深刻意义在于:首次提出和辨析古代经典不是圣人头脑演绎、构建出来的,而是古代国家治理、社会生活的产物这一哲学根本性范畴的命题。处于乾嘉时期考证之风盛行、理论思维相对弱化的现实条件下,章氏的论点便具有别树一帜、引导学者向哲理探索的正确方向努力的重要意义。至于有的文章曾经争"六经皆史"是谁首创的问题,这显然并不重要。章氏以前,确有人讲过类似的话。王阳明回答学生徐爱说:"以事言之谓之史,以道言之谓之经,事即道,道即事,《春秋》亦经,五经亦史。"② 此外,明代及清代讲类似的话者,有王世贞,见《弇州山人四部稿》卷一四四;李贽,见《焚书》卷五《经史相为表里篇》;何景明,见《大复集》卷三二《经史皆记事之书》;潘府,见《明儒学案》卷四六《诸儒学案》;顾炎武,见《日知录》卷三。有的论著还追溯到更早,提出可追溯至元代郝经甚至东汉。③ 即使能找到很早的出处,也不会降低章学诚这一命题的意义。因为前人都只是行文中涉及,并无专门论述。章学诚是作为重要理论主张提出来,深入地加以论

---

① 《文史通义》内篇一《易教上》。
② 王守仁:《传习录上》,《王阳明全集》,上海古籍出版社1992年版,第10页。
③ 两说分别见陶懋炳《中国古代史学史略》,湖南人民出版社1987年版;陆宗达《从旧经学到马列主义历史哲学的跃进——回忆吴承仕先生的学术成就》,《北京师范大学学报》1984年第2期。

证，并且是针对时弊而发，是与他强调学术必须"经世"的主张密切相联系的。

二是，论述学术史上的重要规律：战国之文多出于《诗》教，后世文章各种体裁，其发端在战国。由此也可证明古代未尝有著述之事，至战国而著述之事专。

在《诗教上》篇中，章学诚认为，从文章体裁演变史考察，战国为一关键时期，"至战国而后世之文体备"，"至战国而著述之事专"。战国诸子争鸣，他们都得六艺道体之一端，而后能恣肆其说，以成一家之言。如"老子说本阴阳，庄、列寓言假象，《易》教也；邹衍侈言天地，关尹推衍五行，《书》教也；管、商法制，义存政典，《礼》教也；申、韩刑名，旨归赏罚，《春秋》教也"。章氏进而提出，战国之文，其源"多出于《诗》教"。何以见得呢？他认为，从春秋、战国典籍的大量记载说明，春秋行人，深明《诗》之比兴、讽谕之义，列国大夫聘问诸侯，出使专对，熟习诗篇而又灵活运用以达其旨；战国纵横之士，推衍而敷张扬厉，正是行人辞令运用之极致。"孔子曰：'诵《诗》三百，授之以政，不达；使于四方，不能专对，虽多奚为？'是则比兴之旨，讽谕之义，固行人之所肄也。纵横者流，推而衍之，是以能委折而入情，微婉而善讽也。"从学术史的演进言，战国是一大关键。战国以前，"未尝有著述之事"，官、守、史、册合一。故说，"官师守其典章，史臣录其职载。文字之道，百官以之治而万民以之察，而其用已备矣"。至战国而著述之事专，"《论语》记夫子之微言，而曾子子思，俱有述作以垂训，至孟子而其文然后闳肆焉，著述至战国而始专之明验也"。

三是，认为《尚书》对后代的最大启示是，因事命篇，不拘一格，详略去取，体圆用神。特别对于解决史学演进出现的严重积弊具有开创新局的意义。

千百年来，对于《尚书》这部经典，人们确实将其视为古代圣君遗留的宝典，只能恪守、尊奉。甚至晚清皮锡瑞，虽然他已初步接受了近代进化论思想,但仍强调"圣人作经,以教万世"①。又云:"圣人作经,非可拘以史例",且批评"史家不知《尚书》是经非史,其书不名一体,非后人所敢妄议"。② 章学诚在《书教上》篇中,则明确地将《尚书》置于学术演变的长河中来评论。首先他批评前人据《礼记》所称"左史记言,右史记动",而长期以《尚书》分属记言、《春秋》分属记事的普遍说法,认为此说法至为不当:"夫《春秋》不能舍传而空存其事目,则左氏所记之言,不啻千万矣。《尚书》典谟之篇,记事而言亦具焉;训诰之篇,记言而事亦见焉。"其次,他总结先秦至两汉史学的演变,概括其规律性现象,在《书教下》篇中指出:"《尚书》一变而为左氏之《春秋》,《尚书》无成法而左氏有定例,以纬经也;左氏一变而为史迁之纪传,左氏依年月而迁书分类例,以搜逸也;迁书一变而为班氏之断代,迁书通变化,而班氏守绳墨,以示包括也。"因此,认为《史记》《汉书》分别代表历史编纂的两种不同风格:"盖迁书体圆用神,多得《尚书》之遗;班氏体方用智,多得官礼之意也。"第三,他重点分析当前秉承《书》教具有极大的现实意义,应该大力发扬《尚书》"疏通知远"的精神和"体圆用神"的遗规,破除历史编纂长期以来形成的墨守成规的严重积弊。对于历代"正史"纂修缺乏别识心裁,只能因袭旧轨,甚至视为天经地义的积弊,他予以激烈的指责:"后史失班史之意,而以纪表志传,同于科举之程式,官府之簿书,则于记注撰述两无所似,而古人著书之宗旨不可复言矣。史不成家,而事文皆晦,而犹拘守成法,以谓其书固祖马而宗班也,而史学之失传也久矣!"

那么,历史编纂如何变革现状,开辟一条新路呢?他认为,犹如迷路的人为找到正确方向必须回到原先的起点一样,这就必须探究和恢复《尚书》创立朴实记事所体现的原则:"夫经为解晦,当求无解之初;史为例拘,当求无例之始。例自《春秋》左

---

① 皮锡瑞:《经学历史》,中华书局1959年版,第341页。
② 皮锡瑞:《经学通论》,第102页。

氏始也,盍求《尚书》未入《春秋》之初意欤!"《尚书》的最大优点是,因事命篇,起讫自如,灵活变化,体圆用神。"夫史为记事之书,事万变而不齐,史文屈曲而适如其事,则必因事命篇,不为常例所拘,而后能起讫自如,无一言之或遗而或溢也。"而纪事本末体之法实能体现这种编纂原则:"按本末之为体也,因事命篇,不为常格;非深知古今大体,天下经纶,不能网罗隐括,无遗无滥,文省于纪传,事豁于编年,决断去取,体圆用神,斯真《尚书》之遗也。"因此,他提出"仍纪传之体而参本末之法"①,作为历史编纂改革的方向,对于19世纪以来历史编纂的发展产生了很深远的影响。

四是,论述三代之礼的实质,皆折衷于时之所宜。指出当时学者从事礼学考证,固然重要;但更要紧的是以所治之《礼》,折衷后世之制度,以断今之所宜。

《礼教》篇针对当世研治《礼经》者,兀兀穷年,所致力的都在文献整理考证范围,即溯源流、明类例、综名数、考同异、搜遗逸等项的严重局限性,强调应以哲理为指导,提高研治礼学的层次。章学诚认为,三代之礼,皆折衷于时之所宜,可知典章制度与道,都因时而异,由社会生活需要而得。故云:"或曰:周公作官礼乎?答曰:周公何能作也!鉴于夏、殷而折衷于时之所宜,盖有不得不然者也。……故曰'道之大源出于天'也。"对此,他进一步引申"六经皆先王之政典"的观点,论述《礼经》是当年治国制度之记录:"夫一朝制度,经纬天人,莫不具于载籍,守于官司。故建官制典,决非私意可以创造,历代必有沿革,厥初必有渊源。"明瞭《礼经》是古代治国成功经验的记载,是"折衷于时之所宜",则可判定当今学者尽心竭力于古代文献的搜辑、考订固然也有其价值,但绝不能错误地视此为学问的最高境界,而应该追求学问更高的层次。故谓:"然以此为极则,而不求古人之大流以自广其心,此宋人所讥为玩物丧志。"章氏处在当日学者醉心考证工作的情况下,却难能可贵地告诫人

---

① 《文史通义》外篇三《与邵二云论修宋史书》。

们，真正有意义的工作，是学以致用，结合现实，指导现实："推其所治之《礼》，而折衷后世之制度，断以今之所宜，则经济人伦，皆从此出。"他又借此精辟地阐释考证之学和创造发挥两个不同的层次："夫名物制度，繁文缛节，考订精详，记诵博洽，此藏往之学也；好学敏求，心知其意，神明变化，开发前蕴，此知来之学也。"且又强调："真能知来者，所操甚约，而所及者甚广。"跳出名物训诂考证的局限，掌握并运用哲学观点，勇于从事"开发前蕴"的创造，则礼学也成经世之学，且将拥有多么广阔的天地！

三、历史哲学探索的第二层次：论证具有深刻意义的新命题

以上所论《易教》《诗教》《书教》《礼教》诸篇，都是章氏对儒家经典的新解，从而提出"六经皆史"，要"断以今之所宜"，"开发前蕴"等重要的理论主张。古代的哲学原理大量的都是包含在儒家经典之中，章氏借诠释经典来讨论哲学问题，是很自然的事，而且有其方便之处。然而，托庇于经典，本身又受到很大的局限。只有把哲学问题独立出来进行探讨，才能大大推进一步，提出真正能成"一家之言"的理论体系。章学诚正是按照这一思路前进的。对儒家经典的新诠释为第一层次，是他探索历史哲学的基础；围绕哲学的最高范畴"道"提出重要的新命题为第二层次，是他探索历史哲学的深化和升华。

《文史通义》中《原道》上、中、下三篇，阐述了极具深刻性的三项命题，构建了历史哲学的初步体系。这三篇作于章氏五十二岁时（乾隆五十五年，1790），是代表其晚年学术思想的成熟之作，成为中国古代思想史上极其珍贵的理论成果。

第一个命题：论"道出自然"，"渐形渐著"，存在"不得不然"的客观演进趋势。这是明确阐述"道"的客观性和历史渐进性。

《原道上》的开篇，章学诚即提出本篇主要论点："道"并不是玄妙、神秘的，作为根本原理和社会法则的"道"，是随着社会生活逐步发展的，有其客观的演进过程，国家制度等等都是后起的。其论云：

> 道之大原出于天，天固谆谆然命之乎？曰：天地之前，则吾不得而知也。天地生人，斯有道矣，而未形也。三人居室，而道形矣，犹未著也。人有什伍而至百千，一室所不能容，部别班分，而道著矣。仁义忠孝之名，刑政礼乐之制，皆其不得已而后起者也。

"道"的根本源头出于天。这个"天"，可有两种理解：一是自然的天；一是有意志的天。章学诚发问："天难道真的是不知疲倦地指挥号令着吗？"通过回答，逐层递进，强调"道"是客观趋势推演形成的，否定了是由有意志的"天"安排的神秘观念。首先，当混沌之初，刚刚有了人类时，天地阴阳变化，四时运行的"道"就存在了，但作为社会生活的"道"却未出现。这是鲜明地亮出其唯物的、发展的观点：未有圣人之前，"道"就存在了，可见"道"不是圣人头脑里创造出来的，而是由社会一步步演变而产生和发展的。其次，在远古人类数量很少，即群居生活（原始社会）的最初阶段，规定社会生活法则的"道"的最早形态已经出现。再次，群居的人类数量越来越多，社会越来越复杂，不同的部落、部族，不同的阶层、等级出现了，作为社会生活法则性的"道"便越来越复杂、显著。最后归结说：仁、义、忠、孝这些观念，刑、政、礼、乐各种制度，都是由于客观趋势的推动而在后来逐步形成的。

以上章氏所作的论述是前人从未有过的新观点，因此必须进一步展开论证，尤其是要强调"道"在不同阶段如何"渐形渐著"，道是客观法则，事势自然不断演进，不是圣人智力所为。章氏极具说服力地论证了：群居的人类为了解决日常生活需要问题、居住安全问题，就逐步产生分工、管理制度，由简单到复杂逐步形成，反映在观念上，"均平秩序之义"也逐步产生、发展；

又由于公共事务越来越复杂，逐步产生管理小部落的首领，再到产生管理国家的杰出人物。名目越来越多，制度越来越复杂，君臣制度，各种行政部门，行政区划，封建诸侯，设立学校，都随之形成、发展起来。章氏强调，不论是最初阶段的"三人居室，则必朝暮启闭其门户，饔飧取给于樵汲，既非一身，则必有分任者矣。或各司其事，或番易其班"；或是其后"又恐交委而互争焉，则必推年之长者持其平"，"至于什伍千百，部别班分，亦必各长其什伍而积至于千百"；或者国家形成之后，"作君、作师、画野、分州、井田、封建、学校"等等制度或观念的确立；都是按照人类生活和生产的演进而逐步产生和发展的，都显示出"不得不然之势"。因此必然得出这样的结论："故道者，非圣人智力之所能为，皆其事势自然，渐形渐著，不得已而出之，故曰'天'也。"

章学诚探讨"道"的本原和演变的理论价值在于，他继承了传统思想中关于礼制和国家制度的论述，并向前大大地推进了。章氏从前人吸收的思想营养，我们可以举出《周易》和《荀子》的论述。《易·系辞下》云："古者，庖牺氏之王天下也，仰则观象于天，俯则取法于地……于是始作八卦，以通神明之德，以类万物之情。作结绳而为网罟，以佃以渔，盖取诸离。庖牺氏没，神农氏作，斫木为耜，揉木为耒，耒耨之利，以教天下，盖取诸益。……黄帝、尧、舜垂衣裳而天下治，盖取诸乾坤。刳木为舟，剡木为楫，舟楫之利，以济不通，致远以利天下，盖取诸涣。"《荀子·礼论》云："礼起于何也？曰：人生而有欲，欲而不得，则不能无求；求而无度量分界，则不能不争；争则乱，乱则穷。先王恶其乱也，故制礼义以分之，以养人之欲，给人之求，使欲必不穷乎物，物必不屈于欲，两者相持而长，是礼之所起也。"

这些论述，可以视为章氏所继承的思想资料。但明显的是，《易·系辞下》虽讲了社会的演进趋势，但主要讲生产和制作，而且都是圣人发明创造出来以教民使用。《荀子·礼论》讲礼的起源，包含有唯物的观点，但主要限于讲礼的产生是为了防止人相争而物穷。这些都能使章氏受到启发,但章氏的论述更加深邃,达到更高境界,是讲作为理论核心和社会生活法则的"道",如何从原始混沌、草昧初开时代,逐步演进,由低级阶段达到高级阶段,讲到刑政礼乐制度的产生,负责管理和统治国家的人物的出现,以至行政区划、井田、学校的出现,特别强调这是由于"事理自然,渐形渐著","不得不然",逐步演进的。所以侯外庐评价说:他好像洞察到一些由原始公社、氏族公社到形成国家的演变。①

尽管章氏远未达到系统、详尽、科学,也比不上摩尔根对易洛魁部落的充分调查、达尔文的科学考察,其中还有不少推论的成分。但其重要理论价值,在于他探讨了历史哲学中具有核心意义的各种社会国家制度形成的客观性和渐进性课题,而且所作的描画,毕竟与人类社会演进和社会生活法则的实际进程大体相符合,坚持了正确的认识路线,具有很高的唯物主义思想价值。

那么,"道"与各种治国制度、"圣人制作"是什么关系呢?章学诚进一步论述:"道"是万事万物形成之"所以然"的客观法则,万事万物、"圣人制作"都是在理和势条件下产生的结果,是道在不同阶段的表现和形式。道好比是不停前进的车轮,六经、"圣人制作"等则是车轮留下的辙印。总之,应当区分推动形成万事万物客观法则的"道"本身,和万事万物的具体形式(包括六经中记载的具体道理和"圣人制作")。故言:"《易》曰:'一阴一阳之谓道。'是未有人而道已具也。继之者善,成之者性。是天著于人,而理附于气。故可形其形而名其名者,皆道之故,而非道也。道者,万事万物之所以然,而非万事万物之当然也。人可得而见者,则其当然而已矣。""天著于人而理附于气",就是强调社会历史演进和国家制度产生背后的法则性是客观的("天"和"理"),其表现则是人事活动和各种具体的事物、制度("人"和"气")。故此,凡有具体的事物,凡是起

---

① 侯外庐:《中国思想通史》第五卷第十三章《章学诚的思想》,人民出版社1956年版,第507页。

了具体名称的,都是"道"的生成物("道之故")而不是"道"本身。"道"是推动万事万物形成的客观法则,而不是万事万物的具体形式。人能看得见摸得着的,就是它的具体形式。至此,章氏乃以酣畅的气势论述历代制度的创设,是由于事物的"不得不然":

> 人之初生,至于什伍千百,以及作君作师,分州画野,盖必有所需而后从而给之,有所郁而后从而宣之,有所弊而后从而救之。羲、农、轩、颉之制作,初意不过如是尔。法积美备,至唐、虞而尽善焉;殷因夏监,至成周而无憾焉。譬如滥觞积而渐为江河,培塿积而至于山岳,亦其理势之自然,而非尧、舜之圣过乎羲、轩,文、武之神胜于禹、汤也。后圣法前圣,非法前圣也,法其道之渐形而渐著者也。三皇无为而自化,五帝开物而成务,三王立制而垂法,后人见为治化不同有如是尔。当日圣人创制,只觉事势出于不得不然,一似暑之必须为葛,寒之必须为裘,而非有所容心,以谓吾必如是而后可以异于圣人,吾必如是而后可以齐名前圣也。

以如此透彻的语言论述由草昧初开,到各种国家制度的建立,都是有了需要以后促成创造,有了郁积因而需要宣泄,有了弊病而后需要革除;伏羲、神农、黄帝、炎帝、颛顼这些古帝先王所有的制作发明,其动因莫不如此;这好比小泉汇成江河,小土丘积成高山,是道理和事势决定的必然趋势,并不是后代帝王的个人才能一定超过前代帝王——论述对于历史哲学具有根本性原理意义的这样一篇道理,章学诚无疑是第一人!

由此也就应当理解:后圣效法前圣,并不是效法前圣的具体做法,而是效法前圣依据客观的理、势所推动,把制度创制得更加显著、更加完善的道理,所以,客观趋势(或言"事物法则性")的道,好比是车轮永远转动、向前发展,而具体的制度、事物,则好比车轮留下的一段一段的轨迹。"一阴一阳,往复循环者,犹车轮也;圣人创制,一似暑葛寒裘,犹轨辙也。"章学诚就是这样以极其形象、极其简洁明了的语言，解答了"道"与各种国家制度、"圣人制作"二者的关系。

第二个命题："言圣人体道可也，言圣人与道同体不可也。"

在上述透彻地论证了"道"是事物的内在法则，历代制度、"圣人制作"是因理和势客观推动形成这一根本命题以后，章学诚已经掌握了充分的立论根据，因而能够有的放矢地澄清一些长期被混淆的观点。

首先是，能不能把圣人的制作、经典，等同于"道"？道有自然，与圣人不得不然，二者能等同吗？

千百年来儒生对经书极度崇奉，认为圣人和儒家经典就是"道"的化身，圣人——六经——"道"三位一体，成为根深蒂固、牢不可破的观点。章氏却振聋发聩，提出针锋相对的观点："道"与圣人不能等同。所论极为有力：

> 道有自然，圣人有不得不然，其事同乎？曰：不同。道无所为而自然，圣人有所见而不得不然也。故言圣人体道可也，言圣人与道同体不可也。圣人有所见，故不得不然；众人无所见，则不知其然而然。孰为近道？曰：不知其然而然，即道也。非无所见也，不可见也。不得不然者，圣人所以合乎道，非可即以为道也。①

"道"是客观法则，圣人是体认客观法则所显示出来的客观趋势，认识到客观的需要。"道"是客观进程的演进，仿佛是无意志、无知觉的，圣人是对理与势的需要有所认识而创设。言"圣人体道"符合实际，言"圣人与道同体"则大错特错，表面上只是字句稍有不同，实质上是非正相反。圣人不是"道"的化身，圣人只是对当时理势的需要有正确的认识，历代儒者却因为错误地把圣人以及六经当作"道"的化身，所以忘记了认识新事物、总结理势的新变化、创设新制度的责任，这正是问题的症结所在，这个根本性的是非不可不辨！章氏对"言圣人体道可也，

---

① 以上引文均见《文史通义》内篇二《原道上》。

言圣人与道同体不可也"这一重要命题的论证,是针对千百年来流行的谬见的有力辩驳,表明了对认识新的理势、担当起把"道"向前推进的历史责任的一种初步觉醒。因此两种提法是保守痼弊与革新进取两种精神状态的对立,是保持中世纪的蒙昧迷信意识与追求理性觉醒的近代意识的对立,是唯心与唯物两种思想路线的对立。这一见解在当时讲出来,确是惊世骇俗,以至大梁本的整理者心有顾虑而把这一重要命题在《原道》篇中删去了![1]

章氏进而论述:

> 圣人求道,道无可见,即众人之不知其然而然,圣人所藉以见道者也。故不知其然而然,一阴一阳之迹也。学于圣人,斯为贤人。学于贤人,斯为君子。学于众人,斯为圣人。

这是为了澄清千百年来视圣人为"天纵之才",神秘莫测,众人是芸芸众生,只能盲目服从的糊涂观念,提出了"圣人学于众人"的新观点。因为圣人的作为只是体现了客观理势的需要,圣人如果不从众人的行为、欲望中得到正确认识,就不能成其为"圣人"。这一观点在将圣人视为万世师表、众庶视为愚昧无知的时代,更不愧为石破天惊的伟论。

著名学者钱穆、叶瑛均曾论述章氏观点与戴震之相通处和不同处,对章氏论点的意义提出了颇有价值的见解。钱穆在《中国近三百年学术史》中提出,章实斋论"道",与戴东原的见解所同之处是,二人都主张"道"不能离开人伦日用;不同之处则为,戴东原认为"道在六经",而章实斋认为六经合乎道而并非等同于道,自然变则圣人之不得不然者亦将随而变。故其论云:

> 实斋谓道不外人伦日用,此在东原《绪言》《疏证》两书中,主之甚力,即《原善》亦本此旨,惟发之未畅耳。实

---

[1] 参见叶瑛《文史通义校注》,中华书局1985年版,第127页注25;仓修良《文史通义新编》,第45页注1。

斋所谓"道之自然"与"不得不然"者，亦即《原善》"自然"与"必然"之辨。故主求道于人伦日用，乃两氏之所同。惟东原谓归于必然，适全其自然，必然乃自然之极致，而尽此必然者为圣人，圣人之遗言存于经，故六经乃道之所寄。实斋则圣人之不得不然乃所以合乎道，而非可即为道。自然变，则圣人之不得不然者亦将随而变，故时会不同，则所以为圣人者亦不同。故曰圣人学于众人，又曰"六经皆史"，则六经固不足以尽夫道也。①

叶瑛在《文史通义校注》中则强调《原道》上、中、下三篇是《文史通义》全书总纲，指出：

盖清儒自顾亭林以来，以为道在六经，通经即所以明道。实斋则谓道在事物，初不出乎人伦日用之间。学者明道，应即事物而求其所以然，六经固不足以尽之。《文史通义》本为救当时经学之流弊而作，此三篇实为全书总汇。②

叶瑛又谓："清儒以为由训诂章句以通经，即经以求道，此自顾炎武以至戴震皆然。章学诚以道在穷变通久，非六经所能尽。"③ 此外，他又对《原道上》"不得不然者，圣人所以合乎道，非可即以为道也"一句加了精彩的评论："此语甚吃紧。实斋论学之旨，与戴东原迥异，而论道之意，则有采诸东原而略变者。"④ 钱穆、叶瑛二位先生于《文史通义》，真可谓"好学深思，心知其意"者，他们关于章氏"道"的探索之精义所作的评价，也堪称近代学术史上的精到见解，值得我们仔细玩味。

第三个命题："道"与事功密切相连，六经不能尽"道"，事变之出于后者，六经不能言，立言之士的责任是总结出新的"道"。

对此，章氏分三层进行论证。第一层是：孔子未尝离开三代

---

① 钱穆：《中国近三百年学术史》，商务印书馆1997年版，第423页。
② 叶瑛：《文史通义校注》，第124页注1。
③ 叶瑛：《文史通义校注》，第143页注17。
④ 叶瑛：《文史通义校注》，第127页注27。

之政教，而以空言存其私说。欲学孔子而离开事功，是不知孔子。"夫子尽周公之道而明其教于万世，夫子未尝自为说也。""虞廷之教，则有专官矣。……然既列于有司，则肄业存于掌故，其所习者修齐治平之道，而所师者守官典法之人。治教无二，官师合一，岂有空言以存其私说哉？"他尖锐地批评世儒欲学孔子而摒弃事功，抱着经书而不作为，这恰恰违背了孔子的学说。第二层是：六经是明道之器，政教典章人伦日用之外，更无别出著述之道。三代以前，典章制度、人伦日用和六经中治国之"道"，是统一的，治教合一、官师合一；后代儒者却视六经为圣人专门言"道"的书，把"道"与社会生活相割裂，将"道"与"器"相割裂，这是完全错误的。故言："三代以前，《诗》《书》六艺，未尝不以教人，非如后世尊奉六经，① 别为儒学一门而专称为载道之书者。盖以学者所习，不出官司典守、国家政教，而其为用，亦不出于人伦日用之常，是以但见其为不得不然之事耳，未尝别见所载之道也。……而儒家者流，守其六籍，以为是特载道之书耳。夫天下岂有离器言道，离形存影者哉！彼舍天下事物人伦日用，而守六籍以言道，则固不可与言夫道矣。"② 第三层是：事物不断发展，"道"也要发展，当代学者应担负"约六经之旨而随时撰述以究大道"的时代责任，对后世事变予以总结，以推进对社会生活演进法则性之认识。这是《原道下》篇的核心观点，也是章学诚在哲学探讨上远远高于同时代学者之处！章氏强调当时考证学者以训诂章句专攻一经为学问的极致，实则只得一隅，未能认识古人学问的全体："但既竭其耳目心思之智力，则必于中独见天地之高深，因谓天地之大，人莫我尚也，亦人之情也。而不知特为一经之隅曲，未足窥古人之全体也。训诂章句，疏解义理，考求名物，皆不足以言道也。取三者而兼用之，

---

① 此句据《章氏遗书》本作"非如"，语气明晰，乃章氏批评世儒不明白六经皆先王之政典，圣人并无别出著述之道；而把"道"与社会生活相割裂，视六经为专门载道之书。大梁本改作"不如"，则贬低三代治教合一、官师合一，而肯定世儒守六经以专门言道的不正确态度。是大梁本所作的改动，与章氏之原意正好相反。

② 以上均见《文史通义》内篇二《原道中》。

则以萃聚之力补遥溯之功，或可庶几耳。"他又认为，孔子所言"予欲无言"，孟子所言"予岂好辩哉？予不得已也"，恰恰证明古代圣贤是由于总结出客观社会生活的规则性而后不得不发之为言，那么，当今学者也应当具有高度的使命感，担负阐明穷变通久、总结六经之后社会生活发生的变化、推进和究明大道的时代责任：

> 夫道备于六经，义蕴之匿于前者，章句训诂足以发明之。事变之出于后者，六经不能言，固贵约六经之旨而随时撰述以究大道也。太上立德，其次立功，其次立言，立言与功德相准。盖必有所需而后从而给之，有所郁而后从而宣之，有所弊而后从而救之，而非徒夸声音采色，以为一己之名也。①

因此，当今对待六经、对待学术的正确态度是，抛弃六经是孔子因其"天纵之圣"，从头脑中演绎出来的旧观念，抛弃"道"是固定不变、六经已经穷尽的旧观念，改变以为凭训诂章句即能获得古人学术真谛的错误态度，树立"道"与社会生活密切联系、因事物发展"道"也向前发展的正确态度，明确学者的责任是针对现实社会中"有所需""有所郁""有所弊"的问题，着力探究、总结哲理性的认识，勇于创造，回答时代的要求。

四、"其所发明，实从古未凿之窦"：将"道"的探究推向新境界

关于"道"的内涵和古今哲学家对"道"如何阐释，一向诚为哲学史、思想史论著所关注。《中国大百科全书·哲学卷》"道"的词条说"道"是道家（老庄）提出的，其解释基本上不涉及儒家，这似乎是明显的缺陷。其实，在中国历史上，儒家对

---

① 以上均见《文史通义》内篇二《原道下》。

"道"的讨论甚多，对意识形态的发展关系更大。词条对"道"下的定义为："用以说明世界的本原、本体、规律或原理。"这一定义颇有学术参考价值。而结合章学诚《原道》上、中、下三篇所阐发的，觉得他所揭示的"道"的内容更为透彻、贴切，其所指包括三个方面：（1）根本原理、哲理的最高境界；（2）人类社会演进、治理国家经验的总结；（3）人伦日用、社会生活和其他事物演进的法则性、规律性。三个方面互相联系。

《原道》三篇撰成之时，颇受学者讥议，认为"题目太熟"，与前人所论势必雷同，难有新意。实际情况却大为不然。前人确实有过同名的三篇，但章学诚的立意很明确，他不仅不重复前人见解，而且是为了提高、辩证和探原。将这三篇与章氏所著作一比较，即可看到章氏理论之价值所在。

《淮南子·原道训》中，也讲到"大道"包括广大无边的自然界，广包四方八极，包括明阴阳、四时。而主要讲道家的无为、清静、寡欲为"太上之道"，"生万物而不有，成化像而弗宰"，"是故大丈夫恬然无思，淡然无虑"。"天下之事不可为也，因其自然而推之；万物之变不可究也，秉其要归之趣"，国君"以其无争于万物也，故莫敢与之争"。圣人处事原则为："不谋而当，不言而信，不虑而得，不为而成"，"善游者溺，善骑者堕，各以其所好，反自为祸"。消极避世，反对任何干预措施。

刘勰《文心雕龙》首篇为《原道》，是很有影响的名篇，它与居第二、第三篇的《徵圣》《宗经》同样阐发刘勰著述《文心雕龙》的宗旨。"原道"就是"本乎道"，主张文章和写作，应以"道"为依据，故其《序志》篇中言："盖《文心》之作也，本乎道。"这个"道"，有客观自然地演进的含意，又是指自包犠、尧、舜以下至孔子的儒家所尊崇的体系、统绪。故言："逮及商周，文胜其质，雅颂所被，英华日新。文王患忧，繇辞炳曜，符采复隐，精义坚深。""至夫子继圣，独秀前哲，熔钧六经……写天地之辉光，晓生民之耳目矣。""爰自风姓，暨于孔氏，玄圣创典，素王述训，莫不原道心以敷章。……故知道沿圣以垂文，圣因文而明道。"讲文章的发生、繁复，是与儒家圣人

63

的统系同步发展的，而圣人的"道"，又是要靠文章来体现的。正因"道沿圣以垂文"，所以第二篇要讲《徵圣》，又因"圣因文而明道"，所以第三篇要讲《宗经》。故《文心雕龙·原道》篇是讲写作文章、衡量文章，要以儒家的"道"作为根本标准来指导，而非讲"道"的生成、发展。

韩愈《原道》也是一篇重要文献，是其政治思想、哲学思想之代表作。所论的核心，是总结、确认儒家自尧、舜、禹、汤、文、武、周公、孔子至孟子一脉相传的"道统"，即儒家思想的正统，拿出来与当时盛行的佛老思想相对抗，认为唯有儒家之"道"是"为天下国家、无所处而不当"的治世良方；老子"去仁与义"，佛教"灭其天常"，都与纲常伦理相违背。韩愈维护儒家"正统"，辟除佛老，在当时有进步意义。但此篇中恰恰又宣扬道、理、纲常都是圣人头脑中先天所固有的，不需经过社会实践，"无圣人，人之类灭久矣"。这是唯心主义的说教。章学诚恰恰要批驳这种观点。

故前人之作，与章学诚撰写的《原道》，篇名相同，旨趣却殊异，论证的问题各不相同。《淮南子·原道训》讲清静、无为、寡欲，一切听其自然。《文心雕龙·原道》讲文章要以儒家的"道"来作指导，要体现"道"。韩愈是要捍卫儒家自尧、舜至孔、孟的道，来抵制佛老，宣扬维护儒家纲常名教的重要性。而章学诚的《原道》三篇围绕三个重要命题，深刻地论证作为哲学根本和理论核心的"道"，作为人类社会演进法则的"道"，是怎样产生？如何演变？"道"与学术应是什么关系？历代儒者把六经与"道"等同起来，当时许多考证学者以琐屑考证、擘绩补苴的态度对待儒家经典，这些根深蒂固的观念，究竟能不能成立？是应当维护，还是应该革除？立言之士应不应该担负起时代责任，根据时势的新变化，总结和推进大道？——毫无疑义，章学诚所从事的是具有极高价值的真理性探索，他继承发扬了中国思想史的优良成果并摒弃了种种错误的羁绊，因而在当时的历史条件下结出了宝贵的硕果，为"道"的探索开辟了新境界。

论章学诚对历史哲学的探索

章学诚对《原道》三篇的撰写极其重视并持有充分的自信，在《与陈鉴亭论学》中，他明言并不因"同志诸君"不理解其著述旨意而感到丝毫气馁，他相信自己坚持的方向的正确，强调此篇的撰著实为针对以名物训诂为尽治学的能事，或人为地划分畛域的错误倾向：

> 前在湖北，见史余村言及先后所著文字，则怪《原道》诸篇与《通义》他篇不类，其意亦谓宋人习气，不见鲜新，及儿子回家，则云同志诸君皆似不以为可；乃知都门知己俱有此论，足下谕编卷末，尚为姑恕之辞耳。道无不该，治方术者各以所见为至。古人著《原道》者三家：淮南托于空蒙，刘勰专言文指，韩昌黎氏特为佛老塞源，皆足以发明立言之本。鄙著宗旨，则与三家又殊。《文史通义》专为著作之林校雠得失。著作本乎学问，而近人所谓学问，则以《尔雅》名物，六书训故，谓足尽经世之大业，虽以周、程义理，韩、欧文辞，不难一唳置之。其稍通方者，则分考订、义理、文辞为三家，而谓各有其所长；不知此皆道中之一事耳，著述纷纷，出奴入主，正坐此也。鄙著《原道》之作，盖为三家之分畛域设也。篇名为前人叠见之余，其所发明，实从古未凿之窦，诸君似见题袭前人，遂觉文如常习耳。

章学诚进而确信无疑地指出，篇中揭示的道形于三人居室，道体之存即在人伦日用、社会生活的必然性、法则性之中，由此体现穷变通久的原理等重要命题，乃具有巨大的价值：

> 以孔子之不得已而误谓孔子之本志，则虚尊道德文章别为一物，大而经纬世宙，细而日用伦常，视为粗迹矣。故知道器合一，方可言学；道器合一之故，必求端于周、孔之分，此实古今学术之要旨，而前人于此言议，或有未尽也。故篇中所举，如言道出于天，其说似廓，则切正之于三人居室。若夫穷变通久，则推道体之存即在众人之不知其然而然。集大成者实周公而非孔子，孔子虽大如天，亦可一言而尽，孔子于学周公之外更无可言。六经未尝离器言道，道德

65

之衰，道始因人而异其名，皆妄自诩谓开凿鸿蒙，前人从未言至此也。①

此文对于了解章学诚著《原道》时学术界的思想背景，不啻为一篇珍贵的历史文献。当时，连与章氏志趣甚得的友人，尚且视为重蹈宋人习气，不见新鲜，由此更可认识章氏从事哲学探索之艰苦，也更可体味其超前性的思想成果之格外可贵！章学诚数十年究心他人所不理解之学，敢言他人之所不敢言，故而生前知己寥寥，诚未足为怪。②但是，是金子就要放射出光辉。章氏期望百年以后能获得知音，果不其然！20世纪学者中，钱穆、叶瑛、侯外庐均论评其具有特识，上文已加以称引。此外，梁启超、顾颉刚这两位处于20世纪初学术近代化转捩时刻的人物，也因当时亲历的环境而从《文史通义》书中受到巨大的触动和鼓舞，认为：《文史通义》"实为乾嘉以后思想解放之源泉"，"为晚清学者开拓心胸，非直史学之杰而已"。③"自从章实斋出，拿这种'遮眼的鬼墙'（按，指学术上迷信古人的风气）一概打破，说学问在自己，不在他人"，"这实在是科学的方法"。④惜乎这些学者所作的评语尚太简略，对章氏哲学探索的成就进行深入、系统的论述，评价其思想解放的意义和科学方法的价值所在，正是今天必须补上的重要的一课。

章学诚明显的局限性，一是尊古太甚。尽管他天才般地提出了道"渐形渐著"，滥觞而为江河，事始简而终巨，道是永远向前的车轮，应当总结时势的新变化而推进大道等出色的命

---

① 《文史通义》外篇三《与陈鉴亭论学》。
② 章氏友人中也有表示赞许者。邵晋涵曰："此乃明其《通义》所著一切，创言别论，皆出自然，无矫强耳。语虽浑成，意多精湛，未可议也。"章氏族子廷枫曰："是篇题目，虽似迂阔，而意义实多创辟。如云道始于三人居室，而君师政教，皆出乎天；贤智学于圣人；圣人学于百姓；集大成者，为周公而非孔子，学者不可妄分周孔；学孔子者，不当先以垂教万世为心；孔子之大，学周礼一言，可以蔽其全体；皆创闻至奇，深思至确，《通义》以前，从未经人道过，岂得谓陈腐耶？诸君当日诋为陈腐，恐是读得题目太熟，未尝详察其文字耳。"均见《文史通义》内篇二《原道下》篇末附录。
③ 梁启超：《清代学术概论》，《饮冰室合集》专集之三十四，中华书局1989年版，第50页。
④ 顾颉刚：《中国近来学术思想界的变迁观》（作于1919年），载《中国哲学》第十一辑，生活·读书·新知三联书店1984年版。

题，但他仍然不能完全摆脱世代儒生形成的三代是黄金时代、古圣王总结的"道"尽善尽美这类根深蒂固的观念，因而明显地存在尊古太甚的倾向。故言："法积美备，至唐虞而尽善焉；殷因夏监，至成周而无憾焉。"又言："周公成文武之德，适当帝全王备，殷因夏监，至于无可复加之际。"① 与他如此对上古时代朴略的制度颂扬备至相联系的，是他对《尚书》中《金縢》《顾命》两篇所具有的纪事本末体最初的创意也推崇得无以复加，称"《尚书》圆而神，其于史也，可谓天之至矣"，又谓"此《尚书》之所以神明变化，不可方物"，"上古神圣之制作"。② 这种对上古制度、典籍推尊到无以复加的说法，与其以发展、辩证的眼光对待"道"的历史进程的基本态度显然是相矛盾的。章氏又一明显局限性在于，他所能接受、采择的思想资料太过有限，对于人类社会各个阶段制度演变的法则性缺乏多层面的生动概括，以致往往需重复"治教无二，官师合一""道不离器"一类道理作为论据。在他所处的时代，无论是物质生产领域的变化，还是学术思想领域的变化都未达到出现质的飞跃，都未能为他提供充分的条件和新的话语系统，以致出现这样的局面：其哲学探索提出的命题是具近代意义的、超前的，而他所作的论述却不得不大量采用"中古"式的概念、语言。这当然影响他阐发之深邃和严密，而且也影响其他人对他思想的理解和评价。只有少数好学深思、怀着巨大的兴趣执着地探究释读者，才能对其精义有所领悟。考察章学诚哲学探索的成就和价值，还应剖析他对以往学术思想遗产的继承与扬弃，他与所处时代学术的关联，以及他如何从哲学高度贯彻其学术"经世"的宗旨、有力地针砭时弊，这些内容都非本文篇幅所能容纳，只好俟后另文讨论。

（原刊《中国史研究》2009 年第 4 期）

---

① 《文史通义》内篇二《原道上》。
② 《文史通义》内篇一《书教下》。

公羊家法与清代今文学复兴之统绪

在经学传统中，春秋公羊学明显地具有政治性、变易性、解释性的特点，而其真谛即为：阐发微言大义，拨乱反正，主张"改制"、进化。春秋公羊学者视孔子是政治家，《春秋》是一部政治书，是孔子寄托其政治伦理、政治理想，"为后王立法"的著作。又认定历史是变易的，社会是进化的，从短时间范围言，可分为"所传闻世""所闻世""所见世"；从长的历史范围言，可分为"据乱世""升平世""太平世"。时代在变易，各项制度也要随之相应改变，所以强调"变革"，强调"改制"。而且这些"为后王立法""变革""改制"的道理都是通过简略的文字来表达的，所以要究明"微言大义"，要把握书中"非常异义可怪之论"，每一时代的公羊学者都应根据自己的时代感受来发挥，注入新思想，阐发新道理。这就是"公羊家法"，它始于《公羊传》，历董仲舒、何休，一直贯穿到清代庄存与、刘逢禄等公羊学者。这套阐发"微言大义"，主张"改制"的家法，是今文公羊学派区别于重历史故实、重名物训诂的古文学派的实质所在；离开了它，就不成其为今文学派，更无从理解公羊学说的真谛。

元末的赵汸著有《春秋属辞》，清乾隆末年庄存与著有《春秋正辞》，我们判定此二人谁是揭起封建社会后期公羊学复兴序幕之学者，关键即在于拿"公羊家法"来衡量。赵汸把被人们遗忘多年的《公羊传》重新提起，认识到《公羊传》重视《春秋》的义，这是应予肯定的；但是他不赞成公羊学家探究《春秋》的褒贬，反对"王鲁""黜周"这些命题，这样就把公羊学的主旨掩盖了。庄存与则公开举起旗帜，要尊汉代董仲舒、何休的路数，求公羊学之正途。他能抓住本质性问题，对"大一统""张三世""通三统"等公羊学基本命题，作进一步阐释，并强调："治《春秋》之义莫大焉。"这样，庄存与就把在儒学演变历程中千余年所失落的公羊学说之"微言大义"，重新拾起，并且予以推进，因而引起清代学者的重视，所以庄存与当之无愧地是封建社会后期公羊学复兴之开创者。

同样的道理，我们要判定在庄存与著《春秋正辞》之后，究竟是孔广森，抑或是刘逢禄，作为其继承者，评判的标准，也是这套"公羊家法"。孔广森作为乾隆间考证学者，在清代学术史上自有其地位，所著《大戴礼记补注》受到学者重视。但今文学说实非其所长，《春秋公羊通义》一书即因不通公羊家法而迷失方向。何休归纳的春秋公羊学"三科九旨"是一大贡献，堪称公羊家法的大纲要目，"三科"的每一科，都体现出"变革"、进化、为后王立法的观点，核心即为以经议政。孔广森抛弃了这一大纲要目，自立"三科九旨"，结果是事与愿违，不但没有推进公羊学说，反而混淆了今古文家法，成为经学史上一大教训。孔氏自立者，三科中有九目：天道科：时、日、月；王法科：讥、贬、绝；人情科：尊、亲、贤。这是形式上的齐备，而阉割了公羊学敢于借"微言大义"倡导变革、改制，推动社会前进的活跃生命力。有的学者认为，孔广森这样做，是将戴震哲学思想承认"人情""情欲"的进步主张，引入公羊学，故应予肯定。诚然，戴震在其所著《原善》《孟子字义疏证》等书中，尖锐地批判理学家将情欲与天理对立起来的谬论，他提出情欲是人的本能，也是人类社会最根本的存在，保证人的合理情欲依照其自然的逻辑发展，国家才得安宁。如果禁绝性情、遏制人欲，就等于壅塞仁义，堵死社会发展之路。这些观点，揭露了理学唯心主义说教的荒谬本质，闪耀着理性主义的光辉。总之，戴震之"人情说"批判理学家的伪善说教、重新确定社会伦理原则，确有进步意义，但像孔广森那样搬到公羊学中，用"尊、亲、贤"来诠释《公羊传》中的褒贬手法，则是否定了书中的"微言大义""非常异义可怪之论"，抽掉了公羊学说阐释历史进化的哲理内涵和活力，而使之庸俗化。

康有为曾恰当地将公羊家法阐发微言大义、以经议政的一套命题、则例，比喻为学习数学所必须掌握的一套定理、公式；离开了这些定理、公式，将对代数、几何一窍不通，离开了阐发微言大义的一套命题、则例，则公羊学说根本不能成立，徒然变成毫无思想意义的零碎史料。其论述至为精彩，云："国律有例，算法有例，礼有升降例，乐有宫商谱，诗有声调谱，亦其例也。若著书，其例尤繁。而他书之例，但体裁所系，于本书宗旨尚不相蒙，惟《春秋》体微难知，舍例不可通晓。以诸学言之，譬犹算哉。学算者，不通四元、借根、括弧、代数之例，则一式不可算。学《春秋》者，不知托王改制、五始、三世、内外、详略、已明不著、得端贯连、无通辞而从变、诡名实而避文，则《春秋》等于断烂朝报，不可读也。"① 正是因为孔广森未能真正领会托王改制、张三世、变革观等"微言大义"于公羊学具有本质的意义，所以离开了公羊学的正途，陷入误区。而刘逢禄则与之判然不同。他以其历数十年寒暑的探索，重新发现公羊学"以经议政"的重要价值，故独具慧眼地提出"欲正诸夏，先正京师"，预示着公羊学说将发挥政治力量。他所著《公羊何氏解诂释例》是一部在例证丰富严整的基础上精当地发挥义理的出色之作，在此书的《叙》中，他即申明其著述的宗旨是大力阐发"圣人之微言大义"。由庄存与首开其端的清代公羊学，到了刘逢禄手里，发皇成为一种有深刻哲学思想体系作指导、有多种著作形式形成坚实基础的学问。晚清著名学者夏曾佑的诗句："瑰人（自珍）申受（逢禄）出方耕（存与），孤绪微茫接董生"，所言清代公

---

① 康有为：《春秋董氏学·春秋例第二》，中华书局1990年版，第26页。

羊学复兴之渊源甚为分明。

其实,关于孔广森的公羊学著作应当如何评价,前贤中对清代今文学有深刻研究的梁启超、杨向奎都早已有过恰当的评论。梁启超说:"清儒既遍治古经,戴震弟子孔广森始著《公羊通义》;然不明家法,治今文学者不宗之。"[①] 杨向奎教授论孔广森自创"三科九旨":"所谓时、月、日之例,讥、贬、绝之辞,尊、亲、贤三议都是公羊学原有义,但以之为《公羊》中的'三科九旨',却是以小作大,不能发挥《公羊》在政治和历史上应有的影响和作用。我们所谓公羊学是指自公羊学开始直到东汉何休。何休之总结《公羊》虽然和当时的社会具体情况脱节,但却是公羊派应有的总结,这种总结保存了公羊学丰富的内容,也保存了公羊学优良的传统。这种总结在清朝末年康有为的变法运动中发挥了应有的作用。孔广森的《通义》,是以朴学精神治《公羊》,不本何休,而出自他本人的归纳,这是一种平凡的归纳,缺乏公羊学原有的闳肆见解和富于理想的开阔议论。虽然他就《公羊》而论《公羊》,免于'反传违戾之失',但无与于学术思想的发挥。"[②] 值得注意的还有陈寅恪教授的评论。陈寅恪以治魏晋南北朝隋唐史名家,一般人不大注意他对公羊学的看法。实则陈寅恪因家世关系,祖父陈宝箴于清末倡办湖南地方新政,父陈三立协助,当时湖南集合了梁启超、谭嗣同、黄遵宪等维新派人物,他们或是晚清今文学运动的骨干,或是喜爱公羊学者,故陈宝箴父子对于作为维新运动理论指导的公羊学说绝不陌生。陈寅恪自小生活在这样的家庭环境中,加上他学识渊博、颖悟过人,故对于这套学问自然也有独到体认。他曾对清末学术风尚评论说:"曩以家世因缘,获闻光绪京朝胜流之绪论。其时学术风气,治经颇尚《公羊春秋》,乙部之学,则喜谈西北史地。后来公羊今文之学,递演为改制疑古,流风所被,与近四十年间变幻之政治,浪漫之文学,殊有连系。此稍习国闻之士所能知者也。西北

---

① 梁启超:《清代学术概论》,《饮冰室合集》专集之三十四,第 54 页。
② 杨向奎:《清代的今文经学》,《绎史斋学术文集》,上海人民出版社 1983 年版,第 336—337 页。

史地以较为朴学之故，似不及今文经学流被之深广。"① 清季公羊今文之学是学术所尚，流被深广，影响近代几十年，这个看法是积陈氏三代人的观察感受得出的。对于孔广森之《春秋公羊通义》的评价，则见于以下所引一段话："今日平心论之，井研廖季平（平）及南海初期著述尚能正确说明西汉之今文学。但后来廖氏附会《周礼》占梦之语，南海应用《华严经》中，古代天竺人之宇宙观，支离怪诞，可谓'神游太虚境'矣。至若张南皮《劝学篇》痛斥公羊之学为有取于孔广森之《公羊通义》。其实㧑约（按，孔广森字）为姚鼐弟子，转工骈文，乃其特长。而《公羊通义》实亦俗书，殊不足道。"② 由此可见，孔广森《春秋公羊通义》一书不通公羊家法，将公羊学主张变革、干预政治的富有活力的学说庸俗化，这是梁启超、陈寅恪、杨向奎三位先贤的一致看法。

讨论公羊家法的核心"阐发微言大义""以经议政"等问题，还应当提到美国艾尔曼教授所著《经学、政治和宗族》一书。作为一位外国学者，能够对专门性甚强的中国经学史进行探讨，确属难得。作者抱定的著述意图是把思想史与社会史打通研究，其前提无疑也应肯定。不过，书中的社会史探讨是指对常州庄、刘二家族的研究，则有明显的局限。将清代乾隆末年以后的由盛转衰和嘉庆、道光年间社会危机的深重二者联系起来考察，方能对公羊学说复兴的脉络分析得更清楚。刘大年教授在其长篇论文《评近代经学》中，曾对艾著作了评价。他认为，就对常州庄、刘两大家族的"个案研究而言，艾著引人入胜"。"全书确实是做了对清代今文学'将开端当作开端去发掘'的工作，给人们提供了新的知识，对此应当充分肯定。"但对书中的一些重要论点，表示不能认同。一者，艾著所持"清代的今文经学起因于庄存与同和珅的政治斗争说"，仅是一种假说。"庄存与身为朝廷大臣，

---

① 陈寅恪：《朱延丰突厥通考序》，《寒柳堂集》，上海古籍出版社 1980 年版，第 144 页。
② 石泉整理：《寒柳堂记梦未定稿（补）》，见《纪念陈寅恪先生百年诞辰学术论文集》，江西教育出版社 1994 年版，第 47 页。

在位时,对和珅的贪渎弄权缄默旁观,而在事后则利用私人著述暗中攻击。堂而皇之的经学著作被变成了含沙射影的伎俩。这不像个以道德文章育人的有道之士的行为。何况讥刺和珅,间接也就是指责乾隆。在当时的文字狱高压下,艾著也认为这是非常危险的。凡此数端都说明,今文经学起源于庄、和矛盾斗争,存在极大的疑问。"二者,"仅仅凭对某些特殊的大家族的研究,显然不可能达到解决思想史与社会史'断裂'的目的。家族纽带并不等于儒学'自身没有意识到的社会结构'。家族内部是分裂的,它不是社会起决定作用的基础结构。儒学依赖的自身没有意识到的社会结构,只能是与当时社会生产力与生产关系相联系的普遍存在的社会基础结构。……这说明要解决思想史与社会史的'断裂',必须对社会基础结构进行研究"。三者,艾著认为,"庄存与和刘逢禄站在帝国晚期政治世界舞台的中心",此一看法"无凭无据",是"从地底下冒出来"的。"由于他对庄刘过于偏爱,不自觉地走到了极端。"[1]

以上刘大年所作评述,均为确有证据的中肯之论。庄存与卒于乾隆五十三年(1788),仕途最高职务是礼部侍郎,刘逢禄卒于道光九年(1829),比其外祖父晚三十一年,任职为礼部主事,两人这样的官职,与"帝国晚期政治世界舞台的中心"相差何止千万里,更何况二人任职时间相差二三十年。艾著有这样的论断:"今文经学的崛起,是士大夫们为消除危害儒家政治文化的和珅之害努力的一部分。"又说:"魏源对庄存与在和珅当政时期的愤懑不满的记述表明,公羊学在 18 世纪 80 年代兴起时,只是一层反对朝政腐败的经学面纱。"[2] 艾著提出如此异乎寻常的论断,根据即魏源在《武进庄少宗伯遗书序》中的一段话:"君在乾隆末,与大学士和珅同朝,郁郁不合,故于《诗》《易》君子

---

[1] 刘大年:《评近代经学》,《刘大年集》,中国社会科学出版社 2000 年版,第 325—328 页。

[2] [美]艾尔曼著,赵刚译:《经学、政治和宗族·中华帝国晚期常州今文学派研究》,江苏人民出版社 1998 年版,第 77、78 页。

小人进退消长之际，往往发愤慷慨，流连太息，读其书可以悲其志云。"①庄存与与大权奸和珅同朝，不满其贪婪和擅权，不与之同流合污，保持正直官员和学者的气节，这是可以肯定的。魏源序言中所强调的，也是他愤恨邪恶势力的气节，但这里点明的庄氏引《诗》《易》两部典籍中的话恰恰未及《公羊》。因此，魏源的这段话不能拿来作为艾著论断的证据，其他也找不到足以支持的根据。

近年来，有些海外学者在论及清代常州学者时，常爱用"庄氏之学"或"外家之学"一词。乍看起来，似乎有些道理。因为庄存与本人，还有其从侄庄述祖，外孙刘逢禄、宋翔凤均有著述，述祖曾称誉其刘、宋二甥，从治学路数言，刘逢禄的著述是直接为庄存与开创的公羊学说张大其军，而宋翔凤治学亦兼讲"微言大义"，故从表象上看，由庄存与以下，似乎其家族之学术渊源，可构成一"庄氏之学"或"外家之学"的独立的学派或家法。然则，这一概念是否能够成立，是须经周密的考辨、论证的。究竟有无一个如这些学者所理解的、统一的"庄氏之学""外家之学"存在呢？此实在大可怀疑。其最明显的证据有：（1）庄氏学术之开创者庄存与，固然著有《春秋正辞》，主今文经说，但又著有《周官记》等，仍主古文经说。可见从源头起，即不存在统一的"庄氏之学"。（2）庄述祖治学范围为《夏小正》《逸周书》等，未及春秋公羊学。那么，从庄存与到庄述祖，究竟有何一脉相承之"庄氏之学"呢？（3）至龚自珍撰《庄存与神道碑铭》一文，此碑铭系受庄绶甲之请，如自珍言，"绶甲为予言其祖事行之美"，且又遇见宋翔凤，"翔凤则为予推测公志如此"，而后才撰成的，足见代表了庄绶甲、宋翔凤之内心感受。然而此铭文重点所述者，乃庄存与原先是传阎氏辨"古文尚书之伪"之学，而后来却力言《尚书》伪篇之中"有圣人之真言"，故而"功罪且互见"，伪古文不可废，"而古文竟获仍学官不废"。全篇铭文未言及庄存与治春秋之学。由此数项明显证据，可证明即使

---

① 魏源：《武进庄少宗伯遗书序》，《魏源集》，中华书局1976年版，第238页。

在嘉庆、道光年间，在两位庄氏后辈及常州学派传人龚自珍心目中，也不存在一个被认同的"庄氏之学"。如今研究者以"庄氏之学""外家之学"作为"两大学术体系"之一，以此为主要立论之依据，其证据之薄弱和牵强是显而易见的。

学术史演进的现象是错综复杂的，尤其是公羊学的复兴，学者治经从事的是探幽阐微的工作，它又经过千余年消沉后重新被提起，其时又处于考证之学盛行的学术环境中，社会的、政治的、学术的因素必然对公羊学复振的历程造成诸多影响，以致情形纷纭难辨。唯有紧紧把握公羊家法"阐发微言大义，以经议政"这一根本宗旨去分析，方能理清今文学复兴的统绪，概括言之，即为：庄存与是清代公羊学的开山，他著于乾隆末年的《春秋正辞》注重阐释《春秋》的微言大义，上接董仲舒、何休，求公羊学之正途。但因他所处的年代清朝统治尚号称"盛世"，他的公羊学著作也就具有"拱奉王室"的特色。刘逢禄继承了庄存与的事业，将之发皇壮大，由于嘉道年间社会矛盾日益暴露，故其学说核心，是阐发一套反映清朝统治由盛而衰的"变"的哲学。刘逢禄潜心研究几十年，为公羊学撰著了一系列有价值的著作，争得了足与"正统"的古文经学相抗衡的学术地位，因而成为复兴事业的关键人物。至龚自珍、魏源的时代，社会危机充分暴露，公羊学说在他们手里更得到大力改造，成为批判专制、倡导改革，呼唤时代大变动的充满活力的思想体系。

(原刊《齐鲁学刊》2007年第4期)

龚自珍与晚清经学的嬗变

龚自珍（乾隆五十七年—道光二十一年，1792—1841）是清代经学思想演变进程中的很关键的人物。一方面，他对公羊学说进行了革命性改造，在他手里，公羊学说才成为批判专制、倡导社会变革的思想武器。又一方面，他对古文经学中具有积极意义的内容也有创造性的阐释，并且提倡破除旧学术中盛行的壁垒森严、势若水火的门户之见。因而在他身上，标志着自东汉以来长期居于统治地位的古文经学将被今文经学所取代，以往消沉达千余年的公羊学说行将在晚清风靡于世，而且还标志着清代学术中汉学、宋学两个营垒由原先的尖锐对立到逐步走向互相调和。

一、考察公羊学说在龚自珍手里产生质的飞跃的深层原因

按照清代今文经学传授的统绪，龚自珍与刘逢禄是师生关系，前后薪火相传。然则很值得注意的是，龚自珍的公羊学观点并非完全得之于刘逢禄。实际情况是，刘逢禄与龚自珍，既有传授的关系，龚的观点又有自己业已形成的创造性，质言之，他的

经学道路与一般经师恪守师承传授不同。正是由于这一深层原因，公羊学到龚自珍手里才产生质的飞跃。

清代公羊学的首倡者是庄存与。而到了刘逢禄，公羊学才得"复兴"。刘逢禄一再强调公羊学的绪脉是《公羊传》——董仲舒——何休，这跟孔广森抛弃公羊学说，自立"三科九旨"、混淆公羊家法恰成对照。刘逢禄又著成《春秋公羊何氏释例》《公羊何氏解诂笺》《发墨守评》《穀梁废疾申何》《箴膏肓评》《左氏春秋考证》《论语述何》等书，俨然成为清代公羊学的系列著作。刘逢禄重新彰扬公羊学说的核心——"张三世""通三统""大一统"诸大义。特别是《春秋公羊何氏释例》一书，将何休的注文作深入的开掘、系统的整理，总结成三十例，即有关公羊学三十个方面的问题，显示出公羊学说乃是有义理、有丰富例证、自成体系和义法的学说。堪称为清代公羊学说"大张其军"①。他已意识到时代在变，治法也应该变，"天下无久而不敝之道，穷则必变"。甚至重提汉代进步思想家所言"天命所授者博，不独一姓也"②，即天命不是永远归于一姓，如果政治败坏，那么天意就要改朝换代。但是，时代如何"变"，刘逢禄却不清楚。故刘逢禄的公羊学说有过渡性、二重性的特点。

龚自珍多次申明本人的公羊学说受了刘逢禄极大的影响。他写有著名的诗句：

> 昨日相逢刘礼部，高言大句快无加；
> 从君烧尽虫鱼学，甘作东京卖饼家。③

不过，龚自珍与刘逢禄会晤，立志抛弃烦琐考证之学，"甘作东京卖饼家"之年，已二十八岁。在此之前，他已写出了一系

---

① 梁启超：《近代学风之地理的分布》，《饮冰室合集》文集之四十一，第66页。
② 《汉书·楚元王传附刘向传》载：刘向因成帝营建陵墓太奢，谏疏中曰："王者必通三统，明天命所授者博，非独一姓也。"又，《白虎通·三正》亦云："王者所以存二王之后何也？所以尊先王，通天下之三统也。明天下非一家之有，敬谨谦让之至也。"
③ 龚自珍：《杂诗，己卯自春徂夏，在京师作，得十有四首》之一，见《龚自珍全集》第九辑，上海人民出版社1975年版，第441页。

列有深刻政治见解和巨大批判意义的政论、学术文章。并且，要紧的是，在他少年、青年时代的几篇文章中，已经体现出鲜明的公羊学变易观点。著名的《乙丙之际箸议第九》一文（按，此文即写于嘉庆二十年〔乙亥，1815，龚自珍年二十四岁〕和嘉庆二十一年〔丙子，1816〕之间），已经精警地论述"世有三等"，并且预言"乱亦竟不远矣"：

> 吾闻深于《春秋》者，其论史也，曰：书契以降，世有三等，三等之世，皆观其才；才之差，治世为一等，乱世为一等，衰世别为一等。衰世者，文类治世，名类治世，声音笑貌类治世。……然而起视其世，乱亦竟不远矣。[1]

这是中国经学思想史上第一次提出以"治世——衰世——乱世"作为概括时代变迁的理论。龚自珍讲的"深于《春秋》者"，显指西汉公羊学大师董仲舒。董仲舒根据《公羊传》先后三次讲"所见异辞，所闻异辞，所传闻异辞"[2] 的思想资料，加以发展，提出了"所传闻世——所闻世——所见世"的公羊家"三世说"。《公羊传》所言，是后来学者推演的"公羊三世说"的雏形，其中包含着极其宝贵的历史变易观点，人们可以据以发挥、划分历史不同的发展阶段。此乃形成了在中国经学思想史上具有独特光彩和具有远大发展前途的"公羊三世说"历史哲学的文化胚芽，能为后世学者提供观察历史、观察时代变迁的深刻的智慧启迪，且为他们准备了结合现实感受而一再进行创造性诠释的充分的空间。果然到了董仲舒，便将"三世异辞"之说作了重要的推进，初步显示出把春秋二百四十二年划分为所传闻、所闻、所见三个历史阶段的意向。按董氏《春秋繁露·楚庄王》篇所诠释，所见世，记事使用什么书法忌讳多，因而用词隐晦；所闻世，对于事件所造成的祸害感受真切，因此记载明确详细；所传闻世，恩惠和感情都减弱，因此记载简略。东汉的何休作了进一步的发展，总结了"据乱世——升平世——太平世"的理论模

---

[1] 《乙丙之际箸议第九》，《龚自珍全集》第一辑，第6—7页。
[2] 见《春秋公羊传》隐公元年、桓公二年、哀公十四年。

式。他在《春秋公羊解诂》隐公元年注文中论述说："于所传闻之世,见治起于衰乱之中,用心尚麤觕,故内其国而外诸夏,先详内而后治外;……于所闻之世,见治升平,内诸夏而外夷狄……;至所见之世,著治太平,夷狄进至于爵,天下远近小大若一。"何休的这一诠释,是春秋公羊义理的重大发展,在中国经学思想史上第一次系统地提出了描述历史进化的理论,实在具有"集大成"的意义。① 按照何休的理论,历史不但可以划分为具有不同演进特点的阶段,而且显示出由低级阶段向高级阶段的发展,包含有国家统一规模、文明程度和民族关系都越来越发展的丰富内涵,反映了古代先哲们冀求到太平世实现空前的大一统,民族之间平等和好相处的美好理想。

从《公羊传》的"三世异辞"说到何休的"三世"进化史观,既为龚自珍提供了极具激发创造活力的思想资料,同时又使他面临着理论与现实不相协调的巨大矛盾。在龚自珍的时代,清朝统治已经由盛到衰,在下坡路上急速滑落,土地兼并恶性发展,财富占有贫富悬殊,官场风气败坏至极,贪污贿赂公行,国家财政严重匮乏,社会危机四伏。如此剧烈变化的时代特点,要求感觉敏锐的思想家进行理论的新概括、新创造。儒家经典历来是各个时代的政治指导思想和学术指导思想,其中又蕴涵着可供各个时代有作为的思想家根据自己时代的特点进行发挥和再创造的内在机制。《公羊春秋》的"三世说"历史哲学及其"拨乱反正""以经议政"的义旨即堪称典型例证。"任何真正的哲学都是自己时代的精神上的精华。"② 在当时时代所提供的条件范围之内,不可能有其他更高的哲学指导,而只能在《公羊春秋》这部儒家经典内部找到恰当的命题进行大胆的诠释和精心的改造,使之灌输进时代的新内容,集中地体现时代的新特点。龚自珍正是自觉地担负起这一时代使命的杰出的经学思想家。何休的"据乱世——升平世——太平世"历史哲学在纵览历史和展望未来社会

---

① 杨向奎:《绎史斋学术文集·论何休》,第162—173页。
② 马克思:《〈科隆日报〉第179号的社论》,《马克思恩格斯全集》第一卷,人民出版社1995年版,第220页。

方向上是精彩绝伦的。但是若拿它来指导认识清朝统治由盛转衰的特点，则是扞格难通的。于是，龚自珍对它进行了革命性的改造。他保留了三世变易的理论模式，而改造其内容，另外从中国思想史、史学史上丰富的关于治乱盛衰变化的思想资料中加以总结、提炼，提出了"治世——衰世——乱世"这一新"三世说"，作为指导观察晚清历史变局的崭新的今文经学—哲学思想。

因此，龚自珍这篇阐释自己独特的三世历史观的名文《乙丙之际箸议第九》，就成为嘉道时代社会危机深重种种景象的一次"聚焦"。龚自珍利用公羊学资料而锻造现实斗争所需要的哲学思想取得了出色的成果，昭示着社会的动向，标志着公羊学发展史上的巨大飞跃。在举世昏昏然如梦如痴的时候，他却深刻感受到危机四伏、忧虑憔悴、昼夜不安，为了唤醒人们而大声疾呼。他刻画衰世的种种特征："黑白杂而五色可废"，"道路荒而畔岸隳"，"人心混混而无口过"，从表面上看似乎仍然太平无事，而实际上却是黑白混淆，清浊不分，社会没有出路，真才遭受摧残。一旦出现有头脑、能思考、有廉耻心的"才士""才民"，那班奸佞邪恶之徒立即用种种手段将之扼杀。"督之缚之，以至于戮之"，"文亦戮之，名亦戮之，声音笑貌亦戮之"。因此他发出有力的警告："乱亦竟不远矣！"龚自珍在文章结尾进一步描绘了一幅社会行将解体的惨状：

> 履霜之屩，寒于坚冰；未雨之鸟，戚于飘摇；痹瘵之疾，殆于痈疽；将萎之华，惨于槁木。

只有置身于危机深重的社会现实之中，才会产生如此惨痛的感受！

推动龚自珍运用《公羊春秋》进行新的哲学创造的力量，是要为危机时代找出路。这就是他所说的纵观三千年历史的优秀史家，负有"忧天下""探世变"的重任。《公羊传》的变易历史观与《周易》"穷变通久"的哲学观本来是相沟通的，龚自珍更把二者糅合起来。他在同一时期所写的另一篇著名政论中，即由此而深刻地总结出变革是历史的规律：

夏之既夷，豫假夫商所以兴，夏不假六百年矣乎？商之既夷，豫假夫周所以兴，商不假八百年矣乎？无八百年不夷之天下，天下有万亿年不夷之道。然而十年而夷，五十年而夷，则以拘一祖之法，悝千夫之议，听其自陊，以俟踵兴者之改图尔。一祖之法无不敝，千夫之议无不靡，与其赠来者以劲改革，孰若自改革？①

这是对面临"衰世"，"乱亦竟不远矣"，治国者将怎么办的回答。龚自珍是从历史必然规律的高度来论述改革的必要性、迫切性，因而具有振聋发聩的力量。龚自珍生活在黑暗得令人窒息的时代，他决心以创造性发展的公羊学说为社会吹进一些新鲜空气，将这所密封得像罐头一样的黑房子捅开一个窟窿，透进一束熹微的晨光。他以"四不畏"自励："大言不畏，细言不畏，浮言不畏，挟言不畏。"② 他在进士廷试时作《御试安边绥远疏》便是效法王安石向皇帝上书，规划天下大计。自龚自珍及其挚友魏源开始，公羊学说便与改革封建弊政、变法图强的事业紧密地结合在一起。

龚自珍上述思想基本上都形成于二十八岁与刘逢禄晤谈以前。那么，他的变革思想，对公羊变易历史观、"拨乱反正"等项大义的领会，是经由什么途径形成的呢？根据现有资料分析，主要有二端。一是，他的家世和经历，使他对清朝统治的腐败、官场风气的恶浊，有深刻的感受。龚氏三世供职礼部。其祖父龚敬身，任内阁中书、宗人府主事、礼部郎中。本生祖父褆身，任内阁中书军机处行走。父丽正，曾在礼部仪制司任职。自珍本人也获内阁中书职事。三世供职内阁、礼部，前后历经半个多世纪，得自祖父、父亲和其他老辈的讲述，加上本人亲身经历，使他谙熟内阁、礼部掌故，洞悉官场内幕。对于封建"衰世"时代官僚的投机钻营、趋炎附势、尸位素餐、置国家民族利益于不顾等痼疾尤有深刻的观察、体验。他二十三岁所写《明良论》四篇

---

① 《乙丙之际箸议第七》，《龚自珍全集》第一辑，第5—6页。
② 《平均篇》，《龚自珍全集》第一辑，第80页。

就是揭露官场种种积弊的名文。同时，龚自珍对外省民众生活情形也有所了解。在其二十一岁至二十五岁间，父亲先后任徽州知府、苏松太兵备道，他即随同在皖南、上海生活了数年。特别是上海地处东南险要，龚丽正以文官任兵备道要职，一时"高才硕彦多集其门"，使这位思想敏锐的青年有更多机会获教于地方名流，更多地接触典籍文献。《定庵先生年谱》作者极重视这段经历，评论说："由是益肆意箸述，贯串百家，究心经世之务。"①二是，龚自珍禀赋极高，对周围环境感觉特别敏锐，有诗句："少年哀乐过于人，歌泣无端字字真。"②他自二十岁以后，已形成"贯串百家""博宗九流"的旨趣。他不唯对董仲舒《春秋繁露》进一步发展公羊经义有独特的体会，而且熟悉《史记》，对书中体现的公羊学观点很重视。晚年回答其子问如何习《春秋》《史记》，写诗云："欲从太史窥《春秋》，勿向有字句处求。"③他对司马迁评价"《春秋》者，礼义之大宗也"等论述，心领神会。这些，与他对社会和官场的观察结合起来，决定了他走上发挥公羊学观点、对之进行革命性改造的独特道路。唯其龚自珍的治经道路与单纯从经师传授不同，公羊学说在他手里才会产生质的飞跃。晚清康有为原先倾向于古文经学，以后为了鼓吹变法、创立新学说的需要，而转向今文经学，走的也是与经师传授不同的独特道路。

以上评析龚自珍青年时代所写《乙丙之际箸议》诸文，发挥公羊学说，体现了鲜明的时代特色；它更紧扣时代危机的现实，具有强烈的政治色彩和批判精神，而不采用前辈学者作经籍笺注和区分类例的路数。同时考察了龚自珍独特风格形成的途径。这显然是探讨晚清经学思想史演变的一个极其重要的问题。不过，我们在此还应指出龚自珍向刘逢禄问学的意义。经过嘉庆二十四年（1819）向刘逢禄问公羊学说之后，龚自珍更加下决心以公羊

---

① 吴昌绶编：《定庵先生年谱》"嘉庆二十一年"条，见《龚自珍全集》第十一辑，第599页。
② 《己亥杂诗》，《龚自珍全集》第十辑，第526页。
③ 《己亥杂诗》，《龚自珍全集》第十辑，第537页。

学作为自己治学的旗帜,也从刘逢禄那里学习到治经上下贯通、以公羊学说贯穿社会历史问题的见识和气魄。

二、《春秋决事比答问》对《春秋》大义的阐发

龚自珍治经,不作逐字逐句的笺注考证,不作类例的区分归纳,而究心于研求义理,尤其重视探讨历史哲学问题,标志着清代经学进入一个新的时代。他的又一突出建树,是发挥公羊三世说哲学观点,探讨乾嘉学者少有兴趣的上古文明起源问题,他所提出的见解,集中在《五经大义终始论》《五经大义终始答问》及《农宗》诸篇中,读之令人感到新鲜可喜。龚氏探求上古文明之起源,是为了借阐释上古历史变易进化规律,来加强人们对现实社会急剧变化和改革弊政迫切性的认识。《五经大义终始论》诸篇,概括上古文明起源的进程,总结为先有经济活动,然后才有祭祀、职官、刑法、生产工艺等各项制度,最后才有意识形态;又在《农宗》篇中,极具光彩地论证上古时代的等级、秩序,以及政治制度、高高在上的王权,都是经过社会生活朴实的演变过程而逐步产生的,批判了"圣人创造万物"的旧教条,把千百年来被俗儒颠倒了的本末关系重新颠倒过来。在乾嘉时期学者沉溺于训诂考据的时代,这些论述确实凸现出这位公羊学者深邃的哲学思考和天才的猜测,因而具有开辟经学研究新途径的意义。——这些内容在《清代公羊学》一书第四章第三节"公羊三世说与龚自珍古代社会史观"中已经作了论列,此不赘述。

龚自珍又致力于对《春秋》大义的阐发,通过分析《春秋》书法,论述"《春秋》有'常'有'变'"的深刻哲理,并且发挥公羊学"以经议政"的特点,尖锐地抨击现实政治的弊病。

龚自珍于四十七岁时(道光十八年)撰成《春秋决事比》六

卷,"申刘礼部之谊",引经传一百二十事。原书已佚。[①] 仅存《春秋决事比答问》六篇。龚氏此作,从形式看,有类于汉儒以《春秋》决狱,将《春秋》当作最高法典。《汉书·艺文志》著录有《公羊董仲舒治狱》十六篇。[②] 此书在宋代尚有著录,后佚失。清乾隆学者马国翰从《礼记正义》、《通典》、白居易《六贴》、《艺文类聚》、《太平御览》等书辑得八节,并参照《崇文总目》所著录,书名改题为《春秋决事》,编入《玉函山房辑佚书·经编·春秋类》。其中第六节(辑自《太平御览》卷六百四十)为:

> 甲父乙与丙争言相斗,丙以佩刀刺乙,甲即以杖击丙,误伤乙,甲当何论?或曰:殴父也,当枭首。议曰:臣愚以为,父子至亲也,闻其斗,莫不有怵怅之心,扶杖而救之,非所以欲诟父也。《春秋》之义,许止父病,进药于其父而卒。君子原心,赦而不诛。甲非律所谓殴父,不当坐。[③]

从"引经断狱"的路数和形式看,龚氏之作,自是有意继承西汉公羊家法。同时,这部著作又直接受到刘逢禄的影响。刘逢禄撰有《张贞女狱议》,为武进张氏女被夫家惨杀,而夫家之罪案被掩盖一事,引《春秋》义慷慨陈言,要求为张氏女申冤。这一案例是:"武进贾人张氏女,以嘉庆十一年正月,嫁于胥吏汪氏。汪,淫家也,归数月,其姑强使逆客,不从,殴杀之,以自缢闻于女氏。且曰,于律殴杀谋杀子妇流二千里,威逼致死,杖八十,折赎。夫若子习于吏即讼当毁而家事以不闻。"刘逢禄引《尚书·康诰》对不孝不慈应予严惩的古训,尤其引《春秋》之律,要求严责专杀(擅自杀人)之罪:"至于杀则恩已绝。恩绝者,以义制。今以义论,而汪为彝伦之戮,不可逭也;以恩论,

---

① 吴昌绶编:《定庵先生年谱》"道光十八年"条,见《龚自珍全集》第十一辑,第621页。
② 按,《汉志》将此书入春秋家。《隋书·经籍志》著录为:《春秋决事》十卷,董仲舒撰。同入春秋家。《唐志》著录作董仲舒《春秋决狱》十卷,移入法家。《崇文总目》作《春秋决事比》十卷。
③ 马国翰:《玉函山房辑佚书·经编·春秋类》,江苏广陵古籍刻印社1990年版。

而汪为毒虐无告，不可逭也。纵淫以败俗，自有应得之罪，况专杀乎！灭亲以贼恩，自有应得之罪，况以淫故而戕贞妇乎！鲁哀姜以淫故杀二嗣子，为齐桓所诛，《春秋》韪之。朝廷用经生以持法，似不宜徒执姑妇之分，使民弃礼而征于律也。谨议。"① 刘逢禄还对"今律（按，即清代律令）父杀子之罪轻于平人"提出批评。龚自珍确是受到刘逢禄这种影响，继承了董仲舒"引经议狱"的公羊家法，以《春秋》经义对刑律之事作比议。

但从实际内容看，龚氏《春秋决事比》及《春秋决事比答问》更重视对《春秋》根本大义的发挥，即通过对《春秋》书法和所记载的一些事实的归纳，得出"《春秋》作新王""《春秋》有'常'有'变'"的深刻认识。又不墨守经说，对《公羊传》、何休，以至其师刘逢禄提出了一些不同的看法。同时，《春秋决事比》又体现了龚氏公羊学说"以经议政""诋排专制"的时代特点，不仅联系现行法律，提出何者符合《春秋》的精神、义旨，何者不符合，需要作出改变的议论，而且大胆地对专制昏君提出严正的警告！

《春秋决事比答问》对《春秋》大义的阐发，可以概括为如下三项：

一是"不定律"。龚氏归纳出：《春秋经》中，记载一些事情发生之时所作的事实判断，与事情过后对有关人物在书法上的灵活处理，二者常有不同。龚氏称前者为"权假立文"。他说："夫不定律者，权假立文也。权假何以立文？假之吏也。天下大狱必赴吏。吏也者，守常奉故，直而弗有。是故弑则弑，叛则叛，盗则盗；是故弑弑则弑，叛叛则叛，盗盗则盗。是故峻大防，画大表，以谁何天下臣子，而以权予上。吏虽知天下民狱之幽隐矣，不皆彻闻之；虽彻闻之，不皆尽其辞。既彻闻之，既尽其辞，而卒以权予上。"龚氏认为，这是由于《春秋》当新王，前面的判断或书法，是在事件发生当时，直接按照法律条文，或事理的自

---

① 刘逢禄：《张贞女狱议》，见《刘礼部集》卷三，清道光十年（1830）思误斋刻本。

然，拙直地、粗浅地作出判断，往往谴责诛罚较严重，比较生硬，故尚要等待《春秋》新王作最后的裁定。好比《春秋》当一王之法，故假定他的属下有直接掌管刑狱的法吏，让他上报初步意见。而后来较灵活、较宽大的书法、处理，则有如君主掌握最后核实和施恩的裁决。因而称为"不定律"。这样，既可证明"春秋当新王"这一公羊学基本义旨，又可引申来作为现行刑法上报制度的一种理论阐释。故说："夫自处麤，不得不以精意予上；自处直，不得不以仁予上。古之奉法者曰：夫明庶物，察人伦，总是非，申仁恕，极精微，则中国一人而已矣。吏何职之与有？《春秋》当兴王，假立是吏而作。今律，有部议，有部拟，有阁臣票双签、票三签，有恩旨缓决，皆本《春秋》立文者也；先原奏，后旨意，两者具，然后狱具。作者曰：是亦吾所为测《春秋》也。"①

龚氏举出《春秋》中这类"权假以立文"，"先原奏，后旨意"的典型例证，有：鲁昭公十九年夏五月，许悼公病，许太子止进药而不知尝药，致悼公饮药而卒。《春秋》书曰："五月戊辰，许世子止弑其君买。"但因为许世子实无弑君的动机，且在父卒之后，以同弑君之罪自责，不敢继国君之位，让位于其弟，本人终日哭泣不思饮食，结果竟未逾年而死。《春秋》于同年冬载曰："冬，葬许悼公。"如此是符合《春秋》"日卒时葬"（即载明卒之日，又载明按时入葬），表明不使许世子止承担弑君之罪。龚氏解释说："书许世子止弑其君买，是拟死；书葬许悼公，是恩原之。《春秋》之吏，闻有父饮子药而死者，急欲成子之意拟之死。俄而《春秋》闻之，闻其愚孝，无有弑志，乃原之。"前者是"权假立文"，先原奏；后者是"《春秋》当一王之法"，是旨意。再一例证是：《春秋》宣公二年，书"晋赵盾弑其君夷獳"。而宣公六年复见赵盾，书"晋赵盾、卫孙免侵陈"。前者，是因晋灵公被弑，赵盾复国不讨贼，身为正卿，应承担国君被弑的责任。龚氏称之为，"是拟死"。后者，是以记赵盾复出这一书

---

① 《春秋决事比答问第一》，《龚自珍全集》第一辑，第55—56页。

法，透露出内中的原委曲折，因晋灵公暴虐，赵盾数谏却不从，赵穿缘民众不悦，起弑灵公，故事情的真相是晋灵公作恶多端致使最后被弑，赵盾实不应承受罪名。龚氏称之为，"是恩原之"。前者是"权假以立文"，按照春秋各国通例对弑君行为的严谴；后者是《春秋》当新王，根据事情的原委公正地恩准宽大。故龚氏又说："《春秋》之吏，闻有君弑，大臣不讨贼者，拟之死。俄而《春秋》闻之，闻其数谏，无有弑志，乃原之。"又一个典型例证是：《春秋》定公十三年记："秋，晋赵鞅入于晋阳以叛。冬，晋荀寅、士吉射入于朝歌以叛。晋赵鞅归于晋。"前者，称赵鞅叛；后者称赵鞅归于晋。《公羊传》对此的解释是："此叛也，其言归何？以地正国也。其以地正国奈何？晋赵鞅取晋阳之甲，以逐荀寅与士吉射。荀寅与士吉射，曷为者也？君侧之恶人也。此逐君侧之恶人，曷为以叛言之？无君命也。"何休也作了解释："无君命者，操兵乡国，故初谓之叛。后知其意欲逐君侧之恶人，故录其释兵，书归赦之。君子诛意不诛事。"龚自珍则进一步作了独到的诠释，认为前者书赵鞅入于晋阳以叛，是拟死；后者书赵鞅归于晋，是恩原之。"《春秋》之吏，闻有无君命而称兵君侧者，拟之死。俄而《春秋》闻之，闻其除君侧之恶人也，曰：外臣有兵柄者，当如是矣。乃原之。"龚自珍举出的这些典型例证[①]，是作了一番比照之后，证明《春秋》对同一人物、事件，或密切相关的人物、事件书法的不同，诚有比较粗糙、生硬和体现为精微、仁恕的差别，前者都是"权假以立文"，后者乃是最后裁定，体现出"《春秋》当新王"这一重要义旨。

二为"不屑教律"。此项更加突出地体现龚氏论《春秋》之"以经议政"的特点。龚自珍归纳出两类史实和书法。一类是与所谓"夷狄"相关的史实，共有两件。一件史实是，《春秋》昭公十六年，记："楚子诱戎蛮子杀之。"《公羊传》解释曰："楚子何以不名？夷狄相诱，君子不疾也。曷为不疾？若不疾，乃疾之也。"何休则解释："据诱蔡侯名。"此乃指《春秋》昭公十一

---

① 均见《春秋决事比答问第一》，《龚自珍全集》第一辑，第56页。

年所载："夏，四月丁巳，楚子虔诱蔡侯般，杀之于申。"同是楚子对一小国之君诱而杀之，一称"楚子"，一称"楚子虔"，书法却不相同。又一史实是：《春秋》鲁文公元年载："冬十月丁未，楚世子商臣弑其君髡。"何休指出类似事件记载的不同："'襄三十年夏四月，蔡世子般弑其君固。'不忍日。夷狄弑父，忍言其日。"同是世子弑父，一"不忍日"，一"忍言其日"，书法又不相同。龚自珍提出自己的解释："所以然者，《春秋》假立楚为夷狄，若曰后有王者，四裔之外逆乱，非守土之臣所告，宜勿问，视此文可也。曷为宜勿问？问之则必加兵。中国盛，兵力盛，加兵而服，则必开边，则是因夷狄之乱以收其土地，仁者弗为也。中国微，兵力微，加兵而不服，则必削边，则丧师、糜饷、削边以取夷狄笑，智者弗为也。故勿问者，《春秋》之家法，异内外之大科也。"龚氏在此将"夷狄"即当时后进的边境少数民族列为"不屑教"，给以歧视，这是其思想上严重的局限。但是他的认识中，又包含有对边疆民族问题应极其慎重地对待，以大局为重，保持边疆安定的可贵思想。这与他严斥"宋明山林偏僻士"喋喋不休讲夷夏之大防相联系，也与他对清朝边疆民族问题一再强调要建立"安"与"信"的关系直接相贯通。道光年间，居住在青海境内的蒙古族与藏族发生纠纷，引起扰乱。针对有人主张清政府出兵支持蒙古族攻打藏族，龚自珍写了《与人论青海事书》，引用历史教训驳斥这种错误主张，他说："古未有外夷（即指边疆少数民族）自相争掠，而中朝代为之用兵者"，况且派军队介入，"克则杀机动，不克则何以收事之局"，不论哪种可能性，都没有好结果。但他也不是主张完全置之不管，而是要寻找有效的好办法，提出蒙古族和藏族都信奉佛教，可让青海大喇嘛"以佛法两劝而两罢之，不调一兵，不费一粟，以外夷和外夷，智之魁也"。这篇《与人论青海事书》收入《龚自珍集》。龚氏在《春秋决事比答问》中申论对于边境民族间的纷扰不要孟浪用兵，体现的正是这种希望保持边疆安定的思想。

龚氏论"不屑教诲"的又一类史实是：《春秋》鲁襄公二十九年记：阍杀吴子馀祭；又，哀公四年记：盗杀蔡侯申。《公羊传》对前一书法的解释是:"阍者何?门人也。刑人也。刑人则曷为谓之阍?刑人非其人也。君子不近刑人,近刑人则轻死之道也。"《公羊传》对于后一书法的解释是:"弑君贱者穷诸人,此其称盗以弑何?贱乎贱者也。贱乎贱者孰谓?谓罪人也。"龚自珍于此指出:"何休皆曰:'不言其君。'"并申论云:"所以然者,礼不下庶人也。礼不下庶人者,礼至庶人而极;刑人罪人,又为庶人所不齿也。千乘之君而见杀于阍盗,盖吴子、蔡侯与阍盗,均不屑教也。后之有位,死非所死,视此文也。"龚氏在此是郑重其事地引申《春秋》之义,正告国君要自重,不要因任用刑人等而堕落到"不屑教"的行列。故龚氏又说:"后之兴王,必有欲自尊其声名者焉,视吾比文。"[1]

龚自珍所归纳和申论的"不屑教律"的两类史实、书法,前者,发挥了公羊学说关于民族问题的进步思想,后者,发挥了自孟子、《公羊传》到何休的"民贵君轻""国重君轻",对于暴君"诸侯所当诛、百姓所当叛"的论点,同是体现龚氏所阐发、改造的公羊学说的进步性,值得我们认真地发掘。

三是从"父为子隐,子为父隐"一类史实和书法,论春秋公羊学说的"常"与"变"。

龚氏认为,孔子讲过"父为子隐,子为父隐",《公羊传》即有"为亲者讳"的例。他举出,《春秋》鲁文公十六年记:"毁泉台。"按,此台为庄公所建,地址不合适,处在低洼的水塘,"临民之漱浣也"。《公羊传》解释"毁泉台何以书",曰:"讥。何讥尔?筑之讥,毁之讥。先祖为之,己毁之。不如勿居而已矣。"龚自珍也解释说:"是子虽正,不得暴父恶也。"又举出,《春秋》鲁文公十五年,记:"齐人来归子叔姬。"子叔姬为鲁文公同母姊妹,于前一年嫁齐为国君夫人。鲁文公派大夫单伯送子叔姬适齐,结果出了事,两人通奸。(十四年《经》载:"冬,单伯如齐。齐人执单伯。齐人执子叔姬。"《传》云:"单伯之罪何?道淫也。恶乎淫?淫于子叔姬。")对于齐人发现奸情、将子叔

---

[1] 均见《春秋决事比答问第二》,《龚自珍全集》第一辑,第58页。

姬弃绝这件事，因她是国君的姊妹，《春秋》用了讳饰的书法，称"齐人来归子叔姬"。《公羊传》解释曰："其言来何？闵之也。此有罪，何闵尔？父母之于子，虽有罪，犹若其不欲服罪然。"龚自珍也解释说："是子虽不正，父不得暴其恶也。"以上两项史实和书法，符合《论语》中孔子所言"父为子隐，子为父隐"的训言，符合《公羊传》"为亲者讳"的信条，故龚自珍认为它们体现了《春秋》经义的原则性，说："二者，《春秋》之常律也。"

有"常"还有"变"，有原则性还应有灵活性。龚自珍认为，"父为子隐，子为父隐"的常经（按，龚氏又言："言父子则兄弟在其中。"），不能一成不变地到处套用，在特定情况下必须变通，即"大义灭亲"。这种变通在根本上符合于《春秋》经义，也即儒学的基本精神。龚氏所论"常"与"变"、"经"与"权"的关系，确是公羊学的一个重要问题。

龚氏首先举出符合这种"变"的两个著名例证："周公以叔父相犹子，亲之甚，贵之甚，诛不避母兄，用亲以灭亲焉。石碏诛石厚，鲁君子左丘明曰：'大义灭亲。'皆其变也。"（按，石碏诛石厚，事见《左传》隐公三年、四年。石碏为卫国大夫、资深老臣。其子石厚为州吁之党羽。州吁为卫庄公子，嬖人所生，有宠而好兵。于鲁隐公三年［即卫桓公十五年］弑桓公，自立为国君，因不得国人拥护，求策于石碏。石碏设计使州吁朝于陈，石厚随从。卫国人在陈国协助下，讨杀州吁于濮，杀石厚于陈。《左传》作者赞曰："石碏，纯臣也，恶州吁而厚与焉。大义灭亲，其是之谓乎！"）

龚自珍进而提出，《公羊传》所载季友的行为也是"大义灭亲"的变例，表明他的看法与《公羊传》作者及何休不相同。季友事迹见于《公羊传》闵公二年、僖公元年。庆父（即共仲）、公子牙（即叔牙）、季友均为桓公之子、庄公之弟，季友为贤。庄公病将死，召季子而托以国政。季子力主传位于公子般，子继父位。公子牙则要立庆父，兄终弟及，因不能得逞，遂图谋弑庄公。季子迫令其饮药死。《公羊传》表彰季友，曰："诛不得辟兄，君臣之义也。"庆父暗中指使仆人邓扈乐杀公子般，立闵公，然后杀邓扈乐，归狱了结案情，掩盖本人罪责。《公羊传》作者认为季友杀公子牙，是诛不避母兄，是"遏恶"；对庆父则因狱有所归而为之隐匿，其论云："杀公子牙，今将尔，季子不免。庆父弑君，何以不诛？将而不免，遏恶也；既而不可及，因狱有所归，不探其情而诛焉，亲亲之道也。"庆父又弑闵公。《春秋》闵公二年，记："秋，八月，辛丑，公薨。"《公羊传》解释曰："公薨何以不地？隐之也。何隐尔？弑也。孰弑之？庆父也。杀公子牙，今将尔，季子不免。庆父弑二君，何以不诛？将而不免，遏恶也；既而不可及，缓追逸贼，亲亲之道也。"何休注也对《传》文"不探其情而诛之"句解释曰："论季子当从议亲之辟，犹律亲亲得相首匿，当与叔孙得臣有差。"

究竟季友对待连弑二君、祸乱鲁国的庆父，是首匿包庇，还是大义灭亲，这对正确理解《春秋》经义，是一个紧要的问题。自《公羊传》两言"既而不可及，缓追逸贼，亲亲之道"，以及何休注称季友"首匿"以后，对此问题长期未有人辩明。综观《公羊传》所载，并补充《史记·鲁世家》有关史实，可明当日季友的处境及行为真相：先是庆父与鲁庄公夫人哀姜私通，庆父使人弑公子般，季友仓皇携庄公之子申避难于陈。闵公二年，庆父与哀姜通益甚，哀姜与庆父谋杀闵公而立庆父，庆父遂使人弑闵公。季友闻之，自陈与公子申如邾，请鲁求纳之。鲁人欲诛庆父，庆父恐，奔莒。于是季友奉公子申入，是为僖公。因国内局面混乱，为稳固僖公的地位，季友乃奉僖公朝齐与齐桓公盟，将新立的僖公托付于强齐。僖公元年冬，庆父走投无路，使公子奚斯入请许其返鲁，季友断然拒绝，庆父遂绝望自缢而死。

龚自珍眼光锐敏，他不墨守《公羊传》及何休旧说，在全面掌握史实的基础上，对如何理解《春秋》经义，提出了很有识力的创见：一是季友在当日情势下，是携僖公避难，不是缓追逸贼，放过案犯；二是庆父最后正是死于季友之手，故季友更不是因亲亲之情而首匿罪人。其言甚辩，云："季友实不匿庆父，实用变例，非如两经师言。般之弑狱有所归，宛转迁就，事势为之,非不探其情而诛之也。闵之弑,友且挈僖公奔邾矣(按,龚氏于此处史实偶误,据《史记》,应为公子般之弑,季友挈公子申奔陈),仓皇避贼,岂遑追贼?又非缓追逸贼也。二者又皆非首匿也。庆父卒死于季友之手,与牙同。"故季友的作为也是诛不避母兄、大义灭亲,"与周公同",是《春秋》经义中"为亲者隐"的变例。并且明确指出上述《公羊传》和何休解释的错误,云:"公羊氏失辞者二,失事实亦二;何休大失辞者一。"①

"常"与"变","经"与"权",是公羊学说的重要组成部分。龚自珍从《春秋》经传中归纳出许多史实和书法,进一步揭示出公羊学家经权观的价值,而且丰富了传统学术中辩证思维的内容。他对朴素辩证思想在春秋公羊学说中的意义有深刻的体会,因此十分强调变易观的价值:"《春秋》何以作?十八九为人伦之变而作。大哉变乎!……是故《春秋》之指,儒者以为数千而犹未止,然而《春秋》易明也,易学也。"② 总之,《春秋决事比答问》论述《春秋》当新王,正告国君不要堕落为"不屑教"的行列,论述《春秋》学说的"常"与"变",进一步证明龚自珍确实把公羊经说推进到一个新的高峰。

三、有关古文经学的看法

龚自珍于古文经学也有颇深的造诣。他的外祖父段玉裁是古文经学派的出色学者,所撰《说文解字注》是乾嘉经学训诂的名著。龚自珍从小受其影响,于六经及古文字学等方面都有颇为深厚的素养。他曾有志于写定六经,同时代学者李锐、陈奂、江藩等人也都这样期望他。道光初年,他曾致书在翰林院供职的某公,替他拟出可向朝廷奏请的开石经馆,以整理、写定儒家经典的建议,首先提出"改伪经",称"东晋伪《尚书》,宜遂削之,

---

① 以上均见《春秋决事比答问第三》,《龚自珍全集》第一辑,第59—60页。
② 《春秋决事比答问第五》,《龚自珍全集》第一辑,第63页。

其妄析之篇，宜遂复并之"。还要改正因书体屡变和刻本纷杂造成的讹夺错误，并改正"唐、宋君臣，往往有妄改"，"宋、元浅学，尤多恣改"的错误。而属于经师异字、今古文异字、假借字，以及疑为错误而尚无可靠佐证者，则不改，慎重对待。① 龚氏是今文经学健将，但他对古文经学并不一意排斥，而能择其善者吸收之，当然他这样做又能不混淆今文家法。他认为《左传》是很有价值的书，纠正了刘逢禄偏颇之见，态度比较公允。龚氏认为《左传》与《公羊》均可以配《春秋》。② 他并不故意贬低，说《左传》不足凭信。他对《左传》的批评仅限于很局部的问题，说："宜删去刘歆窜益"，即认为《左传》不足凭信的仅是某些内容。在此之前，刘逢禄认为《左传》的文法、凡例、"君子曰"都出自刘歆伪造，《左传》本不传《春秋》，刘歆乃效法《公羊》，在《左传》书中缘饰书法、凡例等。其结论是"刘歆等改《左氏》为传《春秋》之书"。③ 这些显属武断的说法，以后康有为进而称刘歆窜改《左传》的原因是："所以翼成王莽居摄而篡位者也。"④ 相比之下，龚自珍的看法要客观得多。本文上节所述龚氏引《左传》中"左丘明曰"，称赞石碏诛石厚为"大义灭亲"，来佐证己说，也是明显的例证。

更具哲理意义的是，龚自珍力主摒弃"汉学""宋学"互相对峙、势不两立的门户之见，并且创造性地阐释古文经学中的资料，引出具有近代价值的新论点。

嘉庆廿二年（1817），江藩著成《国朝汉学师承记》（时年五十七岁），将书稿送龚自珍（时年二十六岁），请他读后作序。龚自珍坦率地建议书名应改为《国朝经学师承记》。他以宏通的观点来看待学术的源流演变，举出十项理由，其主要的六项是："夫读书者实事求是，千古同之，此虽汉人语，非汉人所能专。

---

① 详见《与人笺》（又题《拟厘正五事书》），《龚自珍全集》第五辑，第343页。
② 《六经正名答问五》，《龚自珍全集》第一辑，第40页。
③ 刘逢禄：《左氏春秋考证》卷一，《皇清经解》卷一二九四，学海堂刻本。
④ 康有为：《新学伪经考·史记经说足证伪经考第二》，古籍出版社1956年版，第41页。

一不安也。本朝自有学,非汉学,有汉人稍开门径,而近加邃密者,有汉人未开之门径,谓之汉学,不甚甘心。不安二也。琐碎饾饤,不可谓非学,不得为汉学。三也。……若以汉与宋为对峙,尤非大方之言,汉人何尝不谈性道?五也。宋人何尝不谈名物训诂?不足概服宋儒之心。六也。近有一类人,以名物训诂为尽圣人之道,经师收之,人师摈之,不忍深论,以诬汉人,汉人不受。七也。"① 以上诸项,从历史源流上、学术原理上、现实利病上三个层面,指出拘守"汉学"门户的片面和流弊。当日风气,视名物训诂为学问的全部,不重视理论思维,不言经世致用,已成为严重的偏向,考证学末流的琐碎饾饤,已经给学术造成很大的损害,难道还要张扬起旗帜?因此龚自珍另在所撰《江子屏所箸书序》中,中肯地论述乾隆年间考证之学兴起的自然之势,又指出学术进一步发展,必须把考证功夫与探讨义理二者结合的方向:"入我朝,儒术博矣,然其运实为道问学。自乾隆初元来,儒术而不道问学。所服习非问学,所讨论非问学,比之生文家而为质家之言,非律令。""圣人之道,有制度名物以为之表,有穷理尽性以为之里,有诂训实事以为之迹,有知来藏往以为之神,谓学尽于是,是圣人有博无约,有文章而无性与天道也。"②

龚自珍又撰有《古史钩沉论二》一文,核心的论点是认为古代一切文字记载都是历史资料,故儒家经典是记载古代社会生活和政治职能的珍贵资料。他提出了"六经,周史之大宗"的著名命题:"周之世官,大者史。史之外无有语言焉;史之外无有文字焉;史之外无人伦品目焉。史存而周存,史亡而周亡。……六经者,周史之宗子也。《易》也者,卜筮之史也;《书》也者,记言之史也;《春秋》也者,记动之史也;《风》也者,史所采于民,而编之竹帛,付之司乐者也。《雅》《颂》也者,史所采于士大夫也。《礼》也者,一代之律令,史职藏之故府,而时以诏王

---

① 《与江子屏笺》,《龚自珍全集》第五辑,第346—347页。
② 《江子屏所著书序》,《龚自珍全集》第三辑,第193页。按,江藩未采用龚自珍建议改题书名,此序亦未采用。

者也。"龚氏这段论述,与章学诚"六经皆史"论正好互相发明,他们的议论都是针对时弊而发,而与强调学术必须"经世"的主张密切联系的。当时风气,经书是被当作偶像受到崇拜,史只能居于附庸地位,"号为治经则道尊,号为治史则道诎"。现在按照章学诚、龚自珍的理论,儒家经典是历史记载,是史之大宗(即主干),那么经与史至少可以平起平坐了,确有抹去经书神圣灵光和提高史学地位的意义。我们若再品味龚氏的名言:"灭人之国,必先去其史;隳人之枋,败人之纲纪,必先去其史;绝人之材,湮塞人之教,必先去其史;夷人之祖宗,必先去其史。"① 则说明他把历史记载提高到民族文化的主体与民族存亡直接相关的高度。龚氏"六经者,周史之宗子也"的命题与章学诚"六经皆史"的命题,还符合于近代学术的一个大趋势,把所有的学术都置于历史考察范围之内。对"六经"过去只能顶礼膜拜,现在也要作为研究对象了。所有这些,都包含有冲破封建教条的积极意义,报告了晚清经学嬗变的信息。

(原刊《中国哲学》第二十二辑 [2000 年])

---

① 《古史钩沉论二》,《龚自珍全集》第一辑,第21、22页。

论魏源社会改革思想的时代特征

魏源（乾隆五十九年—咸丰七年，1794—1857）是近代史开端时期的杰出人物，他在政治、经济、哲学、史学、经学、文学等各个领域都有出色建树，不仅每一部中国近代史，还有中国近代哲学史、史学史、经学史、经济思想史、文学史，都要首先讲到魏源和他的挚友龚自珍，因为他们的成就代表了嘉道时期的最高水平，开创了一代风气。与魏源同时代的著名爱国诗人张维屏，便赞誉魏源为"一代奇才"，说："默深学问渊博，才气纵横……《圣武记》《海国图志》《皇朝经世文编》皆已风行海内，其诗文发扬纵肆，字句纸上皆轩昂，洵一代之奇才也。"[1] 嘉道时期经世派的著名人物，除魏源外，有龚自珍、林则徐、包世臣、姚莹、李兆洛、周济、张际亮，以及魏源的同乡、湖南籍官员陶澍、贺长龄等，魏源与他们都有交往，多数关系非常密切，互相影响、砥砺，都对地方水利、漕运、盐政，以及吏治、用人等项问题提出兴利除弊的主张，这一经世派群体成为当时腐朽、龌龊的社会风气中值得重视的一种进步力量，一股新鲜的气息，一道光明的色彩。魏源由于自己的经历、实践和学术志向，特别是对

---

[1] 张维屏：《艺谈录》上卷，道光二十年（1840）刻本。

时代精神有深刻的把握,因此在鸦片战争以前,在言论上对现实社会的种种积弊揭露特别尖锐,对变革的必然性、迫切性论证特别深入,在实践上又亲自参与、策划了漕运、盐政等项重大的改革行动,取得巨大成效;而且他能随时代前进而前进,在鸦片战争爆发以后,呕心沥血筹划御侮图强的良策,提出"师夷长技以制夷"的策略,成为近代倡导向西方学习的先驱人物。给魏源以历史定位,就是:他是开启近代打破封闭状态、奖励对外观念、因而支配国民心理长达半个多世纪的进步思想家,是集爱国者、哲人、改革实行家三者于一身的杰出人物。研究魏源,应当把他的改革主张及其代表时代精华的哲学思想,与当时哲学领域的深刻变革联系起来;应当发掘其前期改革思想中的近代意识,探讨他由前期向后期思想发展的内在逻辑联系。以上几项,至今学术界似乎尚注意不够,而依我愚见,深入地讨论这些问题,对于推进对魏源的研究是很有价值的,从中,我们还可以引申出魏源改革思想对于推进中国现代化进程的启示。

一

　　魏源的改革思想是同他深邃的发展变化哲学观相联系的,他能站在时代的高度观察问题,所提出的改革主张更能洞悉原委利弊,击中要害。

　　魏源生活在嘉道年间,他置身于一场对整部中国社会变迁史和学术发展史都具有深刻意义的历史变局之中。这一历史变局不仅标志着清朝统治由盛到衰,而且是整个中国历史进程和学术风气的转捩点。至鸦片战争前,封建专制统治早已腐朽,危机四伏。在国际上,衰弱的封建中国正遇到蓄意东进的资本主义势力,西方列强早已看透清朝虚弱的实质,决心不择手段地敲开中国紧闭的大门。而清朝统治者却妄自尊大、闭目塞听,丧失警惕,军备废弛。时代的需要,是要由醉心升平转变为正视危机,由安于现状到呼吁改革,由闭关自守到了解外国,对外开放。以往被奉为至宝的考证之学和主张因袭、崇尚复古的古文经学与时代完全背道而驰，暴露出迂腐空虚、无济于事的实质。当此大转折的时代，迫切地需要有一种深刻地关注现实、呼吁变革的哲学思想出现。清朝中叶重新兴起的今文公羊学派，恰恰肩负着这一时代使命。公羊学说在《春秋公羊传》中已具备雏形，这部书是专从义理方面来发挥《春秋经》的，与专从史实方面发挥《春秋经》的《左传》不同。至西汉董仲舒著《春秋繁露》，东汉何休著《春秋公羊解诂》，大力推进，使公羊学成为讲变易进化、讲改制变革的有系统的学说。其基本命题有"张三世""通三统""大一统"等，其核心的观点是：划分历史发展阶段为"据乱世——升平世——太平世"，认为社会越来越进化，民族关系也越来越发展，最后达到"天下远近小大若一"的太平境界；因为时代变化，治理国家的办法也必须变革，要实行"改制"，服色、正朔、制度以至观念都应跟着改变。除了这一"变易性"的突出特点外，公羊学说还有"政治性"和"解释性"特点。它讲"拨乱反正"，"为后王立法"，所议皆为大纲大法，设计治国方案。公羊家专门解释《春秋经》的"微言大义"，长于义理发挥，勇于讲出"非常异义可怪之论"，因而便于在解释儒家经典的形式下容纳新思想。公羊学说在西汉武帝时代第一次风行于世，因为在当时，新的封建生产关系处于确立的过程，兴造制度，多所创设，需要一种要求变革、积极干预政治的哲学思想作指导，故此董仲舒的春秋公羊学说成为一代显学。东汉末以后千余年中，公羊学说长期消沉无闻，其实质原因是中国封建社会的演变进程相对平缓，是维持已有的封建体制时期，古文经学的特点是唯古是从，重承袭轻创造，正好符合封建政治的需要。至晚清时期，时代剧变，民族的命运要求打破现状，革除积弊，认识亘古未有的变局，故重新需要阐释变易、变革的哲学，作为先进人们认识社会、规划行动的指导思想，于是出现了今文公羊学说的复兴，其代表人物前有魏源和他的挚友龚自珍，后有康有为。

在魏源的人生历程中，他的思想和学术风格的形成，有两项决定性因素。一是他博学多才，见识过人，却在仕进道路上长期困厄不得志。魏源十七岁中本县廪生，便以才学称誉乡里，"名闻益广，学徒接踵"。二十一岁随父入京，即以诗文著闻京师，获交公卿名士。二十八岁考中顺天府乡试举人第二名。他三十三岁时即代贺长龄编成著名的《皇朝经世文编》一百二十卷，这是一部揭示"经世"旗帜、精选清初以来有关治国和学术的著名论议的重要著作。魏源对于现实问题或历史，所论无不洞究利害，见识卓荦。可是，就是这样一位当时第一流的人才，在会试中却屡屡落第。龚自珍也是当时杰出的人才，他也同样会试连遭失败，到三十八岁时才考中进士。两人的遭遇，都是当时科举制度腐朽的有力证据。当时的八股取士制度，选才的标准是八股程式、死记硬背、小楷笔法，许多有独立见解的俊秀之士反而被摈逐。此后魏源即长久拒绝应试，担任幕僚达十三年之久，到五十一岁时（道光二十四年），才入京考中进士。他在致邓显鹤信中自嘲说："中年老女，重作新妇。"仕进的困厄和长期在大江南北担任幕僚的经历，却使魏源进一步体验到封建制度的腐朽，官场的黑暗，了解到国计民生的情状，更加淬砺出他经世思想的光芒。再一决定性因素是他入都不久，即拜著名的今文学者刘逢禄为师，学习公羊家法。刘逢禄是清代中叶复兴今文公羊学说的重要学者，他著有关于公羊学的著作多种，起到张大其军的作用。他已注意到要发挥公羊学说"以经议政"的力量，但他的宗旨还是维护清朝统治，这与他生活年代较早，封建统治的危机尚未彻底暴露有关。魏源和他的挚友龚自珍从刘逢禄学习了公羊学说发挥"微言大义"，讥议时政，以变易的、通贯的眼光观察事物的特点，同时，在他们手里，对公羊学说进行了革命性改造，使之变成揭露黑暗、倡导改革、认识空前历史变局的有力武器。"任何真正的哲学都是自己时代的精华。"由于掌握了公羊学说这一符合时代需要的哲学体系，使魏源大大提升了思想境界，掌握了时代的脉搏，以高度的历史使命感，为推进嘉道时期的改革事业竭尽全力。当举世醉梦升平的时候，他和龚自珍却昼夜不安，规划天下大计。

魏源言论的鲜明特点是，满怀忧国忧民的感情大声疾呼，描述社会危机的深重,论证改革的必然性、迫切性,以警醒世人。他指出,由于统治者长期压制和剥削民众、摧残人才,社会已到了快要崩溃的地步,日益沦于穷困处境的民众随时有爆发反抗的危险,国家的精气、民族的生机被扼杀殆尽:"穹然者犹穹于上,颓然者犹颓于下,林林总总者犹日奔攘于侧,问其光岳之钟,则刍灵焉;问其山泽之藏,则枵朽焉。"① 他以清朝统治与明朝亡国前的情况相比照,直言不讳地指出局面更加险恶:"黄河无事,岁修数百万,有事塞决千百万,无一岁不虞河患,无一岁不筹河费,此前代所无也;夷烟蔓宇内,货币漏海外,漕鹾以此日敝,官民以此日困,此前代所无也。"② 他对当权者的昏庸、官场的黑暗恶浊、科举制度的腐败、琐碎考证学风的迂腐不切实用,都有深刻的批判。进而揭露当时造成社会危机的各种祸患,称为"六荒"。最严重的是"堂陛玩愒"(皇帝和大官僚耽于逸乐,荒于政事)和"政令丛琐"(专制机构陷于繁文琐事,运转失灵),其他四项为"物力耗匮"(贪污贿赂、肆意挥霍使物力遭到巨大浪费,造成国家财政匮乏)、"人材鬼茶"(邪曲委琐、苟且偷安者盘踞要津,真正的人才受压制不被重用)、"谣俗浇酗"(人心不稳,充满怨愤之气)、"边埸弛警"(军备废弛,边防难以御敌)。③ 而这"六荒"蔓延发展之势将导致更大的祸乱。他的论述,不啻描绘出一幅社会濒于解体的惨状!因此,他从各方面阐述古今递变,社会越来越进步,泥古必败,人类应该不断进取,大力革除陈腐过时、妨害民众、阻碍社会前进的旧制度、旧办法的观点。他有许多精警的论述:"昨岁之历,今岁而不可用,高、曾器物,不如祖、父之适宜;时愈近,势愈切,圣人乘之,神明生焉,经纬起焉。"④"三代以上,天皆不同今日之天,地皆不同今日之地,人皆不同今日之人,物皆不同今日之物。""故气化无一息不变者也……执古以绳今,是为诬今。""变古愈尽,变民愈

---

① 魏源:《默觚下·治篇十一》,《魏源集》,中华书局1976年版,第65页。
② 魏源:《明代食兵二政录叙》,《魏源集》,第163页。
③ 魏源:《默觚下·治篇十一》,《魏源集》,第65—66页。
④ 魏源:《皇朝经世文编叙》,《魏源集》,第156页。

甚。""天下事，人情所不便者变可复，人情所群便者变则不可复。江河百源，一趋于海，反江河之水而复归之山，得乎？履不必同，期于适足；治不必同，期于利民。"① 魏源还针对弥漫于朝野的保守颓废习气，大力呼吁排除昏庸的官僚、碌碌无为的士大夫的阻力，破除旧习，勇敢进取，干出造福及于千百年后的大事业。②

二

与一些只能坐而言、不能起而行的书生不同，在鸦片战争发生之前，魏源即兼具远见卓识和实践经验，在当时三个与国计民生关系极大而又百弊丛集的部门——漕运、盐政和水利，都参与策划过有声势、有成效的改革措施，或者写出很有价值的著作。道光四年（1824），因洪湖高堰溃决，河运陷于瘫痪，漕运通道被掐断，如何确保京师粮食供应成为燃眉之急。魏源当时在陶澍幕内，他态度坚定、充满热情地参预从大局到各项复杂事务的策划，许多重要文件均出其手。在所撰《筹漕篇》中，他结合历史事实，分析当前利害，对于改行海运的必要性、可行性作了系统中肯的分析，对反对者所持"风涛""盗贼""霉湿""侵耗"等论调以有力的驳斥。并且大力协助解决在上海招商雇船、在南交米、在北兑米等问题。魏源的改革思想的深刻哲理性又表现在，他已洞悉中国社会发展到嘉道年间面临着巨大的变局，因而他的改革主张都不限于就比较表层的具体事项发议论，而是同民族危机的紧迫感、同批判封建统治势力的腐朽紧紧相联系。所著论述治理黄河问题的《筹河篇》即是有力的证明。当时，黄河连年灾害成为国家心腹之患。而流行的看法是"黄河要维持着南行"，"必不可听其北行"。③ 魏源则确凿地指出，治河的根本策略，就

---

① 均见魏源《默觚下·治篇五》，《魏源集》，第47、48页。
② 魏源：《默觚下·治篇七》，《魏源集》，第52—54页。
③ 岑仲勉：《黄河变迁史》，人民出版社1957年版，第464页。

是利用黄河自行北决，或者用人力使之北行，沿着这条自古形成的天然通道入渤海。他又滔滔雄辩，缕举自周定王以来两千多年黄河河道的变迁，分析自东汉王景至明代靳辅等著名治河专家策略的得失，证明这一结论之不可移易。此一结论，是魏源在进步哲学观指导下，对元代以来治理黄河历史经验的精到总结。魏源的卓越之处更在于，他认识到治河不仅是工程技术问题，更是一个社会问题，提出种种阻挠借口的人，骨子里是企图利用黄河祸患频繁、国家糜费浩巨而从中贪污中饱，发国难财。那些人反对按照历代治河的规律所昭示的让黄河改道北流，真正的原因是害怕他们多年经营的巢窟被一朝扫荡。① 事情很明显，是由于掌握了重视变革和创新的公羊历史哲学思想，才使魏源能对治河提出如此的卓识和科学的预见。

至鸦片战争爆发，中国战败，侵略者用武力打开中国的大门，在这亘古未有的历史变局中，是公羊变易发展哲学观，促使魏源的社会改革思想达到新的飞跃，呕心沥血寻找御侮图强良策，开创了解外国的风气，提出向西方学习的新课题，成为近代中国向西方寻找真理的起点。如何勇敢地打破长期封闭状态形成的排拒意识和愚昧偏见，跨出探求外部世界的第一步，认识西方的制度、文化；特别是，在中国遭受侵略、进行正义的自卫战争的情况下，却要承认自己落后，要保持御侮图强的信心，却又要放下"天朝上国"的架子，承认侵略者比自己高明，承认西方制度文化比中国先进，中国应该向西方学习：这些是鸦片战争这场剧变，骤然地向我们的先辈提出的极为复杂、困难和严峻的课题。正是魏源这位具有公羊学变易观点的哲人，对这些问题作了明确而出色的回答。《海国图志》一书，就成为中国进步思想界认识中国社会走向近代化这一历史潮流的起点。这就是在坚持独立、反抗侵略的前提下，"师夷长技以制夷"，了解世界，学习西方，寻找救国真理。梁启超在20世纪20年代著《中国近三百年学术史》之时，还这样评价《海国图志》的深远影响："其论实

---

① 见魏源《筹河篇上》，《魏源集》，第365—374页。

支配百年来之人心，直至今日犹未脱离净尽，则其在历史上关系，不得谓细也。"① 与倡导"师夷长技"相联系的是魏源明确表示对西方民主制度的向往。东方封建专制与西方民主政治互相对立，中西文化体系悬殊，在近代史开端时期，沟通极为困难。直到戊戌前一年（1897），与西方国家打交道半个世纪了，总理衙门的官僚对于外国事物依旧抱着极端排拒的态度："或竟不知万国情状，其蔽于耳目，狃于旧说，以同自证，以习自安。""语新法之可以兴利，则瞠目而诘难；语变政之可以自强，则掩耳而走避。"② 在如此复杂的文化背景下，魏源在鸦片战争时期却能跨过别人难以逾越的鸿沟，大胆地对西方制度表示赞美向往。他之所以有如此卓越的见识，即因为掌握了公羊变易进化哲学观，使他具有常人难以企及的洞察力。《海国图志》中有这样一段重要的议论："天地之气，其至明而一变乎？沧海之运，随地圜体，其自西而东乎？前代无论大一统之世，即东晋、南唐、南宋、齐、梁，偏隅割据，而航琛献赆之岛，服卉衣皮之贡，史不绝书，今无一登于王会。何为乎红夷东驶之舶？遇岸争岸，遇洲据洲，立城埠，设兵防，凡南洋之要津，已尽为西洋之都会。地气天时变，则史例亦随世而变。"③ 这段议论，是中国智识界对认识鸦片战争为开端的历史转折、认识世界局势的第一次直接表述。说明魏源已意识到中国正面临两种意义的转折：一是，自明末西方传教士东来，已意味着东西方由过去隔绝到互相交往的转变；二是中国和西方先进和落后地位的转变。这样的历史变局意味着中国必须觉醒自强，正视并解决对外开放、学习西方、进行具有新的时代内容的改革的迫切课题！

---

① 梁启超：《中国近三百年学术史》，《饮冰室合集》专集之七十五，第 323 页。
② 梁启超《戊戌政变记》引康有为向光绪帝奏语，载《饮冰室合集》专集之一，第 5 页。
③ 魏源：《叙东南洋》，《海国图志》卷五，岳麓书社 1998 年版，第 347—348 页。

三

魏源前期的改革主张中包含有强烈的近代意识，有超前性。与他后期首先提出学习西方，并介绍许多资本主义范畴的知识，有着深刻的内在联系。即是说，魏源后期的改革主张是前期思想的逻辑发展。

魏源前期的改革主张，注目于国内的吏治、选举、用人，以及水利、漕运、盐政诸项大政，要求"除弊兴利"，后期因受外国侵略的刺激，进而寻找御侮图强的良策，主张"师夷长技"，说明魏源的爱国思想随着时代前进而前进，达到更高的近代启蒙的层次。关于这一点，已有研究者论及。这里要进一步探讨的是：前后期改革思想发展的逻辑关系，即前期改革思想中包含有哪些继续发展的内在基础、内在动力。以下分别从政治思想和经济思想两个层面考察。

政治思想层面。魏源在鸦片战争刚刚结束，陌生的西方文明刚刚出现，就一再公开地表示对西方民主制度的赞美，这在中国这样一个几千年受封建制度压制，臣民历来习惯于匍匐在专制君主淫威之下，视天子圣明，臣子绝对服从为天经地义的国度，他能有这样的见识，是极其难能可贵的！他之所以能达到这样的思想高度，也并非突发灵感，而是在前期即有批判封建专制的腐朽性作为其思想基础。在前期，他继承了先秦孟子"民贵君轻"的民本思想，继承了清初黄宗羲激烈批判专制罪恶的思想，在前面所引揭露清朝统治的"六荒"中，已把批判矛头直接指向专制君主。他还揭露在专制制度之下，官场的腐败恶浊令人触目惊心，身居要职的人物，把国家命运置之度外，无所顾忌地结党营私、贪污中饱，完全丧失了解下情和应付事变的能力："除富贵而外不知国计民生为何事，除私党而外不知人材为何物"；"以持禄养骄为镇静，以深虑远计为狂愚……甚至圆熟为才，模棱为德，画饼为文，养痈为武。"① 魏源在北京生活多年，并于道光八年（1828）捐赀为内阁中书，对官场内幕有长期的深入观察，充分地认识到清朝统治早已病入膏肓。他还强烈地憧憬出现下情上达、上情下达的政治局面，甚至讲出"天子者，众人所积而成……故天子自视为众人中之一人"② 这样具有鲜明民主倾向的言论。因此，当他接触西方民主制度的进步性之后，自然容易理解并且赞赏。他在《海国图志》中，既揭露资本主义的侵略性，又衷心赞扬西方民主制度的优越。他在记美国的篇章中说，美国由二十七州公举大总统，四年一换任的制度，"一变古今官家之局，而人心翕然，可不谓公乎！议事听讼，选官举贤，皆自下始，众可可之，众否否之，众好好之，众恶恶之，三占从二，舍独徇同，即在下预议之人亦先由公举，可不谓周乎！"③ 就是说，比起"君权神授""朕即天子"的君主专制制度来，议会民主制能代表公众利益，要进步和合理得多！他在晚年修成增订本后，更在《后叙》中说："《地理备考》之《欧罗巴洲总记》上下二篇尤为雄伟，直可扩万古之心胸。至墨利加北洲之以部落代君长，其章程可垂奕世而无弊。"并且表达他的预见："岂天地气运，自西北而东南，将中外一家欤！"说得更明白些，就是：历史面临着大的转折，西方民主政治也终将在东方实行。这些在当时，都确实是石破天惊的伟论！魏源后期政治改革思想有这样的飞跃，在其前期是有深刻基础的。

经济思想层面。魏源在《海国图志》④ 中明确主张发展民用工业，并介绍了许多属于资本主义范畴的知识，这在当时也是大胆跨越封建制度而提出的光辉思想。仔细寻绎魏源改革思想的发展脉络，我们可发现此项在前期也已有萌芽的意识。1824 年魏源提出海运改革方案，其着眼点不仅为筹国计，同时也极注重养民生，务必减轻民众繁剧的负担，藏富于民，故他称改革方案正确

---

① 魏源：《默觚下·治篇十一》，《魏源集》，第 66 页。
② 魏源：《默觚下·治篇三》，《魏源集》，第 44 页。
③ 魏源：《外大西洋墨利加州总叙》，《海国图志》卷五十九，第 1611 页。
④ 魏源：《海国图志后叙》，《海国图志》，第 7、8 页。

与否,"根柢于民依而善乘夫时势"。再者,他对商人的作用和维护商人的合法利益予以充分关注,较之传统经济思想而言,这是富有时代意义的新观点。魏源参与筹划的这场海运,是用商运来代替过去官方管制下的漕运,招募商船,给予利润及免费装载部分货物的优待,因而得到商人的欢迎和支持。魏源总结全役成功时说:"利国、利民、利商",明确把利商与利国、利民并列,这是对传统思想的突破。不再歧视商人,而是予以充分的信任,把照顾商人利益作为制订措施的主要出发点之一。改变原来封建政权管制下运作为利用经济手段的运作,整个海运方案体现出商业信用合同关系、合理的利润、适度的自主权等项资本主义经济因素。1832年,魏源任陶澍幕僚,在陶澍支持下进行的淮北票盐改革,又获得显著成功,与海运之役相较,其出发点和思路,堪称前后呼应。道光年间,两淮盐政弊病百出,淮北尤为严重,造成政府财政巨大亏空,民众苦不堪言。按魏源分析,存在五大弊端,尤其是:运盐路程曲折艰巨,致使销盐成本大大加重。自场至坝,自坝至所,由所入湖,共转运五坝,六次换船,转运、装卸费用超过盐本数倍,盐价必然高昂。再者,运盐途中一再改捆打包,造成严重虚耗,并给隐藏、克扣者可乘之机。复次,淮北官营盐价比附近盐价高出数倍,造成走私猖獗。同时盐场有盐卖不出去,内地百姓却买不到官营食盐,盐店关门,政府盐政收入落空。由于弊病丛集,朝廷考虑寻求解决办法,命陶澍为两江总督,兼管两淮鹾政(即盐政)。他支持魏源大胆改革,主要措施是:改变以前官营为允许商人经营,"设局收税","商运民贩",只要在盐场交付地价和税款,就允许商人自由贩运到本销售地区范围内售卖。魏源这套改官营为允许商人经营的改革措施获得极大成效,盐价立即下降至原来官营纲盐的一半以下,政府也获得巨额收入。这场改革,再次体现出魏源的重商思想。票盐法的总体改革方案,是改变积弊至深的盐业官营为放开由商人自由贸易贩运,把封建官吏层层贪污中饱、非法攫取的私利,变成商人经营而赚得的合理利润。魏源对此讲得很透彻:"夫票盐售价,不及纲盐之半,而纲商岸悬课绌,票商云趋鹜赴者,何哉?纲利尽分于中饱蠹弊之人，坝工、捆夫去其二，湖枭、岸私去其二，场、岸官费去其二，厮伙、浮冒去其二，计利之入商者，什不能一。票盐特尽革中饱蠹弊之利，以归于纳课请运之商，故价减其半而利尚权其赢也。"① 更值得注意的是，魏源本人也从事一份经营，出资在盐场购盐、纳税，凭票认领，做了运销生意。他依靠商人，认为商人从事经营，合法获利是政府应该允许和鼓励的，他本人也并不因自己是士林中人、地方官幕友而看不起商业活动。这个行为，足以说明在这位改革家身上，确实具有与传统思想不同的新的价值观念。

魏源前期经济改革思想中的近代意识，由于鸦片战争发生、接触了西方思想而得到发展，因而在《海国图志》中提出发展民用工业等主张。这里应该指出，以往有的论者仅注意到魏源"师夷长技"的重点是在学习船坚炮利方面，而断言魏源后期改革主张仍在根本上维护封建秩序。这种看法极不恰当。由于魏源在前期已经尖锐地批判封建专制，主张开明政治和运用商业经济手段改革漕运、盐政的弊端，这些都是在传统社会内部生长出来的符合近代化方向的观点和措施，因而在直接接触西方文化后即提出了客观上有利于发展资本主义的措施，若付诸实行，即能逐步削弱乃至动摇封建秩序。这些是我们应该十分重视的。他同时主张发展民用工业，并介绍了许多属于资本主义文明范畴的知识。他主张设船厂和机器局，既造战船，又造商船，既从事军事生产，又从事民用生产。"船厂非徒造战舰也。战舰已就，则闽、广商艘之泛南洋者，必争先效尤；宁波、上海之贩辽东、贩粤洋者，亦必群就购造，而内地商舟皆可不畏风飓之险矣。"这里展现的是许多新由船厂造出的商用轮船在海上和江河从事商品运输的盛况。他又说："此外量天尺、千里镜、龙尾车、风锯、水锯、火轮机、火轮车、自来火、自转碓、千斤秤之属，凡有益民用者，皆可于此造之。"② 还要推而广之，"尽得西洋之长技为中国之长

---

① 魏源：《淮北票盐志叙》，《魏源集》，第439页。
② 魏源：《筹海篇三》，《海国图志》卷二，第30页。

技"。① 他所主张的仿效外国办法培养本国需要的航海等项人才，对于科举制度所代表的重视经训、轻视技艺，引导人们死守程式、抄袭模仿，扼杀独立思想和创造才能的旧价值观，无疑也是一种冲击。

探讨魏源后期御侮图强、学习西方的思想是前期改革思想的逻辑发展，不仅对进一步科学地阐释魏源的社会改革思想的时代特点大有裨益，而且对于认识传统文化中的优良部分是走向近代化的内在基础，也是很有积极意义的。实际上，魏源是提出了仿效西方民主政治和发展资本主义工商业两大目标，虽然尚未来得及作清晰规划，却构成整个中国近代社会改革的两项基本课题。

四

研究魏源社会改革思想能给中国现代化进程以有益的启示。

当前改革的规模、内涵，现代化的程度，都非魏源的时代所能比，但在一定意义上讲，又是鸦片战争为起点的近代化潮流的发展。通过研究魏源的社会改革思想，首先启示我们：改革要在时代精神的指导下，体现时代的根本要求。魏源倡导冲破封闭状态，开眼看世界，向西方学习，以此作为实现御侮图强的根本策略，的确是紧紧把握了时代的课题。中国虽曾强大，康乾有过"盛世"，但由于昧于世界潮流，闭目塞听，西方已在资本主义道路上迅跑，向东方扩张，中国却仍然处于睡梦之中，结果被打败，陷入民族灾难的深渊。百余年来的历史，昭示我们一个真理：认识并赶上世界潮流，对外开放，急起直追，才能自立于世界民族之林。在当前经济全球化的趋势中，了解外国，加强对外竞争的力量，更具重要意义。

其次，魏源的经济改革主张，与其批判封建专制，反对腐朽的官僚体制造成的障碍是相结合的。当前实现现代化，同时必须

---

① 魏源：《筹海篇三》，《海国图志》卷二，第27页。

大力肃清封建主义残余。独断专行，践踏民主，目无法制，以人代法，搞人身依附，封建裙带关系等，都是封建余毒在作祟，严重阻碍现代化的实现。中国几千年封建统治所留下的毒害，绝不能低估。故21世纪的一项严肃任务，是批判封建主义，继续肃清余毒，大力推进民主化进程，对此应当有清醒的认识。

第三，改革要重视人的作用，以人民利益、人的地位根本改善为目的。魏源当时提出了"利国、利民、利商"的明确目标，以此为出发点，他还提出"人者，天地之仁也。……天地之性人为贵"的命题，强调人是天地间首要的、天然合理的构成，人民的生活状况决定着国家的命运。今天，我们已更深刻地认识到改革要代表人民的利益，这是我们必须牢牢把握的方向。

（原刊《江海学刊》2002年第5期）

公羊学说与晚清历史文化认同的推进

一、不应当被忽视的一段重要历史

始于道光年间的"晚清"九十年在历史上是很重要的时期，因为，它标志着中国长达二千年的"中古"时代的结束和"近代"社会的开始。但同时，晚清九十年又是很特殊的时期，因为，国内社会矛盾激化，危机四伏，西方列强对我武力侵略，肆行掠夺，一连串不平等条约的签订，一次次割地赔款，是民族屈辱的年代。每当翻读这一时期的历史，都会令人扼腕叹息！相应地，这种历史特点也给晚清时期蒙上一层阴影，使人感到：既然是落后挨打、灾难深重的时代，那就一切都跌入谷底，事事不如人，似乎找不到有什么值得表彰的了。实际上，晚清时期不仅有人民大众抗击侵略的斗争，维新志士探索改革的努力，以孙中山为首的革命派为推翻腐朽的封建专制统治前仆后继的奋斗，而且在思想文化上也有出色的篇章。尤为突出的，是以春秋公羊学说为中坚的今文经学复兴，取代古文经学的地位而成为学术思想的主流。今文公羊学说在清中叶以后，经过庄存与重新提起，刘逢禄张大旗帜，到鸦片战争前后龚自珍和魏源改造发展，至戊戌维新时期达到高潮。其复兴、激扬的历程与清朝统治危机日益暴露，有识之士先后觉醒、探索救亡道路相伴随、相激荡。进步的公羊学派思想家发挥"以经议政"的特点，深刻地揭示出批判清朝封建统治、从根本上变革专制制度、向西方寻找真理这一时代主题，这就指明了在危急关头历史前进的方向，有力地推进全国民众的文化认同，我们的民族因而终于经受了最严峻的考验而找到新的希望。今文公羊学说讲变革、重义理发挥、主张学术经世，而古文学派则讲尊经复古、重历史事实、重文字的训诂和制度的考证，两大学派的治学路数迥然不同；而古文经学派自东汉末以后千余年间长期处于正统地位，因此今文公羊学派便被视为多"非常异义可怪之论"，有左道旁门之嫌。

  由于不理解公羊学说的精义和独特风格，致使许多人对这一学派甚为隔膜，甚至它在晚清时期导演的一幕幕活剧也几乎被遗忘，在有关晚清学术文化史的一些论著中也有意无意地被淡化，这岂非历史研究的一大缺憾？在19世纪最后十年和20世纪初年，经过资产阶级维新派改造的公羊学说，已成为进步知识界观察国家民族命运和前途的武器。处于中国面临外国列强瓜分的危险形势下，这一阐发变易改制的学说反映了时代的脉搏，叩响了日益认识到处于亘古未有的历史变局的爱国知识分子的心灵，因而风靡全国。张之洞于1903年所写《学术》诗云："理乱寻源学术乖，父仇子劫有由来，刘郎不叹多葵麦，只恨荆榛满路栽。"自注曰："二十年来，都下经学讲《公羊》，文章讲龚定庵，经济讲王安石，皆余出都以后风气也。遂有今日，伤哉！"[①]便是公羊学说在戊戌维新前后风行的生动写照。当时的进步学者夏曾佑也曾明确地总结公羊学说在晚清的巨大影响，他说："儒术中有今文、古文之争。自东汉至清初，皆用古文学，当世几无知今文为何物者。至嘉庆以后，乃稍稍有人分别今、古文之所以然，而好学深思之士，大都皆信今文学。本编亦尊今文学者，惟其命意与清朝

[①] 张之洞：《张文襄公诗集》卷四《学术》，上海集益书局1917年石印本。

诸经师稍异。凡经义之变迁，皆以历史因果之理解之，不专在讲经也。"① 这些话说明，夏氏推尊今文学，并且明确肯定晚清今文学风靡于世的进步意义，称赞当时信仰公羊学说者是"好学深思之士"。现代著名史学家陈寅恪先生在其《朱延丰〈突厥通考〉序》一文（载《寒柳堂集》）中也曾对晚清今文公羊学说传播之广和声势之烈作过中肯的评论。陈寅恪祖父陈宝箴于戊戌之前任湖南巡抚，得到谭嗣同、黄遵宪、梁启超等人的辅佐，力行新政，其父陈三立是晚清著名诗人，与谭、黄、梁三人均交往密切，因此，他这段关于公羊学说对晚清政局和学术趋向产生巨大影响的评论，是积其一家三代的观察感受而得出的，值得我们仔细体味。

甚至顽固派人物提供的言论也恰恰印证了晚清公羊学说风靡海内的猛烈声势。叶德辉写有关于龚自珍遵从的公羊学说至晚清所向披靡的一段话："仁和龚定庵先生，以旷代逸才，负经营世宙之略，不幸浮湛郎署，为儒林文苑中人，此非其生平志愿所归往也。曩者光绪中叶，海内风尚《公羊》之学，后生晚进，莫不手先生文一编。其始发端于湖、湘，浸淫及于西蜀、东粤，挟其非常可怪之论，推波扬澜，极于新旧党争，而清社遂屋。论者追原祸始，颇咎先生及邵阳魏默深二人。"② 他站在与维新变革对立的立场，目睹新思潮涌起而终于导致清朝灭亡，对此痛心疾首，但他的这番悲叹，正好从反面证明公羊学说在晚清盛行而产生的威力！

二、公羊学说对晚清历史文化认同的巨大推进

晚清历史文化认同所面临的任务是极其复杂而紧迫的。由于封建统治腐败不堪，社会矛盾尖锐，和外国列强步步侵略欺凌，

---

① 夏曾佑：《中国古代史》第二篇第一章第六十二节《儒家与方士之分离即道教之原始》，河北教育出版社2000年版，第362页。
② 叶德辉：《郋园北游文存·龚定庵年谱外纪序》，1921年铅印本。

决定寻求民族救亡图存的出路必须同时解决两大任务：一是坚决反对列强侵略，维护国家的统一，争取民族的独立；二是批判封建专制制度的腐朽，认识民主共和制度的先进性，向西方寻找真理。在当时，要认识"君臣关系、三纲五常万古不变""祖宗的大经大法不可改易"这些两千年来世代遵奉的教条是阻碍中国进步的绳索，要敢于跨"严夷夏之大防"的旧意识，承认西方文明的先进性，同时坚决抗击列强侵略，保持必胜信心，问题极其错综复杂，为开辟以来所未曾遇到，但如今却尖锐地摆在国人面前，务必作出抉择。满脑子"恪守古训"、讴歌三代的思想僵化的人物，或是沉溺于烦琐考据、科举制艺的不问世事者，对此必然是一筹莫展，或是无动于衷。只有像龚自珍、魏源和康有为这些杰出的思想家，他们创造性地发挥了公羊学说的变易性、政治性和解释性的路数，才能大胆解放思想，顶住顽固势力和保守人物施加的巨大压力，提出了一系列新鲜的命题，回答时代的需要，推动社会前进。晚清时期富有创造精神的公羊学说有力地推动了民族文化认同的发展，帮助我们古老的民族战胜种种危机和劫难，最终迎来新的曙光。限于篇幅，这里只能简要论述几个问题。

龚自珍和魏源生活在嘉庆、道光时期，他们发挥公羊学说言变易进化、重"以经议政"的风格，对时代的特点有敏锐的观察，当举世懵懵然醉梦升平之中，他们却以警醒世人为己任，早夜不安，相与指天画地，规天下大计。他们关注国内民族问题，及时地总结国家的统一和民族间的密切关系已达到了新阶段。龚自珍曾在应进士试的朝考试卷中，"直陈无隐"，反复陈述清代边疆形势与前代大不相同，"中外一家，与前史迥异"，汉唐时代的"凿空""羁縻"办法已完全不适用了。他又经长达三年时间周密思考，写成《西域置行省议》的名文，明确主张在新疆建立行省，行政、军事制度与其他行省划归一律，废除以往的委派将军、参赞大臣"镇守"的办法，这是加强中央政府对新疆有效管理的卓越建议，十分有利于国家的统一和边疆的安全。约半个世纪以后（1884），清朝终于在新疆正式建行省，龚自珍的预见完全得到实现。龚氏还撰有《上镇守吐鲁番领队大臣宝公书》等文，论证民族间"安"和"信"的重要性，以求促进民族间的和好相处。魏源则在《圣武记》一书中，突出地记载民族之间联系加强、中央与地方关系趋于密切的事实。尤其在《乾隆荡平准部记》一篇中，他以史实赞颂乾隆以后出现的"中外一家，老死不知兵革"的统一局面，严斥分裂分子的不法活动，同时严重批评有的人视新疆为包袱的错误意见，主张大力开发新疆，密切内地与边疆地区的关系。再者，龚、魏尖锐地揭露封建专制统治的腐朽和残酷，用"治世——衰世——乱世"概括清朝统治的规律，强调社会危机的严重。龚自珍撰有《古史钩沉论一》，深刻地揭露专制制度仇视、摧残天下之士的实质，指斥封建皇帝是"霸天下之氏"，对众人"震荡摧锄"以建立其淫威，"其力强，其志武，其聪明上，其财多，未尝不仇天下之士，去人之廉，以快号令，去人之耻，以嵩高其身；一人为刚，万夫为柔，以大便其有力强武"。又撰有《明良论四》，抨击专制制度对士民的禁锢束缚，"天下无巨细，一束之于不可破之例"，"约束之，羁縻之"，因此呼吁破除"一切琐屑牵制之术"，"救今日束缚之病"！龚自珍目睹清朝统治急剧衰落，深感社会矛盾深重、危机四伏，故用公羊学说唤醒世人，倡导变革。他对于公羊三世说哲学体系实行革命性改造，提出"治世——衰世——乱世"的新"三世说"。《乙丙之际箸议第九》一文论证封建统治的演变规律说："吾闻深于《春秋》者，其论史也，曰：书契以降，世有三等……治世为一等，乱世为一等，衰世别为一等。"并大声疾呼衰世已经到来，"乱亦竟不远矣"。从此公羊学说同晚清社会的脉搏相合拍，成为鼓吹变革、呼吁救亡图强的有力的哲学思想武器。龚氏还写有《上大学士书》和其他政论，有力地论证："自古及今，法无不改，势无不积，事例无不变迁，风气无不移易。"警告统治者，不改革就是自取灭亡。在《尊隐》篇中，又形象地用"早时""午时""昏时"来描述三世，并预言"山中之民，有大音声起"，时代大变动就要发生了！跟古文学派一向宣扬三代是太平盛世，封建统治秩序天经地义、永恒不变的僵死教条相比，龚自珍所阐发的公羊三世哲学观点,新鲜活泼,容易触发人们对现实的感受,启发人们警醒起来投身改革的事业,至戊戌时期,爱国志士仍然醉心于读龚氏文章,从中获得鼓舞的力量。魏源在批判专制制度罪恶、唤起危机意识和倡导改革等方面的观点与龚自珍甚相契合。他深刻地指出清朝腐败统治必然导致易姓亡国的惨剧,同龚自珍预言"乱亦将不远矣"完全相一致。在《默觚下·治篇十一》中,他愤怒地揭露官僚集团把国家命运置之度外,无所顾忌地结党营私、贪污中饱,完全丧失了解下情和应付事变的能力,"甚至圆熟为才,模棱为德,画饼为文,养痈为武,头会箕敛为富……举物力、人材、风俗尽销铄于泯泯之中,方以为泰之极也",完全是一片没落昏聩龌龊败亡的景象!他呼唤改革,极其雄辩地举出大量事实证明:世界上万事万物,一切都在变,新旧代嬗是历史的必然规律。并在《默觚下·治篇五》中,根据历代经济制度的演变和现实的需要概括出闪耀时代智慧的名句:"变古愈尽,便民愈甚。"

魏源在鸦片战争发生后编纂《海国图志》,提出了解外国和"师夷长技以制夷"的思想,标志着晚清历史文化认同推进到新的阶段。中国在鸦片战争中战败,侵略者用武力打开中国的大门,这一亘古未有的历史变局,使国人面临极其复杂又极其紧迫的问题:中国因战败割地赔款,战后该如何办,对抗击侵略和最终取胜能不能持有信心?西方列强对我肆意侵侮,它凭借的是什么?对于西方文明,应当如何认识?闭关自守、对外排拒的政策,今天是否还能行得通?应当采取什么态度和对策?是公羊变易发展哲学观,使魏源冲破了"严夷夏之大防"的思想枷锁,并勇敢地跨过中西文化之间的巨大鸿沟,体察新的形势,与时俱进,寻找御敌救国的良策。公羊学说促使魏源的社会改革思想达到新的飞跃,开创了解外国的风气,提出向西方学习的新课题,成为近代中国向西方寻找真理的起点。其时战争刚刚结束,他就发愤著述《海国图志》,尽其所能地搜集有关各国史地和政治社会现状的资料,"钩稽贯串,创榛辟莽,前驱先路",后来又经过两次增订,成为一百卷的巨著,堪称当时东方世界最详备的外国史地参考文献。在全书叙言和卷首《筹海篇》中，他殚心竭虑总结鸦片战争的经验教训，明确提出：签约之后并不太平，如不严加防备，侵略者还会再度打来；中国必须振奋人心，惩治整肃官场种种腐败气习，革除"人心之积患"，"去伪，去饰，去畏难，去养痈，去营窟"，尤须以"师夷长技以制夷"为根本方针；并总结了一套扼守海口内河、利用义兵水勇的防守策略。他特别强调，当务之急是摒弃视西方国家为"化外之夷"的迂腐意识，大力了解外国，"欲制外夷者，必先悉夷情始；欲悉夷情者，必先立译馆翻夷书始"。魏源诚为中国第一个肯定西方文化先进性的出色思想家，他明确地表达对资本主义民主政治制度的赞美和向往。在《海国图志》卷五九，他赞扬美国华盛顿开创的社会制度和"一变古今官家之局"的总统换选制度，具有"公"（与"私天下"相对立）和"周"（合理周全）的优越性，远比封建制度进步得多；又在《海国图志·后叙》中，称北美制度"可垂奕世而无弊"。当时魏源"师夷长技"的重点是放在学习船坚炮利上，而同时，他又提出发展民用工业的主张，"凡有益民用者，皆可于此造之"，如千里镜、火轮机、自转碓、千斤秤等，并允许私人设厂制造，"沿海商民，有自愿仿设厂局以造船械，或自用，或出售者，听之"。[①] 这样，魏源《海国图志》一书，就在倡导动员民众御侮图强，改变闭目塞听状态、大力了解外国，向西方国家寻找真理这三个关键问题上，进一步凝聚了晚清历史文化认同的核心和方向，这是公羊学派思想家继此前批判专制、倡导改革之后推进历史发展的又一巨大功绩。梁启超于1924年著书评价说："其论实支配百年来之人心，直至今日犹未脱离净尽，则其在历史上关系，不得谓细也。"[②]

至戊戌维新前后，康有为对公羊学说的发挥更比龚、魏大大前进，他将其具有深刻智慧和强大生命力的变易进化思想精华，与资产阶级要求相结合，直接发动了一场政治变革运动。康有为

[①] 魏源：《筹海篇三》，《海国图志》卷二。
[②] 梁启超：《中国近三百年学术史》，《饮冰室合集》专集之七十五，第323页。

进一步改造了公羊哲学"据乱世——升平世——太平世"三世说,将之与西方建立民主共和制度的进步政治学说,以及《礼记·礼运》篇中所言"小康世""大同世"的思想资料相糅合,构建"君主专制(据乱世)——君主立宪(小康世)——民主共和(大同世)"的新三世说,成为发动维新变法的理论纲领。康有为在戊戌前后撰写的多种著作中,都借用公羊学说,论证变法维新是历史的必然。《论语注》云:"人道进化,皆有定位,自族制而为部落,而成国家,由国家而成大统;由独人而渐立酋长,由酋长而渐正君臣,由君主而渐为立宪,由立宪而渐为共和……盖自据乱进为升平,升平进为太平,进化有渐,因革有由,验之万国,莫不同风。……孔子之为《春秋》,张为三世……盖推进化之理而为之。"可见康有为"三世说"的要义有二:(一)据乱——升平——太平"三世",相当于君主专制——君主立宪——民主共和三个阶段,是天下万国共同的普遍规律。所以,变法维新是历史的必然,是达到太平盛世的必由之路。(二)既然中国古代儒家经典中已经包含这重要的"进化之理",那么现在实行变法也就完全正当了。可见,康有为推演公羊三世说的实质,是代表资产阶级改良派提出了反对封建专制、建立君主立宪、变法救国的时代要求。康有为先后在广州、桂林培养维新人才,即以《春秋公羊传》作为主要教材,梁启超在湖南时务学堂讲学,也屡以春秋公羊义教育学生。1898 年 6 月 11 日至 9 月 21 日,光绪帝在维新派的辅翼下,屡颁谕旨,实行新政。戊戌维新运动是衰弱的中华民族在屡遭列强侵凌的危急局势下的奋起一搏!它宣告有识之士已经断定维持封建制度的中国已经无法在世界上生存,中国必定要废除封建君主专制政体、颁布宪法、发展资本主义,才能争取民族独立富强的光明前途;在文化思想上则必须勇于革新,荡涤旧物,废除危害国家的八股科举制度,建立新的教育制度,学习西方进步学说。"百日维新"虽然被西太后为首的、极其凶狠残忍的顽固派绞杀了,但戊戌维新运动及其导致思想解放的意义却不容低估,它构成了此后辛亥革命和五四运动发生的必经的一环,是中国历史走向新生的必历的阶段。

由此掀起的新思想潮流，至 20 世纪初以后更加汹涌澎湃，一次又一次地向反动守旧的思想堤坝发动有力的冲击，最终开辟出一条通向光明的道路。这就是民族文化认同所产生的巨大力量！

三、公羊学说的当代价值

春秋公羊学是一笔古代哲学遗产，但它在 19 世纪末 20 世纪初却居然在学术界产生了"当者披靡"的力量，其中的原因值得深长思之。叶德辉所编《翼教丛编》卷六载有他所写的一封书信，对此大肆攻击："近世所谓微言大义之说者……一人唱，百人和。聪颖之士既喜其说之新奇，尤喜其学之简易，以至举国若狂，不可收拾。"在当时，爱国志士——喜谈公羊——服膺西方进化论三位一体，成为引人注目的历史现象。康有为、梁启超、夏曾佑不必说。谭嗣同著《仁学》，首先标列"仁学界说"，云："仁以通为第一义。"通的首义，为"中外通"，"多取其义于《春秋》，以太平世远近大小若一故也"。他讲《仁学》思想来源属于中国书的，也首列《易》及《春秋公羊传》。黄遵宪于 1902 年写信给梁启超，讲自己思想的发展，认为："《公羊》改制之义，吾信之。"并且也将资产阶级民主的思想与公羊三世说结合起来，说："以谓太平世必在民主。"① 作为教育家和学问家的蔡元培、陈垣，也相信公羊学说。萧一山撰《蔡元培》一文，说：戊戌政变后，蔡元培回绍兴任中西学堂监督，"在校倡导新思想，好以春秋公羊三世之义讲进化论"。又云："（蔡）先生曾说：'夏曾佑学识通博，过于章炳麟，炳麟学人；学人难，通人更难，学人守先待后，通人则开风气者。'"② 启功撰《夫子循循然善诱人——陈垣先生诞生百年纪念》中说："清末学术界有一种风气，即经学讲《公羊》，书法学北碑。陈老师平生不讲经学，但

---

① 《东海公来简》，见《新民丛报》第十三号（1903）。
② 萧一山：《蔡元培》，《萧一山先生文集》上册，（台湾）萧一山先生文集编辑委员会 1979 年排印本，第 487 页。

偶然谈到经学问题时，还不免流露公羊学的观点。"①

公羊学说有其宝贵精华，公羊义是推动晚清民族文化认同的功臣，这是毫无疑问的。那么，在今天，公羊学说还有没有值得重视的价值呢？杨向奎先生对公羊学说造诣精湛，著有《论何休》《清代的今文经学》等名文。他还曾于1985年撰有《致史念海教授书论晚近"公羊学"三变》，同样显示出其卓识。文章大旨是：晚清康有为以改造了的公羊"三世说"作为变法维新的理论依据，是晚近公羊学的"一变"。顾颉刚受今文经学的影响，创立"古史辨派"，"推倒三皇，踏平五帝，魄力之闳肆直逼长素"，为其"二变"。在社会主义时代的今天，对公羊学说应当去其糟粕而取其精华，公羊学倡"大一统"，"它的理想是大一统太平世"；"《公羊》中的夷夏之别不是种族上的概念，而是政治文化上的分野"，"这种理论对于促进中国的大一统及民族间的团结与融合都有积极作用"。因此，结论是：发扬"'大一统'及民族学说，公羊义可以永放光芒。公羊学至此而'三变'"。② 上述论断是这位渊博的学者积累其几十年对于公羊学说和祖国历史文化的精深研究，而得出的认识，对于我们有重要的启迪意义。维护和发展伟大祖国的统一，竭尽全力加强全国各民族的团结、和好、互助、融合，是历几千年以来历史文化认同道路上的两大主题，春秋公羊学说不但在不同的历史时期发挥出有力的作用，在今天社会主义时代尤能大放光芒。这就是我们研究这一课题的理论意义所在。

（原刊《史学史研究》2010年第4期）

---

① 启功：《夫子循循然善诱人——陈垣先生诞生百年纪念》，《励耘书屋问学记》，生活·读书·新知三联书店1982年版，第107页。
② 杨向奎：《繙经室学术文集》，齐鲁书社1989年版，第17—25页。

西学传播与近代史学的演进

一、鸦片战争时期中西文化接触与史学风气的变化

中国近代史学发轫于鸦片战争时期,其原因是异常深刻的,一方面,是由于受到民族危机加剧和御侮图强的需要所刺激,另一方面,又因为中西文化交流、输入了新观念而触发,这是中国社会和学术文化发展双重的内在必然性交会的显示。

中国史学具有经世致用的长远传统,而且在鸦片战争以前,在一些感觉敏锐的学者身上,治史路数已在酝酿着变化,如赵翼探求"古今风会之递变"和揭露封建统治的黑暗腐败,俞正燮将历史考证的重点放在与现实关系密切的边境民族问题、中俄关系、治河问题等方面,尤其是龚自珍强烈呼吁变革、抵排专制和批判空疏学风,都预示着史学风气将要发生变化。然而变化的可能性要成为变化的现实,并且在近代史开端时期能如此放射出异彩,则还需要有力因素的引发。这就是鸦片战争时期西方近代思想的传入。通过魏源这位具有远大的眼光、朴素的历史进化观和强烈变革意识的人物,接受了西方新思想、新观念的影响,在史

学领域进行糅合和创造，因而实现了史学发展的新突破。

魏源的史学实践实现了传统史学格局的新突破，因而成为创辟近代范畴史学的代表人物，这与他在中西文化撞击中勇于接受新思想，敏锐认识到东西方关系出现了新的历史变局密切相关。随着欧洲国家资本主义制度的迅速发展和欧亚间航路的开通，至18世纪初叶，欧洲殖民势力加紧东进，其目标就是要把东方国家作为其经济掠夺的对象和占据成为其殖民地。与西方侵略势力一起东来的，还有其先进的文化。中西文化的接触，虽然最早可以追溯到明末清初一些早期的西方传教士来华，与之交往的只限于极少数的士人或官员，在这个很小的士大夫圈子中只了解到西方天文、历算的先进，康熙帝对南怀仁等传教士所欣赏的便是他们推算历法、预测天象的准确。但是由于东西方地理距离的遥远，语言不通，自古以来在各自独立的环境中发展起来的文化体系的迥异，以及中国因长期在东方世界中处于文明输出国而形成的"天朝上国"地位的心理状态，和明清以来专制皇朝实行的闭关锁国政策所造成的严重限制，一直到整个18世纪，中国人对于外部世界局势和西方文明始终是极其隔膜和茫然无知的。纪昀、阮元在乾嘉间号称通儒，但纪昀主纂《四库总目提要》，称艾儒略《职方外纪》、南怀仁《坤舆图说》等书为若邹衍之谈九洲，夸幻变测，不可究诘；阮元作《畴人传》，称欧洲天文学家第谷的天文学说为上下易位，动静倒置，离经叛道，不可为训。至鸦片战争前后，西方列强的侵略已经威胁到中华民族的生存。林则徐、魏源作为当时士大夫中最有识见的人物，首先认识到欲抗击外侮必先了解夷情，进而认识到欲制外夷必先师夷长技，承认中国落后，学习外国先进的军事技术。他们是最早跨越东西方文化巨大障碍、倡导了解外国的人物，也是开启近代向西方学习这一进步思想潮流的杰出先行者。林则徐率先组织幕僚翻译英国人慕瑞《地理大全》，成《四洲志》一书。魏源又遵照林则徐的嘱托，在此基础上编纂规模巨大的《海国图志》，成为当时东方最完备的世界史地文献。魏源一方面呕心沥血总结如何抗击西方侵略者的经验，总结包括安南、缅甸、爪哇等东方民族御敌的经验，了解英国侵略军经由印度、马六甲海峡等地区东来的军事要地。另一方面,他以一种极其难得的求实和清醒的眼光,肯定西方文明本身的悠久历史,高度评价西方民主制度的渊源和它与中国历代君主专制制度迥不相同的特点,尤其对新大陆发现以来欧洲各国所取得的巨大进步表示惊叹,对华盛顿所创立的美国民主制度的先进性衷心赞美。《海国图志》卷三十七辑录玛吉士《地理备考·欧罗巴各国总叙上》,特别关注雅典政治家梭伦的政治改革措施,对于"议事厅"制度评价尤高:"有梭伦者,当周灵王年间,修改律例,归于平允。遂按一国资财之多寡,分尊卑贵贱四等。其四等至贫贱之人虽不得居官,至有通国会议公务,亦可参预。又恐人多语杂,因建议事厅、大理寺二署。其议事厅定额四百人,为庶民会议之所;其大理寺乃官府会议之所。其官必名望才德,由众推举。此梭伦所定政治章程,各国多〔有〕效之者。"对于地理大发现刺激下欧洲文明的迅速进步再三赞叹:"彼时,西洋人有日讷瓦国人名哥隆波(按,即热那亚人哥伦布)者,拟由西方而赴东方,国人皆谓孟浪之谈;复禀弗兰西、英吉利、布路亚三国王,亦皆不见用,最后得大吕宋国王赏发银币,备三大船,于明孝宗弘治五年开行西往,越三十三日,探得前途始有洲岛。及临近其地,并非印度;所遇人民,言行殊异,即今之亚美里加洲地也。……罗马国败废之后,欧罗巴余邦皆遭大幽暗,世衰道微,国人卤莽,文学攸斁。迄明永乐以后,复如田禾旱稿得雨还苏,渐再知教化。况新寻得各洲,浡然复兴,创造印撰书籍,百工技艺,交接贸易。故诸史推今世为极盛。"

《海国图志》卷三十六以前,记载亚、非各国的历史和现状,包括"东南洋"即东亚、东南亚,"西南洋"即印度半岛各国,"小西洋"即西南亚和非洲各国。卷三十七以下,是魏源记述的重点——欧、美各资本主义国家。因此,他在此卷的开头,写了《大西洋欧罗巴洲各国总叙》,鲜明地提出如何抵抗欧美各列强国家的武力侵略和师其长技的全局性看法。他首先引用康熙五十年(1711)《圣谕》中所言:"海外如西洋等国,千百年后,中国恐受其累。此朕逆料之言。"说明西方国家之侵略威胁是一百三十年前康熙所预料之事,如今不幸而言中!中国早已从历史上居"天下之中"的"天朝上国"变为受欺负的贫弱国家,因此魏源以"岂天地气运自西北而东南,将中外一家欤"来概括中国对外形势所面临的亘古未有之变局。如何抗击侵略,在御侮战争中取胜,维护民族的生存呢?魏源洞察机宜,以超乎常人的智慧和勇气,提出"塞其害而师其技"的战略性方针,由此开创了近代向西方学习的先声。他对当时闭目塞听的顽固势力痛加针砭,作了有力的论述:

> 自意大里裂为数国,教虽存而富强不竞。于是佛郎机、英吉利代兴,而英吉利尤炽,不务行教而专行贾,且佐行贾以行兵,兵贾相资,遂雄岛夷。人知鸦烟流毒为中国三千年未有之祸,而不知水战、火器为沿海数万里必当师之技;而不知饷兵之厚、练兵之严、驭兵之纪律,为绿营水师对治之药。故今志于英夷特详。志西洋正所以志英吉利也。
>
> 塞其害、师其长,彼且为我富强;舍其长、甘其害,我乌制彼胜败?奋之!奋之!利兮害所随,祸兮福所基,吾闻由余之告秦缪矣。善师四夷者,能制四夷;不善师外夷者,外夷制之。①

尤为难得的是,魏源能冲破中国士大夫在几千年专制制度下形成的天子圣明、臣子匍匐于地的思想模式,敏锐地认识到西方资本主义民主制度的先进性,称赞"其章程可垂奕世而无弊"②,并且高度评价美国民选总统、四年改选,改变以往君主国家王位至死不变为天经地义的制度,为"可不谓公乎","可不谓周乎",盛赞这种制度极其公正、公平和完备,这些在当时都是石破天惊之伟论!是由于中国传统的变易、进化观点和批判黑暗现实、呼吁变革、渴望实现国家富强的精神在这位卓越思想家和史学家的身上得到汇注,他才会在暗昧无知、与世隔绝的年代,对外部世界的广阔和西方文化的进步性获得如此宝贵的认识。与魏源以

---

① 魏源:《海国图志》卷三十七《大西洋欧罗巴洲各国总叙》,第1092—1093页。
② 魏源:《海国图志·后叙》,第7页。

"气运说"来表达西方正对东方处于主导地位,东方国家要求得富强,应当学习西方这一对世界局势的总体认识相适应,他总结出"地气天时变,则史例亦随世而变"这一历史编纂的重要命题,其中包含着史书的观点、内容和体裁体例形式都应随时代变化而大胆改革、创新的意思。魏源撰著此书的指导思想十分明确,如他所说:"是书何以作?曰:为以夷攻夷而作,为以夷款夷而作,为师夷长技以制夷而作。"又说,"(《海国图志》)何以异于昔人海图之书?曰:彼皆以中土人谭西洋,此则以西洋人谭西洋也。"① 因而此书实现了对传统学术格局的历史性突破:第一次全面、详尽地介绍了当时所能搜求到的世界各国(重点是西方列强)的地理、历史、社会状况,介绍世界资本主义的商业制度、贸易情况和先进技术;并且其内容主要采于当时所能搜集到的外国人撰写的新著作。《海国图志》对传统史志体大胆改造,创造了论、志、表、图互相配合的新的体裁形式,书前有长达四卷的总论,以下各卷中又大量采用叙论、后论、按语夹注等,并且根据国人对外国知识的需要,有地球图、各洲各国地图和船舰、蒸汽机及鱼雷等各种图,以及中西年历对照表。

二、从冯桂芬《采西学议》到黄遵宪《日本国志》及时记述日本"改从西法"

鸦片战争时期是中国人学习西学的早期阶段,其特点是基本上停留在着眼于学习西方军事技术的先进。其后,传播西学达到逐步认识应从制度层面学习,这一阶段持续时间较长,大致应划到甲午战争以前。较早的是冯桂芬,在其所著《校邠庐抗议》一书中,专门设了《采西学议》一篇,可以说,比起魏源之"师其技"来,"采其学"已经进了一步。但他所注重的,基本上限于学习语言文字、历算之术、格致之理、制器尚象之法。冯氏还有

---

① 魏源:《海国图志·原叙》,第1页。

一点值得称道的,是他已经朦胧地猜测到对西学进一步的研求,能逐步达到掌握其精微的东西。他在《上海设立同文馆议》中,建议"以读书明理之人",招进同文馆学习译文。"行之既久,能之者必多,必有端人正士,奇尤异敏之资出于其中,然后得西人之要领而驭之。"并且展望前景:从已经译出之书,必能进而"尽见其未译之书,方能探赜索隐,由粗迹而入精微"。① 其后,马建忠、郑观应作为早期维新派思想家,也都论及输入西学问题。郑观应《盛世危言·西学》篇中,提出将西学分为天学、地学、人学,基本上均胪列自然科学、技术各项。其中"人学"部分,则包括政教、刑法、商贾等。马建忠所撰《适可斋纪言》书中,写有《拟设翻译院书议》,提出应译之书较详,分为三类,包括(一)时事、政策、言论;(二)制度、条约、地图、资料书、工具书等;(三)万国史乘、历代兴废,及各门自然科学基础著作。邵作舟的见解较前述诸人颇有特出之处,他提出:"今日译泰西政教义理之书最急,而器数工艺之书可以稍缓,此译书所当讲之一事也。"具体而言,他主张"大译诸国史乘、地志、民族、职官、礼乐、学校、律令、事例、赋税、程式,一切人情、风俗、典章、制度,与夫伦常、教化、义理之书,官为刊集,遍布海内,则天下之有志于时务者,不必通其文字言语,而皆可以读其书,究其事,朝得而学之,夕可起而行之。内则择其善政,斟酌损益,以补我之所未备;外则洞知其强弱治乱向背喜恶,有所盟约论议,则以知其张弛操纵,而恫喝之术穷,知其异同得失,而举措之机当"。② 邵氏认为应当尤其重视西方国家"伦常、教化、义理"之书,所见不独远远超过洋务派人物,而且有较之一般早期维新思想家所不及之处。但他也并未对西方国家学术思想有真正的了解,所关心的仍限于对于其善政加以采择损益,以补我之未备,和知悉其强弱治乱向背喜恶之故后,有利于在谈判中与之应付。

---

① 冯桂芬:《校邠庐抗议·上海设立同文馆议》,载中国史学会编《戊戌变法》(一),上海人民出版社1957年版,第38页。
② 邵作舟:《邵氏危言·译书》,载中国史学会编《戊戌变法》(一),第183页。

概言之，自19世纪70—80年代以来，中国人对西学的了解，主要集中于政法、制度、史志、刑律、商业和声光化电，即各门自然科学知识方面。此一时期，成于江南制造局、同文馆、西方传教士所谓西书约三百种，也都属于这些范围。对于西方文化中应存在有深层次的东西，只有邵作舟稍稍提到，但对西方国家致富强之"教化、义理"为何，即使邵氏本人也并不了然。

相比之下，黄遵宪通过他在日本长达四年余的学习、观察和认真研究，通过日本明治维新这一由于改从西法而实现了历史性的巨大进步的成功样板，他对西方文化的"教化、伦常、义理"，也即西学的精华，已经有相当深刻的理解。故《日本国志》虽然不是介绍、阐发"西学"之义理之著作，但却通过黄氏对日本"改从西法"而迅速产生巨大历史变化的记述和他本人正面阐发的观点，表明他对西学之精蕴的理解，已高出于其他早期维新派人物。到了19世纪末叶，中国社会发展的根本要求是，迅速打破与世隔绝、闭关自守的状态，摒弃"严夷夏之大防""用夏变夷"的迂腐意识，了解世界资本主义发展的潮流，输入民权观念、民主制度和近代社会政治学说。《日本国志》不仅及时地、集中地报告了日本抛弃闭关锁国的旧规，通过学习西法由弱变强的信息，提供了当时中国最为急需、最易仿效的成功经验，而且在书中黄遵宪又写下了他对北美资本主义本土资产阶级民主制度的感受，因而使本书成为了解世界潮流的窗口。黄遵宪是一个"百年过半周游四"，"绕尽地球剩半环"的外交家，他在日本、北美、西欧、新加坡共历时十四年，阅历之丰富和对世界事务了解之深入，在当时是屈指可数的。最具有时代典型意义的事实是，黄遵宪对西方民主制度和民权学说的理解，不仅是结合他对实际的深入考察和广泛的比较得来，而且是经过他在日本期间直接阅读卢梭、孟德斯鸠的著作，由"惊怪"变为信服这样的思想转变历程而确认的。因此，在政治观念上黄遵宪确信资本主义政体较封建专制远为优越，相信民权学说体现了世界进步潮流，并以此严厉地抨击专制政体虐民的罪恶，这是他撰成《日本国志》一书在历史观上的最重要的基石。试看他愤慨地揭露专制制度对民众的压迫和摧残:"盖自封建以后,尊卑之分,上下悬绝,其列于平民者,不得与藩士通婚嫁,不得骑马,不得衣丝,不得佩刀剑。而苛赋重敛,公七民三……小民任其鱼肉,含冤茹苦,无可控诉。或越分而上请,疏奏未上,刀锯旋加。"① 黄遵宪在这里讲的是日本的史实,而其思想上和学理上的意义,也是表达他对中国封建专制的抗议。因此,他才以那样的热情赞颂日本爱国志士为了改变专制政治,为了争取召开国会,而表现出的不避死难、前赴后继的精神。正由于黄遵宪在东西方文化差别的最根本之点上(也是由传统的封建制社会向近代社会转变的最根本之点上),摒弃了旧意识,接受了新的观念,随之而来,他在外交、经济、文化等项,也向国内传播十分新鲜的、具有显著进步意义的新观念。外交观念上,黄遵宪主张冲破封闭状态、竞事外交、对外开放。他严斥国内那班"足己自封,于外事不屑措意"的守旧派人物,在《日本国志·邻交志》等篇中反复论述"交邻之有大益",日本近十几年来取得的进步正是大力学习西方的结果,已使日本"骎骎乎进开明之域,与诸大国争衡"!而若日本仍旧实行原先的"闭关谢绝"的政策,则至今仍然改变不了"一洪荒草昧未开之国耳"!经济观念上,黄遵宪用心良苦地传播各种资本主义制度、措施和价值观,尤其是与外国激烈竞争、维护民族经济的利益:"其竭志尽力,与邻国争竞,则有甲弛乙张,此起彼仆者。其微析于秋毫,其末甚于锥刀,其相倾相轧之甚,其间不能以容发。"② 其他关于举办国有企业,扶植民间企业,设立会社,鼓励采用新技术和制造优质产品等一系列资本主义经济观念和制度,黄遵宪在书中都有具体、明确的记述,作了充分的肯定。文化、教育观念上,黄遵宪十分痛恨中国的八股科举制度,因而详细地介绍日本的新式教育制度,并且高度赞扬新闻纸广泛迅速地传播信息、启发民智的巨大作用。总起来说,黄遵宪因对日本明治维新成功经验的观察总结,和他对西方社会和文化的了

---

① 黄遵宪:《日本国志》卷三《国统志三》,光绪二十四年(1889)上海图书集成印书局铅印本。

② 黄遵宪:《日本国志》卷三十八《物产志一》。

解，都能在事实的基础上再加提升，形成观念层面的认识。这些迥异于封建农业文明、符合于对西方制度和文化本质的新观念，就是他撰著《日本国志》的指导思想。由于这些来源于西方文化和西学的新观念的推动，使黄遵宪有能力继《海国图志》之后撰成近代史学的又一名著。正因为《日本国志》在传播西方文化的精义上具有如此出色的成就，它便成为中国史学走向近代的又一重要的里程碑式的杰作。

三、戊戌前后以输入西学为急务与对"君史"的批评

戊戌维新运动前后至 20 世纪初年，是西学在近代中国迅速而广泛传播的时期，中国进步知识分子群体的思想观念由此产生了深刻的变化。由于西方新学理的推动，中国史学经过长期的酝酿之后，才达到质的飞跃，完整意义上的近代史学至此终于产生。

康有为和梁启超是戊戌维新运动的领袖。康有为对外国历史、地理和资本主义社会组织、经济活动都有一定的了解，对于西方近代进化论和资本主义代议制、君主立宪等政治制度、政治学说也有所知晓，但他未到过外国，又不懂外文，故他的这些知识都系间接获得，未能洞悉其精髓。他在运用西方政治学说等来构成其维新运动理论纲领时，既有勇于发挥、气势磅礴的一面，也有因未能通晓其真谛而不恰当地比附的一面。梁启超著《变法通议》，在《时务报》上连载，他运用学到的外国史地政法等西学知识，围绕世界万物都在变，开议院可以通上下之情，组织学会可以发挥合群之力，开设新学堂可以学到声光化电、造船、开矿等有用知识等项论题，宣传变法图强、保国保种的道理，奏响了时代的强音，起到了教育民众、激发民众的巨大效果，举国如饮狂泉，云附景从。他又著《西学书目表序例》《西学书目表后序》，强调译西书是当务之急，输入西学是国家存亡兴衰之关键，

其论云:"风气渐开,敌氛渐逼,我而知西学之为急,我将兴之,我而不知,人将兴之,事机之动,在十年之间而已,今夫守旧之不敌开新,天之理也。动植各物之递嬗,非、墨两洲之迁移,有固然矣!中国俗儒,拘墟谬瞀之论,虽坚且悍,然自法越以后,盖稍变矣,中日以后,盖益变矣。"① 又云:"智愚之分,强弱之原也。今以西人声光化电、农矿工商诸学,与吾中国考据、词章、帖括家言相较,其所知之简与繁,相去几何矣!兵志曰:知彼知己,百战百胜。人方日日营伺吾侧,纤细曲折,虚实毕见。而我犹枵然自大,偃然高卧,非直不能知敌,亦且昧于自知,坐见侵陵,固其宜也!故国家欲自强,以多译西书为本;学者欲自立,以多读西书为功。"② 梁启超把输入西方学说提高到中国处于列强环伺之中救亡图强之关键的高度来认识,所以大声疾呼要善于阅读、利用已译之西书,尤应设立专门机构、组织人力广译西方新出之书,使之在国中迅速传播。他作《西学书目表》,就是将晚清以来已译出的西方著作区分门类作一整理和介绍。他区分已译之书三百种左右为"学""政""教"三类,"教"(即宗教)之一类不予介绍,其余诸书分为三卷。上卷为"西学诸书",分算学,重学,电学,化学,声学,光学,汽学,天学,地学,全体学,动植物学,医学,图学;中卷为"西政诸书",分史志,官制,学制,法律,农政,矿政,工政,商政,兵政,船政;下卷为"杂类之书",分游记,报章,格致。另设了一类"西人议论之书"。③ 以上对已译西书的分类,实际上也表明梁启超当时所理解的"西学学科门类体系"。所列各种科目,并非已译之书都已具备相当数量,诚如梁氏所言,"西政各籍,译者寥寥,官制、学制、农政诸门,竟无完帙"。然因梁氏认为这些都是不可或缺的学科门类,故即使已译之书稀缺之甚,也仍列为一门,意在"购悬其目,以俟他日之增益"。④ 梁氏作为维新运动思想家、宣

---

① 梁启超:《西学书目表后序》,《饮冰室合集》文集之一,第126页。
② 梁启超:《西学书目表序例》,《饮冰室合集》文集之一,第122—123页。
③ 梁启超:《西学书目表序例》,《饮冰室合集》文集之一,第123页。
④ 梁启超:《西学书目表序例》,《饮冰室合集》文集之一,第124页。

传家,他对指导欧美各国政治体制建构之国家学说、宪法理论等特别予以关注:"国与国并立,而有交际;人与人相处,而有要约;政法之所由立也。中国惟不讲此学,故外之不能与国争存,内之不能使吾民得所。夫政法者,立国之本也。日本变法则先其本;中国变法则务其末。是以事虽同,而效乃大异也。故今日之计,莫急于改宪法,必尽取其国律、民律、商律、刑律等书,而广译之。如《罗玛律要》(为诸国定律之祖)、《诸国律例异同》、《诸国商律考异》、《民主与君主经国之经》、《公法例案》(备载一切交涉事件原委),《条约集成》(自古迄今,宇下各国凡有条约无不备载,译成可三四百卷)等书(以上诸书马氏[建忠]所举。制造局所译《各国交涉公法论》似即《公法例案》之节本)皆当速译。……又律法之读尤重在律意。法则有时与地之各不相宜,意则古今中外之所同也。今欲变通旧制,必尽采西人律意之书,而斟酌损益之。通以历代变迁之所自,按以今日时势之可行,则体用备矣。(旧译无政法类之书,惟《佐治刍言》一种耳。)"① 梁氏把西方能贯通各国具体政法制度的国家学说和法制理论称之为"体",称本国所要具体解决的问题为"用",这比同时代许多言西学者高倡"中学为体西学为用"的体用观,诚不知要高出多少!同样值得注意者,梁氏尤关注西方近代优秀史著与中国旧史所记载的内容,有前者重民众之生活状况、国家民族之盛衰,而后者重在一朝一姓之兴亡之本质的不同,认为多译多读西方史著可以更加了解各国变法的原因:"史者,所以通知古今,国之鉴也。中国之史,长于言事,而西国之史,长于言政。言事者之所重,在一朝一姓兴亡之所由,谓之君史;言政者之所重,在一城一乡教养之所起,谓之民史。故外史中有农业史、商业史、工艺史、矿史、交际史、理学史(谓格致等新理)等名,实史裁之正轨也。言其新政者,十九世纪史(西人以耶稣纪年,自一千八百年至九百年谓之十九世纪。凡欧洲一切新政皆于此百年内浡兴,故百年内之史最可观。近译《泰西新史揽要》即此类书

---

① 梁启超:《变法通议·论译书》,《饮冰室合集》文集之一,第69页。

也，惟闻非彼中善本）等。撰记之家，不一而足。择要广译，以观西人变法之始，情状若何，亦所谓借他人之阅历而用之也。（旧译此类书有《大英国志》《俄史辑译》《法国志略》《英法俄德四国志略》等，然太简略，不足以资考镜，故史学书尚当广译。）"① 梁氏当时为维新变法进行舆论动员之时，已经明确地批评中国旧史弊病之所在，形成专记帝王将相活动之"君史"与着重记载社会进步之"民史"这样两种观念，日后他倡导"史界革命"之理论，已经萌发于甲午战后大力提倡传播西学之此时。

自70年代前后至梁启超著《变法通议》，经此长达三十年的积累酝酿，西学在中国的传播虽然已有上述成效，但其缺陷是尚未达到哲学和社会政治学说的内核。梁启超本人即曾中肯地论述这一时期西学输入最大的弊病是失于肤浅："光绪间所为'新学家'者，欲求知识于域外，则以此为枕中鸿秘（按，指江南制造局等所译西书），盖'学问饥荒'至是而极矣。甲午丧师，举国震动，年少气盛之士，疾首扼腕言'维新变法'，而疆吏若李鸿章、张之洞辈，亦稍稍和之。而其流行语，则有所谓'中学为体，西学为用'者，张之洞最乐道之，而举国以为至言。盖当时之人，绝不承认欧美人除能制造、能测量、能驾驶、能操练之外，更有其他学问，而在译出西书中求之，亦确无他种学问可见。康有为、梁启超、谭嗣同辈，即生育于此种'学问饥荒'之环境中，冥思枯索，欲以构成一种'不中不西即中即西'之新学派，而已为时代所不容。盖固有之旧思想，既深根固蒂，而外来之新思想，又来源浅觳，汲而易竭，其支绌灭裂，固宜然矣。"② 梁氏称当日言西学者来源浅薄，自是恰当的批评。这一时期，阻碍对西方学理之理解、发挥者，还有接受西学的人士中普遍存在的"西学中源论"。郑观应言："西人不知大道，囿于一偏。……自《大学》亡《格致》一篇，《周礼》阙《冬官》一册，古人名物象数之学，流徙而入于泰西，其工艺之精，遂远非中国所及。

---

① 梁启超：《变法通议·论译书》，《饮冰室合集》文集之一，第70页。
② 梁启超：《清代学术概论》，《饮冰室合集》专集之三十四，第71页。

盖我务其本，彼逐其末；我晰其精，彼得其粗。"①认为西方科学技术的先进乃源于中国古代典籍，中国圣人之教在本土流失后在欧美人手里发展了。黄遵宪在《日本国志》中也拿西方自然科学与中国墨家学说作了比附，说："余考泰西之学，墨翟之学也。"且认为："彼之精微，不出我书。"②同样持西方科技之先进系来源于中国先秦学术的看法。梁启超撰写《西学书目表》时，对西方进化论已有闻知，称："守旧之不敌开新，天之理也。"但他仍言："六经之微言大义，其远过于彼中之宗风者。""西人今日所讲求之而未得者，而吾圣人于数千年前发之。""今之西学，周秦诸子多能道之。"③像郑观应、黄遵宪、梁启超这些大力主张输入西学、仿效西法的人物，又为何声称西学出自先秦圣贤之教呢？对此，我们应联系当时的历史条件来理解。在当时情势下，公开讲出中国文化落后于西方，应该在根本上学习西方，必定要受到顽固派无情的压制，故这些思想家在倡导学习西方的同时，又说西方技术的进步是由中国先秦经典派生而来的，包含着他们为减轻"非圣无法"的压力的苦心。再有一层，当时中国处于落后衰弱的情形下，这些说法也含有激发人们在向西方学习中增强民族自信心的用意。譬如黄遵宪本对我国古代自然科学的成就有丰富的知识，他总结出先秦墨家在力学、光学、数学等方面提出的一系列科学命题，还举出张衡候风地动仪、《书经考灵曜》中"地恒动不止，而人不知"的说法等大量有价值的例证。然则，即便考虑到前述两项，也无法改变事情的实质：光绪年间这些思想家所持的"西学中源"说，毕竟是牵强无稽之说，已经远远落后却强要面子为自己辩护，混淆了古代学术与近代科学的界限，必须破除这些谬见，向西方学习，才能向前推进。

---

① 郑观应：《盛世危言·道器》，载中国史学会编《戊戌变法》（一），第43页。
② 黄遵宪：《日本国志》卷三十二《学术志一》。
③ 梁启超：《西学书目表后序》，《饮冰室合集》文集之一，第126、127、128页。

四、严复对西方近代思想系统传播的巨大功绩

这一历史使命终于由近代向西方学习的杰出人物严复来完成。严复是对国家民族命运异常关心和胸怀大志的爱国者。当他在英国留学期间,中国的半殖民地化正逐步加深,面临着西方列强蚕食鲸吞日愈加剧的严重形势,他虽是洋务派办的福建船政学堂培养出来的人才,但对洋务运动的"自强"并不具有信心,特别是他到达资本主义已充分发达的英国,在对比中英的情况后更产生了疑问。为了向西方寻求救国的方案,他除了学习海军专业的科目外,更注重研读西方近代的哲学和人文社会科学著作,尤其对西方社会政治学说和英法等资本主义国家的社会制度进行认真的研究。他广泛涉猎,深入钻研,"常把中英两国的政治制度和学术思想进行对比,分析'中学'和'西学'的异同"[1]。他还注重对英、法社会考察访问,并亲自到法庭"观审听狱"。回国后,他身在海军学堂,心里却想着如何为国家的御侮图强效力。他担任北洋水师学堂校长,甲午战争中国被日本打得惨败的事实,使他激愤愧恨,"腐心切齿,欲致力于译述以警世"[2]。从此时起至20世纪初,他为传播西学作出了巨大的贡献,其一是在天津创办《国闻报》进行宣传介绍,其二是撰写了一系列重要文章,出版了影响全国智识界观念的译著。

《国闻报》于1897年10月创刊。严复创办该报的宗旨,即是大力介绍西方学说。严复所特别注重二点,一为选择西方近代学术之最具精义者,尽可能及时译载;二是以译者的论述和发挥,与直接翻译相配合。《天津国闻报馆启》首列报馆所致力的两项主要目标为译泰西名论和译泰西政法学术宗教:

---

[1] 戴学稷:《容闳和严复——参加戊戌维新的西洋留学生》,载王晓秋主编《戊戌维新与近代中国的改革》,社会科学文献出版社2000年版,第676页。
[2] 王蘧常:《严几道年谱》,商务印书馆1936年版,第14页。

各报卷端例登论说，今既译西人之报，自当附见西人之论，只以微言妙恉，传述为难，向者译人付之盖阙，今择其尤雅，弁诸简端，旁通发挥，佐以管蠡。译泰西名论。

报之所纪事在现前，而万事之根，胚胎政教，今拟分泰西各国政、学、教为三支，胪其文献，叙其指要，分列卷端，以备参考。史有表志，托义于斯。译泰西政法、学术、教宗。①

这就清楚地表明：严复的旨趣不在一般地刊登西方国家报纸新闻，而尤为重视"西人之论"。更为关注的是最具价值的学术观点，故称"泰西名论"。而且要结合中国人的理解，结合中国的情形，加以阐发，故强调要"旁通发挥"。他又认为，导致西方富强的根本和各项政治、军事举动的根源，是西人之"政教"，即学术思想，故又将介绍、论述西之政法、学术、宗教作为办报宗旨的又一要着。再次，是介绍各国政治、学术的特点，及与中国的关系。如："交涉猬起，壤地犬牙，实首俄国，事实既确，情伪自明，天下之事，商之天下。译俄国各报。""三岛区区，富强称最，民智之效，于斯尤明，商权海权，皆关时政。译英国各报。"② 最后是要关注地处边远、内地对之情况甚不了解的东北、正北、西北、正西各地区。本着这种办报宗旨，于同年11月又创办《国闻汇编》旬刊，更详于载外国之事，鼓吹输入西方新学理和学习西方民主政体，通上下之情，以达到自强的目的。选译外国报刊多达百余种，并曾按期发表他本人译述的赫胥黎名著《天演论》，与上海《时务报》南北呼应，对推动维新运动的兴起作用极大。

严复的翻译和介绍，是要选择已被历史证明对西方国家的富强和进步最具指导意义，而又对中国的御侮救亡、激励人心、一新学术最具警醒作用的西方学说精华。他在分篇译述《天演论》

---

① 《时务报及其他报纸·天津国闻报馆启》，载中国史学会编《戊戌变法》（四），第529—530页。
② 《时务报及其他报纸·天津国闻报馆启》，载中国史学会编《戊戌变法》（四），第530页。

的同时，先后发表了《原强》《救亡决论》《论世变之亟》《辟韩》等重要政论，这些论文与《天演论》这部系统著作相配合，破天荒第一次在中国宣传了一套与传统观点迥异的新的宇宙观、历史观和价值观。以严复的译作为标界，近代西学的传播至此才进入学术思想的阶段，从而引起中国智识界一系列根本观念的改变。严复着重论述的有关中国救亡图强和学术进步的三项重要新学理是：一、推动西方社会取得伟大进步的天演学说和群学理论；二、诋斥专制制度的祸害，宣扬民主、自由思想的巨大进步意义；三、对比中西文化和社会观念的根本性不同，呼吁革除阻碍社会进步的封建伦理纲常，力倡树立促进国家强盛的新价值观。

在《原强》中，严复指出，达尔文经过广泛调查，穷精眇虑，历数十年而著成的《物种探原》一书，对于欧美社会和学术有划时代的意义："自其书出，欧美二洲，几于家有其书，而泰西之学术政教，一时斐变。论者谓达氏之学，其一新耳目，更革心思，甚于奈端（牛顿）氏之格致天算，殆非虚言。"① 他以精练的语言，概括达尔文进化论学说的原理："民物于世，樊然并生，同食天地，自然之利矣。然与接为构，民民物物，各争有以自存。其始也种与种争，及其稍进，则群与群争，弱者常为强肉，愚者常为智役。"② 只有最能适应客观环境变化，健壮敏捷超乎常类的物种才能保存下来，而迟钝羸弱低劣者则不能逃避被淘汰的命运。太古时代曾主宰大地的生物，如恐龙之类，即因不能随环境之变化而改变其体质机能，因而在地球上灭绝，只能由考古学家从发掘出来的恐龙遗骨证明它曾存在过。"动植如此，民人亦然。……达氏总有生之物，标其宗旨，论其大凡如此，至其证阐明确，犁然有当于人心。"③

《原强》在介绍进化论学说这一引起西方国家革命性变革的新理论的同时，又向国内读者介绍斯宾塞尔（斯宾塞）的学

---

① 严复：《原强》，载中国史学会编《戊戌变法》（三），第41页。
② 严复：《原强》，载中国史学会编《戊戌变法》（三），第41页。
③ 严复：《原强》，载中国史学会编《戊戌变法》（三），第42页。

说——群学。"群学"之称何以得名?"宗天演之术,以大阐人伦治化之事……犹荀卿言人之贵于禽兽者,以其能群也,故曰群学。凡民相生相养,易事通功,推以至于刑政礼乐之大,皆自能群之性以生,又用近今格致之理术,以发挥修齐治平之事。……而于一国盛衰强弱之故,民德醇漓合散之由,则尤三致意焉。"① 人而能群,国家才不是一盘散沙;人而能群,社会才能协调发展。严复阐释和传播斯宾塞"群学"学说同样旨在以此一促成西方国家强盛的极有价值的学说来救治中国积贫积弱的病根。故他特别重视发挥斯宾塞学说中所论人体活动贵能自由,以此推论国家的发展贵在自主的观点:"知吾身之所生,则知群之所以立矣;知寿命之所以弥永,则知国脉之所以灵长矣。一身之内,形神相资,一群之中,力德相备。身贵自由,国贵自主,生之与群相似如此,此其故无他,二者皆有官之品而已矣。故学问之事,以群学为要归,唯群学明而后知治乱盛衰之故,而能有修齐治平之功,呜呼!此真大人之学矣。"② 而中国要在列强环伺、虎视眈眈的险境中避免被瓜分的惨祸,至关重要的问题是提高民族素质,以有效的措施来增进国民的智慧、体力和道德,故他语重心长地披露斯宾塞另一重要著作《明民论》的要旨:"《明民论》者,言教人之术也。……其教人也,以浚智慧、练体力、厉德行三者为之纲。"③ "盖生民之大要三,而强弱存亡,莫不视此,一曰血气体力之强,二曰聪明智虑之强,三曰德行仁义之强。是以西洋观化言治之家,莫不以民力、民智、民德三者,断民种之高下,未有三者备,而民生不优,亦未有三者备,而国威不奋者也。""反是而观,夫苟其民契需恂愗,各奋其私,则其群将涣。以将涣之群,而与鸷悍多智爱国保种之民遇,小则虏辱,大则灭亡,此不必干戈用而杀伐行也。"④ 因此,严复痛切地宣告,挽救危机、免除亡国灭种之惨剧,当务之急,是开民智、鼓民力、新民

---

① 严复:《原强》,载中国史学会编《戊戌变法》(三),第42页。
② 严复:《原强》,载中国史学会编《戊戌变法》(三),第43页。
③ 严复:《原强》,载中国史学会编《戊戌变法》(三),第42页。
④ 严复:《原强》,载中国史学会编《戊戌变法》(三),第44页。

德:"发政施令之间,要其所归,皆以其民之力、智、德三者为准的。凡可以进是三者,皆所力行;凡可以退是三者,皆所宜废。"① 处在19世纪末国家处境风雨飘摇、亡国之祸近在眉睫的危殆时刻,严复传播的这些新思想的确具有振聋发聩的力量,如何改造国民性、如何新民,迅速成为智识界、舆论界共同关注和长久讨论的重要课题。

严复盛赞欧美民主制度对于保证社会发展、国家富强、上下同心所具有的巨大优越性,严厉地抨击中国二千年封建专制政体造成的祸害。他概括西方社会制度的特点是"以自由为体,以民主为用"。"自其自由平等以观之,则捐忌讳,去烦苛,决壅蔽,人人得其意,申其言,上下之势不相悬隔,君不甚尊,民不甚贱,而联若一体者。"② 人民被保证享有充分的自由权,人民的利益不容许受侵犯,国君也不能剥夺:"彼西人之言曰:'唯天生民,各具赋畀,得自由者,乃为全受。'故人人各得自由,国国各得自由,第务令毋毋侵损而已。侵人自由者,斯为逆天理,贼人道,其杀人伤人及盗蚀人财物,皆侵人自由之极致也。故侵人自由,虽国君不能,而其刑禁章条,要皆为此设耳。"③ 反观中国,专制皇帝高高在上,恣意妄为,人民备受压迫奴役,对此,严复以极其锋利的言辞,予以大胆的抨击。他说:"窃钩者诛,窃国者侯。夫自秦以来,为中国之君者,皆其尤强梗者也,最能欺夺者也。窃尝闻道之大原,出于天矣。今韩子务尊其尤强梗、最能欺夺之一人,使安坐而出其唯所欲为之令,而使天下无数之民,各出其苦筋力劳神虑者以供其欲,少不如是焉则诛。天之意固如是乎?道之原又如是乎?"④ 严复认为,韩愈《原道》篇中所言"君者,出令者也。臣者,行君之令而致之民者也。……民不出粟米麻丝作器皿通货财以事其上,则诛"云云,是颠倒了君民的关系。符合事理的看法应该是民为主人:"是故西洋之言治

---

① 严复:《原强》,载中国史学会编《戊戌变法》(三),第44页。
② 严复:《原强》,载中国史学会编《戊戌变法》(三),第49、48页。
③ 严复:《论世变之亟》,载中国史学会编《戊戌变法》(三),第73页。
④ 严复:《辟韩》,载中国史学会编《戊戌变法》(三),第79页。

者曰：国者斯民之公产也，王侯将相者，通国之公仆隶也。而中之尊王者曰：天子富有四海，臣妾亿兆。臣妾者，其文之故训，犹奴虏也。夫如是，则西洋之民，其尊且贵也，过于王侯将相；而我中国之民，其卑且贱皆奴产子也。"① 中国二千年来这种错误观点应予重新颠倒过来。对于为封建专制服务的八股科举制度，严复怒斥其有三害：锢智慧；坏心术；滋游手。"使天下消磨岁月于无用之地，堕坏志节于冥昧之中，长人虚骄，昏人神智，上不足以辅国家，下不足以资事畜，破坏人才，国随贫弱，此之不除，徒补苴罅漏，张皇幽渺，无益也。虽练军实，讲通商，亦无益也。何则？无人才，则之数事者，虽举亦废故也。舐糠及米，终致危亡而已。"② 严复对封建专制制度的激烈批判，是在理论上否定其存在的合理性，预示中国社会必将最终实现民主制度，这同样反映出19世纪末中国社会和思想酝酿着伟大变革的时代潮流。

五、以新鲜的历史观为指导与"近代史学"的正式产生

严复由于对西方社会有深入的了解，因而成为最早开拓中西文化、社会观念比较研究的学者。他的议论深深地击中中国传统伦理和价值观的要害。他认为，中西文化的差异，首先是对古今关系看法的不同："中西事理，其最不同，而断乎不可合者，莫大于中之人好古而忽今，西之人力今以胜古；中之人以一治、一乱、一盛、一衰，为天行人事之自然；西之人以日进无疆，既胜不可复衰，既治不可复乱，为学术政化之极则。"③ 这就是蔡元培所褒扬的提倡"尊今叛古"的激进精神，反对复古倒退，满怀信心地创造未来。他又比较中西伦理观念的不同："中国最重三纲，

---

① 严复：《辟韩》，载中国史学会编《戊戌变法》（三），第81页。
② 严复：《救亡决论》，载中国史学会编《戊戌变法》（三），第63页。
③ 严复：《论世变之亟》，载中国史学会编《戊戌变法》（三），第71页。

而西人首明平等；中国亲亲，而西人尚贤；中国以孝治天下，而西人以公治天下；中国尊主，而西人隆民；中国贵一道而同风，而西人喜党居而州处；中国多忌讳，而西人众讥评。"① 针对中国学术一向喜好蹈空夸饰、泥古保守的积弊，严复又总结西方近代学术的特点："至于晚近言学，则先物理而后文词，重达用而薄藻饰。且其教子弟也，尤必使自竭其耳目，自致其心思，贵自得而贱因人，喜善疑而慎信古；其名数诸学，则藉以教致思穷理之术，其力质诸学，则假以导观物察变之方。"② 这些言论无不切中传统观念的痼疾。严复倡导对历史观、伦理观、学术风尚来个根本的改造，让中国的官员学者以树立服务民众、求实进取、独立思考、勇于创新的新型价值观为目标，必须如此，古老的中华民族才有振兴的希望。

严复的译述和文章所宣传的观点，使 19 世纪后三十年长久酝酿的传播西方学说实现了重大的突破。他所系统论述的进化论学说和群学理论，他对专制制度罪恶的批判和"开民智、鼓民力、新民德"的主张，他通过中西文化和学术比较而倡导的科学、致用、进取的新价值观，都是为了呼唤面临被瓜分、被宰割命运的中国人警醒过来，都与结束封建专制统治、争取近代化前途的时代潮流相合拍。由于物竞天择，优胜劣败、世界万物和人类社会不断由低级向高级阶段进化发展等先进学说，为中国智识界提供了观察国家民族前途的崭新的思想武器，因而被国人争相传诵。严氏所译的赫胥黎的《天演论》，亚当·斯密的《原富》，斯宾塞的《群学肄言》，约翰·穆勒的《群己权界论》《名学》，孟德斯鸠的《法意》，甄克思的《社会通诠》，耶方斯的《名学浅说》等多部西方名著，为近代中国人提供了有系统的和准确的西方学说的精华。严复的译著和文章提供的新鲜历史观、发展观和其他新学理，直接推动史学产生了质的飞跃。夏曾佑于 1897 年在天津与严复共同创办《国闻报》，由于密切过从，他有充分

---

① 严复：《论世变之亟》，载中国史学会编《戊戌变法》（三），第 73 页。
② 严复：《原强》，载中国史学会编《戊戌变法》（三），第 56 页。

的机会聆听严复讲解《天演论》学说，遂使他的眼前打开了新天地，长久以来他苦苦追求、思索的宇宙观、发展观和认识历史的指导思想问题至此豁然贯通，达到了新的境界。至20世纪初年，他便以这些新学理来分析中国历史，写成近代史上第一部以进化论为指导的中国通史著作——《中国古代史》。梁启超在戊戌新时期也十分服膺严复介绍的西方学说，称赞他"于西学中学，皆为我国一流人物"①。戊戌政变后他流亡日本，更有机会学习其他西学著作，在20世纪初年，他在撰写了大量介绍西方近代学说的启蒙论著的同时，以"史界革命"的倡导者自任，著成史学理论的名作《新史学》，宣传历史研究应以叙述人群进化之公理公例为宗旨。他又写成近代中国史学史上第一篇系统的长篇论文《论中国学术思想变迁之大势》，运用进化观和因果律，把中国几千年的学术思想变迁看作有因果联系的嬗变过程，研究政治、经济、民族、文化等原因对学术的影响和各种学派之间的互相作用。这三部进化论学说催开的史学之花，便分别以通史、史学理论和学术史的不同形式，宣告严格意义上的"近代史学"的诞生。以后，进化论和因果律普遍地为有识史家所遵信，加上西方汉学家的研究方法对中国学者的影响（最早是经由罗振玉、王国维），以及德国兰克学派、西方考证方法和美国杜威实验主义方法的影响（经由胡适、陈寅恪、傅斯年等），乃为五四时期史学呈现的新局面准备了条件。

（原刊《北京师范大学学报》2004年第3期）

---

① 《新民丛报》第1期，1902-2-8。

传统思想的精华何以通向唯物史观

一、中国文化的优良传统与唯物史观基本原理相贯通

马克思和恩格斯创立的唯物史观,经过俄国十月革命的胜利传入中国以后,在短短一二十年中得到广泛传播,并很快在中国土地上扎下根来,在指导革命运动方面产生了以毛泽东思想为代表的科学思想体系,在学术思想方面经过学者们的探索和创造,形成了指导历史研究的中国马克思主义史学理论;而且经过近一个世纪国内外极其曲折复杂的斗争环境的考验,中国的马克思主义政治理论和史学理论依然充满活力,并得到进一步丰富和发展。这不但是20世纪中国社会生活和学术变迁的具有伟大历史意义的事件,也是世界历史上具有极其深远意义的事件。究其原因,一方面,是由于中国社会的政治生活变革的实践,证明灾难深重的中华民族至此必须以马克思主义的科学理论为指导,才能找到解救危亡的正确道路;另一方面,则是中国传统思想中长期

形成和发展的优良因素，成为先进的中国人顺利接受唯物史观指导的思想基础和内在动力。

马克思主义这一先进学说和科学理论并不是凭空产生的，正如列宁所指出的，它是继承全人类一切优秀文化成果的产物。列宁说：

> 它绝不是离开世界文明发展大道而产生的一种故步自封、僵化不变的学说。恰恰相反，马克思的全部天才正是在于他回答了人类先进思想已经提出的种种问题。他的学说的产生正是哲学、政治经济学和社会主义极伟大的代表人物的学说的直接继续。①

> 马克思主义这一革命无产阶级的思想体系赢得了世界历史性的意义，是因为它并没有抛弃资产阶级时代最宝贵的成就，相反却吸收和改造了两千多年来人类思想和文化发展中一切有价值的东西。②

尽管马克思和恩格斯主要是批判地继承欧洲唯物主义哲学和辩证法思想、古典政治经济学以及空想社会主义学说，而创立了马克思主义理论，但是，人类优秀文化思想的发展必然地具有共同的规律，遵循着共同的发展道路。正如列宁所指出的，"它绝不是离开世界文明发展大道而产生的一种故步自封、僵化不变的学说"，马克思主义的光辉价值正在于"回答了人类先进思想已经提出的种种问题"，马克思主义"就是共产主义从全部人类知识中产生出来的典范"；中国传统思想中的精华，同样是表达了历代人民大众的美好追求和理想。这些思想和学说虽然尚未达到欧洲19世纪先进学说的高度，但其发展方向是相同的，其中所包括的命题也往往是相同或相似的，因而中国传统文化中的优秀遗产是同唯物史观基本原理相通的，这就成为五四时期以后先进

---

① 列宁：《马克思主义的三个来源和三个组成部分》，《列宁选集》第二卷，人民出版社1995年版，第309页。

② 列宁：《关于无产阶级文化》，《列宁选集》第四卷，人民出版社1995年版，第299页。

的中国人接受这一科学理论的思想基础和桥梁。以往的相关论著对于"传统思想的精华何以通向唯物史观"的研究还很不充分,而全面地探讨此一课题,不但是阐明中国马克思主义史学的创立所需要,而且,对于认识"马克思主义与中国实践相结合指导中国革命"这一20世纪时代主题的深刻性和它的力量,认识唯物史观在今天不但没有过时而且仍然应被确立为社会政治生活和学术研究的指导思想,都有明显的积极意义。中国传统思想中的哪些优秀成果成为唯物史观迅速传播的思想基础和内在动力呢?这个问题涉及方面甚广,这里仅从四个方面略加阐释。

二、唯物主义的思想资料

唯物史观的哲学基础是承认客观世界中物质第一性,起决定的作用,精神第二性,处于被决定的作用;物质的发生、发展、变化有其本身的不以人的意志为转移的客观规律,同样,社会现象、制度、法律等等也都有其自身的因果递嬗变化关系;历史变化的规律存在于历史事件和制度、法律等等的变化之中,人通过分析、研究将规律总结出来,而不是颠倒过来,由某种神秘的"精神"去演绎出历史的进程;客观事物是可以认识的,"不可知论""神秘主义"都是毫无根据的,认识的基础是实践,人要认识社会,就要参加变革社会的实践活动;不是人的意识决定社会存在,而是社会存在决定人的意识。唯物史观与以往企图以神的意志、天命观点解释人类历史进程,或是以个别英雄人物的意志解释历史的形形色色观点相对立,它是要从人类物质生产的基础解释历史的进程,从生产力与生产关系组成的社会结构来解释全部上层建筑和意识形态的变迁。恩格斯在《社会主义从空想到科学的发展》中明确提出了"唯物主义的历史观"。他说:"唯心主义从它最后的避难所即历史观中被驱逐出去了,一种唯物主义的历史观被提出来了。"在该书的《1892年英文版导言》中,恩格斯指出,"本书所捍卫的是我们称之为'历史唯物主义'的东西"。他还说，不仅在英语中使用"历史唯物主义"这一名词，而且在其他语言中也都用它来表达一种关于历史过程的观点。"这种观点认为一切重要历史事件的终极原因和伟大动力是社会的经济发展，是生产方式和交换方式的改变，是由此产生的社会之划分为不同的阶级，是这些阶级彼此之间的斗争。"中国早期传播唯物史观的代表人物李大钊在其文章中就着重介绍了唯物史观的如下基本原理："喻之建筑，社会亦有基础与上层。基础是经济的构造，即经济关系，马氏（马克思）称之为物质的或人类的社会的存在。上层是法制、政治、宗教、艺术、哲学等，马氏称之为观念的形态，或人类的意识。从来的历史家欲单从上层上说明社会的变革即历史，而不顾基础，那样的方法，不能真正理解历史。上层的变革，全靠经济基础的变动，故历史非从经济关系上说明不可。这是马氏历史观的大体。"[①]

拿上述唯物史观的基本命题（物质是第一性的命题，历史进程的规律性存在于历史事件的内在联系之中，而不是神意或英雄人物的意志主宰历史的进程，物质生产即经济的因素是决定历史进程最主要的基础等）与中国传统思想相对照，即可发现：中国历代进步思想家通过观察自然和社会变迁，恰恰在诸多基本观点上得到了相类似的认识，毫无疑问，这些认识就构成了20世纪中国先进的知识分子接受唯物史观的基础。

中国古代唯物史观认为阴阳是天地之气，阴阳二气的运动造成自然界的变化。至迟到西周末年，阴阳已被视为宇宙的两个原始的物质或力量。周幽王二年（前780），发生地震。周贵族伯阳父说："周将亡矣。夫天地之气，不失其序，若过其序，民之乱也。阳伏而不能出，阴迫而不能烝，于是有地震。"（《国语·周语上》）古代思想家又形成"五行"构成百物的思想。春秋初年，史伯对郑桓公说："夫和实生物，同则不继。以他平他谓之和，故能丰长而物归之，若以同裨同，尽乃弃矣。故先王以土与

[①] 李大钊：《马克思的历史哲学与理恺尔的历史哲学》，《李大钊史学论集》，河北人民出版社1984年版，第132页。

金木水火杂，以成百物。"（《国语·郑语》）公元前644年，宋国发生陨石坠落和"六鹢退飞"的异常现象，当时迷信的人认为与人的吉凶有关。周内史叔兴则认为灾异与人事的好坏无关，自然界的异常现象是由自然界阴阳二气失调造成的，他说："是阴阳之事，非吉凶所生也。吉凶由人。"（《左传》鲁僖公十六年）

至战国时期思想家荀子提出了"明于天人之分"的命题，《荀子·天论》中说："故明于天人之分，则可谓至人矣。"又说："天行有常，不为尧存，不为桀亡。"自然界的规律是独立于人类社会的。同时，自然界有自己的因果性，它的运行不以人的意志和愿望为转移："天不为人之恶寒也辍冬，地不为人之恶辽远也辍广。"自然界的运行无有目的、意志："不为而成，不求而得，夫是之谓天职。"又说："列星随旋，日月递照，四时代御，阴阳大化，风雨博施，万物各得其和以生，各得其养以成，不见其事而见其功，夫是之谓神。皆知其所以成，莫知其无形，夫是之谓天。"在上述认识的基础上，荀子总结了古代劳动人民利用自然的主观创造力和能动性，响亮地提出人有改造自然界的使命："大天而思之，孰与物畜而制之？从天而颂之，孰与制天命而用之？"并且洋溢着乐观的战斗精神，相信人类只要充分地发挥主观努力，就能够战胜自然界，得到自己的幸福："强本而节用，则天不能贫；养备而动时，则天不能病；修道而不贰，则天不能祸。故水旱不能使之饥渴，寒暑不能使之疾，祆怪不能使之凶。"（《荀子·天论》）荀子还论述了人能"合群"即互相协作以战胜自然界的作用和"礼"的起源问题，以此说明人类社会的制度、秩序、礼节是从原始的蒙昧状态逐步发展形成的。他认为，在初民时期，人类所得到的生活资料很少，为了消除争夺，一方面要增加生产，节用而裕民，另一方面，需要用"礼"来限制人们的愿望。"礼起于何也？曰：人生而有欲，欲而不得，则不能无求；求而无度量分界，则不能不争；争则乱，乱则穷。先王恶其乱也，故制礼义以分之，以养人之欲，给人之求，使欲必不穷乎物，物必不屈于欲，两者相持而长，是礼之所起也。"（《荀子·礼论》）荀子这样认识社会秩序、制度是由于人类社会生活的需要而逐步地形成的，堪称古代唯物主义思想路线在社会思想领域所取得的重要成果。

反映早期法家思想的《管子·牧民》，认为社会的礼法制度和道德观念绝不能凭空产生，而必须建立在一定的物质生产水平的基础之上，说："凡有地牧民者，务在四时，守在仓廪。国多财则远者来，地辟举则民留处，仓廪实则知礼节，衣食足则知荣辱。"（《管子·牧民》）《管子》中这一精辟概括，同样代表了先秦唯物主义思想的深刻论断，对后世学者产生了重要的影响。西汉杰出的史学家司马迁继承了《荀子》《管子》的唯物主义认识路线，他通过忠实地考察社会变迁而认识到：人们要求满足衣、食、住等项物质需要的欲望是天然合理的，由此推动社会的前进，任凭你挨家挨户去说教，都无法改变这种状况。故他在《史记·货殖列传》中说："夫神农以前，吾不知已。至若《诗》《书》所述虞夏以来，耳目欲极声色之好，口欲穷刍豢之味，身安逸乐，而心夸矜势能之荣使。俗之渐民久矣，虽户说以眇论，终不能化。"他所强调的俗，就是长期形成的希望不断满足物质要求的状况。由于司马迁深刻地认识到经济生活具有推动社会前进的积极作用，因此他批评老子企图把社会拉回原始状态的想法是注定行不通的，指出："必用此为务，挽近世涂民耳目，则几无行矣。"司马迁还出色地论述经济生活具有自己的法则，从中寻找历史的线索。他认识到各地区不同的物产和人们生活的需要，推动了社会的分工和交换的形成。山西的材、竹，山东的鱼、盐，江南的枏、梓，北方的马牛等等，"皆中国人民所喜好，谣俗被服饮食奉生送死之具也。故待农而食之，虞而出之，工而成之，商而通之。此宁有政教发征期会哉！人各任其能，竭其力，以得所欲。故物贱之征贵，贵之征贱，各劝其业，乐其事，若水之趋下，日夜无休时，不召而自来，不求而民出之。岂非道之所符，而自然之验邪？"（均见《史记·货殖列传》）这里把经济生活中存在的法则提高到客观存在并已得到验证的"道"来论述，强调它不是什么行政力量所能强制的，也不是人的意愿所能改变的，以此推动社会的发展。恩格斯这样论述唯物史观最根本的观点："唯物史观是以一定历史时期的物质经济生活条件来说明一切历史事件和观念、一切政治、哲学和宗教的。"[①] 又说："一个很明显的而以前完全被人忽略的事实，即人们首先必须吃、喝、住、穿，就是说首先必须劳动，然后才能争取统治，从事政治、宗教和哲学等等，——这一很明显的事实在历史上的应有之义此时终于获得了承认。"[②] 中国西汉时代的史学家司马迁恰恰承认"人们首先必须吃、喝、住、穿"的基本事实对社会历史发展的重要作用，并认为经济生活有自己的发展趋势，把政治上的治乱兴衰与经济情况联系起来，说明他确已"接触到了真理的边缘"。司马迁还主张人们自由获得财富，主张大力发展工商业。在《货殖列传》中，他还淋漓尽致地描写了一幅贤人名士、官吏军士、医生工匠、农工商贾、猎人渔夫、赌徒歌女，人人尽心竭力追求财富的图画。司马迁还采用《荀子·礼论》中"礼由人起。人生有欲，欲而不得则不能无忿"等论点，作为撰写《礼书》的主要内容，列为《史记》八书之首篇。显然司马迁能撰成传诵千古的史学杰构，他在历史观上具有鲜明的唯物主义倾向乃是重要的原因之一，直到近代，人们阅读《史记》，都不能不因他的进步观点而深受启发。

东汉的王充，清代的王夫之、颜元、戴震等都继承了古代唯物主义思想传统，提出了闪射着进步光辉的论点。王充发挥了"仓廪实，民知礼节"的命题，他说："夫世之所以为乱者，不以贼盗众多，兵革并起，民弃礼义，负畔其上乎？若此者，由谷食乏绝，不能忍饥寒。夫饥寒并至而能无为非者寡，然则温饱并至而能不为善者希。传曰：'仓廪实，民知礼节；衣食足，民知荣辱。'让生于有余，争起于不足。谷足食多，礼义之心生；礼丰义重，平安之基立矣。"（《论衡·治期》）认为社会的治乱直接决定于民众的经济生活状况。王充《论衡》全书的著述宗旨是"疾虚妄"（《论衡·佚文》），也即以唯物的观点为指导，对于

[①] 恩格斯：《论住宅问题》，《马克思恩格斯选集》第三卷，人民出版社1995年版，第209页。

[②] 恩格斯：《卡尔·马克思》，《马克思恩格斯选集》第三卷，第335—336页。

一切鬼神迷信、妖言妄说、诈伪臆断之词进行驳斥，他说："又伤伪书俗文多不实诚，故为《论衡》之书。""故作《实论》。其文盛，其辩争，浮华虚伪之语，莫不澄定。"（《论衡·自纪》）王充认为"天道自然"，批评自西汉董仲舒以来被官方大肆渲染的"谴告说"毫无根据："夫天道，自然也，无为。如谴告人，是有为，非自然也。黄老之家，论说天道，得其实矣。"（《论衡·谴告》）又说："且凡言谴告者，以人道验之也。人道，君谴告臣，上天谴告君也，谓灾异为谴告。夫人道，臣亦有谏君，以灾异为谴告，而王者亦当时有谏上天之义，其效何在？"（《论衡·自然》）主张谴告说的人，是以人事来比附自然界，把自然界拟人化，这是非常错误的。极为可贵的是，王充在认识论上坚持唯物主义的观点。他提出，认识是否正确的标准，在于是否合乎事实："凡论事者，违实不引效验，则虽甘义繁说，众不见信。"（《论衡·知实》）"违实"就是与事实相反。真理性的认识必须符合于客观的实际，不与客观事实相符合的说法便是虚妄。《论衡》全书便是要穷究各种说法是否与客观的事实相符合，以此辨明"虚实之分"。故王充又说："事莫明于有效，论莫定于有证。"（《论衡·薄葬》）王充在诸多篇章中尖锐地批评世俗之士"好褒古而贬今""尊古卑今"的偏见。《超奇篇》批评他们迷信古代达到了是非颠倒的地步："俗好高古而称所闻，前人之业，菜果甘甜；后人新造，蜜酪辛苦。"《齐世篇》列举俗儒美化古代功业、贬低当今治绩的谬见："语称上世之时，圣人德优，而功治有奇。……及至秦、汉，兵革云扰，战力角势……非德劣不及，功薄不若之征也。"王充的看法截然相反，他认为汉代的功业大大超过前代："大汉之德不劣于唐、虞也。""光武皇帝龙兴凤举，取天下若拾遗，何以不及殷汤、周武？"因此，王充对自己提出的任务是"宣汉"，要大力肯定和宣扬汉朝的进步。事实证明了王充坚持这一尊重客观事实的认识路线的正确，也验证了俗儒种种虚妄之见的错误。

清代进步学者王夫之、颜元、戴震都自觉地担负起宋明以来理学、心学盛行时代批判唯心主义说教的任务。清初王夫之批评理学家把封建统治秩序称为"天理",认为它是先于天地万物而先验存在的错误理论,坚持"道不离器"的唯物主义命题,并加以发展。他说:"天下惟器而已矣。道者器之道……无其器则无其道,人鲜能言之,而固其诚然者也。洪荒无揖让之道,唐虞无吊伐之道,汉唐无今日之道,则今日无他年之道者多矣。……未有弟而无兄道,道之可有而且无者多矣。故无其器则无其道,诚然之言也,而人特未之察耳。"(《周易外传》卷五《系辞上传第十二章》)事物的原理则存在于事物之中,离开了具体事物,这一具体的"道"便不存在,客观事物发展变化,"道"也随之而发展变化。这就有力驳斥了理学家称"道"原是超乎事物之外、先于事物存在的错误理论。王夫之反对宋儒将天理与人欲对立起来的唯心主义说教,他说:"天理充周,原不与人欲相为对垒。"(《读四书大全说》卷八)"人欲之各得,乃天理之大同。"(《读四书大全说》卷四)人各有其合理的欲望,所有的人之合理欲望都得到满足,这才是最高的道理,才是社会应当努力实现的最高理想。王夫之所得出的这一结论,就把自宋代理学占据支配地位以来盛行数百年的"存天理、灭人欲"的错误命题,从根本上纠正过来了。王夫之又论述了历史演变的"理"和"势"的关系问题。他认为,"理"是历史发展的规律,"势"是历史实际发展的形势或趋势。抽象的理,必须通过具体而多变的历史事件表现出来:"理非一成可执之物,不可得而见,气之头绪节文而理之可得者也。"(《读四书大全说》卷九)王夫之主张"理在事中",在历史发展中没有不依靠"势"而存在的"理",也没有不依靠"理"而存在的"势"。故他又说:"势之当然者又岂非理哉?""理当然而然则成乎势矣。"(《读四书大全说》卷九)比王夫之时代稍后的颜元,则在发展唯物主义的认识论上提出卓见。他提出,必须"亲下手",亲自实践一番,变革事物,才能对事物获得真知识。故说:"今之言'致知'者,不过读书、讲问、思辨已耳,不知致吾知者,皆不在此也。辟如欲知礼,任读几百遍礼书,讲问几十次,思辨几十层,总不算知。直须跪拜周旋,捧玉爵,执币帛,亲下手一番,方知礼是如此,知礼者斯至矣。辟如欲知乐，任读乐谱几百遍，讲问、思辨几十层，总不能知。直须搏拊击吹，口歌身舞，亲下手一番，方知乐是如此，知乐者斯至矣。"(《四书正误》卷一）颜元对理学家讲烂了的"格物致知"命题做出新的解释："格物谓手实做其事。"（《言行录》）并以品尝菜蔬加以说明："必箸取而纳之口，乃知如此味辛。故曰：'手格其物，而后知至。'"（《四书正误》卷一）他批评理学家终日读书讲论、闭目静坐，并不能真正懂得事物："朱门一派口里道是'即物穷理'，心里见得，日间做得，却只是读书讲论。……其实莫道不曾穷理，并物亦不能即。'半日静坐，半日读书'，那会去格物？莫道天下事物，只礼乐为斯须不可去身之物，亦不会即而格之！"（《习斋记余》卷六《阅张氏〈王学质疑〉》评）乾嘉时期的思想家戴震著《原善》《孟子字义疏证》，尖锐地批判理学家否定情欲之说。戴震认为，情欲是人生的本能，也是人类社会最根本的存在，保证人的情欲依照其自然的逻辑发展，国家才得治理，社会才得安宁，如果禁绝性情、遏止人欲，就等于壅塞仁义，堵死社会发展之路。故说："生养之道，存乎欲者也；感通之道，存乎情者也。二者自然之符，天下之事举矣。……君子之治天下也，使人各得其情，各遂其欲，勿悖于道义；君子之自治也，情与欲使一于道义。夫遏欲之害，甚于防川，绝情去智，充塞仁义。……夫以理为学，以道为统，以心为宗，探之茫茫，索之冥冥，不若反求诸六经。"（江潘《国朝汉学师承记》卷五《戴震》）戴震写有《答彭进士允初书》，直斥程、朱援释入儒，尽失孔子学说真解。程、朱所持"天欲净尽，天理流行"的说教，至百年来为害斯民至烈！在《孟子字义疏证》中，戴震愤怒地揭露尊者、长者、贵者动辄以"理"责罚卑者、幼者、贱者，"理"成为迫害无数无辜者含冤致死的工具，这就是"以理杀人"，他说："人死于法，犹有怜之者，死于理其谁怜之！"（《孟子字义疏证》卷上）这是对理学最痛切的批判。王夫之、颜元、戴震等人从认识论根源和社会政治运作层面对理学的有力批判，充分显示出中国唯物主义优良传统的强烈战斗精神，预示着统治中国社会长达五六百年的理学时代行将结束，中国思想界将进入剧烈变动的新时期。

三、辩证的、发展的观点

在马克思主义理论体系中，辩证法是与唯物主义学说密切相联系的。马克思、恩格斯批判地继承了古代的辩证法成就、黑格尔的辩证法理论，创立了革命的辩证法学说，成为人们观察自然界和社会发展进程，分析思想领域各种理论主张，制定指导革命的方针、策略的有力武器。马克思主义的辩证法内容同样十分丰富而深刻，其主要观点主要包括：统一体分为两个互相矛盾、互相排斥的对立面，对立面的斗争推动事物的发展；对立面在一定条件下向其相反的方向转化；一事物与他事物互相联系，互为条件，互为因果，成为整个世界统一的、有规律的运动过程；事物发展的动力在自己的内部，事物外部的相互联系和作用是事物运动的外因，外因通过内因起作用，反对绝对化看待事物，具体情况具体分析；事物发展过程中量变与质变互相转化，当量的增减达到一定界限时，使事物的性质产生了新的变化，旧事物便变成新事物，由此又开始了量变与质变互相转化的过程，推动事物新陈代谢，由低级阶段向高级阶段发展；事物由矛盾而引起的发展，经由肯定——否定——否定之否定的形式螺旋式地前进。经典作家对于辩证法的精髓有许多精警的论述，如，"当我们深思熟虑地考察自然界或人类历史或我们自己的精神活动的时候，首先呈现在我们眼前的，是一幅由种种联系和相互作用无穷无尽地交织起来的画面，其中没有任何东西是不动的和不变的，而是一切都在运动、变化、产生和消逝"[1]。"一切依次更替的历史状态都只是人类社会由低级到高级的无穷发展进程中的暂时阶段。每一个阶段都是必然的，因此，对它发生的那个时代和那些条件说

---

[1] 恩格斯：《社会主义从空想到科学的发展》，《马克思恩格斯选集》第三卷，第733页。

来，都有它存在的理由；但是对它自己内部逐渐发展起来的新的、更高的条件来说，它就变成过时的和没有存在的理由了；它不得不让位于更高的阶段，而这个更高的阶段也要走向衰落和灭亡。"① "可以把辩证法简要地确定为关于对立面的统一学说。这样就会抓住辩证法的核心。"② "发展是对立面的斗争。……对立面的统一（一致、同一、均势）是有条件的、暂时的、易逝的、相对的。相互排斥的对立面的斗争则是绝对的，正如发展、运动是绝对的一样。"③ 辩证法和唯物论学说构成马克思、恩格斯创立的科学理论的基石。恰当地结合社会生活实践和科学研究的实践，运用并发挥这些真理性认识，便能在革命运动或学术领域中创造出出色的成绩。

中国的先哲们也有大量的关于辩证法的深刻论述。尽管他们的认识往往是素朴的，表达不够系统，但这些论述同样是对自然界和社会历史进程的辩证运动和发展的宝贵认识。20世纪初年先进的知识分子通过这些思想精华印证了马克思主义革命辩证法的正确性，由此而成为接受马克思主义学说的中介。

先秦儒家经典《诗经》《左传》《论语》《孟子》《易传》等典籍中论述辩证的、发展的观点相当丰富而突出。《诗经》中"高岸为谷，深谷为陵"（《诗经·小雅·十月之交》）的诗句，用自然界的高岸、低谷的剧变，生动形象地比譬社会新旧制度、强弱势力的巨大变化。《左传》《国语》中记载了春秋时期思想家讨论"和"与"同"两种观念、两种处理事情态度的原则性差别。《左传》记载齐国大臣晏婴与齐景公的对话，景公告诉晏婴说：只有梁丘据（景公宠臣）跟他"和"。晏婴说："据亦同也，焉得为和？"于是两人有如下对话："公曰：'和与同异乎？'对曰：'异。和如羹焉，水、火、醯、醢、盐、梅以烹鱼肉，燀之以薪，宰夫和之，齐之以味，济其不及，以泄其过。君子食之，

---

① 恩格斯：《路德维希·费尔巴哈和德国古典哲学的终结》，《马克思恩格斯选集》第四卷，人民出版社1995年版，第217页。
② 列宁：《黑格尔〈逻辑学〉一书摘要》，人民出版社1965年版，第160页。
③ 列宁：《谈谈辩证法问题》，《列宁选集》第二卷，第557页。

以平其心。君臣亦然。君所谓可而有否焉，臣献其否以成其可。君所谓否而有可焉，臣献其可以去其否。是以政平而不干，民无争心。……今据不然。君所谓可，据亦曰可；君所谓否，据亦曰否。若以水济水，谁能食之？若琴瑟之专一，谁能听之？同之不可也如是。'"（《左传》昭公二十年）这里晏婴讲出了极其深刻的认识，他指出"和"与"同"的不同："同"是简单的同一。水再加上水，是无法忍受的乏味。弹琴只有一个音调、一个节奏，则根本不是音乐。"和"是集合许多不同的对立面以得一个新的统一。譬如厨师做羹汤，将各种食物、调料进行烹调，这样就可以"济其不及，以泄其过"，既互相补充、调节，又保持各种食物的味道，成为一锅美汤。臣对于君的说法，只赞同他正确的部分，而明确地不赞同他不正确的部分，这样才能使正确的意见得到施行并获得成效。如果像梁丘据那样，"君所谓可"，臣亦说可，"君所谓否"，臣亦说否，这就是无原则的"同"，取消了对立面的"苟同"，是不问是非、迁就错误的"混同"，对于认识事物，对于治理国家都是有害而无益的。诚如冯友兰评价的："晏婴的这种思想，对于对立面的统一的辩证关系有相当的认识。"[①]《国语》中也记载史伯对郑桓公的谈话："夫和实生物，同则不继。以他平他谓之和，故能丰长而物归之；若以同裨同，尽乃弃矣。"（《国语·郑语》）互有差异、各具特点的百物，对立而又统一地相处，才成为丰富多彩的世界。取消了特性，只有同而无异，就不成为世界了。这种强调既对立又统一的观点同样是很深刻的。《论语》中有孔子的名言："君子和而不同"（《论语·子路》），明确地区分"和"与"同"两种相反的处事态度，主张形成保持有原则的独立性且又互相协调的人际关系，反对放弃原则性的迁就、苟同。孔子称"中庸"是一种高尚的道德境界，其中即包含着辩证法，故说"我叩其两端而竭焉"（《论语·子罕》），避免事物走向两个极端。孔子又说："过犹不及"（《论语·先进》），指出超过了一定的限度，事物即走向反面，

---

① 冯友兰：《中国哲学史新编》上册，人民出版社1998年版，第133页。

故主张"允执其中"(《论语·尧曰》)。《礼记》中也记载孔子的话:"执其两端,用其中于民。"(《礼记·中庸》)孔子又提出"经"与"权"一组对立的范畴,在中国古代辩证法思想资料中具有重要的价值。"经"是事物的常规性,是在通常情况下应当遵守的做法;"权"是灵活性,是在不违反原则前提下的变通。在特殊的情况下,死守常道恰恰是违反原则的,而必须做灵活的处理才符合于原则。孔子说:"可与立,未可与权。"(《论语·子罕》)是指有些人虽能"立于礼",但往往把礼当成一种死板的规矩,拿固定的办法去应对不同的事情,"未可与权",就是对于礼不能灵活地应用。汉代的董仲舒进一步发挥孔子的思想,他提出:"《春秋》固有常义,又有应变。"(《春秋繁露·精华》)"故说《春秋》者,无以平定之常义,疑变故之大则,义几可谕矣。"(《春秋繁露·竹林》)孔子又论述后代对于前代的礼制有"因"也有"革":"殷因于夏礼,所损益可知也。周因于殷礼,所损益可知也。其或继周者,虽百世可知也。"(《论语·为政》)这是在一定程度上看到历代制度有继承和变革的关系。孔子在教育方法上也有显著的辩证法思想。他说:"学而不思则罔,思而不学则殆。"(《论语·为政》)"不愤不启,不悱不发。"(《论语·述而》)"求也退,故进之;由也兼人,故退之。"(《论语·先进》)"多闻,择其善者而从之,多见而识之,知之次也。"(《论语·述而》)"毋意,毋必,毋固,毋我。"(《论语·子罕》)孟子称孔子是"圣之时者",即赞扬孔子能根据时势的不同而采取灵活应变的态度。孟子又指出,刻板地办事在一定情况下效果适得其反:"可以取,可以无取,取(按,应作无取)伤廉;可以与,可以无与,与伤惠;可以死,可以无死,死伤勇。"(《孟子·离娄下》)意即廉者无取于人,可是,在一定情况下,"无取"反而伤廉,其余两种情况也相类似。孟子也强调"经"与"权"的关系:"执中无权,犹执一也。"(《孟子·尽心上》)又说:"男女授受不亲,礼也;嫂溺,援之以手者,权也。"(《孟子·离娄上》)同样强调在特殊情况下必须违反常规的做法而灵活地处理。

传统思想的精华何以通向唯物史观

　　成书于战国时代的儒家典籍《易传》尤其集中表达了古代哲学对运动和发展的辩证见解。《易经》中本来就用六十四卦的排列、变化，显示出正反事物互相对立而统一的关系，如乾卦与坤卦、泰卦与否卦。"易"就是"变易"之意。《易》言：一切事物都有对立着的两个方面，即阴阳，并且是相反相成的。《系辞传》说："天尊地卑，乾坤定矣；卑高以陈，贵贱位矣；动静有常，刚柔断矣。"天地、尊卑、贵贱、动静、刚柔，都是相反的东西，可是必须在一起。正是由于事物自身包含自己的对立面的统一，所以事物才有自己的变化，故称"一阴一阳之谓道"。显然《易传》在这里接触到辩证法最根本的法则。列宁为对立统一法则所下的定义是："承认（发现）自然界的（也包括精神的和社会的）一切现象和过程具有矛盾着的、相互排斥的、对立的趋向。"① 《易传》作者正是接触了这个原则，并以此为根本的认识，从多方面论述了对立统一的关系。《易》的第一卦是乾卦，《文言》称："大哉乾乎！刚健中正，纯粹精也。"《乾卦·象辞》说："天行健，君子以自强不息。"这一论断高度概括运动发展、生生不息的力量源泉和演进趋势，成为两千多年来鼓舞中华民族奋发进取、刚健有为、衰而复振、乐观创造的精神支柱。《易传》言："穷则变，变则通，通则久。""上下无常，刚柔相易。""安而不忘危。"（《易传·系辞下》）"日中则昃，月盈则食，天地盈虚，与时消息。"（《丰卦·象辞》）都是讲事物对立统一的关系。《易传》作者又特别强调变革："革，水火相息……其志不相得曰革。""天地革而四时成，汤武革命，顺乎天而应乎人。革之时大矣哉！"（《革卦·象辞》）所有这些论述表达出的中心思想是：无论自然界或人类社会，事物的变化就是通过对立面转化的方式，不断更新和前进的过程。《易传》的局限性主要是论述循环往复的变化，而并未强调发展过程中质的飞跃。

　　古代哲学中道家、兵家的辩证法思想同样是很突出的。《老子》中概括的警句"祸，福之所倚；福，祸之所伏"（《老子》

---

① 列宁：《谈谈辩证法问题》，《列宁选集》第二卷，第557页。

155

第五十八章），使人深刻地认识到在胜利中应看到失败的因素，在困难中应看到光明的前途。《老子》中的其他论述，如："有无相生，难易相成，长短相较，高下相倾，音声相和，前后相随。"（《老子》第二章）"将欲夺之，必固与之。……柔弱胜刚强。"（《老子》第三十六章）"曲则全，枉则直，洼则盈，敝则新。"（《老子》第二十二章）"合抱之木，生于毫末；九层之台，起于累土；千里之行，始于足下。"（《老子》第六十四章）这些都是通过总结自然界和社会现象，从不同角度论述矛盾的双方存在于统一体中，互相消长，在一定条件下向相反的方面转化的道理。先秦兵家名著《孙子》则从军事学角度对辩证法做了精彩的论述，如"知彼知己，百战不殆"（《孙子·谋攻篇》）的名言，成为后人从事战争和实施各项复杂工作的重要指导思想。书中提倡交替使用"正"（正规）、"奇"（灵活多变）两类战法，出奇制胜。对敌人要"避实而击虚"（《孙子·虚实篇》），"避其锐气，击其惰归"（《孙子·军争篇》），"兵者，诡道也。故能而示之不能，用而示之不用；近而形之远，远而示之近"，"攻其无备，出其不意"，（《孙子·计篇》）"以佚待劳，以饱待饥"（《孙子·军争篇》），夺取胜利。

古代思想家以辩证的、发展的眼光论述历史进程中的问题也颇有成就，其中对封建制和郡县制的演变的讨论，即为突出的例证。封建制实行于西周，周初天子实行封土建邦，分封王室子弟及功臣，建立鲁、卫、晋、燕、齐、宋等诸侯国。秦始皇统一六国，建立中央集权政权，在全国实行郡县制。以后历代总有人提出分封制与郡县制孰优孰劣的问题，其理由是周初实行分封制带来了周代八百年的统治，而秦朝实行郡县制结果只维持二代即灭亡，因此长期引起争论。不少进步思想家通过分析历史事实，论证郡县制取代分封制是历史的必然趋势。西汉初，曾经分封刘姓子弟为王，用以藩屏汉室。其结果是，王国势力逐渐膨胀，尾大不掉。贾谊在《治安策》中，痛陈诸侯王的割据局面造成对朝廷的威胁，"天下之势方病大瘇。一胫大几如要（腰），一指之大几如股"。因此建议坚决削弱诸侯王的势力："欲天下之治安，莫若众建诸侯而少其力。力少则易使以义，国小则亡邪心。"（《汉书·贾谊传》）以后景帝、武帝即采取贾谊所陈方针，相继断然实行"削藩"和"推恩令"，终于使王国辖地都不过数县，其地位相当于郡，因而大大巩固了西汉中央集权。唐代柳宗元著《封建论》，针对有的人所持的封建是圣人所设的制度、不可改变的复古主义论调，作了透彻有力的分析驳斥。他明确指出，封建不是圣人的意志所决定，而是当时形势所决定："封建非圣人意也，势也。……归周者八百焉，资以胜殷，武王不得而易。徇之以为安，仍之以为俗，汤、武之所不得已也。"柳宗元进而论述，废封建而设郡县，是历史的进步，是时势的要求，防止了割据分裂对人民造成的灾难。周初实行分封，结果是诸侯势力强大，周天子徒有虚名，指挥不动，最终形成春秋十二诸侯并立，战国七雄割据，所以分封制正是导致周代衰亡的原因："周之丧久矣，徒建空名于公侯之上耳！得非诸侯之盛强，末大不掉之咎欤？遂判为十二，合为七国，威分于陪臣之邦，国殄于后封之秦。则周之败端，其在乎此矣。"而秦朝废除封建制，设置郡守、县令，朝廷控制着全国的权力，这正是郡县制的成功之处："秦有天下，裂都会而为之郡邑，废侯卫而为之守宰，据天下之雄图，都六合之上游，摄制四海运于掌握之内。此其所以为得也。"他进而论述，废封建而实行郡县制，是历史的趋势所决定的，秦朝以郡县代封建，虽然是从维护皇帝统位的"私"出发，但其制度，却避免了分裂割据带给人民的苦难，所以是最大的"公"："秦之所以革之者，其为制公之大者也。其情私也，私其一己之威也，私其尽臣畜于我也。然而公天下之端自秦始。"（《柳河东集》卷三《封建论》）柳宗元《封建论》堪称中古时代进步思想家运用辩证、发展的观点剖析历史问题的杰作，它产生于当时，则具有反对中唐藩镇割据势力的现实意义。清初的王夫之继承了柳宗元的进步观点，他阐述由封建向郡县制演变，是"势"之所趋，亦是合于"理"的结果，恢复分封制，完全是空想；并且强调秦罢诸侯置县守，是天假其私以行其大公。故说："两端争胜而徒为无益之论者，辨封建者是也。郡县之制垂二千年而弗能改矣，合古今上下皆安之。势之所趋，岂非理而能然哉？""秦以私天下之心而罢侯置守，而天假其私以行其大公。"(《读通鉴论》卷一)处在近代史开端时期的进步思想家龚自珍对此同样有精彩的论述，他撰有《答人问关内侯》一文，以分封与统一长期斗争的大量史实，论证统一是必然趋势。他认为秦汉以来所实行的没有封地的关内侯制度，是防止分裂割据、巩固中央集权的有效措施，故说："汉有大善之制一，为万世法，关内侯是矣。汉既用秦之郡县，又兼慕周之封建，侯王之国，与守令之郡县，相错处乎禹之九州，是以大乱繁兴。封建似文家法，郡县似质家法，天不两立。天不两立，何废何立？天必有所趋，天之废封建而趋一统也昭昭矣。然且相持低仰徘徊二千余年，而后毅然定。何所定？至我朝而后大定。关内侯者，汉之虚爵也。虚爵如何？其人揖让乎汉天子之朝，其汤沐邑之入，稍稍厚乎汉相公卿。无社稷之祭，无兵权，无自辟官属。……我圣祖仁皇帝既平吴、耿大逆，虽元功亲王，毕留京师，大制大势皆定，宗室自亲王以下，至于奉恩将军，凡九等，皆拨予之以直隶及关东之田，以抵古之汤沐邑。以汉制准之，则关内侯也。"(《定庵文集·答人问关内侯》)以上贾谊、柳宗元、王夫之和龚自珍等人依据客观的历史事实，阐发了周初实行分封制的时代合理性和诸侯势力膨胀不利于统一的弊病，阐发了封建皇帝推行郡县制出发点的"私"和结果国家的统一获得保证的大"公"二者的关系，无疑是中国本土思想家对于历史发展辩证法的深刻揭示。

四、反抗压迫的精神和同情民众苦难的情怀

马克思主义学说的本质是批判的、革命的、与时俱进的，它揭露千百年来剥削制度的极不合理，揭露资本主义社会中阶级压迫的残酷，启发无产阶级和劳动大众展开阶级斗争，推翻剥削阶级的国家机器，建立由劳动阶级当家做主的新型的社会主义国家。中国的传统思想虽然尚未达到系统的阶级斗争学说的水平，

但中国历代志士仁人同样对两千年封建社会和近代半殖民地半封建社会中残酷的阶级压迫予以深刻的揭露和抨击,他们仇视邪恶势力、同情民众苦难的言论,同样影响、哺育了20世纪初的进步人物,在他们心中播下反抗和革命的火种。

孔子学说的核心是"仁政",要让民众得到利益,能够安居乐业,反对暴政,反对残酷剥削、横征暴敛。孔子斥责"苛政猛于虎"(《礼记·檀弓下》)。鲁国执政大夫季氏要改变赋税制度以加重对民众的剥削,孔子以鲜明的态度表示反对。孔子的学生冉有帮助季氏聚敛财富,孔子非常生气,公开表示不再承认冉有是他的学生,要求学生们对他鸣鼓而攻之,《论语》中记载此事说:"季氏富于周公,而求也为之聚敛而附益之。子曰:'非吾徒也。小子鸣鼓而攻之,可也。'"(《论语·先进》)孔子主张"薄赋敛则民富"(《说苑·政理》),明确主张当政者节用去奢,减轻剥削,不过度征用民力,影响农业生产,故说"节用而爱人"(《论语·学而》),"因民之所利而利之"(《论语·尧曰》)。孟子发扬了孔子仁政、爱民的思想,他提出了"民贵君轻"的光辉命题,认为民众利益和地位的重要性应摆在第一位,而国君则是次要的,故说"民为贵,社稷次之,君为轻"(《孟子·尽心下》),公开地否定统治者恣意作威作福,老百姓备受奴役、作牛当马的不合理社会秩序,成为后代志士阐发民权主张的思想源泉。孟子还倡言民众推翻祸国殃民的暴君是天然合法的,"贼仁者谓之'贼',贼义者谓之'残'。残贼之人,谓之'一夫'。闻诛一夫纣矣,未闻弑君也"(《孟子·梁惠王下》)。先秦其他典籍中还有不少关注民众苦难、反抗压迫、痛斥暴君民贼的记载。《诗经》中将贪残地剥削民众的统治阶级人物形象地比喻为硕鼠,表示受害的民众发誓彻底要逃离他去寻找幸福生活:"硕鼠硕鼠,无食吾黍。三岁贯汝,莫我肯顾。誓将去汝,适彼乐土。"(《诗经·魏风·硕鼠》)《左传》中记载,鲁昭公被季氏驱逐出境,死在国外。晋国的赵简子问史墨:"季氏出其君,而民服焉,诸侯与之;君死于外而莫之或罪,何也?"史墨说:"鲁君世从其失,季氏世修其勤,民忘君矣。虽死于外,其谁矜之？社稷无常奉，君臣无常位，自古为然。故《诗》曰：'高岸为谷，深谷为陵。'三后之姓，于今为庶，主所知也。"（《左传》昭公三十二年）史墨认为没有永恒不变的统治秩序，不受民众拥护的国君，民众随时可以抛弃他。《国语》中的一段记载与此正相类似。晋国人把暴虐的晋厉公杀了，鲁成公问："臣杀其君，谁之过也？"大夫里革说："君之过也。夫君人者，其威大矣。失威而至于杀，其过多矣。"（《国语·鲁语上》）孟子、史墨、里革所表达的，是春秋战国时期进步人物颇为共同的政治观念，这与后来封建专制主义强化时期"皇上圣明，臣子罪该万死"的观念是相对立的。

先秦思想家反对压迫、抗议暴政的精神被后代进步思想家所继承。贾谊通过总结秦末农民起义推翻了暴虐政权的历史经验，认识到民众的力量，他论述："故国以民为安危，君以民为威侮，吏以民为贵贱。此之谓民无不为本也。""故自古至于今，与民为仇者，有迟有速，而民必胜之。"（《新书·大政上》）他深切同情封建剥削给人民造成的苦难，用"抱火措之积薪之下而寝其上"来形容国家的形势，自己因忧国忧民而"痛哭"、"流涕"、"长太息"。他认为构成国家潜在威胁的不但有藩国割据和匈奴入侵，还有剥削阶级"以侈靡相竞"的风尚。（《汉书·贾谊传》）他说："今背本而趋末，食者甚众，是天下之大残也；淫侈之俗，日日以长，是天下之大贼也。残贼公行，莫之或止；大命将泛，莫之振救。生之者甚少而靡之者甚多，天下财产何得不蹶！汉之为汉几四十年矣，公私之积犹可哀痛。失时不雨，民且狼顾；岁恶不入，请卖爵、子。……兵旱相乘，天下大屈，有勇力者聚徒而衡击，罢夫羸老易子而咬其骨。政治未毕通也，远方之能疑者并举而争起矣，乃骇而图之，岂将有及乎？"在这里贾谊揭露了剥削者对社会财富的严重浪费致使人民遭受饥寒，令人震惊地预示了社会动乱的危险前景。汉初另一位进步思想家晁错也指出因政府赋敛沉重而造成农民破产流亡的严重社会问题，他说："（农夫）勤苦如此，尚复被水旱之灾，急政暴赋，赋敛不时，朝令而暮改。当具有者半贾而卖，亡者取倍称之息，于是有卖田宅鬻子孙以偿责者矣。"(《汉书·食货志上》）东汉后期思想家王符则指出治本者少，浮食者众，法令严苛，役赋繁重，百官扰民，是社会致乱的根源："是则一夫耕，百人食之；一妇桑，百人衣之。以一奉百，孰能供之？天下百郡千县，市邑万数，类皆如此。本末何足相供，而民安得不饥寒？饥寒并至，则安能不为非？"（《潜夫论·浮侈》）"乃君不明，则百官乱而奸宄兴，法令鬻而役赋繁，则细民困于吏政，仕者穷于典礼，冤民就狱乃得直，烈士交私乃见保，奸臣肆心于上，乱化流行于下，君子载质而车驰，细民怀财而趋走。"（《潜夫论·爱日》）东汉末思想家仲长统更触目惊心地描绘出封建王朝周期性危机的图景，其创业者凭借勇力取得政权，至其继位者却自以为不可一世，因而贪欲无度，君臣交恶，对民众残酷剥削榨取，敲骨吸髓，最后造成土崩瓦解的局面，政权的更迭周而复始，这几乎成为一种规律。故说："彼后嗣之愚主，见天下莫敢与之违，自谓若天地之不可亡也，乃奔其私嗜，骋其邪欲，君臣宣淫，上下同恶。……使饿狼守庖厨，饥虎牧牢豚，遂至熬天下之脂膏，斫生人之骨髓。怨毒无聊，祸乱并起，中国扰攘，四夷侵叛，土崩瓦解，一朝而去。昔之为我哺乳之子孙者，今尽是我饮血之寇仇也。……存亡以之迭代，政（治）乱从此周复，天道常然之大数也。"（《后汉书·仲长统传》引《昌言·理乱篇》）这是仲长统根据亲身对东汉末社会矛盾极度激化的深刻观察，结合对秦、西汉两朝由兴盛到覆亡的历史经验的总结，具有重要意义的概括，直接启发人们从历史演变规律性的高度，认识封建政治败坏、剥削阶级肆无忌惮地对民众榨取、社会矛盾极度激化，而导致王朝覆灭的必然结局。

　　清初思想家置身于封建社会的末期，对于种种黑暗腐朽的社会情状感受更加强烈，尤其是他们亲身经历了明清灭亡、清兵入关的"天崩地解"的大事变，更加深刻地认识到封建专制统治是社会的最大祸害。黄宗羲《明夷待访录》便是愤怒声讨封建专制主义罪恶的战斗檄文，直斥"为天下之大害者，君而已矣"。他说："凡天下之无地而得安宁者，为君也。是以其未得之也，屠毒天下之肝脑，离散天下之子女，以博我一人之产业，曾不惨然！曰'我固为子孙创业也'。其既得之也，敲剥天下之骨髓，离散天下之子女，以奉我一人之淫乐，视为当然，曰'此我产业之花息也'。然则为天下之大害者，君而已矣！"（《明夷待访录·原君》）唐甄所著《潜书》中，也爆发出"自秦以来，凡为帝王者皆贼也"的强烈抗议，他说："盖自秦以来，屠杀二千余年，不可究止。嗟乎！何帝王盗贼之毒至于如此其极哉！"（《潜书·全学》）"杀一人而取其匹布斗粟，犹谓之贼；杀天下之人而尽有其布粟之富，乃反不谓之贼乎！……若过里而墟其里，过市而窜其市，入城而屠其城……天下既定，非攻非战，百姓死于兵与因兵而死者十五六，暴骨未收，哭声未绝，目眦未干。于是乃服衮冕，乘法驾，坐前殿，受朝贺，高宫室，广苑囿，以贵其妻妾，以肥其子孙。彼诚何心，而忍享之！若上帝使我治杀人之狱，我则有以处之矣。……有天下者无故而杀人，虽百其身不足以抵其杀一人之罪。"（《潜书·室语》）唐甄和黄宗羲都把猛烈批判的锋芒集中指向封建专制制度，以确凿的史实揭露专制君主是天下百姓两千年来蒙受种种灾难的祸端，昭示人们铲除这灾祸的总根源乃是"顺乎天而应乎人"的正义事业！他们的战斗呐喊爆发在封建末世，尤其具有警醒的意义和号召的力量。到了嘉道时期即鸦片战争前夜，封建统治更加病入膏肓，龚自珍进一步揭露专制君主仇视、摧残天下之士的实质，指斥封建皇帝是"霸天下之氏"，对"众人震荡摧锄"以建立其淫威，"其力强，其志武，其聪明上，其财多，未尝不仇天下之士，去人之廉，以快号令，去人之耻，以嵩高其身；一人为刚，万夫为柔，以大便其有力强武"。（《定庵文集·古史钩沉论一》）并且发出"居民上，正颜色，而患不尊严，不如闭宫庭"（《定庵文集·乙丙之际塾议第二十五》）的呐喊。龚氏的挚友魏源也警告由于统治集团昏聩无能，社会问题千疮百孔，国家的精气被扼杀殆尽，日益沦于穷困处境的民众随时有爆发反抗的危险："稽其籍，陈其器，考其数，诹诸百执事之人，卮何以漏？根何以蠹？高岸何以谷？荃茅何以莸？堂询诸庭，庭询诸户，户询诸国门，国门询诸郊野，郊野询诸四荒，无相复者；及其复之，则已非子、姬之氏矣。"

(《古微堂集·默觚下·治篇十一》）龚、魏的言论，恰恰预告时代剧变行将到来！到了20世纪初叶，中国社会处于帝国主义侵略、封建势力压迫、军阀混战造成的重重灾难交织之下，先进人物长期郁积的不满和反抗意识，一经马克思主义阶级斗争学说的照耀，必然带领民众走上武装革命、争取解放的道路。

五、大同思想

阶级社会中普遍存在的残酷压迫、剥削，民众饥寒交迫，以至转死沟壑的苦难景象，促进进步的思想家在揭露黑暗现象的同时，一再产生解救民众于苦难之中，铲除压迫、剥削和仇恨，使人人得以安居乐业的美好憧憬。古代儒家经典中所描绘的"大同"境界是最受人称道的，孔子就曾经一再表达其"达则兼善天下"（《孟子·尽心上》）、"博施于民而能济众"（《论语·雍也》）的政治抱负。发展到《礼记》作者，更构想了一个"天下为公"，没有压迫、剥削，没有战争、掠夺、欺诈，人人互相关心，男女老少得到安乐生活的理想社会："大道之行也，天下为公。选贤与能，讲信修睦，故人不独亲其亲，不独子其子。使老有所终，壮有所用，幼有所长，矜寡孤独废疾者皆有所养。男有分，女有归。货恶其弃于地也，不必藏于己；力恶其不出于身也，不必为己。是故谋闭而不兴，盗窃乱贼而不作，故外户而不闭。是谓大同。"（《礼记·礼运》）《礼记》称这段话是孔子的描述，并且说大同境界在三代时已经出现过，而现在社会倒退到"天下为家，各亲其亲，各子其子，货力为己"的"小康"社会。其实，《礼记》作者称"大同"社会早先已经实现，乃是处于充满阶级压迫的现实的不合理社会中渴望达到"大同"理想的一种表达。人类社会最初曾经历过原始共产主义阶段，那时没有阶级、没有剥削，并无财产私有观念，但社会生产力低下，物质匮乏，远非"大同"时代；但是社会发展阶段有过的人人平等、财产公有却给人们留下珍贵的记忆，于是借此构建起"大同"理想，作为对抗现实的不合理的精神力量。另一部儒家经典《公羊传》中对"太平世"的描绘，也是表达对未来美好社会的憧憬。春秋公羊家用据乱——升平——太平的"三世说"表达社会进化的思想："于所传闻之世，见治起于衰乱之中，用心尚麤觕，故内其国而外诸夏……于所闻之世，见治升平，内诸夏而外夷狄……至所见之世，著治太平，夷狄进至于爵，天下远近小大若一……"（《春秋公羊解诂》鲁隐公元年何休注文）公羊家言太平世，描绘出天下远近小大若一，各民族间再也没有隔阂，没有战争，平等友好相处，共同享有幸福生活的理想境界。春秋公羊家的"太平世"设想，与《礼记》作者的"大同"理想可以互相补充、互相发明，同样是古代哲人处于充满压迫、剥削、征伐、战争等等不幸的时代，对于美好未来的渴求，而公羊家的"三世说"以符合历史发展逻辑的顺序来设计，这又是其特出的理论价值。

历代农民起义大众也每每用"太平""平均"来表达追求平等、幸福社会的愿望，至近代太平天国起义更颁布《天朝田亩制度》的斗争纲领，号召建立"有田同耕，有饭同食，有衣同穿，有钱同使，无处不均匀，无人不饱暖"的理想社会。中国历代优秀人物和人民大众如此痛恨人剥削人的制度，长期追求"大同"社会而不能实现，至近代由于饱受帝国主义侵略和封建主义压迫，社会残破不堪。在这种背景下，当先进人物从唯物史观创始人的书中，读到经由无产阶级革命建立社会主义，最后实现"各尽所能，按需分配"的共产主义制度的学说时，自然欣喜地接受，并且满怀热情地投入斗争，希望在马克思主义指引下，解救民众的苦难，最后达到人类彻底解放的理想社会。

六、对于推进理论认识的意义

深入地探讨传统思想中的精华何以通向唯物史观，对于推进认识中国社会的发展进程和中国马克思主义史学理论的特点，显然具有不容忽视的意义。

首先，是深刻地认识中国传统思想发展的方向同样符合于人类文明大道的关系问题。中国传统思想是在东方世界的特定历史环境下形成和发展的，有自己民族的特性，有自己的思维方式，以及概念、命题和内涵等。对此，应当承认并且恰当地估价。与此同时，我们又不应当过分地夸大中国传统思想的独特性，绝对不能认为中国传统思想与人类文明发展或互相脱节或偏离，恰恰相反，二者互相联系，其基本精神和原则是互相呼应、互相发明的。中国传统思想固然明显地具有自己的学说体系和特点，但是，如同我们在前面分别论述的，其唯物主义的思想资料，辩证的、发展的观点，历代志士仁人反抗压迫、同情民众苦难的精神，以及先哲们向往的大同思想，都是与西方文化的优秀成果相通的；中国传统思想并没有离开人类文明的发展大道，作为人类优秀遗产的直接继承者，马克思主义就当然地与中国传统思想的精华相贯通，容易为先进的中国人所接受。对中国人来说，马克思主义学说虽然是从西方传入的，但它又完全不同于其他的"舶来品"。马克思主义从其创立之时，就包含着能为中国人和其他东方民族自然地接受的思想品格。

其次，进一步认识马克思主义中国化和创造性发展的深刻意义。五四时期以后，马克思主义在中国获得迅速传播。一方面，是根源于中国的社会矛盾、阶级矛盾极其尖锐复杂，近代以来曾经提出过的种种救国方案统统失败，采用马克思主义指导成为唯一的选择；另一方面，传统文化中的宝贵遗产提供了接受马克思主义的思想基础和内在动力。由此决定马克思主义传入以后，能够很快地在中国扎根，由此而形成与中国文化特点相结合、符合中国国情的毛泽东思想。马克思主义的中国化，指导中国人民夺取了民主革命的彻底胜利。今天，中国共产党又结合新的时代条件将马克思主义普遍原理创造性地发展，成功地制定了建设社会主义的纲领、方针和政策。马克思主义的基本原理如此与中国传统思想的精华，与中国文化形成的价值观的内涵深深地相契合，无疑是马克思主义中国化的伟大事业在过去将近一个世纪中与时俱进地发展,一直保持旺盛的生命力的重要原因。

第三,进一步认识中国马克思主义史学理论的创造性特点及其科学价值。中国古代史学家视修史为裨益于治理国家和承载民族文化传承的崇高事业,历史著作极其丰富。古代史学又是在民族文化价值观的指导之下,因而在运用唯物主义观点和辩证、发展的观点观察、总结历史问题上也有非常显著的成就,形成了优良的传统。司马迁以"通古今之变,究天人之际,成一家之言"作为著史的宗旨,并对经济生产活动不仅制约人类历史的演进,而且本身具有法则性这一根本问题提出精彩的论断。柳宗元论述封建并非圣人之意,郡县制战胜封建制存在客观的必然性。王夫之论述历史的"理"存在于历史演进具体的"势"中,"势"不断发展,"理"也将不断变化。龚自珍、魏源处于嘉庆、道光时期,敏感地认识到历史已面临巨大变局,呼吁必须大力"变革""除弊",黜除空疏学风,关心现实问题,并进而倡导了解外国、学习西方先进事物。这就证明中国古代史学的优秀理论遗产同样成为五四时期进步学者接受唯物史观的桥梁。事实正是如此,在20世纪20年代传播唯物史观的热潮中,进步的历史学者恰恰站到了最前列。李大钊从小熟读经史,饱受其中人民性、民主性精华的浸润,由于受到辛亥革命前后严酷政治环境的刺激,很快地由激进的民主主义者而转向初步的共产主义者。他是杰出的革命家,又是在中国最早传播唯物史观并产生了巨大影响的人物。他系统地阐述唯物史观的基本原理,建构了新的史学理论体系,并且提出了每一时代史家应根据新的史观、新的体验"改作历史"的问题。其后不久展开的中国社会史大论战中,进步学者运用唯物史观作指导,分析中国现实社会性质,并且根据当时掌握的文献资料提出对中国古代社会史的认识,经受了时间的考验证明其真知灼见,长达十年的论战显示了中国唯物史观学者从一开始就坚持革命性和科学性相统一的正确方向。为中国马克思主义史学的建立作出卓越贡献的老一辈马克思主义史学家在撰写其史著的同时,都高度重视理论创造。郭沫若有志于撰写《家庭、私有制和国家的起源》的续篇,范文澜从事中国通史研究,旨在探索中国历史与人类历史的共同性和特殊性，侯外庐撰著中国上古社会史论和中国思想通史的著作，也为自己提出在唯物史观普遍原理指导下探讨中国历史独特发展道路的任务。至 20 世纪 60 年代，郭沫若、范文澜、翦伯赞等人都出色地倡导在唯物史观指导下百家争鸣，坚决反对貌似革命的"左"的思想，捍卫历史学的科学性。进入新时期以来，广大史学工作者勇于肃清教条主义的恶劣影响，拨乱反正，既坚持唯物史观的指导，又对外开放、吸收西方新学理，创造性地阐释中国历史发展的问题，从事新的理论创造。中国马克思主义史学理论的发展道路，是运用唯物史观的普遍原理探索中国的历史实际并不断前进的道路，是坚持革命性与科学性相结合正确方向的道路，是勇于摒弃错误、不断向更高的理论高峰攀登的道路。这种科学探索精神和宝贵的学术品格能够不断发扬光大，都与我们的先人赐给我们的优秀文化遗产有着密切的关系。中国是世界上历史极其悠久、幅员十分辽阔、人口众多、历史进程内容无比丰富的东方大国，在历史理论领域，以往近一个世纪以来取得的创造性成果和今后将要取得的新成果，无疑都是中国学者对于人类历史理论宝库的积极贡献。

（原刊《史学理论与史学史学刊》2007 年卷）

中篇 当代史学的思考

恩格斯晚年对唯物史观理论的重大贡献

马克思和恩格斯创立的唯物史观,是马克思主义学说的核心部分。自从19世纪40年代创立以来,在长达一个多世纪的时间中,这一科学理论指导了全世界范围内无产阶级和一切被压迫民族争取解放的斗争,同时,在学术研究领域成为指引人们认识历史、认识世界、不断探求真理的明灯,至今仍然在全世界范围内赢得极高的声誉。唯物史观理论是探索性、开放性的思想体系,它要不断丰富和发展自己,保持其常青的活力。唯物史观发展的道路是曲折起伏的,它要接受客观实践的检验,随着时代的发展而作出新的理论概括;同时,其正确原理的传播和贯彻,也不可能一帆风顺,而难免要遭受一些人的严重误解或歪曲,如若听任其散布,必将危害革命事业。因此,坚定的马克思主义者必须及时地批判这些谬误,并结合各项复杂的实际情况宣传正确的主张,使更多的人分清是非,而恰恰在批判谬误的过程中,唯物史观原理又得到发展和丰富。在这方面,恩格斯无疑为唯物史观的发展谱写了辉煌的篇章。在欧洲,当19世纪70年代前后马克思主义迅速传播形成潮流时,却有一些自称"信仰"马克思主义的人,其实他们既不认真领会马克思主义理论,又缺乏实际革命活动的锻炼,他们只会猎取马克思主义的个别词句,当作教条和公式随意套用，以此作为一种时髦。马克思和恩格斯洞悉其错误实质和危害，立即予以批驳。但因马克思过早逝世，因此批判这些谬误的重任主要落在恩格斯肩上。为此，晚年恩格斯写了大量信件，他不顾辛劳，为了捍卫马克思主义真理，深刻地剖析教条主义者的错误及其危害，由此而涉及唯物史观的许多重大问题，给予充分的阐释。他这样做，不啻是为发展唯物史观建树了一座丰碑。马克思和恩格斯在19世纪40年代著成的《德意志意识形态》《〈政治经济学批判〉序言》等，奠定了唯物史观学说的基础，而恩格斯晚年阐发的诸多命题和原理则将之大大丰富和发展了。完全可以说，正是有了晚年恩格斯所作的这些精辟论述，唯物史观理论才成为完整的、原理更加丰富而明晰的科学体系。恩格斯所作的这些精辟论述，对于指导我们认识世界、指导实际革命工作和指导科学研究，都具有极其宝贵的价值。

一、唯物史观理论勇于探索、与时俱进的科学品格

马克思、恩格斯在创立马克思主义过程中自觉继承了文明世界的一切优秀遗产，而摒除了以往对人类社会历史进程唯心的和机械刻板的解释，他们是从无比繁富的第一手资料和复杂的客观现实中经过研究，概括出具有高度科学价值的基本原理，而在运用这些原理去说明具体历史问题之时，则必定要深入考察研究对象纵向发展过程和不同阶段特点，横向的诸多复杂的联系，将理论与实践紧密结合起来，审慎地得出恰当的结论；随着事物的变化、世界的发展、各种理论和学说的进步，则认识要不断提高。——唯物史观形成过程中这些基本特点，必然赋予这一学说体系尊重客观事实、符合辩证思维和勇于探索、与时俱进的科学品格。因此，马克思一再强调他所揭示的原理并不是提供解释一切历史现象的历史哲学，更不是可以随意套用的现成药方和公式。19世纪70年代末，一些法国青年学者热衷于把马克思学说作为时髦，他们自称"马克思主义者"，却不去认真钻研和领会

马克思、恩格斯的著作和实质,只会将个别词句生搬硬套,以此作为不认真研究历史的借口,马克思对此至感愤慨,曾说过:"我只知道我自己不是马克思主义者。"① 马克思的严正态度,突出地说明了唯物史观与教条主义在根本上是相对立的!恩格斯同样严肃地批评了一些德国的青年学者将唯物史观词句贴标签式地随便套用的错误做法,告诫说,如果把唯物史观当作公式套用,就会走向它的对立物,即唯心主义和形而上学。他在写给德国"青年派"领袖保·恩斯特的信中一针见血地指出:"至于谈到您用唯物主义方法处理问题的尝试,那么,首先我必须说明:如果不把唯物主义方法当作研究历史的指南,而把它当作现成的公式,按照它来剪裁各种历史事实,那它就会转变为自己的对立物。"② 同一时期,恩格斯又在致康·施米特的信中,语重心长地教导说必须把基本原理运用到探索复杂社会实际之中,这样做将会使研究的领域广阔、前途远大:"对德国的许多青年著作家来说,'唯物主义'这个词大体上只是一个套语,他们把这个套语当作标签贴到各种事物上去,再不作进一步的研究,就是说,他们一把这个标签贴上去,就以为问题已经解决了。但是我们的历史观首先是进行研究工作的指南,并不是按照黑格尔学派的方式构造体系的诀窍。必须重新研究全部历史,必须详细研究各种社会形态存在的条件,然后设法从这些条件中找出相应的政治、私法、美学、哲学、宗教等等的观点。在这方面,到现在为止只做了很少的一点工作,因为只有很少的人认真地这样做过。在这方面,我们需要很大的帮助,这个领域无限广阔,谁肯认真地工作,谁就能做出许多成绩,就能超群出众。但是,许许多多年轻的德国人却不是这样,他们只是用历史唯物主义的套语(一切都可能被变成套语)来把自己的相当贫乏的历史知识(经济史还处在襁褓之中呢!)尽速构成体系,于是就自以为非常了不起了。"③

马克思和恩格斯的唯物主义历史观是和辩证法密切结合、成

---

① 《恩格斯致康·施米特》,《马克思恩格斯选集》第四卷,第691页。
② 《恩格斯致保·恩斯特》,《马克思恩格斯选集》第四卷,第688页。
③ 《恩格斯致康·施米特》,《马克思恩格斯选集》第四卷,第691—692页。

为一体的。唯物史观强调经济因素是历史演进的终极原因,生产力和生产关系的基本矛盾是社会变革的根本动力。马、恩强调这一根本原则,绝不意味着可以忽视政治、法律、社会意识等项的作用。教条式地套用唯物史观的人们的错误在于:他们的思维直接违背了辩证法的根本原则,只见到事物的一面,而忽视了有密切关系的另一面。恩格斯曾一再指出要把握唯物主义的历史观与辩证法结合这一根本的思想方法,并且诚恳地对马克思和他本人因为时代环境所迫曾经不得不较多地强调经济因素的作用,而进行自我批评,指出只要问题一关系到描述某个历史时期,即关系到实际的应用,那么,如果不对各种复杂的情况作出中肯的分析,则将造成严重的错误,他说:"青年们有时过分看重经济方面,这有一部分是马克思和我应当负责的。我们在反驳我们的论敌时,常常不得不强调被他们否认的主要原则,并且不是始终都有时间、地点和机会来给其他参与相互作用的因素以应有的重视。但是,只要问题一关系到描述某个历史时期,即关系到实际的应用,那情况就不同了,这里就不容许有任何错误了。可惜人们往往以为,只要掌握了主要原理——而且还并不总是掌握得正确,那就算已经充分地理解了新理论并且立刻就能够应用它了。在这方面,我是可以责备许多最新的'马克思主义者'的;而他们也的确造成过惊人的混乱……"① 在另一处,恩格斯同样诚恳地承认马克思和他本人在著作中通常强调得不够而造成的"过错":"这就是说,我们大家首先是把重点放在从基本经济事实中引出政治的、法的和其他意识形态的观念以及以这些观念为中介的行动,而且必须这样做。但是我们这样做的时候为了内容方面而忽略了形式方面,即这些观念等等是由什么样的方式和方法产生的。"② 由于这方面的缺失,就给了论敌进行曲解或歪曲的借口。恩格斯十分精辟地论述教条主义者思维方式和根本错误,是抛弃了辩证法,将事物矛盾着的对立绝对化地视为对立的两极,

---

① 《恩格斯致约·布洛赫》,《马克思恩格斯选集》第四卷,第698页。
② 《恩格斯致弗·梅林》,《马克思恩格斯选集》第四卷,第726页。

违背了发展过程是以相互作用的形式进行的根本原则:"所有这些先生们所缺少的东西就是辩证法。他们总是只在这里看到原因,在那里看到结果。他们从来看不到:这是一种空洞的抽象,这种形而上学的两极对立在现实世界只存在于危机中,而整个伟大的发展过程是在相互作用的形式中进行的(虽然相互作用的力量很不相等:其中经济运动是最强有力的、最本原的、最有决定性的),这里没有什么是绝对的,一切都是相对的。对他们说来,黑格尔是不存在的……"①

恩格斯在晚年不顾领导工人国际工作的繁忙和整理出版《资本论》第二、三卷的辛劳,给欧洲各国的革命活动家和进步学者写了大量信件,目的是教导他们正确地领会和运用唯物史观的真谛。这些信件是马克思主义发展史上的宝贵文献,除了对论敌的歪曲进行驳斥外,更大量的是针对所谓一些"马克思主义者"对于马克思主义学说的原理原则的片面理解,有力地廓清教条主义、公式主义的谬误。恩格斯的这些论述强烈地体现出唯物史观学说与教条化、公式化根本对立的本质特征和精神风格,具有很强的战斗性、针对性,并且结合一些重要历史问题进行透彻的分析,对一些重要命题作了充分的阐释。因此,这些书信毫无疑问是对唯物史观的重大丰富和发展,对我们从事历史研究具有宝贵的指导意义。

二、在廓清谬误中大大推进了唯物史观理论体系

恩格斯晚年以高度的理论创新精神和透彻的思辨分析阐明的唯物史观命题和原理,其核心问题是廓清这些青年"马克思主义者"违反历史演进丰富性、违反辩证法的严重错误:他们将唯物史观学说所揭示的人类社会发展规律性,与社会生活形式的复杂多样、演进道路的曲折变化完全脱离、割裂,将指导人们分析复

---

① 《恩格斯致康·施米特》,《马克思恩格斯选集》第四卷,第705页。

杂现象的规律变成可以一成不变地任意套用的教条，因而将无比丰富多彩的人类生活变成似乎用简单的几条公式便可以造出来，把具有丰富的发展变化内涵的科学理论，变成僵死的、畸形的、形而上学的说教。恩格斯的巨大理论贡献主要包括以下四项：

其一，论述经济条件是历史发展的基础，在根本上起决定性作用，但是，影响历史进程的原因，是"一切因素间的相互作用"，破除将社会形态演进简单地直接归结于经济原因的公式主义错误。在致约·布洛赫的信中，恩格斯对此作了精彩的论述："根据唯物史观，历史过程中的决定性因素归根到底是现实生活的生产和再生产。无论马克思或我都从来没有肯定过比这更多的东西。如果有人在这里加以歪曲，说经济因素是唯一决定性的因素，那么他就是把这个命题变成毫无内容的、抽象的、荒诞无稽的空话。经济状况是基础，但是对历史斗争的进程发生影响并且在许多情况下主要是决定着这一斗争的形式的，还有上层建筑的各种因素：阶级斗争的政治形式及其成果——由胜利了的阶级在获胜以后确立的宪法等等，各种法的形式以及所有这些实际斗争在参加者头脑中的反映，政治的、法律的和哲学的理论，宗教的观点以及它们向教义体系的进一步发展。这里表现出这一切因素间的相互作用，而在这种相互作用中归根到底是经济运动作为必然的东西通过无穷无尽的偶然事件（即这样一些事物和事变，它们的内部联系是如此疏远或者是如此难于确定，以致我们可以认为这种联系并不存在，忘掉这种联系）向前发展。否则把理论应用于任何历史时期，就会比解一个最简单的一次方程式更容易了。"① 这里他明确指出，如果教条主义式地认为经济因素是唯一的决定因素，则会把正确的原理变成荒诞的空话，而实际上，在认识经济条件是基础的同时，还应认识到政治形式和意识形态的各种因素，在许多情况下上层建筑的各种因素能对斗争形式起到主要的决定作用。因此，决定历史进程的是"一切因素间的相互作用"，经济运动的必然性是通过无穷无尽的偶然事件向前发展

---

① 《恩格斯致约·布洛赫》，《马克思恩格斯选集》第四卷，第695—696页。

的。接着恩格斯又以德国历史为例,说明尽管经济条件归根结底起决定作用,但是政治以及传统意识等等条件,也都对历史进程起着一定的作用,"普鲁士国家也是由于历史的、归根到底是经济的原因而产生出来和发展起来的。但是,恐怕只有书呆子才会断定,在北德意志的许多小邦中,勃兰登堡成为一个体现了北部和南部之间的经济差异、语言差异,而自宗教改革以来也体现了宗教差异的强国,这只是由经济的必然性所决定,而不是也由其他因素所决定(在这里首先起作用的是这样一个情况:勃兰登堡由于掌握了普鲁士而卷入了波兰事件,并因而卷入了国际政治关系,这种关系在奥地利王室领地形成的过程中也起过决定的作用)。要从经济上说明每一个德意志小邦的过去和现在的存在,或者要从经济上说明那种把苏台德山脉至陶努斯山所形成的地理划分扩大成为贯穿全德意志的真正裂痕的高地德意志语的音变的起源,那么,很难不闹出笑话来。"恩格斯进而提出了著名的"合力论",阐明在历史上,各个不同的阶级、阶层、团体和个人,都根据自己的利益,通过努力表达自己的意志,构成各种复杂的关系、矛盾和冲突,而历史进程最终显示出来的方向,就是这各种力量和冲突的总和,历史上的每一单个的意志都对历史的演进起到或大或小、或是根本性或是很次要的作用,故历史的演进在实质上是符合规律的,但演进的道路和形式,则是极其复杂多样、曲折回旋的。他说:"历史是这样创造的:最终的结果总是从许多单个的意志的相互冲突中产生出来的,而其中每一个意志,又是由于许多特殊的生活条件,才成为它所成为的那样。这样就有无数互相交错的力量,有无数个力的平行四边形,由此就产生出一个合力,即历史结果,而这个结果又可以看作一个作为整体的、不自觉地和不自主地起着作用的力量的产物。因为任何一个人的愿望都会受到任何另一个人的妨碍,而最后出现的结果就是谁都没有希望过的事物。所以到目前为止的历史总是像一种自然过程一样地进行,而且实质上也是服从于同一运动规律的。但是,各个人的意志——其中的每一个都希望得到他的体质和外部的、归根到底是经济的情况(或是他个人的,或是一般社会性的）使他向往的东西——虽然都达不到自己的愿望，而是融合为一个总的平均数，一个总的合力，然而从这一事实中决不应作出结论说，这些意志等于零。相反地，每个意志都对合力有所贡献，因而是包括在这个合力里面的。"①

其二，经济运动与国家权力二者对历史发展作用的相互关系。恩格斯说："这是两种不相等的力量的相互作用：一方面是经济运动，另一方面是追求尽可能大的独立性并且一经确立也就有了自己的运动的新的政治权力。总的说来，经济运动会为自己开辟道路，但是它也必定要经受它自己所确立的并且具有相对独立性的政治运动的反作用，即国家权力的以及和它同时产生的反对派的运动的反作用。"他认为国家权力对于经济发展的反作用可以归结为三种情况："它可以沿着同一方向起作用，在这种情况下就会发展得比较快；它可以沿着相反方向起作用，在这种情况下，像现在每个大民族的情况那样，它经过一定的时期都要崩溃；或者是它可以阻止经济发展沿着既定的方向走，而给它规定另外的方向——这种情况归根到底还是归结为前两种情况中的一种。但是很明显，在第二和第三种情况下，政治权力会给经济发展带来巨大的损害，并造成人力和物力的大量浪费。"恩格斯还特别指出，如果发生政治权力侵占和粗暴地毁灭经济资源的情况，必将造成灾难性的后果。"由于这种情况，从前在一定条件下某一地方和某一民族的全部经济发展可能被毁灭。现在，这种情况多半都有相反的作用，至少在各大民族中间是如此：战败者最终在经济上、政治上和道义上赢得的东西往往比胜利者更多。"② 不论古代或近代，都不乏国家权力对于大自然粗暴破坏而遭到严重惩罚的例证，今天的世界，由于生态环境受到严重破坏，而造成的严重后果，更成为全人类共同关注的紧迫课题。这也为恩格斯的论述提供了新的确凿的验证。

与此密切相关的是，恩格斯指出，对经济条件的决定作用，

---

① 《恩格斯致约·布洛赫》，《马克思恩格斯选集》第四卷，第696—697页。
② 《恩格斯致康·施米特》，《马克思恩格斯选集》第四卷，第701—702页。

不应作太狭窄的理解,它应当包括一个时代生产和运输的全部技术、经济关系赖以发展的地理基础等项。"我们视之为社会历史的决定性基础的经济关系,是指一定社会的人们生产生活资料和彼此交换产品(在有分工的条件下)的方式。因此,这里包括生产和运输的全部技术。这种技术,照我们的观点看来,也决定着产品的交换方式以及分配方式,从而在氏族社会解体后也决定着阶级的划分,决定着统治和被奴役的关系,决定着国家、政治、法等等。此外,包括在经济关系中的还有这些关系赖以发展的地理基础和事实上由过去沿袭下来的先前各经济发展阶段的残余(这些残余往往只是由于传统或惰性才继续保存着),当然还有围绕着这一社会形式的外部环境。"①

其三,论述意识形态的反作用。根据唯物史观的基本原理,一定性质的社会经济基础决定一定性质的上层建筑,并形成与之相适应的哲学、法律、宗教等意识形态。教条主义者对此往往作片面的、绝对的理解,只讲经济基础和上层建筑对意识形态的决定作用,这就违背了辩证法,对社会历史进程造成严重曲解。故此,恩格斯晚年对于纠正教条主义者的这种错误观点同样予以高度重视,一再阐明经济基础与意识形态之间作用与反作用的辩证关系。他在致康·施米特的信中说:"我们称之为意识形态观点的那种东西——又对经济基础发生反作用,并且能在某种限度内改变经济基础,我认为这是不言而喻的。以家庭的同一发展阶段为前提,继承法的基础是经济的。尽管如此,很难证明:例如在英国立遗嘱的绝对自由,在法国对这种自由的严格限制,在一切细节上都只是出于经济的原因。但是二者都对经济起着很大的反作用,因为二者都影响财产的分配。"他又说,意识形态领域中哲学、科学等部门,在历史进程中对于消除史前时期形成的愚昧已作了长期的努力。"从事这些事情的人们又属于分工的特殊部门,并且认为自己是致力于一个独立的领域。只要他们形成社会分工之内的独立集团,他们的产物,包括他们的错误在内,就要

---

① 《恩格斯致瓦·博尔吉乌斯》,《马克思恩格斯选集》第四卷,第731页。

反过来影响全部社会发展，甚至影响经济发展。但是，尽管如此，他们本身又处于经济发展的起支配作用的影响之下。"他还提出了意识形态领域相对独立性的重要原理："每一个时代的哲学作为分工的一个特定的领域，都具有由它的先驱传给它而它便由此出发的特定的思想材料作为前提。因此，经济上落后的国家在哲学上仍然能够演奏第一小提琴：18世纪的法国对英国来说是如此（法国人是以英国哲学为依据的），后来的德国对英法两国来说也是如此。但是，不论在法国或是在德国，哲学和那个时代的普遍的学术繁荣一样，也是经济高涨的结果。经济发展对这些领域也具有最终的至上权力，这在我看来是确定无疑的，但是这种至上权力是发生在各该领域本身所规定的那些条件范围内：例如在哲学中，它是发生在这样一种作用所规定的条件的范围内，这种作用就是各种经济影响（这些经济影响多半又只是在它的政治等等的外衣下起作用）对先驱所提供的现有哲学材料发生的作用。经济在这里并不重新创造出任何东西，但是它决定着现有思想材料的改变和进一步发展的方式，而且多半也是间接决定的，因为对哲学发生最大的直接影响的，是政治的、法律的和道德的反映。"[①] 不久之后，恩格斯又在致弗·梅林的信中作了进一步论述，他指出，政治、法律、哲学等等部门在那些世代相连的人们的头脑中经过了自己的独立发展道路，这些部门在不同时代经历的演变从其实质而言是决定于意识形态以外的社会条件，而从形式来看却使人们以为始终是思维本身的发展。恩格斯对此的解释是："历史思想家（历史在这里应当是政治、法律、哲学、神学，总之，一切属于社会而不是单纯属于自然界的领域的简单概括）——历史思想家在每一科学领域中都有一定的材料，这些材料是从以前的各代人的思维中独立形成的，并且在这些世代相继的人们的头脑中经过了自己的独立的发展道路。当然，属于本领域或其他领域的外部事实对这种发展可能共同起决定性的作用，但是这种事实本身又被默认为只是思维过程的果实，于是我们便

[①]《恩格斯致康·施米特》，《马克思恩格斯选集》第四卷，702—704页。

始终停留在纯粹思维的范围之中,而这种思维仿佛顺利地消化了甚至最顽强的事实。"① 这就为历史研究者提出了复杂丰富而又具有很高学术价值的研究课题。

其四,历史内在规律的必然性与历史事件的偶然性之关系。社会生产方式的有序演进,经济条件是各种社会力量发生风云变幻的事件不断演变的根本原因,这些都是历史发展的内在规律。但是历史进程又是无比曲折的,各种现象复杂纷繁。对于历史发展之客观的必然性不能作机械的理解和公式化的套用,否则就会把无比生动丰富的人类历史变成抽象的概念演绎;同时,又应摒弃认为历史事件之间毫无联系、只是"事件的荒唐堆积"之类的唯心主义者的错误见解。因此,必须正确地认识和把握历史发展的内在规律性和历史事件复杂演变的偶然性之间的关系,认识表面看来似乎是偶然性事件的背后隐藏着的客观必然性;而历史必然性又是通过复杂万端的偶然性现象表现出来,而且偶然的因素也一定对历史的进程产生影响,结果造成各个国家、民族历史道路的种种差异。这样,阐释必然性与偶然性的辩证关系,就成为正确运用唯物史观原理、纠正教条式理解的题中应有之义。恩格斯在他逝世的前一年,在致瓦·博尔吉乌斯的信中对此作了分析:"人们自己创造自己的历史,但是到现在为止,他们并不是按照共同的意志,根据一个共同的计划,甚至不是在一个有明确界限的既定社会内来创造自己的历史。他们的意向是相互交错的,正因为如此,在所有这样的社会里,都是那种以偶然性为其补充和表现形式的必然性占统治地位。在这里通过各种偶然性而得到实现的必然性,归根到底仍然是经济的必然性。这里我们就来谈谈所谓伟大人物问题。恰巧某个伟大人物在一定时间出现于某一国家,这当然纯粹是一种偶然现象。但是,如果我们把这个人去掉,那时就会需要有另外一个人来代替他,并且这个代替者是会出现的,不论好一些或差一些,但是最终总是会出现的。恰巧拿破仑这个科西嘉人做了被本身的战争弄得精疲力竭的法兰西

---

① 《恩格斯致弗·梅林》,《马克思恩格斯选集》第四卷,第726—727页。

共和国所需要的军事独裁者,这是个偶然现象。但是,假如没有拿破仑这个人,他的角色就会由另一个人来扮演。这一点可以由下面的事实来证明:每当需要有这样一个人的时候,他就会出现,如凯撒、奥古斯都、克伦威尔等等。如果说马克思发现了唯物史观,那么梯叶里、米涅、基佐以及1850年以前英国所有的历史编纂学家则表明,人们已经在这方面作过努力,而摩尔根对于同一观点的发现表明,发现这一观点的时机已经成熟了,这一观点必定被发现。""历史上所有其他的偶然现象和表面的偶然现象都是如此。我们所研究的领域越是远离经济,越是接近于纯粹抽象的意识形态,我们就越是发现它在自己的发展中表现为偶然现象,它的曲线就越是曲折。如果您划出曲线的中轴线,您就会发现,所考察的时期越长,所考察的范围越广,这个轴线就越同经济发展的轴线接近于平行。"① 恩格斯的这些重要论述,捍卫了唯物史观的基本原理,在批判教条主义错误倾向的同时将马克思主义理论向前推进。

三、永远保持唯物史观常青的活力

恩格斯晚年对唯物史观理论的重大发展,是留给我们的极其宝贵的思想财富。唯物史观学说,经历了它的孕育、产生、成功运用和继续发展丰富的不同阶段。马克思、恩格斯从摒弃前人因时代和阶级的局限,用种种唯心主义的形而上学的或机械唯物主义的观点歪曲历史开始,通过分析复杂的历史现象和社会现实,深刻而全面地揭示了认识人类历史的一系列本质问题,从社会形态由低级阶段向高级阶段的有序演进,生产力与生产关系、经济基础与上层建筑、社会存在与社会意识的辩证关系,在阶级社会中运用阶级分析方法是认识一切复杂纷纭社会现象的一把钥匙,人民群众与个别杰出人物在历史上的作用,影响历史进程的原因

---

① 《恩格斯致瓦·博尔吉乌斯》,《马克思恩格斯选集》第四卷,第732—733页。

是"一切因素间的相互作用",政治权力对经济发展产生作用的不同情况,意识形态的相对独立性原理,历史必然性与历史偶然性的关系,到如何训练和运用辩证的、发展的、普遍联系的观点分析问题的思想方法。为了概括和创造这些具有重大价值的命题和原理,前有马克思首创奠基之功,后有恩格斯坚决捍卫和大力发展之功,由此构成内容丰富的唯物史观的理论体系,为我们有效地提供分析复杂历史现象的思想武器和指导研究工作的科学方法。通过认真领会和努力运用唯物史观理论,就能获得对社会历史发展的科学的认识,能够逐步地达到对客观历史演变实质的把握,尽可能接近真实地再现客观历史的本来面貌;就能深刻认识人类社会中经济的、政治的、民族的、外交的、意识形态的种种现象虽然关系错综复杂,然而又有规律可循,构成互相联系的复杂的有机体;就能够不断发现新材料,恰当地分析问题并作出新的概括,推进众多领域的科学认识,即令在研究过程中对某一问题认识有错误,也容易在自由探索和批评的气氛中得到纠正;就能不断开阔视野,及时总结时代的新经验,借鉴和吸收其他学科部门的新发现、新原理,使唯物史观理论继续向前发展;就能坚持正确的认识路线和研究方法,坚决摒弃思想僵化、故步自封、主观臆测的错误思想,永远保持唯物史观常青的活力。声称提倡唯物史观将会导致教条主义的人,若非恶意的歪曲,便是绝大的误解。恰恰相反,从本质上看,从发展的历史看,从内涵的丰富性和所揭示的真理的深刻性看,唯物史观学说与教条主义乃是根本相对立的。在唯物史观传播和运用的历史上,之所以产生公式化、教条化的错误是运用者认识幼稚、经验不足所致,或是特殊环境下错误的政治路线影响所致,因而走到唯物史观的反面,唯物史观理论绝对不能承担这个责任。作为唯物史观学说的杰出发展者和捍卫者的列宁,与作为著名马克思主义理论家的弗·梅林,都曾对唯物史观学说与教条主义、形而上学的对立作过极其精当的评论。列宁说:"人们自己创造自己的历史,但人们即人民群众的动机由什么决定,各种矛盾思想或意向间的冲突由什么引起,一切人类社会中所有这些冲突的总和究竟怎样,造成人们全部历史活动基础的客观物质生活生产条件究竟怎样，这些条件的发展规律又是怎样，——马克思对这一切都注意到了，并指出了科学地研究历史，这一极其复杂而又是有规律的统一过程的途径。"① "恩格斯在谈到他自己和他那位著名的朋友时说过：我们的学说不是教条，而是行动的指南。这个经典性的论点异常鲜明有力地强调了马克思主义往往被人忽视的那一方面。而忽视那一方面，就会把马克思主义变成一种片面的、畸形的、僵死的东西，就会阉割马克思主义的活的灵魂，破坏它的根本的理论基础——辩证法，即关于包罗万象和充满矛盾的历史发展的学说；就会破坏马克思主义同时代的一定的实际任务，即随着每一次新的历史转变而改变着一定实际任务之间的联系。"② 弗·梅林则说："历史唯物主义消灭了每一种任意的历史结构；它排斥了每一种想把多变的人类生活视为一律的死板公式。……历史唯物主义对待每一个历史时期都不带有任何预先的假定，它只是对它进行从基础到最上层的研究，从它的经济结构起一直向上研究到它的精神观念。"③

不但马克思主义的杰出思想家和著名学者高度评价唯物史观理论向人们指出"以科学态度研究历史的途径即把历史当作一个十分复杂并充满了矛盾但毕竟是有规律的统一过程来研究的途径"，评价"它排斥了每一种想把多变的人类生活视为一律的死板公式"，而且像20世纪英国著名历史学家巴勒克拉夫这样虽然不是马克思主义者，但对历史研究深有造诣的正直学者，也郑重指出当代著名的历史学家无一例外地交口称赞马克思主义历史哲学启发了他们的创造力，称誉马克思是"最不教条、最灵活的作者"。在这里引一段他的评论同样是饶有兴味的。他说："今天仍保留着生命力和内在潜力的唯一的'历史哲学'，当然是马克思

---

① 列宁：《卡尔·马克思》，《列宁选集》第二卷，人民出版社1995年版，第425页。
② 列宁：《论马克思主义历史发展中的几个特点》，《列宁选集》第二卷，第398页。
③ [德] 弗·梅林著，吉洪译：《保卫马克思主义》，人民出版社1982年版，第20—21页。

主义。我们已经看到,马克思主义不仅是共产主义国家中强大的思想力量,在整个亚洲也是十分强大的思想力量。马克思主义对非共产主义国家的影响也同样强大。当代著名历史学家,甚至包括对马克思的分析抱有不同见解的历史学家,无一例外地交口称誉马克思主义历史哲学对他们产生的巨大影响,启发了他们的创造力。伊赛亚·伯林在他的著作中写道:'在一切比较重要的社会历史理论当中,马克思主义胆量最大,而且最充满智慧。'"他又指出:"虽然非马克思主义者和反马克思主义者不愿意承认这一事实,但是,要否认马克思主义是有关人类社会进化的能够自圆其说的唯一理论,是很难办到的。也就是说,马克思主义是唯一的历史哲学,它对历史学家的思想产生了明显的影响。这并不是说马克思主义是教条,更不应当将马克思主义当作教条来使用。从某些方面看,马克思是最不教条、最灵活的作者。"①

巴勒克拉夫对马克思主义唯物史观的评价十分典型,耐人寻味,体现出他作为对历史研究具有严肃认真态度并且眼光锐敏的学者的高度学识和智慧。马克思主义所以至今仍然保留着强大的生命力和启迪意义,就因为它是指导人们揭示社会历史的实质规律和复杂进程的科学历史观和方法论。正确地运用唯物史观理论,不但不会导致出现教条主义,相反地,这样做正是克服教条主义的有效途径。而且,正如恩格斯所谆谆告诫的那样,谁只要能够认真地运用唯物史观的原理在历史学的某一领域上努力探索,谁就将获得广阔天地,做出超群出众的成绩!

(原刊《陕西师范大学学报》2009 年第 1 期)

---

① [英]巴勒克拉夫著,杨豫译:《当代史学主要趋势》,上海译文出版社 1987 年版,第 261 页。

中国马克思主义史学发展道路的思考

中国马克思主义史学,自李大钊于1919年发表《我的马克思主义观》,传播唯物史观以来,已走过八十多年的历程,从涓涓细流壮大成浑浩的江河。八十多年的发展,著述丰富,名家辈出,提出了大量重要的理论观点,开拓了许多重要的研究领域,极大地改变了中国史学的面貌,同时又经历了十分曲折的道路,有过深刻的教训。总之,八十多年来成就很大,需要总结、反思的问题很多。限于我的水平,今天只能就下面三个问题讲点粗浅的看法,不当之处请予以指正。

一、唯物史观传播把中国史学推向新阶段

五四前后至大革命失败前,马克思主义在中国思想文化界的传播形成了一个热潮。近些年来,学术界有的人自觉或不自觉地对唯物史观指导史学研究提出怀疑,每每要讲到中国学者接受马克思主义社会形态学说是因为受了斯大林的影响,照抄了《论辩证唯物主义和历史唯物主义》的小册子,因而其科学性值得怀疑。其实这本身在时间上是先后倒置。最早介绍马克思社会形态

学说的是李大钊,他于1919年5月所写《我的马克思主义观》中论述"马克思历史观的主要部分"时引用《经济学批评》序文:"大体而论,吾人得以亚细亚的、古代的、封建的及现代资本家的生产方法,为社会经济的组织进步的阶段。"① "社会的物质的生产力,于其发展的一定阶段,与他从来所在那里面活动当时的生产关系,与那不过是法制上的表现的所有关系冲突。这个关系,这样由生产力的发展形式变而为束缚。于是乎社会革命的时代来。巨大的表面构造的全部,随着经济基础的变动,或徐,或激,都变革了。"② 他根据的是日本河上肇的译本,而斯大林小册子是1938年9月才著成出版的,时间相差近二十年。李大钊在1919年到1924年写了一系列宣传唯物史观的文章,发表在《新青年》等杂志上,如《物质变动与道德变动》(1919)、《由经济上解释中国近代思想变动的原因》(1920)、《马克思的历史哲学与理恺尔的历史哲学》(1920)、《唯物史观在现代史学上的价值》(1920)、《研究历史的任务》(1923)、《史学要论》(1924)等。他在《史学要论》中明确论述唯物史观在历史学中引起的伟大变革:"从来的史学家,欲单从社会的上层说明社会的变革,——历史,——而不顾社会的基址;那样的方法,不能真正理解历史。社会上层,全随经济的基址的变动而变动,故历史非从经济关系上说明不可。这是马克思的历史观的大体。""马克思所以主张以经济为中心考察社会的变革的原故,因为经济关系能如自然科学发见因果律。这样子遂把历史学提到科学的地位。"因此,李大钊提出要不断"动手改作"历史。"一时代有一时代比较进步的历史观,一时代有一时代比较进步的知识;史观与知识不断的进步,人们对于历史事实的解喻自然要不断的变动。"③ 李大钊的论述,指明唯物史观是科学历史观的意义,同时意味着要运用唯物史观的原理来解释中国文献史料,写出与旧史面貌完

---

① 李大钊:《我的马克思主义观》,《李大钊史学论集》,河北人民出版社1984年版,第13页。
② 李大钊:《我的马克思主义观》,《李大钊史学论集》,第12页。
③ 李大钊:《史学要论》,《李大钊史学论集》,第199、201、202页。

全不同的新的历史著作。李大钊还在大学里讲授"唯物史观研究""史学思想史"等课程，在当时传播唯物史观的功绩最为杰出，被人们誉为"马克思主义专家"，并成为当时从理论武器到思想面貌完全崭新的文化生力军的一名主将。

在当时，《新青年》、《中国青年》、《晨报》副刊、《民国日报》副刊、《学灯》等报刊，成为先进知识分子宣传唯物史观的重要阵地。《共产党宣言》《哥达纲领批判》《国家与革命》等书译本都相继出版，还出版了一批日本河上肇、俄国普列汉诺夫等人有关唯物史观的著作，其中就以河上肇的著作影响最大。北京、上海、广州、武汉、长沙等地进步势力较大的高等学府，几乎都开设讲授唯物史观的课程。周恩来甚至在天津警署的牢狱中，还宣讲"唯物史观总论和阶级竞争史""历史上经济组织的变迁"等。当时杨端六即撰有《马克思学说评》一文，敏锐而中肯地指出马克思主义在全国迅速传播的特点："以我国思想界之迟钝，输入西洋之学说，殆莫不经过多少阶级（段）而始得其一知半解之理想，而社会犹反对之。今不数年，而马克思之名喧传全国，上自所谓名士，下至初级学生，殆无不汲汲于马克思学说之宣播。"至五四以后，更出现了一批由党内理论家和进步理论工作者写成的研究社会发展史的著作，至20年代末十年间数量多达十五种，其中著名的有蔡和森《社会进化史》（1924）、李达《现代社会学》（1926）、邓初民《社会进化史纲》（1931）、马哲民《社会进化史》（1929）、陈翰笙《人类的历史》（1927）。这些著作虽然深浅精粗各有差别，但是有共同的特点：运用唯物史观作指导，系统叙述人类社会的起源和发展，努力阐明社会发展的一般规律。五四时期形成的传播马克思主义的热潮有力地说明，中国人找到马克思主义的真理，固然与俄国十月革命胜利影响有密切关系，而更加深刻的原因是，内忧外患、灾难深重的中国社会，经历了自鸦片战争以来一系列重大事件，证明无论是传统思想、维新思想、资产阶级革命思想都无法把中国从帝国主义和封建势力的沉重压迫下解救出来，只有马克思主义指引的由共产党领导工农民众进行彻底的反帝反封建革命的道路，才能使中华民族得到解放。总之，马克思主义的迅速传播是由于中国社会面临的深刻的阶级矛盾和民族矛盾所决定的。中国马克思主义史学的创立和壮大也同中国人民争取解放的斗争紧密地联系在一起。

郭沫若所著《中国古代社会研究》，是运用唯物史观系统研究中国历史的开山之作。这部名著酝酿和写作于1928年到1929年。当时大革命刚刚失败，郭沫若流亡日本，是处于日本特务监视、生活困难、资料匮乏种种恶劣条件下，发愤写成的。郭沫若把用唯物史观指导研究中国历史同认清革命的前途直接联系起来，他说："对于未来社会的待望逼迫着我们不能不生出清算过往社会的要求。古人说：'前事不忘，后事之师。'认清楚过往的来程也正好决定我们未来的去向。"他要用历史研究驳倒"国情特殊"论，证明"中国人不是神，也不是猴子，中国人所组成的社会不应该有甚么不同"，要走世界各国共同的道路，以此鼓舞处于困难时刻的国内人民看到未来的光明前途。同时他要探求中国历史发展所具有的本身的特点，谱写"恩格斯的《家庭、私有制和国家的起源》的续篇"。[①] 为此，他把先进的科学理论的指导同扎实的文献考订功夫结合起来。他继承了清代学者实事求是的考证成果，继承了罗振玉，尤其是王国维研究甲骨、金文的成绩，出色地对旧史料作出新解，熔《诗》《书》《易》中纸上史料，与卜辞、金文中的考古材料于一炉，赋予它们以新的意义，并且上升到系统分析社会生产方式和阶级关系的高度。这样，文献、卜辞、金文这些原来似乎互相孤立的材料，都发生了联系，成为有用的活材料，殷周时期的社会生产生活方式也得到应有的重视。前此，李大钊为传播唯物史观作出了重大贡献，并提出改写历史的任务，现在郭沫若继续了他的工作，做到把马克思主义的理论同中国历史结合起来，在深入研究的基础上，作了系统的清理，因此成为中国马克思主义史学的划时代的著作。

[①] 均见郭沫若《中国古代社会研究·自序》，《郭沫若全集·历史编》第一卷，人民出版社1982年版，第6、9页。

根据当时所掌握的史料和认识水平，郭沫若在书中对中国历史不同阶段社会性质的看法是：商代尚未十分脱离母系中心社会，商代的产业是以牧畜为本位。到周代已有发达的农业，其社会性质是奴隶社会。东周以后，才由奴隶制转入封建制。自秦以后，"中国的封建制度一直到最近百年都是很岿然的存在着的"。"最近百年"中国社会性质又有新变化，当时他用"资本制"和"资本制的革命"来表述，但他实际上指的就是旧的封建制解体、帝国主义势力不断侵入以后新的历史阶段，也即我们平时所讲的半殖民地半封建社会。当然，由于当时处于运用唯物史观研究中国历史和中国社会的草创阶段，书中存在着对史料解释不够娴熟和有的提法不恰切的毛病。近年来，有的研究者离开当时的历史环境，贬低《中国古代社会研究》，这并不符合历史主义的态度。这些论者所持的理由主要有二：一是批评此书存在"公式主义"的毛病，"差不多死死地把唯物史观的公式，往古代的资料上套"。须知郭沫若是运用唯物史观研究中国古代社会的第一人，所做的堪称创榛辟莽的工作，的确很不成熟。但当时的任务是证明唯物史观原理同样适合于指导中国古史研究，中国社会的进程同样符合人类社会的普遍规律，这样才能帮助人民大众树立对革命前途的信心。因此，"套上"是时代的要求，至于让它臻于完善，则有待于"更有时间更有自由的同志"，"继续作更详细的探索"。二是批评郭沫若此后一再改变他对古代社会性质的看法。历史研究本来是十分复杂的事情，在探索的道路上修正旧说、提出新说正是不断进取的表现。本书在史学著作中第一次论证了中国历史的发展经历了原始公社制——奴隶社会——封建社会——被卷入资本主义世界潮流的近代中国社会这几个基本社会阶段。后来，郭沫若本人对于区分历史阶段的时期曾有变更，但一直保持在这部著作中形成的基本看法，并且为进步史学界所接受。此后，郭沫若进而修正说：商代中期以后已逐步由畜牧转入以农业为主，原始制的解体和奴隶制的产生应提前到商代；又提出奴隶制向封建制的过渡应该放在春秋、战国时期。——这些修正都标志着他的研究工作不断获得进展。《中国古代社会研究》对于推进中国历史的巨大意义,我们可以从当时赞成唯物史观的学者所写的评论中得到证明,如称"郭沫若先生的《中国古代社会研究》要算是震动一世的名著。就大体看,他那独创的精神,崭新的见解,扫除旧史学界的乌烟瘴气,而为新史学开其先路的功绩,自值得我们的敬仰"①。当时,属于自由派史家的张荫麟也十分称道郭沫若从社会经济基础以及社会制度变迁的大背景来阐发历史研究方法。他同样敏锐地认识到郭沫若提供了运用唯物史观来研究中国历史的新范式具有开辟史学研究新道路的意义,所以赞扬此书"例示了研究古史的一条大道"②。

马克思主义史学家和进步学者对于中国社会和中国历史的看法,很快地在20世纪30年代初开始的中国社会性质论战和中国社会史论战中受到了考验。1927年大革命失败后,中国革命处于低潮时期,如何正确认识中国社会的性质和革命的前途,成为十分紧迫而尖锐的问题。1928年6—7月召开的中国共产党"六大",根据列宁和共产国际的指示以及党的领导人对中国社会现实的分析,提出当前中国社会性质是半殖民地半封建社会,中国革命仍是资产阶级性质的民主革命。当时由于中国革命处于极端困难时期,许多人悲观彷徨,马克思主义学者认为剖析中国当前社会性质、帮助人们认清革命发展的方向是自己的责任。王学文、李一氓等在上海创办了《新思潮》杂志。1930年4月,《新思潮》"中国经济研究专号"发表了王学文、李一氓、潘东周等人的文章,他们以帝国主义对中国的侵略阻碍了中国近代民族资本的发展、农村仍然顽固地保持着封建势力等文献为论据,论证"六大"路线的正确,批判陈独秀取消革命的谬论。以任曙、严灵峰为代表的陈独秀的追随者写文章进行反驳,武断地讲帝国主义入侵"绝对地"破坏了封建制度的经济基础,中国社会中"是资本主义关系占统治地位","中国目前是资本主义社会"。由此

---

① 嵇文甫:《评郭沫若〈中国古代社会研究〉》,《嵇文甫文集》,河南人民出版社1985年版,第243页。

② 张荫麟:《评郭沫若〈中国古代社会研究〉》,《大公报·文学副刊》第208期,1932-1-4。

又引起了1932年至1933年的"中国社会史论战"。关于秦以前的社会性质,论战的焦点是中国是否存在过奴隶社会。陶希圣等人对此否认。关于秦以后至鸦片战争以前的社会性质,陶希圣认为是"商业资本社会"。陈邦国认为,"秦的统一,是商业资本的统一"。公孙金认为,自秦以后,中国社会是"为封建思想所支配的初期资本社会"。如果自秦以后真的是"商业资本社会"或"初期资本社会",那中国革命主要任务之一是反对封建主义岂非无的放矢,这种论调受到马克思主义学者的有力反驳。潘东周等指出,封建社会的商品交换与资本主义社会的商业资本有着质的不同。春秋战国时期虽然商人势力相当活跃,但它没有也不可能破坏中国封建社会的经济基础。"中国并没有发生工业革命,因此,也不可能使中国的封建关系'实质上久已不存在'。"大商人虽曾在政治上发生过相当的影响,但自秦以后至近代,地主在各朝代中仍是统治阶级。吕振羽指出,即使"在商业资本获发展的封建社会末期,这也不能对于封建社会的生产关系有何重大的改变"。郭沫若虽然因在国外没能参加社会史大论战,但他在著作中论述的近代以前中国是封建社会的观点对进步学者是很大的鼓舞。经过这场大论战,中国在鸦片战争前长期处于封建社会和鸦片战争后是半殖民地半封建社会的正确观点扩大了影响,由于受到马克思主义学者的有力批驳,热闹一时的"商业资本主义社会"论终于销声匿迹。对于中国社会性质、阶级关系和社会基本矛盾的正确分析,是中国共产党制定新民主主义时期革命纲领和任务的基础,这些科学分析已由新民主主义的胜利得到了权威的验证。诚如黎澍所说,论战以前,党的领导机关虽然对中国社会性质有正确的提法,"但并未引起人们的注意,经过后来的一番论战,至少是在一定范围内公开进行了关于各个问题的讨论,使人们对它的现实意义有了认识"。又说,关于中国革命的反帝反封建性质的规定,"如果不对中国历史作一番切实的研究,用丰富的事实加以说明,就很难为中国人所理解。所以进一步研究中国历史,对于正确认识中国革命的性质、任务,从而制定正确的政策和策略，无疑具有重大的意义"①。

　　以上事实证明，在中国马克思主义史学的奠基时期，郭沫若的著作和其他马克思主义历史工作者的论著，表明他们对于中国革命现实问题深切的责任感和清醒的态度，发扬了中国史学经世致用的优良传统。同时也证明中国马克思主义史学的代表人物，从一开始就把握着正确的方向，要把唯物史观原理与中国历史结合起来，重视研究中国的国情，尽管在某些地方还难免粗糙，却体现了革命性和科学性的统一。这是中国马克思主义史学的重要特点。

　　抗日战争爆发前夕到1949年，是马克思主义史学的壮大时期。在前一时期的基础上，马克思主义史学大大地开拓了研究领域，史学家辛勤著述，在断代史、通史、近代史、历史理论和专史各个范围均有重要建树，完成了一批重要著作，在整个学术文化界令人瞩目。不仅其观点进步，风格新颖，而且在学术上很有深度，具有厚重的分量，显示出自己建构研究中国历史体系的规模和力量。"马克思主义史学五大家"在这一时期相继都完成了重要著作。郭沫若于抗战后期撰成《青铜时代》《十批判书》。吕振羽先后著成《史前期中国社会研究》（1934）、《殷周时代的中国社会》（1936）、《中国政治思想史》（1937）、《简明中国通史》（1941—1948年著成，分第一、第二分册出版）。翦伯赞先后著成《历史哲学教程》（1938）、《中国史纲》第一、二卷（1943—1944）。范文澜著成《中国通史简编》（1941）、《中国近代史》（上册）（1945）。侯外庐著成《中国古典社会史论》、《中国古代思想学说史》、《中国近世思想学说史》、《中国思想通史》（第一卷）等（均完成于1943—1947年）。还有胡绳的《帝国主义与中国政治》（1949年初出版），王亚南的《中国经济原论》和《中国官僚政治研究》（分别撰成于1943年和1948年）等。这些著作中有不少堪称里程碑式的史著，经历了时间的考验，至今仍然显示出活跃的生命力。

---

① 黎澍：《再思集》，中国社会科学出版社1985年版，第217页。

马克思主义史学壮大的重要表现是，马克思主义史学家在前一阶段成就的基础上进一步掌握了丰富的史料，对唯物史观的运用达到新境界，在研究方法上更趋成熟。自觉地提出并实践"研究中国历史与人类历史的共同性与中国历史的特殊性及其二者的联结"这一目标，就是这一时期特点的集中体现。吕振羽《史前期中国社会研究》，以唯物史观为指导，分析文献和考古资料，并结合民族学、民俗学知识，考证出远古传说中的可信部分能与出土文物相印证，系统论证了古代原始社会，纠正了古史辨派疑古过头的偏向。《殷周时代的中国社会》一书，根据当时中国地下出土文物史实，认定殷代确已进入奴隶社会，并从财产形态、阶级构成、国家形成过程等项作了全面考察，创立了殷商奴隶制学说。并且，根据考古学界对殷墟出土器物和遗迹的考察，从当时铜器冶炼技术和冶炼场遗址的普遍存在，青铜工艺所达到的水平，得出殷商非新石器或金石并用时代，而是"青铜器时代"的结论。又从文献上关于酗酒成风的记载，以及酒器的大量出土，推论出殷商时期已达到较高的劳动生产率，才提供了多余的粮食，而殷商已达到相当高水平的文化，也只有在较高的剩余劳动之上才能创造出来，这一切与阶级对立（奴隶主与奴隶阶级的对立）、国家形成的社会发展水平正相适应。故殷周不是氏族社会，而是奴隶制社会。同时，他提出西周是封建社会的观点，认为：周灭商以后，奴隶已被解放，原来殷代国家的土地被宣布为"王有"，封赐给贵族和各级臣僚。他们成为大大小小的封建领主。形成了由天子、诸侯、大夫、士组成的封建领主阶级与被称为"庶人"或"小人"的农奴阶级之间的对立。并论证西周封建制的形成过程大致到宣王中兴时完成。故吕振羽是"西周封建说"的首倡者。关于此书所阐述的上述两项观点的价值，吴泽教授曾评价说："吕著的可贵之处在于创立了殷商奴隶制社会论和西周封建说。这对中国历史科学的研究有着十分重大建树的意义。"①

---

① 吴泽：《我国马克思主义史学的开拓者——吕振羽》，刘茂林、叶桂生《吕振羽评传》一书代序，社会科学文献出版社1990年版，第3页。

在《简明中国通史》中，吕振羽对几千年中国历史的进程提出了更深入、更有系统的看法。在其 1941 年所写第一分册序言中，更把其撰著目的明确归纳为如下三项："第一，把中国史看成同全人类的历史一样，作为一个有规律的社会发展过程来把握；第二，力避原理原则式的叙述和抽象的论断；第三，尽可能照顾中国各民族的历史和其相互作用。"既要探讨中国历史发展的规律性，又要探讨它所表现的具体特点，并将其真实面貌复现，这就把中国史学推向发展的新阶段。范文澜在延安完成的《中国通史简编》，到 1942 年全书五十六万字全部出版，成为第一部以唯物史观为指导的中国通史。范文澜在此书的"绪言"中表明，他的研究工作要全力总结出唯物史观所阐述的人类社会共同规律在中国历史上表现出来的特殊性。这部书的主要成就是：通过对历史资料的分析、综合，对几千年中国历史提出系统的看法，并且比较深入而成功地分析和描述各个时代的特色，做到主干清晰，而又有血有肉。继之完成的《中国近代史》（上册），大大推动了史学界对这一阶段历史的研究。以往史学界有关近代史著作甚少，有的著作有进步的观点，但篇幅较小，内容单薄，有的则从唯心史观出发，任意曲解史实。范著《中国近代史》以马克思主义为指导，在大量占有材料的基础上，通过对历史的系统叙述，恢复了中国近代历史的本来面目，标志着近代史的研究进入科学的阶段。它所奠定的基本格局和提出的许多论断影响史学界达几十年。戴逸评价说："这两部书全面地、系统地阐明了中国的全部历史，教育、影响了后代的历史学家，也教育、影响了当时千千万万的革命者。范老的著作很多，这两部著作可以说奠定了他在历史学界崇高的、不朽的地位。"[①]

马克思主义史家在抗战时期建树的业绩是一笔宝贵的史学遗产。新中国成立以后，马克思主义史学在全社会影响很大，是同这一时期所取得的成就密切相关的。这些史学前辈都是战士兼学者，范文澜和吕振羽后来都到了根据地。他们一边参加抗日斗

---

① 戴逸：《时代需要这样的历史学家》，《近代史研究》，1994 年第 1 期。

争,一边辛勤著述,真正做到与革命同命运,与民众同呼吸。他们的史著的确与探索中国革命的正确道路有紧密的关系,对鼓舞人民斗志、投身革命洪流发挥了巨大的作用。同时他们又极其重视充分占有史料和运用实证方法,他们的目的是要探索历史的真相,而非为现成公式作图解,所以有重要的学术价值。范文澜《中国通史简编》1942年至1951年先后印行八版(包括1947年在上海印行)。《中国近代史》(上册)1946年至1953年共印行九版。再举一个例子说明当时产生的反响,有的学者虽然尚未运用唯物史观指导史学研究,但仍然重视马克思主义史家著作的价值,如顾颉刚于1948年写信给友人说:范文澜的中国通史已经写成了,我们也应该努力写出自己的通史著作。(大意)处在当时为挽救民族命运浴血奋战的年代,史学家有时无法抑制地联系到当时的现实,也是可以理解的。范文澜在1949年以后曾对此作过严格的自我批评,说,书中"有些地方因'借古说今'而损害了实事求是的观点"。如叙述三国历史时,借吴、蜀联合拒魏来类比抗日民族统一战线,借孙权来类比蒋介石集团破坏统一战线。这些都应予纠正。实际上,我们如果细读全书,像这种"借古说今"的地方极少,范文澜将其作为重要的一条缺点提出来,乃是他律己甚严的表现。我们不应因为范文澜有过这段自我批评的话,就误认为是此书的主要倾向。更不能有意无意地贬低这些史学前辈著作的科学性,不恰当地称之为"战时史学"。

二、如何正确评价"新中国前十七年"的史学道路

1949年新中国成立,随着新的社会制度的建立,马克思主义史学在全国范围内确立了主导地位,中国史学在三四十年代取得重大成就的基础上迎来了新的发展阶段。对新中国成立后十七年历史研究从总体上作基本的估计,本来是不应当发生很大分歧的,因为事情很明显,正如"十七年"中整个社会主义事业一样,史学工作虽经过严重的挫折,走过弯路,但同时又取得了巨

大的成绩。学术界前些年却存在这样的观点,认为"十七年"中教条化盛行,整个中国史变成了一部农民战争史。不久前,有的研究者进而提出:近五十年的史学应分为前后两个阶段。"前三十年为第一阶段,这一阶段基本上是'泛政治化史学'时期,以农民战争研究为代表的研究体系使中国史学完全政治化。"[①] 对新中国成立后十七年历史研究更贬斥为"完全政治化"的史学,完全依附于政治、毫无学术的独立性可言,甚至将之与"文革"十年中"四人帮"疯狂践踏、摧残历史科学,蓄意制造混乱,颠倒黑白扯到一起,认为此三十年史学应划作一个历史阶段。如果这种观点确有道理,那么,"十七年"中国以指导历史研究的唯物史观基本观点则早应宣布为过时和非科学的,认为当前史学应当彻底地改易新说的看法,似乎也就有道理了。对"十七年"历史研究如何正确评价,实则直接关系到怎样认识20世纪中国马克思主义史学的历史地位,和怎样看待唯物史观的科学价值及其发展前景,如此关系重大的问题,不能不通过深入讨论以究明史实真相。

我想正确评价"十七年"史学道路,以下四项是很重要的:

(一)应当如实地评价史学家坚持以唯物史观基本原理与中国实际相结合的正确方向所取得的成就

新中国成立后,在全国范围内掀起了普及唯物史观的热潮,广大历史教师、史学工作者自觉学习马列主义、用以指导教学和科研工作成为风气。本来,人民革命的胜利证明了运用马克思主义原理分析中国近代社会的性质,革命的任务、对象、方法、策略等项取得了伟大的成功,老一辈马克思主义史学家郭沫若、范文澜、翦伯赞等人运用唯物史观写成的著作所具有的科学价值也得到了验证,这些都使史学工作者受到鼓舞和激励。新的社会、新的任务,迫切需要新的理论来指导,所以历史教师和研究者学

[①] 《光明日报》2001年10月2日历史版,学术动态报道:《展望新世纪中国史学发展趋势》。

习马克思主义，对于多数人来说是自觉的、很有热情的。新中国成立后史学界学风的又一特点是逐步营造自由讨论、开展批评和自我批评的风气。在此前已作出卓著成就的老一辈学者能随着时代而前进，如范文澜在新中国成立初发表文章，对自己以往史著中的失误诚恳地作自我批评。翦伯赞也在1952年著文作自我批评，说："我在解放前，也常用以古喻今的方法去影射当时的反动派。其实这样以古喻今的方法，不但不能帮助人们对现实政治的理解，而且相反地模糊了人们对现实政治的认识。"① 这种诚恳的自我批评，更启发史学工作者以坦诚的、实事求是的态度对待史学事业。新中国成立初学术刊物上登载直截了当地进行批评并且指名道姓的文章，大家都认为很正常，受批评者也能公开承认错误，虚心接受。很典型的是黎澍1951年在《学习》杂志先后发表了批评吴泽、侯外庐两位先生的文章，被批评者迅速公开答复，表示由衷地感激接受，一定认真改正。

新中国成立初党中央和毛泽东提出"百家争鸣、百花齐放"的方针，也与史学界关系很大。"百家争鸣"正式作为指导全国文化、学术工作的方针，是毛泽东和党中央在1956年提出来的，而学术研究应该贯彻百家争鸣的精神，则在1953年"中国历史问题研究委员会"举行第一次会议和筹办《历史研究》杂志时已经提出。这与郭沫若和范文澜这两位著名历史学家对古史分期观点不同，需要展开讨论、争鸣大有关系。在古史分期上，郭沫若主西周奴隶说，范文澜主西周封建说，形成对史学界影响最大的两大派，毛泽东当然熟知这种情况，实行"百家争鸣"方针的精神最早向史学界提出，与这种背景大有关系。故1953年9月21日中国历史问题研究委员会开会时，陈伯达传达了党中央的指示精神，要开展"批评和自我批评"，"不宜把方式弄得死板"，考虑由陈寅恪担任历史研究所二所所长，并提出"聘请研究人员的范围不要太狭，要开一下门，像顾颉刚也可以找来。增加几个研究所可以把历史研究的阵营搞起来，学术问题在各所讨论。由郭

---

① 翦伯赞：《翦伯赞历史论文选集》，人民出版社1980年版，第7—8页。

沫若、范文澜同志来共同组织讨论会"。在这次会议上讲历史研究要百家争鸣的问题，实际上是党中央主席毛泽东的意见。①当时，范文澜即建议在这个会议上考虑把他的《中国通史简编》作为讨论的底稿。1956年，党中央和毛泽东向全国提出"百花齐放、百家争鸣"，以发展文艺、繁荣学术的方针。这一时期，人民出版社等先后出版了一批基本上属于考据性的著作，如吴晗《读史札记》，刘节《古史考存》，蒙文通《周秦少数民族研究》，顾颉刚《秦汉的方士与儒生》(《汉代学术史略》改题重版)，李剑农的《先秦两汉经济史稿》《魏晋南北朝隋唐经济史稿》和《宋元明经济史稿》，周一良《魏晋南北朝史论集》，汤用彤《魏晋玄学论稿》，姚薇元《北朝胡姓考》，岑仲勉《隋唐史》和《突厥集史》，戴裔煊《宋代钞盐制度研究》，梁方仲《明代粮长制度》，谢国桢《南明史略》，王锺翰《清史杂考》，罗尔纲《忠王李秀成自传原稿笺证》等。1954年《历史研究》创刊号及次年，先后发表陈寅恪的《记唐代之李武韦杨婚姻集团》和《论韩愈》两文。这些，都表明对以考证为主要方法的学者的学术成果同样充分尊重，这对于从旧中国过来的、只熟悉考证方法的学者是很大的鼓舞。百家争鸣的新高潮是因重新评价曹操问题引起的。1959年1月25日，郭沫若首先在《光明日报》发表《读蔡文姬的〈胡笳十八拍〉》一文，从对于民族的贡献的角度对曹操作了高度评价，指出以往把他当成坏人"实在是历史上的一大歪曲"，首次提出重新评价曹操的问题。紧接着，翦伯赞于同年2月19日也在《光明日报》发表《应该替曹操恢复名誉——从〈赤壁之战〉说到曹操》，同样认为曹操是中国历史上有数的杰出人物，应该为曹操恢复名誉。同年3月23日，郭沫若又在《人民日报》发表《替曹操翻案》一文，如同巨石激浪，迅速在全国范围内产生了强烈的反响，不仅史学界，还有文学界、戏剧界以至一般文史爱好者纷纷撰文，展开热烈争鸣。许多知名学者如吴

---

① 刘潞、崔永华编：《刘大年存当代学人手札》（排印本），第45页（刘大年的回忆）。并参见《〈历史研究〉的光荣》一文，收入《刘大年史学论文选集》（人民出版社1987年版）。

晗、刘大杰、王昆仑、谭其骧、周一良等都争相发表文章各抒己见。郭沫若、吴晗又提出对武则天和其他一些历史人物重新评价的问题。因而讨论更加广泛深入,涉及以唯物史观评价历史人物的理论、标准等项。据统计,仅有关围绕重新评价曹操所发表的文章,至6月底以前就达一百四十篇以上,故被称为"对我国学术界的繁荣产生了特殊的影响"[1]。史学界在数年中展开的关于古史分期、封建土地制度问题、农民战争性质作用问题、汉民族形成问题和资本主义萌芽问题的讨论,尽管被称为"五朵金花"、存在着一定的局限性,但它们的确是认真讨论学术问题,并不是靠行政命令发动布置的,而且各方讨论十分热烈,持续时间甚长。进行热烈讨论的还有历史人物评价、中国近代史分期、中国封建社会长期延续问题等。这些讨论也都对推动历史研究起到作用。

在上述自由讨论、热烈争鸣的学术气氛下,"十七年"中一批具有卓识的学者对于运用唯物史观指导历史研究有两点很自觉的认识:(1)更加明确马克思主义经典作家的著作及提出的原理主要是依据西欧各国历史写出来的,其中既有适用于研究其他国家、民族历史的共同性,又有西欧国家本身的特殊性。中国学者的责任,是通过认真阅读马恩著作区分出上述二者,撇开其特殊性,只运用其共同性;并结合中国的历史实际,研究出中国的历史如何表现出共同性和自己所具有的特殊性,阐明中国历史的规律性和所表现出来的本民族的特点。(2)中国是一个有几千年悠久历史的东方大国,有丰富的史料,研究中国历史的规律和特点,将是对唯物史观宝库的重要贡献。笔者认为,就正常的学术研究来说,正是这种正确的指导思想,代表着"十七年"历史研究的前进方向。百家争鸣的学术气氛和坚持以唯物史观原理探索中国历史特点的理论指导,促使"十七年"中在通史、断代史和专史领域都产生出一批优秀的史著。

其中,通史的撰著难度最大,最能反映出学术水准的高低。

---

[1] 倪迅:《毛泽东与知识分子交往纪事》,《光明日报》,2001-6-26。

中国历史悠久漫长，史料汗牛充栋，撰成好的通史，不仅需要在搜集、考核和分析史料上具有深厚的功力，尤其需要对中国历史演进的全局和各个历史阶段的特点，有自成体系的把握和贯穿全书的史识，还需要有处理史料、组织和再现史实的高超能力。在中国史学史上，能够著成受到普遍称道的通史著作、令后代传诵不衰的史家屈指可数。司马迁著《史记》，做到了"通古今之变"，成为史家楷模，司马光著成编年体通史《资治通鉴》，成为又一不朽之作。20世纪初以后，撰写通史成为史学家的共同追求，夏曾佑、吕思勉、邓之诚、钱穆、张荫麟等都有著作，梁启超、章太炎都曾有著述计划，梁已撰成部分篇章。可见通史的价值有特别的重要性。"十七年"中，恰恰在通史领域产生了影响巨大的著作。首先是范文澜著成修订本《中国通史简编》一至三编（共四册，于1953年至1964年出版）。这部著作是在延安版基础上精心修订完成的，原版自远古至鸦片战争，共五十六万字。修订本写至五代十国，却达一百一十万字，内容大大扩充，所以全书实际上等于是重写。这部书累计印数超过百万册，长时间成为广大干部、大学生、社会大众学习中国历史的必读著作，教育了几代人。因而在学术界被认为是20世纪影响最大的通史著作，是20世纪中国史学发展的重要里程碑。范文澜原先精熟于中国传统的经史之学，他学习马列主义，又特别强调要创造性地运用，使之与中国的历史实际相结合。新中国成立以后通过修订《中国通史简编》，对此更有深刻体会，因而他有运用唯物史观原理要做到"神似"，反对"形似"的名言，一再告诫史学工作者要彻底摒弃把唯物史观当成现成公式去剪裁历史事实的极其恶劣的教条主义做法。他所论述的春秋战国时期是封建领主制向地主制过渡的时期，汉族在秦汉时起就基本上形成民族了，中国封建社会经历了秦统一以前的初期、秦到元末为中期（又以隋统一划分为中期的前段和后段）、明至清鸦片战争以前为后期等，虽然并非全部都可作为定论，但是人们读后感觉到这确是运用唯物史观的基本原理来分析中国历史的特点，而不是生吞活剥马克思主义的词句，按照现成公式去图解中国历史。其次，是全书内容丰富，认真发掘了经史子集中的材料并利用一些考古史料，详细地论述了自远古至五代这一漫长时期中国政治、经济、民族、文化、军事、外交等的发展历程，论述了历史上各种制度的沿革，评价、分析了众多的历史事件和人物。同时，全书在章节结构上组织严密、安排合理，文字精练而生动，具有浓厚的中国作风、中国气派，这些更增加了对读者的吸引力。由翦伯赞主编的《中国史纲要》，是"十七年"通史研究的又一重要收获。这部书是1961年高等学校文科教材编选计划会议决定，委托翦伯赞主编作为高校中国通史教材之用。主要撰写人邓广铭、邵循正、汪篯、田余庆、许大龄等都是研究各个时期历史的专家。而且，在写作、讨论过程中，翦伯赞经常就体例、理论运用和史料鉴别等问题与编写组成员反复商讨，最后定稿时，他还要字斟句酌地进行推敲。（1962年至1966年，先后出版了第三、第四和第二册，包括三国两晋至近代部分。第一册的先秦部分，由翦伯赞亲自撰写，未及完成他即含冤去世，"文革"结束后由吴荣曾完成。至1979年全书四册一并印行。）这部通史经过二三十年时间的考验，证明它无愧为一部成功之作，并且在中国史学史上又一次创造了集体著史、主编负责的成功经验。尤其作为大学通史教材，它具备论述全面系统、内容繁简适当的独特优点。它文字简练，条理清楚，而又内涵丰富，对史实的分析中肯细致而又摒除空论，重要的基本的史料都向读者提供而又绝不庞杂。本书在90年代荣获首届全国高校文科教材评奖的特别奖，确实当之无愧。

（二）史学工作者的科学精神和奉献精神

"十七年"中史学工作者精心构撰的专著、论文等，都体现出这些学者发扬中国史学优秀传统、在学术研究上执着追求的精神。这种科学精神，还突出地体现在这一时期整理历史文献的大型工程上。

"十七年"中因政治运动的影响和对一些人物或问题进行过一些不适当的批判所带来的消极作用，史学界中一些人的确存在忽视史料的倾向，在一段时间内甚至极为严重。但这只是事情的一面。事情的另一面是，中国史学会领导和许多有见识的专家极其重视扎实的史料工作，尤其在整理大型历史文献上做出巨大的成绩。几项著名的、嘉惠学术之功甚伟的大型工程是：

1. 整理、标点《资治通鉴》。
2. 标点、整理二十四史。
3. 整理、出版《中国近代史资料丛刊》。这一浩巨工程是由中国史学会组织、部署进行的。各个专题由范文澜、翦伯赞、邵循正、齐思和、向达、白寿彝等著名学者任主编。十年之中编辑出版《丛刊》十种，从《鸦片战争》到《辛亥革命》共六十二册，三千余万字，规模如此巨大，而且是连续出书，持续不断，令人赞叹！《丛刊》是在唯物史观指导下对近代史资料的一项大规模的科学整理，涵盖了近代史的各个重要时期，提供了最有价值的研究资料，堪称新中国历史科学的又一盛举。各个专题均依照下列科学的工作程序进行：（1）尽可能地广泛搜集史料；（2）精心地选录和合理地分类、编排；（3）分段、标点、校勘；（4）撰写书目解题，编制与本专题相关的各种附录。这些工作中无论其中的哪一项，工作量都是浩巨的。仅拿分段标点和校正错字说，全部三千余万字的史料都经编选者认真加工、提供定本，让广大读者方便地阅读、使用，即此一项就是功德无量的工作。负责各个专题的专家，都以远大的眼光和高度严肃认真的态度，搜集并发掘了大量有关各个历史时期重大事件的官、私文献，将许多稀见史料变成广大读者容易得到的，将不少秘藏史料变成公开的，将大量分散难找的史料变成集中、系统地整理出来的。同时，又尽可能地集中搜集近代史时期有关边疆地区和少数民族活动的史料，搜集与政治事件有关的社会状况及学术文化范围的史料，并且在当时所能够做到的条件下，尽可能地搜集、翻译了外国史料，体现出将中国史与世界史相联系的眼光。所有这些都保证了这套《丛刊》的极高的学术价值。负责各专题主编工作的学者，其中如范文澜、邵循正、聂崇岐等位，自然本身即以近代史专家的身份担任主编工作，其他不少人原先的主要研究领域是古代史或外国史，如翦伯赞、向达、齐思和、柴德赓等位，但是为了发展新中国历史科学的需要，却丝毫不计较研究领域的转换和编纂工作的艰巨，无不毅然地全力以赴投身进去。发扬这种高度认真负责的精神，是医治近年学术界浮躁风气的良药！正因为中国史学会卓有成效的组织工作，尤其是各卷主编均为国内第一流的学者，具有丰富的学识、严谨的科学态度和高度负责的精神，在他们的主持下，编纂工作遇到的困难都迎刃而解，取得了高水平的学术成果。因为这套《中国近代史资料丛刊》对于研究中国近代史具有不可替代的重要性，最近上海人民出版社和上海书店出版社又合作将这部巨型书籍再版。

此外，"十七年"中大型文献资料的整理，还有《中国近代经济史资料丛刊》，内容包括近代工业史、农业史、对外贸易史、铁路史、货币史、外债史、海关史等多个方面，同样堪称整理文献资料的巨制。其他尚有《明清史料》，《中国通史参考资料》，宋代、元明、清代史料笔记丛刊等多种。上述大型文献资料整理工程，都因其史料的重要性和整理工作的科学性而在海内外产生了深远的影响，如《中国近代史资料丛刊》十种，据说仅在美国就培养出一大批博士。

（三）抵制教条化错误的倾向

在我国历史步入新时期之初，由于拨乱反正、批判极"左"错误、肃清"四人帮"影射史学流毒的需要，我们曾着重地揭露极"左"路线在史学领域的种种表现，批判教条化、公式化，片面强调阶级斗争、将之绝对化，对马克思主义词句生搬硬套、贴标签，以及研究领域狭窄、选题重复雷同、研究方法单调等等失误，而少谈"十七年"的成绩。在那个特定的年代，这样做是有必要的。因为，其目的是引起对"四人帮"蓄意制造混乱和对极"左"错误严重危害性的高度重视，剖析其根源，从而使历史研究重新端正方向。

"十七年"中教条化、公式化错误盛行，主要是在1958年及其后一段时间,高等学校中"拔白旗、插红旗",一些有学问的教授、专家受到批判,学生上讲台,学生编讲义,两三个月工夫即"编"出一本通史讲义,这只能是剪刀加糨糊,用若干条干巴巴的材料对历史唯物主义公式作图解,贴标签式地引用马恩的词句。只讲阶级斗争,对农民起义尽量拔高,而对历史上的统治阶级一概骂倒,制度和史实少有涉及,要把帝王将相和历代皇朝名号一律抹掉,一部历史变成概念演绎。教条化、公式化、概念化的谬误是显而易见的,但在当时却打着"革命"的旗号,所以一度势头很猛,使不少人分不清方向。对于教条化的危害我们要痛加批判,肃清流毒,同时应深入分析造成教条化盛行的原因。究其产生的原因,一是由于史学工作者自身水平不高,经验不足。二是政治上"左"的错误路线的影响、干扰、误导。1957年反右,尤其是1958年"大跃进"以后,党的指导思想出现了"左"倾错误,对革命事业造成严重的损害,史学界"拔白旗"、公式化地图解历史的风气一度盛行,就是在当时特定的政治背景下泛滥的。第三种原因,则是"文革"前夕"四人帮"及其爪牙蓄意制造混乱,颠倒是非,要把学术界和人们的思想搞乱。对第一种情况,只要史学工作者认真学习,在学术实践中不断摸索,开展正常的批评讨论,就能逐步得到提高和纠正。第二种原因,只要排除政治因素的干扰、影响,失去那种气候,问题自然得到解决。1962年前后,党中央的路线得到调整,当时正常的学术研究便迅速得到恢复。新时期以来拨乱反正,彻底纠正"左"的错误,教条化错误便基本上被有效地铲除了。这些就是明证。至于"四人帮"的蓄意破坏,那是为实现其反革命图谋,是另一种性质的问题,早已被钉在历史的耻辱柱上,不属于学术问题的范围,更不应算到"十七年"史学工作的账上。因此,绝不能以"教条化、公式化盛行"来概括整个"十七年"的历史研究,更不是由于新中国成立,马克思主义在全国确立了主导地位,就必然造成教条化错误,绝不是这样。

恰恰相反,教条化所反对的正是马克思主义本身,唯物史观本身就是教条化的对立物。上述"十七年"史学所取得的巨大成绩，正是由于唯物史观原理得到正确运用和坚持其正确方向而取得的。不仅如此，我们在反思"十七年"中出现的严重曲折的时候，还应确切地承认：当错误倾向的潮流袭来的时候，正是坚持唯物史观指导的、成熟的史学家，如郭沫若、范文澜、翦伯赞等人，勇于挺身而出抵制教条化错误，捍卫历史学的科学性和尊严。郭沫若于1959年3月21日写了《关于目前历史研究中的几个问题——答〈新建设〉编辑部问》一文，明确指出简单化地提出"打破王朝体系"一类的做法是错误的，此文的发表，和同年发表的《替曹操翻案》，引起大规模的学术争鸣，推进了史学研究，这两件事，可以说是这位马克思主义史学家在"十七年"中对历史科学的两项重要贡献。

范文澜一向态度坚决地反对教条化地对待马克思主义，在新中国成立初年，他就曾多次发表过重要言论。写于1954年的修订本《中国通史简编·绪言》的一个根本指导思想，就是反对教条主义，因此他在文中严肃地批评教条主义者"把马克思主义底生动原理变成毫无意思的生硬公式"，批评"把历史描绘为没有人参加的（或者说没有人的能动性的）各种经济过程的平稳的自行发展，把历史唯物主义变成为经济唯物主义，而生动活泼的人类历史可以用几个公式造成了"的极其错误的做法。[①] 1957年，他应邀到北京大学历史问题讲座发表《历史研究中的几个问题》的讲演，特别谆谆告诫要使史学研究走向健康发展的大道，首先必须大力破除教条主义。"只有反对教条主义，才能学会马克思列宁主义。不破不立，只有破，才能立。"他称教条主义是"伪马克思主义"。针对由于搞"运动"，大学里有不少教师不敢讲出自己对历史问题的看法的不正常情况，他强调说："比如说，我们教历史课，明明自己有心得，有见解，却不敢讲出来，宁愿拿一本心以为非的书，按照它那种说法去讲。……这样的'谦虚谨慎'是不需要的，是有害的。我们应该把'我'大大恢复起来，对经典著作也好，对所谓'权威'的说话也好，用'我'来批判

[①] 范文澜：《中国通史简编》（修订本），人民出版社1955年版，第10、48页。

它们，以客观存在为准绳，合理的接受，不合理的放弃。"① 在当时，这样明确地提出把"我"大大恢复起来，以客观实践为检验一切的标准，确实为治疗教条主义提供了一剂良药，具有石破天惊的力量！到1961年，正当教条化、公式化在史学当中盛行的时候，范文澜更挺身而出，一年之中一连三次在重要的公开场合发表讲话，予以严肃的批判，揭露其危害。3月，在纪念巴黎公社九十周年学术讨论会上，他发表《反对放空炮》的讲话，严肃地指出史学界存在着离开史实、忽视史料、抽象地空谈理论的学风不正的严重问题，强调踏踏实实进行科学工作的重大意义。他一针见血地指出当前教条化的普遍恶劣做法是"把历史事件忽略到无以复加的地步"，说这种空炮放得再多也毫无用处。治疗这种教条主义病症的唯一有效办法，就是"必须对所要研究的历史事件做认真的调查研究工作，阅读有关的各种书籍，系统地从头到底读下去，详细了解这件事情的经过始末，然后用马克思列宁主义、毛泽东思想的观点方法来分析事情发生的原因和发展过程中发生的好的因素和坏的因素，判断这件事情的趋向是什么"。②5月，在北京举行的纪念太平天国革命一百一十周年学术讨论会上，范文澜再次针对史学界流行的"打破王朝体系"和"打倒帝王将相"的问题，强调坚持严格的历史主义。他说："这种论调好像是很革命的，实际上是主观主义的。阶级社会是由互相对立着的统治阶级和被统治阶级构成的，打破王朝体系，抹掉帝王将相，只讲人民群众的活动，结果一部中国历史就只剩了农民战争，整个历史被取消了。"③ 10月，在武汉举行的纪念辛亥革命五十周年学术讨论会上，他又同吴玉章一同强调树立严肃学风的意义。警惕教条主义的危害，与之作坚决斗争，是范文澜治学的鲜明特色，也是他在史学研究上取得卓著成就的一个根本原因。

---

① 范文澜：《历史研究中的几个问题》，《范文澜历史论文选集》，中国社会科学出版社1979年版，第213、219—220页。
② 范文澜：《反对放空炮》，《历史研究》1961年第3期。
③ 《纪念太平天国革命一百一十周年首都史学界讨论六篇学术报告》，《人民日报》，1961-5-31。

他与郭沫若、翦伯赞不愧为当时反对教条主义错误潮流的中流砥柱。

翦伯赞也在1959年、1961年、1962年连续发表文章，旗帜鲜明地反对教条化倾向。翦伯赞所写的《关于处理若干历史问题的初步意见》和《目前史学研究中存在的几个问题》两文，就是反对教条化、反对"左"倾思想的檄文。诚如最近有的学者在回顾整个新中国史学所走过的道路时所评价的："对纠正当时史学领域'左'倾的思潮的影响，扭转历史科学领域的混乱局面起到积极作用。"① 翦伯赞勇敢地捍卫历史主义的原则，在当时确实表现出反潮流的大无畏勇气，后来他即因此惨遭"四人帮"残酷迫害致死，他是为捍卫唯物史观的原则而献出生命的！郭沫若、范文澜、翦伯赞等史学家的言论和作用，表明他们才真正掌握了唯物史观的精髓，真正懂得把唯物主义普遍原理创造性地运用到中国历史实际中去乃是史学工作的灵魂，在他们身上才真正代表了唯物史观的风格！这些，同样是对所谓"十七年"史学"完全政治化"的观点提供了有力的反证。故"十七年"绝不是整个被教条化统治的时期，也不是"史学完全变成政治的附庸"的时期，而是虽然经历了严重的曲折，但成绩是主要的，是发展的重要时期。这些史学家的业绩和精神是为我们留下的宝贵思想遗产，我们应当充分地珍惜和继承。对此一笔抹杀是极其错误的。

（四）新中国成立后历史考证学的新境界

评价"十七年"史学（以至整个新中国五十年史学）还有一个重要的方面，即历史考证学达到的新境界。在1949年以前业已取得了很大成就的20世纪中国历史考证学，进入新中国以后，由于一批原先熟悉严密考证方法的史学家接受了唯物史观的指导，他们的学术工作到达了新的高度，尤其是在断代史和历史地理学领域取得了令海内外学者瞩目的成就。这些学者是一个学术

---

① 周一良、苏双碧：《新中国史学研究回顾》，《光明日报》，2001-11-13。

群体，包括谭其骧、唐长孺、徐中舒、郑天挺、杨向奎、邓广铭、周一良、罗尔纲、王仲荦、韩国磐、傅衣凌、梁方仲、金景芳、方国瑜、史念海等等以及一些健在的知名学者。这些学者进入新中国时正当四十岁上下，本已有很好的学术功底和治史经验，又适逢其时地获得科学世界观的指导，因而学术思想达到了升华。谭其骧以前长于历史地理沿革问题的考证，至新中国成立后所写《何以黄河在东汉以后会出现一个长期安流的局面——从历史上论证黄河中游土地的合理利用是消弭下游水害的决定性因素》等文章，则有新的风格。这些研究成果与新中国成立前相比，无论从考虑历史问题的时间跨度或空间范围说，还是从论题中所包含的思想性深度说，尤其是从总结历史现象的规律性的高度和结合当前社会发展需要的程度来说，都达到了更高的学术境地。他从黄河两千年所经历的变迁，论证由于历史上严重破坏流域两岸的植被，而造成河患频仍的严重教训，因而在当时就提出在黄河中游地区，包括内蒙古、陕西、山西广大地区，应当实行农、林、牧综合经营发展，"封山育林"，"植树种草"的建议。严肃的学术研究和对国家民族发展紧迫问题的关切，在这里达到高度的统一。经过四十年实践的检验，恰恰证明谭氏严谨、深入研究历史所得出的结论符合真理的认识，具有极高的科学价值。唯物史观并不神秘，其基本原理即得之于对历史实际进程的概括，只要结合学术研究来体会它、运用它，即能获得成效。

三、新时期坚持和发展唯物史观以及面临的问题

改革开放以来，中国史学进入了新的发展时期。新时期之最初几年，史学界集中力量严肃地批判"四人帮"大搞"影射史学"、颠倒历史、蓄意践踏和破坏历史科学的罪行，清算教条主义的危害和恶劣影响，这项工作是整个国家批判"左"的路线、拨乱反正、解放思想的重要组成部分。实事求是的正确思想路线重新得到贯彻，历史学和其他科学部门一样，学术的尊严得到充

分的维护，二十多年中培养出数量巨大的新的历史研究人才，国外境外的学术观点、学术成果大量被介绍进来，交流频繁，学术刊物数以千计，每年出版的各类历史学著作琳琅满目，难以胜数。对此二十五年来历史学状况，用"出现前所未有的蓬勃发展局面""呈现出开拓进取的态势"来概括，应当是多数人所能同意的。

然而情况是复杂的，马克思主义史学的发展受到了严峻的考验。一是，在批判、反思教条主义危害，批判极"左"思想的工作中，教条化、公式化的错误与运用马克思主义的观点、方法二者有时并不容易正确区分清楚；二是，各式外国思想的涌入，容易使人眼花缭乱，失去主见；三是经过苏联、东欧剧变，骤然使相当一部分人对马克思主义思想体系的信念产生动摇。因此，新时期以来，马克思主义对史学的指导作用每每受到责难和挑战，有的研究者提出唯物史观已经过时，应该改弦更张，有人则说唯物史观已成为茶余饭后嘲讽的对象。在这种情况下，有的研究者虽然本人仍相信唯物史观的指导作用，但对于若要发言、写文章申明自己的见解，却感到不能理直气壮。前一阶段在"十七年"中，是马克思主义史学在发展道路上遭受了严重的挫折，新时期以来这一阶段，则一再遭受到责难和挑战。这个问题牵涉方面很多，理论性很强，需要经过深入讨论，更需要对丰富复杂的实践进行总结，才能得到有说服力的回答。我只能尝试谈一点很粗浅的看法。我的总的认识是：我们信奉唯物史观的指导作用，并非因为它有什么神秘，或是先验的正确，而是因为它的基本原理是马、恩深入地、广泛地研究了人类历史客观进程而概括出来的科学认识，迄今为止仍然是最为先进和逻辑体系完整的理论学说，能够引领我们对历史达到更具本质意义的认识。唯物史观的基本原理必须坚持，同时要根据时代条件和学术研究的推进而加以发展和创新，不断丰富这一科学的思想体系；而对于其中经过实践检验证明是不恰当的个别提法和结论，则应当予以舍弃。坚持和发展唯物史观，与清除教条主义恶劣影响不但不矛盾，而且是其题中应有之义。中国是一个文明古国和东方大国，上古时代有极其丰富的考古发现和文献资料,中古时期的封建社会时间很长、发展程度很高,在世界史上也具有典型性,近代以来反帝反封建斗争波澜壮阔,当代进行的现代化建设举世瞩目,以上各项,都是具有世界意义的历史研究课题,只要我们坚持以唯物史观普遍原理与中国历史相结合的方向,不断丰富、深化和发展,定能拿出更多的具有高度科学价值的成果,为人类文化宝库做出更大贡献。大力学习外国进步的新学理与发展唯物史观原理同样并不相矛盾,唯物史观是开放的思想体系,它需要广泛吸收人类文明的最新智慧,结合各种新的、有积极意义的研究方法,而向前发展。

运用唯物史观指导史学研究,不在于你的著作中引用多少马、恩的词句,而在于运用其基本原理去分析客观事实,得出具有创新价值的认识。依我的浅见,新时期中产生的得到学术界充分肯定、确实能够传世的史学论著,大体都是既体现出唯物史观指导,而又在发掘史料、对问题分析和综合、方法上有独创性的著作。在理论探讨方面,不少长期在史学园地辛勤耕耘、深入思考的史学名家,经过思想解放潮流的洗礼,也焕发学术青春,提出许多很有理论意义的新论点、新命题。在近代史方面,如黎澍、金冲及、陈旭麓等人对于维新派在近代中国的重大进步意义、辛亥革命运动的伟大历史功绩和革命党人中不同政治倾向人物的分析,胡绳对于资产阶级民主革命时期的"中间力量"及其思想文化上代表人物作用的分析,刘大年关于近代史基本线索的分析等,都因其在理论上具有的明显创新意义而受到关注。在古代史和传统史学研究领域,白寿彝先生关于封建社会内部分期的论述,民族地区封建化进程对于中国历史发展的意义,批判继承传统史学遗产对于发展新史学的意义,也都受到学术界的重视。一直到他逝世之前,一直把"在唯物史观指导下进行新的理论创造"作为学术研究的根本方向,他所主编的《中国通史》十二卷二十二册,也被誉为20世纪中国史学的压轴之作。新时期以来学术界的理论创新和成功实践预示着唯物史观在中国定能得到丰富和发展,与新的时代条件相结合,继续焕发出其蓬勃生机和活力！

综观八十多年的历程，马克思主义史学能够发展壮大，克服其早期的弱点以后又战胜种种曲折磨难，取得一系列重大的成就，其中有着宝贵的传统和经验，这些经验蕴涵着深刻的哲理启示意义：一是坚持普遍原理与中国历史实际相结合的方向，从李大钊、郭沫若、范文澜，到胡绳、刘大年、白寿彝等人，都坚持这一正确方向，并大力发挥本人的学术创新精神。二是充分尊重前人成果，吸收古代文化遗产中优良的东西，同时学习近代实证史家学术上的精华。如郭沫若对王国维甲骨、金文研究成果的继承，范文澜对传统经史、乾嘉学术和近代章太炎学术成就的继承，白寿彝对传统史学和陈垣学术的继承。三是坚决摒弃和清除教条主义的危害。运用唯物史观为指导，能否取得成功，从根本上说，取决于是创造地运用其精神，还是死板地照搬其教条。没有长期有效地进行反对教条主义的斗争，彻底清除其恶劣影响，就不可能有马克思主义史学的今天。我们要坚决反对教条主义式的所谓马克思主义，而坚持以马克思主义原理指导研究工作，对此完全应该理直气壮。特别是经过新时期以来批判反思、解放思想、与时俱进，整个史学界对此已积累了丰富的经验，对于如何坚持和发展唯物史观的认识达到更高的层次，这是我们的一个强项。从乾嘉学者以来所积累的一套严密精良的考证方法，则是我们又一强项。再加上当前大力吸收西方进步学说的局面早已形成，学术界创新意识普遍强烈。把这四项有利条件汇合起来，奋发努力，我们一定能赢得新世纪史学更加美好的前景！

（原刊《当代中国史研究》2004年第2期）

新历史考证学与史观指导

新历史考证学的演进是 20 世纪学术史的重要篇章。它继承、发展了传统考证学的方法，在五四前后形成学术的高峰，名家继出，群星闪耀。至 1949 年以后，在新的历史条件下又达到发展的新阶段，在诸多领域内取得了享誉海内外的出色成就，至今仍然因其见识的卓越和结论的精当而令后学者仰慕不已。近年来，学界对 20 世纪历史考证学的成就颇为关注，发表有不少相关论著。[①] 已有的成果尽管不乏创新之见，但似乎大多偏重于作个案研究，而从宏观上对新历史考证学的演进脉络和阶段特点进行分析和概括，从深度上揭示新历史考证学在其演进历程中是否经历了实质性变化，则尚少见有深入的讨论。实际上，20 世纪新历史考证学经历了前后两次质的飞跃，而变化的根本原因，都是因历史观的指导使考证学者的治史观念、学术视野和研究方法产生了重大变化而引起的。深入地探讨这些问题，无疑将有助于科学地

---

① 如袁英光《新史学的开山——王国维评传》（1999），王永兴《陈寅恪先生史学述略稿》（1998），[台湾] 彭明辉《疑古思想与现代中国史学的发展》（1991），欧阳哲生选编《解析胡适》（2000），蒙默编《蒙文通学记》（1993），许冠三《新史学九十年》（1986），罗志田主编《20 世纪的中国：学术与社会》（史学卷）（2001），陈其泰主编《20 世纪中国历史考证学研究》（2004）。

总结20世纪学术史的演进道路，进一步揭示其实质内涵，并能对当前史学的发展提供有益的借鉴，故应引起足够的重视。本文谨对此略申己见，以就教于专家和广大读者。

一、传统的历史考证学如何提升为近代的学问

20世纪的中国历史考证学是继承清代朴学的优良传统而发展起来的。有清一代，由于特殊的社会条件，考证之学高度发达，形成了"实事求是，无征不信，广参互证，追根求源"的严密精良的考证方法，考证学者之最著者，前有开创清代朴学人物顾炎武，后有乾嘉朴学名家戴震、钱大昕、王鸣盛、赵翼。20世纪的考证学者深受其影响，推崇其学术成就。如王国维称誉顾炎武、戴震、钱大昕同为清代二百七十年学术的"开创者"①。陈寅恪也推崇钱氏代表了考证学的高峰，他在评价陈垣考史之作为中华学人所推服时，说："盖先生之精思博识，吾国学者，自钱晓徵以来，未之有也。"②陈垣本人也明言自己的治史方法、旨趣是效法顾炎武、钱大昕："从前专重考证，服膺嘉定钱氏；事变后，颇趋重实用，推尊昆山顾氏。"③他又盛赞赵翼考史之作，写有著名的诗句："百年史学推瓯北，万首诗篇爱剑南。"④

20世纪中国历史考证学是在清代朴学的基础上发展的，但它们又是不同的社会条件和学术条件的产物，构成演进的不同阶段。大体以20世纪初年为分界，此前的清代考证学是传统学术，此后的20世纪历史考证学则是近代学术。新历史考证学的形成，从学术条件言，是得益于20世纪初年"四大新史料"，即甲骨

---

① 王国维：《沈乙庵先生七十寿序》，《王国维论学集》，中国社会科学出版社1997年版，第401页。
② 陈寅恪：《陈垣元西域人华化考序》，《金明馆丛稿二编》，上海古籍出版社1980年版，第239页。
③ 陈垣：《致方豪》，《陈垣史学论著选》，上海人民出版社1981年版，第624页。
④ 李瑚：《励耘书屋受业偶记》，《励耘书屋问学记》，生活・读书・新知三联书店1982年版，第127页。

文、敦煌文书、汉晋木简、明清档案的相继发现,为历史研究提供了新的课题;而更为重要的推动作用,则是历史观念的深刻变革。20世纪初磅礴于华夏大地的新史学思潮,使进化史观战胜了以往盛行的循环史观、复古倒退史观,取得了支配地位,并且启发历史研究者以开阔的眼光去进行学术探索,由以往以帝王将相为中心转向以社会生活的演进为中心,由以往集中于关注个别英雄人物的活动到集中考察社会集团的活动,由以往比较狭窄地依靠古代文献资料到利用"上自穹古之石史,下至昨今之新闻",都置于史料范围之内。继之掀起的是更加波澜壮阔的五四新文化运动潮流,使学术界人士经受了一场新的洗礼,从此"科学思想"深入人心,有见识、有作为的史家,无不以推进"史学的科学化"为治史的目标,历史考证学的面貌随之产生了更加深刻的变化,把以往"求实求真"的努力提升到新的阶段。20世纪考证史家适逢时会地处于中西文化交流的潮流之中,进化史观、科学思想这些具有根本意义的新观念、新学理都是中国思想界从西方引进的,它们与中国传统学术中的精华相融合,因而获得巨大的生命力,导致中国学术界出现新的面貌。中西交融还有治史方法方面的丰富内容,诸如逻辑方法、系统方法、审查史料方法、比较研究法、语源学方法等等,这些方法本来在传统学术中也有使用,而西方近代学者的论述更加明确,或更加充分,学理不分中西,优良者即易被接受和传播,收到推进学术、深化认识历史问题的显著功效。

总之,中国是伟大的文明古国,中华民族历来具有发达的历史意识,史学在中国传统学术中蔚为大观,历史考证一项尤为历代学者所擅长。中国文化原本有这样一片沃土,进入20世纪之后,适逢其会,时代提供了适宜的阳光、雨露和滋养,因而催开了满园鲜艳夺目的史学之花。20世纪的历史考证学同乾嘉历史考证学有其渊源的关系,但它又有崭新的时代内涵,在治史观念上、在史料的利用上、在考史方法上,达到更新、更进步、更加科学和更加严密,我们即在这个意义上将其界定为"新历史考证学"。

"新历史考证学的形成,主要是因历史观念的深刻变革而推动实现的。"——这一命题，可以从五四前后新历史考证学的著名学者王国维、胡适、顾颉刚、陈寅恪等人的治史主张和实践中，得到充分的证实。

王国维治学特点有二，一是精通乾嘉学者严密考证方法，一是重视吸收运用西方新学理。他在日本东京物理学校留学期间，受到自然科学的系统训练，又深入学习了西方哲学、心理学、教育学等学科知识，曾翻译、撰写了有关教育学、算术及教授法、法学通论、哲学、心理学、动物学等多种著作。同时，他与当时日本、法国的汉学家内藤虎次郎、伯希和、沙畹等有学术交往。这些学术经历使他具有开阔的视野和锐敏的眼光，创立了著名的"二重证据法"，使甲骨文研究由限于文字考释、个别人名地名释读，提升到探讨上古史重大问题的崭新阶段。由于王国维成功地运用科学方法考证新史料，使文献所载几千年前商先公先王世系获得了地下出土实物的确证，而《史记》这部古史名著在总体上史料价值的可靠性也得到证实，且证明后人运用新出土的史料，以科学的方法，可以有根据地纠正两千年前史家的误记。故郭沫若评价说："王国维的业绩是新史学的开山。"[①] 陈梦家称誉说："商殷世系的条理，《殷本纪》世系的证明，有赖于王国维的系统的研究。他的《殷卜辞中所见先公先王考》和《续考》，是研究商代历史最有贡献的著作。……利用这批新资料作为历史制度的系统的研究的，则始于王氏。"[②] 齐思和也指出，王国维的重大功绩是运用新的观念和方法，"将甲骨文字的研究引到古史上去，为中国古代史的研究开辟了一个新的途径"[③]。

胡适于 1919 年出版《中国哲学史大纲》（上卷），因其具有新的史学观念和研究方法而大受欢迎，出版之后两个月即再版。书的开篇为"导言"，专门论述哲学史研究的方法论。他认为，哲学史要以三项基本观念和方法作指导，一是"明变"，使学者知道古今思想沿革变迁的线索；二是"求因"，要寻出这些沿革

---

① 郭沫若：《十批判书》，《郭沫若全集·历史编》第二卷，第 6 页。
② 陈梦家：《殷虚卜辞综述》，中华书局 1988 年版，第 334 页。
③ 齐思和：《晚清史学的发展》，《中国史探研》，中华书局 1981 年版，第 356 页。

变迁的原因;三是"评判",是须要使学者知道各种学说的价值。为了达到这三项目的,他又提出要在史料的辨析和整理上下功夫,尤其强调能够"贯通",说:"我做这部哲学史的最大奢望,在于把各家的哲学融会贯通,要使他们各成有头绪条理的学说。"① 蔡元培为此书作序,表彰此书有四种特长:"证明的方法","扼要的手段","平等的眼光","系统的研究",在治史观点和方法上体现了近代学术的要求。② 胡适又于1919年11月撰有《新思潮的意义》一文,提出"整理国故"的方针是:"研究问题,输入学理,整理国故,再造文明。"又说:"新思潮对于旧文化的态度,在消极一方面是反对盲从,是反对调和;在积极一方面,是用科学的方法来做整理的工夫。"③ 其核心的要求,便是进行有系统的研究和用科学的方法作精确的考证两项。周予同是五四时代青年学者,他对五四时期提倡科学、反对盲从的时代精神产生了推动历史学发展的巨大作用有切身的体会,在1941年所撰《五十年来中国之新史学》一文中,称赞胡适的贡献是以新文化运动的崭新立场建筑新的史学,说:"转变期的史学,到了他确是前进了一步。胡适为什么会有这样的业绩?除了个人的天才与学力的原因之外,我们不能不归因于时代的反映。'五四运动'前后本是中国社会飞跃的一个时期,而胡适正是以'代言人'的姿态踏上了这一个时期。"④

顾颉刚创立"古史辨派",进行古史辨伪,批判前人因嗜古成癖而造成的种种附会,提出"层累地造成的古史说",继又提出推翻非信史的四项标准:(1) 打破"民族出于一元的观念";(2) 打破"地域向来一统的观念";(3) 打破"古史人化的观念";(4) 打破"古代为黄金世界的观念"。⑤ 破除了杜撰的"盘

---

① 胡适:《中国哲学史大纲》(上卷),东方出版社1996年版,第24页。
② 蔡元培:《序》,《中国哲学史大纲》(上卷),第2—3页。
③ 胡适:《新思潮的意义》,《胡适文存》(一),黄山书社1996年版,第533页。
④ 周予同:《五十年来中国之新史学》,《周予同经学史论著选集》,上海人民出版社1996年版,第542页。
⑤ 顾颉刚:《答刘胡两先生书》,《古史辨》第一册,上海古籍出版社1982年版,第99—101页。

古开天""三皇五帝"的旧古史体系，震动了当时的学术界，对于探求科学的古史体系起到开路的作用。顾颉刚史学观念的核心是"求真"的科学态度和理性批判精神。其学术思想渊源有胡适讲课中勇于"截断众流"和运用"历史演进法"的启发，有乾嘉学者严密考史方法，有今文经学派疑古辨伪传统的影响，而这些因素能在顾颉刚这样一个青年学者身上汇集为大胆批判千百年来相沿的旧说的决心，则是五四时期倡导"民主""科学"的思想解放潮流之洗礼和激励。他曾多次态度鲜明地强调科学理性的精神使他思想得到解放，产生了极大的勇气去批判封建时代的旧传统、旧偶像："到了现在，理性不受宗教的约束，批评之风大盛，昔时信守的藩篱都很不费力地撤除了，许多学问思想上的偶像都不攻而自倒了。……使得我又欣快，又惊诧，终至放大了胆子而叫喊出来。""我的心目中没有一个偶像，由得我用了活泼的理性作公平的裁断，这是使我极高兴的。"① 由于臆造的旧史体系是与一千多年来束缚人们头脑的封建"道统"相一致的，因此，古史辨伪工作就具有扫荡长期毒害人们思想、根深蒂固的封建意识的意义，如尹达所作的中肯评论："否定了这些作为不可侵犯的神圣'经'典，这一来就具有反封建的重要意义。"②

而陈寅恪长期致力的范围是"中古民族文化之史"，他采用了近代西方学者所重视的"民族—文化"观念、因果关系、比较研究等"外来观念"，与清代学者实事求是、严密考证的方法结合起来，既善于钩稽史料、抉幽阐微，又具有比他的先辈开阔得多的眼光，因小见大，对一些别人不注意的材料也能以独到的识见发现其价值，力求从总体上，从事物的相互联系、因果关系中探求历史演进中带全局意义的大事。在其名著《唐代政治史述论稿》中，概括出"外族盛衰之连环性"的概念，对唐与周围各民族（包括大食）的广阔范围进行考察，总结出带规律性的认识。陈寅恪认为："观察唐代中国与某甲外族之关系，其范围不可限

---

① 顾颉刚：《古史辨》第一册《自序》，第78—79、81页。
② 杨向奎《论"古史辨派"》一文"后记"所引，《中华学术论文集》，中华书局1981年版，第34页。

于某甲外族，必通览诸外族相互之关系，然后三百年间中国与四夷更叠盛衰之故始得明瞭，时当唐室对外之措施亦可略知其意。"因为，"其他外族之崛起或强大可致某甲外族之灭亡或衰弱"，"而唐室统治之中国遂受其兴亡强弱之影响"。① 另一名作《隋唐制度渊源略论稿》，同样能做到细致入微地考辨史实，再作综合分析，揭示出对历史演进有重大意义的内在关联。如他分析河西文化是在长期战乱中西北地区保存下来的汉、魏、西晋华夏文化的继续，实为中国历史上意义重大的隋唐制度渊源之一，云："秦凉诸州西北一隅之地，其文化上续汉、魏、西晋之学风，下开（北）魏、（北）齐、隋、唐之制度，承前启后，继绝扶衰，五百年间延绵一脉。"② 确实显示出超越前人的见识。因此，这两部著作在国内外有广泛的影响，在新中国成立前读过的研习隋唐史的学者，"无不惊呼大开了眼界，有茅塞顿开之感"③。

从以上分析可以认识：20世纪初年和五四前后，在东西文化交流迅速发展的时代条件下，由于进化史观、科学思想、历史演进、因果关系等新的治史观念和方法产生了指导的作用，蕴积深厚的中国传统考证学至此产生了飞跃，提升为一门近代的学问。新史料的发现固然提供了有利的条件，但更重要的是由于历史观念发生变革，才从根本上推动历史考证学出现新局面，由以往考证具体名物、制度、事件达到研究古史重大问题，由考辨片断的、局部问题达到系统的研究和探求带规律性的大事。到1949年，马克思主义成为全国政治、社会生活的指导思想，当然也成为学术研究的指导思想，一批具有卓识的学者对唯物史观成功地运用，又使新历史考证学再次产生飞跃，达到新的境界。前后两次飞跃固然治史观念的层次有别，考证学者治史的领域和风格有别，而因史观的指导推动了考证学达到新境的道理则是相同的，所反映的是学术演进的一个通则，其意义非同小可，实在不容忽视。

① 陈寅恪：《唐代政治史述论稿》，上海古籍出版社1997年版，第125页。
② 陈寅恪：《隋唐制度渊源略论稿》，中华书局1963年版，第41页。
③ 胡如雷：《读〈汪篯隋唐史论稿〉兼论隋唐史研究》，《读书》1982年第2期。

唯物史观指导如何推动新历史考证学达到新的发展阶段，这个问题不但内涵丰富，极具理论价值和学术价值，而且其中有的地方目前研究者尚存在认识的分歧，因此须要作为本文的重点加以详论。

二、新历史考证学与唯物史观的学术关联

上面讲到，新历史考证学派形成于五四前后，其奠基人物是王国维、胡适、顾颉刚等人。中国马克思主义史学的形成时间较之略晚，李大钊著成《史学要论》（1924）和郭沫若著成《中国古代社会研究》（1929），是其创始和奠基的标志。1949年以前，新历史考证学派和马克思主义学派平行发展，成为20世纪前半期中国史学演进的两大干流。但它们之间绝非互相对立，也非互不相干，而是互有紧密的学术关联。

马克思主义史家对新历史考证学派的学术成就予以高度评价。郭沫若对于王国维的著作有很高的称誉："他遗留给我们的是他知识的产品，那好像一座崔巍的楼阁，在几千年来的旧学的城垒上，灿然放出了一段异样的光辉。""大抵在目前欲论中国的古学，欲清算中国的古代社会，我们是不能不以罗、王二家之业绩为其出发点了。"[1] 以上评论见于《中国古代社会研究》，写于1929年。至1945年郭沫若撰《古代研究的自我批判》一文，又表彰王国维的卜辞研究"抉发了三千年来所久被埋没的秘密"，并说："我们要说殷虚的发现是新史学的开端，王国维的业绩是新史学的开山，那样评价是不算过分的。"[2] 郭沫若对顾颉刚关于古史辨伪的积极成果也有明确的肯定，称他的"层累地造成的古史"说"的确是个卓识"。[3] 侯外庐在其研究古代社会史、思想史的实践中也很重视吸收考证学家的成就，《中国古代思想学说

---

[1] 郭沫若：《中国古代社会研究》，《郭沫若全集·历史编》第一卷，第8页。
[2] 郭沫若：《十批判书》，《郭沫若全集·历史编》第二卷，第6页。
[3] 郭沫若：《中国古代社会研究》，《郭沫若全集·历史编》第一卷，第304页。

史·自序》中说:"研究中国古代思想史的第一步,当以文献学为基础,作者的时代,著书的真伪,文字的考证,材料的头绪,皆专门学问。"他又在《韧的追求》一书中,称王国维和郭沫若同是他的老师:"对待历史材料应谨守科学的法则,善于汲取前人的考据成果,同时又有自己的鉴别能力,勇于创新。我之所以赞赏王国维考辨史料的谨严方法,钦佩郭沫若敢于撞破旧史学门墙而独辟蹊径的科学勇气,把他们当作自己的老师,原因在此。"[1]

这些评论充分说明,马克思主义史家对于有成就的新历史考证学家所具有的深厚的学术功力、严谨的治学精神、严密而科学的考证方法、锐敏而通达的历史见识,都给予极高的评价,甚至真诚地推崇,把借鉴他们的学术成果、发扬他们的治学精神,视为发展新史学的至关重要的条件。那么,有见识的新考证学家对唯物史观的态度又是如何呢?他们非但不加排拒,而且敏锐地意识到用以指导学术研究具有重要的意义,认为唯物史观重视经济条件构成社会发展的基础,经济、政治、思想文化、社会生活等各项因素互相联系和依存,使社会构成有机的统一体等基本观点,能推进历史研究达到更深刻、更正确的认识。顾颉刚于1933年所写《古史辨》第四册《序言》中说:"近年唯物史观风靡一世,就有许多人痛诋我们不站在这个立场上作研究为不当。他人我不知;我自己决不反对唯物史观。我感觉到研究古史年代,人物事迹,书籍真伪,需用于唯物史观的甚少,毋宁说这种种正是唯物史观者所亟待于校勘和考证学者的借助之为宜;至于研究古代思想及制度时,则我们不该不取唯物史观为其基本观念。……他们的校勘训诂是第一级,我们的考证事实是第二级。等到我们把古书和古史的真伪弄清楚,这一层的根柢又打好了,将来从事唯物史观的人要搜取材料时就更方便了,不会得错用了。是则我们的'下学'适以利唯物史观者的'上达';我们虽不谈史观,

---

[1] 侯外庐:《韧的追求》,生活·读书·新知三联书店1985年版,第225页。

何尝阻碍了他们的进行,我们正为他们准备着初步工作的坚实基础呢!"①顾颉刚晚年从事《尚书》研究,所写《〈尚书·大诰〉今译(摘要)》,论述周初政治、军事、外交、思想观念各个方面的关系,即在一定程度上因受到唯物史观的影响而对历史问题作出新的分析,著名学者平心对此评价说:"能从历史角度进行考察,以求全面具体地弄清楚《尚书》各篇的历史背景和历史脉络。"②吕思勉在实证方法基础上写成的史著,很重视各个时期经济的研究,原因即在他初步学习了唯物史观的原理,用以指导其史学研究。他在1945年所著《历史研究法》中写道:"马克思……以经济现象为社会最重要的条件,而把他种现象,看作依附于其上的上层建筑,对于史事的了解,实在是有很大的帮助的。但能平心观察,其理自明。"③

马克思主义史学的基本方法与新历史考证学是相通的,而马克思主义又是总结了欧洲近代哲学、经济学、社会主义学说和历史学最高成果的科学思想体系,它又远远高出于新历史考证学。因此,如果熟悉史料、善于辨析事理的新历史考证学家掌握了它,思想认识就会大大得到提升,学术研究就会得到一系列的新收获。新历史考证学家实事求是的治学态度,以联系的观点分析史实、以"通识"的眼光考辨史料的方法,都与马克思主义史学的基本方法相贯通;问题在于,新历史考证学家的运用是素朴的,尚未达到十分自觉的阶段,而马克思主义则是构成体系的,而且要求自觉地运用,因而达到更高的层次,能够更加深刻地发现真理。新历史考证学在20世纪前半期成就斐然,至1949年,中国社会状况发生巨大变化,马克思主义在全国范围内取得指导地位,也催开了历史考证学领域新的绚丽之花,跃进到新的阶段。

当时,一批在三四十年代受到严密考证方法训练的学者,如蒙文通、郑天挺、韩儒林、徐中舒、谭其骧、唐长孺、罗尔纲、杨向奎、邓广铭、周一良、王仲荦、韩国磐、傅衣凌、梁方仲、

---

① 顾颉刚:《古史辨》第四册《序言》,第22—23页。
② 平心:《从〈尚书〉研究论到〈大诰〉校译》,《历史研究》1962年第5期。
③ 吕思勉:《历史研究法》,《史学四种》,上海人民出版社1981年版,第40页。

赵光贤、杨志玖、王玉哲、史念海等，还有一些健在的著名学者，进入新中国时大都正当四十岁上下（其中有几位年纪较长，已过五十岁），对于他们来说，本已有很好的学术功底和治史经验，又适逢其时地获得科学世界观的指导。他们对于新中国成立初年在全国范围内形成学习唯物史观的热潮是真诚欢迎的，一方面，因其与实证史学有诸多类通而觉得它容易接受，另一方面，又因其比以往的学说具有更高的科学性和巨大的进步性而感到眼前打开了一片新天地，能引导自己更加接近真理。故他们学习的态度是充分自觉的、兴奋的，而且充满自我解剖精神，勇于放弃以前不恰当的观点，迫切要求进步。吕思勉不顾本人年过六旬，学习唯物史观更加热情高涨。他积极参加思想改造运动，写出了长达万余字的思想总结，既检查了自己的思想，又回顾自己早在四十七岁时就接触到马列主义，但"愧未深求"，在学习运动中，"近与附中李永圻君谈及，李君云，学马列主义，当分三部分：（一）哲学，（二）经济，（三）社会主义。近人多侈谈其三，而于一二根柢太浅。此言适中予病，当努力补修"。[①] 唐长孺于1955年出版《魏晋南北朝史论丛》，在所写跋语中有真切的表达："在研究过程中，我深刻体会到企图解决历史上的根本问题，必须掌握马克思列宁主义的理论。"[②]并说下决心还要再好好学习，以清除旧史观对自己的错误影响。谭其骧在1979年写文章反思新中国成立后史学界走过的道路时，尽管当时有人认为唯物史观带来教条化，他却诚恳地赞许在新中国成立初期学习马克思主义带来了史学界的大进步："记得建国初期，史学工作者都在努力学习马克思主义理论，并试图应用到自己的专业研究中去。在史学界展开了关于古史分期、汉民族形成、资本主义萌芽……等等一系列的讨论，编辑了大部头的史料丛刊。史学界出现了一片欣欣向荣的新气象。"[③] 当然，这些史学家的学习又明确贯彻以唯物史观普遍原理与中国历史实际相结合的指导思想，警惕并抵制教

[①] 吕思勉：《自述——三反及思想改造学习总结》，《史学理论研究》1996年第4期。
[②] 唐长孺：《魏晋南北朝史论丛》，河北教育出版社2000年版，第433页。
[③] 谭其骧：《勿空破，认真立》，《中国史研究》1979年第3期。

条化倾向。如唐长孺起初读了马克思关于古代东方国家普遍存在土地国有制的论述后，曾认为中国也不例外，但经过在研究工作中的反复思考，终于认为土地国有制与中国古代历史实际有许多说不通之处，最后决然放弃原先的看法。唯其这些史学家坚持实事求是地研究历史，既重视科学世界观指导又坚决摒弃教条主义，他们的研究成果才得到海内外同行的充分肯定。

蒙文通是这批考证学者中年龄较长者，他通过学习，迅速地提高了认识水平，自称"数十年之积惑一朝冰释"，尤其具有典型意义。他的感受是在新中国成立初年一封私人信件中讲述的，因而更加实在而可信。蒙文通在信中言："文通于解放后一二年来，研读马列著作，于列宁哲学尤为服膺，不徒有科学之论据，亦驾往时旧哲学而上之。"蒙氏长期研治经史之学，于儒家学说钻研尤深，但长期在探求孔、孟、董、朱、王等儒学人物著作中积累而未决的问题，只有至解放后学习了马列著作才找到了答案。"人性"问题是儒家学说中一个关键性命题。孔子言"性相近，习相远"，孟子主张"性善"。至宋儒即大力推阐性善之说，以人之初生，性原为善，复原反本，即为圣人。对于此说，他原先信服，而后来产生怀疑，积疑于心中而长期不能解决者，至学习了马列之后才得豁然贯通。他深刻地讲出其思想认识提高的过程："儒家之学，自《周易》以下迄宋明，皆深明于变动之说，惟于发展之义则儒者所忽，而义亦不可据。今读辩证唯物论，乃确有以知宋明之说有未尽者。文通少年时，服膺宋明人学，三十始大有所疑，不得解则走而之四方，求之师友，无所得也，遂复弃去，唯于经史之学究心；然于宋明人之得者，终未释于怀。年四十时，乃知朱子、阳明之所蔽端在论理气之有所不澈；曰格物穷理，曰满街尧舜，实即同于一义之未澈而各走一端。既知其病之所在也，而究不知所以易之。年五十始于象山之言有所省，而稍知所以救其失，于是作《儒学五论》，于《儒家哲学思想之发展》一文篇末《后论》中略言之。自尔以来，又十年矣，于宋明之确然未是者，积思之久，于陈乾初之说得之，于马列之说证之。"蒙氏乃感叹说:"数十年之积惑一朝冰释!"①

由于学习了马列主义哲学学说,使他能以辩证的态度,区分古代儒学中的精华与糟粕,认识到孔子之"性相近,习相远"的命题中确有真理的成分,孟子的"性善说"有可取之处,人性中有向善发展的潜质,要靠后天的教育、修养,使由晦而明,由弱而强。但朱熹的"即物穷理"和王阳明之"致良知",则颠倒了理、气先后的关系,违背了须经教育、锻炼提高的规律,因而抛弃了孔、孟学说中有价值的东西。而清儒对理学进行了反思,王夫之、陈确之日生日成言性,戴震之言情欲天生合理,颜元之重视实践,正可以救宋儒之失!也正因为学了马列的理论,使蒙文通认识到朱子、阳明之说法虽不同,表现形式虽不同,但致误之根源却是相同的,即违背了先有事物、后有规律,思想意识要靠教育和实践去提高的根本原理。故蒙氏总结朱子、王阳明的失误在于"先天论",而正确的论点则应是马列主义所阐明的"发展论"。

蒙文通在解放初学习马列主义而使数十年积惑一朝冰释,并用"先天论"和"发展论"来分析古人学说中的精华与糟粕的经历,是具有深刻意义的,它证明解放初年许多研究者学习马列主义是自觉的、愉快的,并且收获巨大,学术上升到崭新的境界,能够对复杂的历史现象和学术问题,透过现象,看到本质,以辩证的眼光作具体、细致的分析,互相联系,上下贯通,从而得出正确的结论,解决了长期困惑自己的问题,获得真理性的认识。证明唯物辩证法确是比传统思想和近代流行的诸多学说远为高明,唯物辩证法能给人以科学分析问题的理论武器,是具有明效大验的科学世界观和方法论。新中国成立之后,马列主义在全国范围内确立了指导地位,广大史学工作者和知识分子掀起学习唯物史观的热潮,这是中国学术史上的重大事件。事实证明,马列

---

① 蒙文通:《致张表方书》(写于 1952 年),蒙默编《川大史学·蒙文通卷》,四川大学出版社 2006 年版,第 240、241 页。按,张表方先生即张澜。又,1951 年,时在西南师范学院任教的高亨先生致函蒙文通先生,同样表达了对学习唯物史观的欢迎态度和互相鼓励的心情。信中说:"弟志在用新观点、新方法研究古典,所以于四月间入西南革命大学研究班学习。再越两月,即可结业。对于辩证唯物论和历史唯物论及政治经济学,粗有了解。此后或能对于革命有所贡献。望吾兄多赐教言。"

主义的指导使史学工作者焕发出新的精神面貌，在历史观和治学方法上进入新境，学术上取得了大量创获。

三、对中国历史进程的宏观概括和维护中华民族利益的崇高责任感

蒙文通（1894—1968）学习了马列主义以后感到豁然贯通，认识到唯物史观理论对于史学研究的重大指导意义，而从研究实践来看，新中国成立后他所发表的论著，无论是研究的内容、研究的深度和治学的风格，比起以前擅长考证和朴素地运用辩证分析方法的特点来说，都已经明显地有了质的飞跃。我们可以举出其代表性成果《中国历代农产量的扩大和赋役制度及学术思想的演变》及《越史丛考》来作分析，前者突出地反映出他再不满足于史料的翔实和考辨的精审，而要上升到对历史进程和其内在规律性作宏观的概括，后者则突出地反映出他维护历史公正和中华民族利益的自觉性和崇高责任感。岁月的洗练，更加显示其著作的光彩，直至今天读来，我们仍能深刻地感受到唯物史观指导使其研究成果具有更高的学术价值和更强的生命力。

《中国历代农产量的扩大和赋役制度及学术思想的演变》一文首先提出作者的基本观点是："人类社会是处在不断向前发展、不断向前运动的过程中。社会不断向前发展、运动的泉源，归根结底是决定于社会生产力的发展。""生产力的发展，首先是反映在生产品的品种和数量上。因此，农产品品种和数量的扩大和增加，也就是农业生产力的发展和提高的反映。"综合上述两项，作者显然认为农业产量的提高，反映出农业生产力的发展，对于中国封建社会的发展具有推动的意义。作者又认为，我国二千年来单位面积农产量的扩大，前后可分为四个阶段，"第一阶段是战国、两汉，第二阶段是魏晋、六朝，第三阶段是唐宋，第四阶段是明清"。如亩、石都是用汉量计算，则两汉产量是百亩三百石。魏晋、六朝较两汉大约增加百分之二十。唐宋都是百亩六百

石,较汉增加了百分之百。至明清,则较唐宋又增加了百分之五十。

作者强调唐前唐后的变化,对于整个中国历史进程具有特别重要的意义。"自唐以后的自耕农民,才开始掌握了较多的剩下的农产品以供交换之用(非自耕农一般都不及自耕农),而农民的购买力也才有了提高,才为工商业的加速发展提供了可能。"他认为,农产品提高的四个阶段,与赋役制度的变化密切相关,"统治者对于劳动农民剩余劳动的剥削,从秦汉的劳役负担重于实物负担,变为劳役负担逐步减轻、实物负担逐渐加重,又变而为实物负担逐渐少,货币负担逐渐增加,最后则全变为货币负担"。故可以将两汉的租赋、魏晋到唐的租调、唐宋到明的两税和明中叶以后的一条鞭,划分为四个阶段。"这四个阶段又恰好和农产量扩大的四个阶段正相吻合,这也正体现着统治者对农民剩余劳动的剥削方式是紧随着生产力的发展而变化着,生产力提高一步,剥削方式也就改变一次,因此清代的农业生产量虽已远远超过秦汉,但劳动农民还是不免于流离死亡,无所告诉。"

作者提出,在四个阶段中,"又以唐前唐后之变最为剧烈,而且也更为全面"。"我国的农业生产力在唐代有着较大的发展。作为农业直接生产者的农民的社会地位和作为封建制度基础的土地制度也都同时发生了重大的变化。"首先,是农民社会地位的变化。"在生产力逐渐提高以后,农民底自己的经济逐渐扩大,严格的依附关系已不再适合这种状态,而王朝统治者又凭藉其政治力量不断的给予豪族世家以打击,农民对豪族世家的人格依附关系逐渐削弱。"以隋末唐初为分界,由于隋末农民大起义,豪族世家的经济基础被彻底摧毁,"在此以后,农民和豪族世家的人格依附关系便逐渐为佃农和地主的经济契约关系所代替了。……农民地位的这一变化,使其在经济上的独立性有了扩大,这样也就刺激了农民的生产兴趣,又进而促进了生产力的提高。因此,农民地位的这一变化,是有极其重大的意义的"。其次,是土地制度的变化。"自两汉、魏晋下迄于唐,都有打击豪强兼并的限田制度和制民之产的均田制度。但从中唐以后,均田之制便彻底崩溃，限田之制也只是被人作为议论题材谈谈罢了。"再次，是社会阶级关系的变化。"豪族世家丧失了其对农民的特权地位，打垮了长期的巩固其经济地位和地方势力的基础。因而唐以前的地主，一般的都是横恣乡里、绵延几百年的豪族世家，官府也还需要其支持。唐以后的情况便大不同，一般的地主在三数世后则又可能降为农民，他们在政治上反而多要仰仗官府的庇护了。从东晋南渡需要侨置州郡、建立门阀，南宋南渡不需要侨置州郡，也无门阀出现的具体事例的对比，就可以看出这变化的实质。"

作者进而认为，由于阶级关系等项的根本性变化，导致了唐以后封建社会各有关制度也不得不相应地发生变化。诸如赋税制度由租庸调改为两税法，兵制由府兵变为募兵，人才铨选由贡举和九品中正变为科举考试，中央官制也由两汉魏晋的三公九卿制度变为隋唐的六部制度，标志着中央集权的进一步发展。在意识形态领域，同样发生了摆脱约束、寻求自由思想的深刻变化："由于新的阶级赋予了人们在经济发展中和经济地位上变化扩大的可能，人们开始能够自己掌握自己的生活前途（虽然还不是完全的掌握），人格的独立性随着也被发现了，因而小有产者的自由思想在意识形态中表现得最为突出，在各方面都有很多迥与唐前不同的创造和发展，在哲学上发生了'人人心中自有仲尼'的理学、'呵祖骂佛'的禅宗，这两者都体现着人类思想史上的巨大解放。"其他如文学作品表现的内容由宫廷转向民间，绘画题材"由朝市转向山林"等，也都为唐以下开辟了新途径、新境界。①

蒙文通论述唐代社会经济的发展和阶级关系的变动是中国封建社会前后期形成不同特点的根本性原因，由此而导致税制、兵制、选举、官制，以至意识形态领域一系列相应的变革，他的论述堪称言之成理，而且自成系统。由一个新中国成立前以精熟典

---

① 以上引文均见蒙文通《中国历代农产量的扩大和赋役制度及学术思想的演变》，《四川大学学报（社会科学）》1957年第2期。

籍和擅长考证著名的学者，到如此着力分析社会演进各部门、各领域的联系，发展的阶段特点，探索发展的内部规律性，由原先对具体问题的细致辨析，到对历史发展趋势作出宏观概括和见解精辟的阐释，我们不能不叹服其变化之大和进展之速，是唯物史观理论这一科学世界观的指引，使他的学术达到升华。论者称蒙文通学术的特点是"通观达识，明其流变"，实则他是在学习和运用了唯物史观以后，才真正达到这样的境界。他的论述涉及方面至广，我们不能要求其中的每项论断都完全准确，但毫无疑问，他以社会经济发展和阶级关系变动作为考察社会演变的根本点，他提出的唐以后农民人身依附关系的变化、地主身份性的变化、唐宋以后意识形态诸多领域的相应变化等项，都是确有见地的，显示出单纯从事考证的学者所难以具有的开阔视野和洞察力。我们还应注意到，"唐宋变革论""唐宋社会转型论"在近年来已经成为学界讨论的"热点"，而蒙文通早在50年代初即已提出"秦以来二千多年的中国历史，就巨大变化来看，可以唐前唐后分为两大段"① 的观点，并且从社会经济到阶级关系，到意识形态领域，作了比较全面而又提纲挈领的论证，这不能不承认蒙文通的论述已经开其先声，② 而其前瞻性见解恰恰是在50年代初刚刚接受了唯物史观指导后即提出来的，科学的历史观在这位坚持"实事求是"和作辩证分析进行研究的学者身上，产生了明效大验。

《越史丛考》著于1964至1968年，时蒙文通已届晚年，这是他生前绝笔之作。这部著作的完成，既是他早年从事古代民族

---

① 蒙文通：《中国历代农产量的扩大和赋役制度及学术思想的演变》，《四川大学学报（社会科学）》1957年第2期。

② 对此，胡昭曦先生《蒙文通先生对宋史研究的贡献》一文中已有论及："'断断续续写了几年'，于1957年发表的《中国历代农产量的扩大和赋役制度及学术思想的演变》一文，是集中体现蒙先生关于治史要通和探源明变学术主张的代表作，也是他研究中国古代史上的社会变革和宋代学术思想发展变化的代表作。""蒙先生明确提出秦汉至明清的社会变革及其重要阶段，进行了深入分析，系统地探讨了这些变革发展的原因、轨迹、特点等，为学术研究作出了贡献。他是我国现代史学家中，较早注意到唐宋之际社会全面变革的学者之一。"（《蒙文通先生诞辰110周年纪念文集》，线装书局2005年版，第63、64页。）

史研究的继续，又是他运用自己的丰富学识，为解决一个与国家利益直接相关的重大课题而深入探求的成功之作。

作者在文章开头即明言："越族"为泛指古代东南沿海地区之民族，然因书缺有间，记载简略，事或若明若昧，越人分布地域即争论聚讼问题之一。"陶维英《越南古代史》（科学出版社一九五九年中译本）近世论越史之名著也，于此竟谓：'春秋战国时代以前，当另外一个大族（汉族）占据着黄河流域的时候，而越族却占据着扬子江以南的整个地区'，歧义殊说，异乎平素所闻未有甚于此者。然而，核之载籍，羌非故实。"① 蒙文通洞察到，以往中外学人论及古代越族分布的著作中一些缺乏根据甚至是纯属臆造、颠倒史实的言论，当今却有国外学者别有用心地收集综合、穿凿解释，并借此推波助澜，这就应当引起正直学者的高度警惕。他说："国内外学人谓长江流域古有越人者不乏其人。然持此说者，不过就楚越同祖、夒越、扬越、夷越诸事论之而已，尚未言'扬子江以南整个地区'尽越人所居也，更未言居古中国之越人'在来自北方的人的逼迫下'乃西南迁徙至越南也。陶氏《越南古代史》综此诸说进行疏通证明，而予以理论化、系统化。越人后此之论越南古史者，莫不祖述其说，甚或扬其波而炽其焰。此诸说者，实多影响之谈、附会之说，核之史实，舛缪自见。"② 这就必须严肃对待，以确凿的史实与错误的论点相对照，一一考辨清楚。蒙氏在书中，考论了十二个方面的问题，即以"越族古居'扬子江以南整个地区'辨"列为第一项，进行有理有据的有力辩驳。

首先，蒙文通详引各种古代文献进行分析、考辨，论述古代居于南方的楚族与越族的畛域。《吕氏春秋·恃君》言，"扬汉之南，百越之际"，究竟所指何地？高诱注释"扬汉之南"为"扬州汉水南"。此扬州之汉水，当即《汉书·地理志》豫章郡之湖汉水。豫章古属扬州，故湖汉又得名扬汉，即指今赣江水系。

---

① 蒙文通：《越史丛考》，人民出版社1983年版，第1页。
② 蒙文通：《越史丛考》，第13-14页。

"扬汉之南"乃谓今福建、广东。百越之称屡见于《史记》。《项羽本纪》言:"鄱君吴芮率百越佐诸侯",此百越之君即闽越王无诸、东海王摇,二国所居为浙江南部及福建之地。《平津侯主父偃列传》言:秦始皇"又使尉佗、屠睢将楼船之士南攻百越",据《南越尉佗列传》,尉佗、屠睢所攻之百越,略当今广东、广西之地。又《荀子·儒效》言:"居楚而楚,居越而越,居夏而夏。"同书《荣辱》言:"越人安越,楚人安楚,君子安雅(夏)。""是汉世所谓百越之地与《吕氏春秋》所言基本相同而境宇稍广。然皆未尝以荆楚为越地也,犹是《荀子》越、楚各别之义。"① 再据《史记·货殖列传》言:"颍川、南阳,夏人之居也。"又言:"陈在楚、夏之交。"则以淮水以南为楚,淮水以北为夏,大致分明。至于越、楚分界亦可于《货殖列传》中推寻。司马迁言楚分西楚、南楚、东楚,自淮北至汝南、南郡为西楚,衡山、九江、豫章、长沙,为南楚,彭城以东,为东楚。蒙文通说:"传谓豫章、长沙(略当今江西、湖南)为南楚,当是楚之南土;而越则更在其南,《方言》所谓'南楚之南'者也。"② 再证以《淮南子》和《汉书》。《淮南子·人间》言秦始皇因利越之犀角、象齿等特产,发卒五十万为五军,驻守镡城、九疑、番禺、南野、馀干,以与越人战。五军所处为一勾月弧,长沙、豫章正处此勾月弧内。《汉书·地理志》则言:"粤(越)地,牵牛、婺女之分野也,今之苍梧、郁林、合浦、交趾、九真、南海、日南,皆粤分也。"此七郡合会稽正处此勾月弧之外。蒙文通分析说:"《货殖列传》以习俗判楚地,《地理志》以分野述越地,而《淮南子》则以五军所处划楚、越之界;三书虽各明一事,然其所说楚、越之地则若合符节。是战国秦汉之世,楚、越之畛域固厘然各别也。则是长江中下游几尽楚地,何得谓长江以南尽越人所居也。"③

又针对陶维英书所谓"春秋战国时代以前""越族占据着扬

---

① 蒙文通:《越史丛考》,第2页。
② 蒙文通:《越史丛考》,第3页。
③ 蒙文通:《越史丛考》,第3页。

子江以南的整个地区"云云，蒙文通进一步据史实作了有力的辩驳："越人之盛始于勾践，已屈春秋之末。而楚国之盛则早在西周：昭王伐荆楚，'南征而不复'，周人遂不再得志于江南。夷王之时，楚熊渠'兴兵伐庸，扬粤，至于鄂'。春秋之初，楚武王始开濮地，楚文王尽食江汉诸姬。楚成王时，'楚地千里'。楚庄王时，北伐陆浑之戎，观兵于周疆，大败晋师于邲。是在越人兴盛之前，楚人早已据有长江中下游之地，越人曾不得侧足其间。"陶书所言，"诚瞽说也"。① "合荆蛮、扬越之地计之，其于长江下游不过江南一隅而已。苟据此以论整个长江以南尽为越人所居，岂不谬哉！"② 蒙文通对"古代越族居长江以南整个地区"这一谬说的批驳，确为证据详明、理由充足，揭示出历史的真相，打中杜撰者的要害。

古史辽远，典籍上所留下来的历史记载只是片段的，亟须学者细心地䌷绎推寻、考辨分析，祛除其疑惑，揭示其内在联系，得到历史本相的认识。且古籍在长期的流传过程中，每有传写讹误，或因他人附入，或以臆断增删者，更须研究者广参互证，辨析其错误，以求得正确结论。科学历史观正能帮助研究者透过现象，探求本质，去粗取精，去伪存真。蒙文通对"楚、越同祖"说的辨析，为此提供了有力的证明。论"越人北徙而非南迁"，是蒙文通深入考辨的又一重点问题，直接针对陶维英书中袭用三十余年前法国人鄂卢梭的荒谬见解，提出"到了越国被楚国灭亡以后，在来自北方的人之南下的逼迫下，他们的酋长率领整个部落逃往南方"的误说。蒙文通指出，凡此"皆属臆度虚构之谈"，"案之载籍，越人迁徙之迹可考者，适与鄂卢梭之说相反，不仅未曾南迁，而实屡次北徙"。③ 他以大量确凿的史实作了有力的辩驳。(1) 据《史记·楚世家》记载，秦灭楚之年在秦始皇二十三年（前224），越之亡，据《秦始皇本纪》，则在秦始皇二十五年

---

① 蒙文通：《越史丛考》，第4页。
② 蒙文通：《越史丛考》，第5页。
③ 蒙文通：《越史丛考》，第29页。

（前222）。"是楚之灭犹在越先，何得谓越亡于楚也。"①（2）据《越绝书·记吴地传》载，秦时，迁徙越民所往之地，在乌程、余杭、黟、歙、芜湖、石城，均在山阴之北。"是秦时越人之徙是北迁而非南走也。"②（3）据《史记·东越列传》载：建元三年（前138），闽越攻东瓯，武帝遣严助以节发会稽兵救之。未至，闽越引兵而去，东瓯请举国徙中国，乃悉举众来处江淮之间。"此为汉代越人之首次大量迁徙，自东瓯徙庐江，即自浙南徙皖西，亦为北迁而非南走也。"③（4）据《史记·东越列传》载：元封元年（前110），闽越诸将杀王馀善降汉，汉封诸有功者，在九江郡、临淮郡、济南郡、会稽郡。（5）据《史记·河渠书》载：武帝时越人还有徙至河东（今山西省西南部）者。（6）《汉书·严助传》载：淮南王刘长攻反叛之南海王，"以其军降，处于上淦"。蒙文通作了深入考辨，认为：南海为淮南王出兵能至之地，则当与同为勾践后裔之东瓯、闽越相毗邻。全祖望谓当在汀、潮、赣之间，近是。《汉书·地理志》有南海亭之名，为揭阳县，此南海王国地跨闽、粤可知。"勾践之族所居之最南境殆即至此。然此南海王国之越人，于文帝时已迁之上淦，上淦地虽不可具考（《舆地纪胜》卷三四谓上淦即临江军之新淦县），其在故淮南王国之庐江界中则无疑也。是此越人之徙，亦为北迁而非南走也。"④

总之，《越史丛考》作为一部享誉学林的著作，的确体现出蒙文通将其原本学术根底深厚、精熟于史料的治学特色，与由于运用了唯物史观能够洞察历史问题之本质、具有远见卓识，二者恰当地结合起来，令人叹服地体现出全面的观点、辩证分析的观点、透过现象把握事物本质的观点，因而具有高度的学术价值和说服力。正是由于运用了唯物史观作指导，他能够将《汉书》颜师古注中提出的应当区分古代统治者之族别与处于被统治地位的

---

① 蒙文通：《越史丛考》，第39—40页。
② 蒙文通：《越史丛考》，第40页。
③ 蒙文通：《越史丛考》，第41页。
④ 蒙文通：《越史丛考》，第43页。

民众的族别的观点发掘出来，并作了意义深远的发挥，说："一国之统治者与被统治者民族不同，中外历史不乏其例。当蒙古、满族建立元、清王朝之际，岂谓全国尽蒙、满之族乎！善乎颜师古注《汉书·地理志》之言也：'越之为号，其来尚矣。少康封庶子主禹祠，君于越地耳，故此志云："其君禹后"，岂谓百越之人皆禹苗裔！'颜氏以统治者与被统治者未必同族为说，此义至明且善。《世本》、韦昭'楚、越同祖'之说，亦第就楚、越之统治王室言之耳，即坐实其言，岂可据之以论越、楚两国人民之民族乎？诚持论如此，是其识见下于千余年前之颜师古远矣！"①他作了这样深刻的阐发，更使喋喋不休宣称"古代越族居于整个长江以南地区"者理屈词穷。

正是由于运用唯物史观作指导，他在分析复杂历史问题时，牢牢把握住事物的本质方面和非本质方面，而不让非本质的现象掩盖了事物的本质。在考辨"古代中国南方与交趾间之民族迁徙"时，一方面，指出古代中国南方民族确有多次向交趾南迁的史实，如：秦灭巴蜀，开明之子孙南迁交趾；西汉末，夜郎迁九真徼外；乌浒由交趾之西而东入郁林，又部分南迁入交趾。另一方面，又有由交趾北迁者，如《后汉书·南蛮传》载：九真徼外蛮里（俚）慕化内属；西晋时，俚人分布在苍梧、郁林五郡，自晋以后，南朝诸史载俚事颇多，其地则自越州、始兴、晋康，及于广州之北。虽然有这些复杂情形，但无论是中国西南，还是交趾地区，仍然改变不了原有主体民族在本土繁衍生息这一本质的事实！蒙文通对此作了切中肯綮的概括："是自战国至晋七百年间，中土南方之域与交趾之间，民族之迁徙颇繁，南迁者有之，北徙者亦有之，且其族类不可以一二数，然交趾之主体民族——骆越——则早已居于交趾、九真之地，既非自北南迁，亦未见有北迁之迹；是古西南民族之南北迁徙虽频，然于南、北主体民族之大局固无与也。"②

---

① 蒙文通：《越史丛考》，第 11 页。
② 蒙文通：《越史丛考》，第 57 页。

尤其是，正是由于运用了唯物史观作指导，蒙文通更加具有高度的爱国主义精神，他敏锐地看出关于古代越族问题的言论背后有严重的政治意义。现存的史料有的记载首尾不备，有的因长期传抄而致误，"苟不精研覃思，旁通曲证，諟正其文字，考竟其源流，匪特难免郢书燕说、鱼鲁亥豕之失，且将俾叵测者以捏造事实、歪曲历史之机"①。拿出辨析精确的史实，驳倒蓄意散布之谬见，乃是事关维护历史公正和中华民族崇高利益的大事情！因此从1964至1968年四年中，他不顾"四清"运动的影响，不顾"文革"中个人受到的迫害，以惊人的毅力完成了这部十万字的著作。书稿刚完成不久，蒙先生即辞世。正是崇高的爱国思想和唯物史观的指导，使这部在其最后岁月完成的著作绽放出非同寻常的光彩。

李一氓高度评价蒙文通教授这部著作贯穿着强烈的爱国主义精神，表现出维护国家民族利益的历史学家的崇高责任感；作者引据丰富详审的史料，对陶著所作的辩驳有凭有据，令人信服，并对古籍记载有歧误之处深入分析，从而恢复了历史的真实性。他说："作者作为历史学家，自有一种历史的责任感，有必要把这个问题，越族是怎么一回事，弄清楚。作者的学术水平完全足以担当这个责任，把这一繁难的问题分析得头头是道；也把国际上一些史学家（包括法国越史学家）对这一问题的奇谈怪论，引证翔实地一一加以驳倒。从中国民族而言，这就不单纯涉及到一个越族的问题，而是涉及到中国民族的整体的问题。因此，作者这本书自然具有现实的时代意义。他不是为历史考证而考证，不是抽象的考证，更不是炫耀博学的考证。在著笔时，他必然怀有维护中国民族崇高利益的历史学家的责任感。"②

一个考证学者，如果没有唯物史观理论对他的指引，如果不是他本人真诚地认识到马列主义具有高度的真理性，并且努力运用于研究之中，而他能够对中国古代历史进程的实质性问题作出

---

① 蒙文通：《越史丛考》，第63页。
② 李一氓：《读〈越史丛考〉》，《读书》1984年第4期。

如此深刻的阐释，能够以维护国家民族利益的崇高责任感去研究古代民族关系史问题，那是不可思议的。显然，蒙文通半个世纪的学术生涯，正是以新中国成立为界限划分为前后两大阶段。他由原先擅长考证之学，到新中国成立后自觉地以唯物史观为指导而达到治史的升华，这一学术道路是极具典型意义的，集中体现了同时代一批正直的学者共同经历的重大变化。他在学术上实现的跃进证明了两项重要的道理：从20世纪前半期走过来的、具有"实事求是"科学态度并且重视审查史料、重视因果关系观念的学者，很容易并能自愿地接受唯物史观和它所倡导的优良学风；而这些精熟于典籍、擅长于具体问题考证的学者，只有在接受了唯物史观科学理论的指导之后，才能做到自觉地去探求历史演进的本质性和规律性认识，在治史道路上实现质的飞跃。这两项，其价值远远超过了理解蒙文通本人思想轨迹的意义，对于认识新历史考证学的发展道路，以至认识整部20世纪学术史都至关重要，因此在本节作为个案剖析而详加论述。

四、诸多领域取得的风格多样的出色成就

新中国成立初年，这一批年届中年的考证学者是一个引人注目的学术群体，他们正处于学术上锐意进取的极佳时期。他们学习了马列主义之后，运用科学的历史观和方法论到自己所熟悉的研究领域中，以之为指导，许多人都取得了独具特色的成就。前面所论是蒙文通在通论性研究和古代民族关系史领域的成就，这里再以谭其骧、唐长孺、赵光贤为例，简要论述他们各自在历史地理学、魏晋南北朝史、先秦史领域的建树，借以进一步证明以唯物史观为指导如何使新考证学绽放出新的光彩。

（一）透过历史表象揭示历史演进的规律性

谭其骧（1911—1992）毕生从事历史地理学的研究，1944年

以前，在历史沿革地理和移民史领域发表了多篇论文，均以严密考证见长，受到顾颉刚的器重。如《秦郡新考》，针对乾嘉学者以来三百年聚讼纷纭的秦代设郡问题进行爬梳清理、深入考证，纠正、补充了清代全祖望、近代王国维考而未备之处。逐项辨明秦始皇二十六年（前221）初并天下所置，名见于《汉志》者三十二郡，尚有黔中等未见于《汉志》者四郡，共三十六郡；又有南海等四郡，为"名见《汉志》，始皇三十三年开胡越置"；东海等六郡，为"《汉志》缺，始皇二十六年后析内郡置"。结论为"秦一代建郡之于史有征者四十六"，全文以考辨精审、论据坚实而大受称道。1949年以后，由于自觉地以科学历史观作指导，使他大大开阔了视野和学者襟怀，发扬了原先精于考证的长处，且能透过历史表象探求本质性和规律性的认识。我们打开谭氏论文结集《长水集》、《长水集续编》（以及在此基础上由他的学生编成的《长水粹编》）翻阅，1949年以后的论文，与前期《秦郡新考》《汉百三郡国建置之始考》《〈宋州郡志〉校勘记》等已颇不相同。如：《关于上海地区的成陆年代》（1960）、《何以黄河在东汉以后会出现一个长期安流的局面——从历史上论证黄河中游的土地合理利用是消弭下游水害的决定性因素》（1962）、《历史时期渤海湾西岸的大海侵》（1965）、《上海市大陆部分的海陆变迁和开发过程》（1972）、《山西在国史上的地位》（1981）、《浙江各地区的开发过程与省界、地区界的形成》（1986）、《海河水系的形成和发展》（1986）、《自汉至唐海南岛历史政治地理——附论梁隋间高凉冼夫人功业及隋唐高梁冯氏地方势力》（1988）等。这些研究成果与新中国成立前相比，无论从考虑历史问题的时间跨度或空间范围说，还是从论题中所包含的思想性深度说，尤其是，从总结历史现象的规律性的高度和结合当前社会发展需要的程度说，毫无疑问都达到了更高的学术境地。

《何以黄河在东汉以后会出现一个长期安流的局面》[①] 一文，尤为著者精心构撰的名作，其考辨和论证，上下纵贯几千年，东

[①] 此文系谭氏1961年在复旦大学所作学术报告，次年修改后发表。

西包括大河上下广袤的区域，精到地论述了一系列问题，确是运用唯物辩证的世界观为指导，在进行环环相扣的严密考证和逻辑推理的基础上，努力探讨历史发展中的规律性东西。谭氏首先将从有历史记载以来直到解放为止全部黄河的历史，分成唐以前和五代以后前后二期，并指出，黄河在前期决徙次数并不很多，基本上利多害少，只是到了后期，才变成决徙频仍，有害无利。尤其值得注意的是，西汉至唐九百多年间，西汉河患严重，东汉以后长期安流。在河患很严重的第二期之后，接着出现的是一个基本安流无事的第三期，这一重大变化应如何解释？以往水利史专家的解释，都认为是东汉王景治河"深合乎治导之原理"，是他的成功所带来的。谭氏慧眼独见，分析问题的所在：（1）王景治河，据《后汉书·王景传》载，只称"商度地势，凿山阜，破砥绩，直截沟洫，防遏冲要，疏决壅积，十里立一水门，令更相洄注"。这三十三字讲的是在下游从事修防工程，仅属治标之法，何以能收长久之效？（2）东汉中后叶和魏晋南北朝，是封建政权腐朽无能和割据混乱时期，黄河却能安流，这显然不能以社会政治因素作解释。他决不作眼光狭窄的考证家，总把自己局限于某一个朝代，或某一局部地位，或者限制于考证某项具体问题之内。而是把眼光投向历史上整个黄河流域，抓住"黄河溢洪改道在下游，而酿成祸患的洪水和泥沙则主要来自中游"这一根本问题，逐层分析考辨。他运用工程学的知识，计算黄河中游不同河段洪水含沙量，证明对下游水患起决定作用的是中游一、二两区（一区：河套、陕西地区；二区：晋、陕交界及河南西部地区）。此一、二区，大部是黄土高原，土质疏松，不适当的开垦和农耕，必然造成植被破坏，造成严重水土流失，且高原、台地会被冲成纵横的沟壑，水土流失则更为加剧。因此，"这两个地区在历史时期的土地利用情况的改变，是决定黄河下游安危的关键因素"。在这一范围内，战国以前，以畜牧、射猎为主，植被很好，如《史记·货殖列传》所言，山西"饶材、竹、榖、纑、旄"等林牧业特产，天水、陇西一带"畜牧为天下饶"。至秦汉时期，却向这一地区大量移民开垦，如汉武帝于元朔二年（前127）、元狩三年（前120）、元鼎六年（前111）、天汉元年（前100）多次募民徙边郡，开田官，数量有时多达七十余万口。作者指出："西汉一代，尤其是武帝以后，黄河下游的决徙之患越闹越凶，正好与这一带的垦田迅速开辟，人口迅速增加相对应；也就是说，这一带的变牧为农，其代价是下游数以千万计的人民，遭受了百数十年之久的严重的水灾。"① 东汉末至十六国时期黄河中游地区的生产生活方式又如何呢？谭氏对此作了进一步的考证：(1) 晋西北迟至南北朝晚期，居民仍以"山胡"为主，以畜牧为生。(2) 陕北则直至十六国的前、后秦时代，才在北洛水中游设置了洛川、中部（今黄陵）等县，前此废边郡已有二百余年。而实际上二秦的版图所届远在洛川、中部之北，那些地方仍不设郡县，正反映其多数居民仍为居无常所的牧民。(3) 姚秦末年赫连勃勃在这一带建立了夏国，仍不立郡县。(4) 据《魏书·铁弗传》及《食货志》载，赫连勃勃之父卫辰被魏道武帝击败时，俘获品中只有马、牛、羊，而没有提到粮食。后四十余年，太武帝灭夏，也仍然以河西（指晋陕间的黄河以西）"水草善，乃以为牧地，畜产滋息"。由此证明魏晋十六国时代虽然政治混乱、战争频繁，而黄河却能长期安流，原因即在：东汉以后北朝中叶以前，这二区基本上是牧区。

谭氏通过对纵贯上下二千多年的黄河下游灾害史和中游生产、生态面貌的考证和分析，终于透过历史的现象，揭示了真相：东汉以后黄河的长期安流，并不因王景筑堤防洪的办法高明，而是因为中游地区返农还牧，恢复了植被，减少了水土流失。谭氏怀着总结历史上的经验教训为当今社会的发展提供鉴戒的崇高责任感，以凝重的笔触写下自己通过考证而得出的重要结论："'越垦越穷，越穷越垦'，终至于草原成了耕地，林场也成了耕地，陂泽洼地成了耕地，丘陵坡地也成了耕地；耕地又变成了沟壑陡坡和土阜。到处光秃秃，到处千沟万壑。……就这样，当地人民的日子越过越穷，下游的河床越填越高，洪水越来越集

---

① 谭其骧：《长水集》（下），人民出版社1987年版，第9、15页。

中，决徙之祸越闹越凶。就这样，整个黄河流域都陷于水旱频仍贫穷落后的境地，经历了千有余年之久。"① 因此，谭氏早在四十多年前就根据科学研究的成果提出建议：在黄河中游这二区，应"从单纯的农业经济逐步向农、林、牧综合经营发展"。首要的措施就是"封山育林，同时利用所有的荒坡、荒沟、荒地，大量植树种草"，达到"蓄水保土、调节气候、改良土壤"的目的。② 严肃的学术研究和对国家民族发展紧迫问题的关切，在这里达到高度的统一。今天，在黄河中游和广大西北地区实行退耕还牧、退耕还林已成为一项重要的国策和千万民众的共同行动，经过四十年实践的检验，恰恰证明谭氏严谨、深入研究历史所得出的结论符合真理的认识，具有极高的科学价值。

谭其骧在新中国成立后对与当今社会发展关系密切的重要课题作精湛研究的还有海河水系、云梦泽、上海成陆问题、淮河水系、海南政治历史地理。关于海河水系，谭氏根据《汉书·地理志》《说文》《水经》的记载加以考证，获得一个重要发现：东汉中叶以前河北平原诸大河是分流入海的，未曾汇合成一河。到3世纪曹操开平虏渠和白沟等人工河道，使河北平原上众多分流入海的水道互相沟通，下游日渐淤塞，逐渐形成今天的海河水系。他于1957年在复旦大学报告了这一结论，散发了报告提纲。虽然至1986年他才撰成并正式发表《海河水系的形成和发展》一文，但"海河的治理却已循着恢复历史原貌，即为海河下游开挖多条出海水道的方案进行了"③。谭其骧从专重历史文献的记载考证历史沿革地理，到以唯物辩证的哲学观的高度驾驭史料，既发扬严密考证的精神，又自觉地探求中国历史发展中许多实质性的大问题，探求历史演进中规律性的东西，做到视野开阔，高屋建瓴，将科学研究与推动社会发展、民族进步紧密结合起来——这正是具有悠久传统、方法精良的历史考证学，在新的时代条件下与科学历史观结合而开辟了它发展的新阶段、大大提高其学术

---

① 谭其骧：《长水集》（下），第30页。
② 谭其骧：《长水集》（下），第32页。
③ 葛剑雄：《长水粹编·前言》，河北教育出版社2000年版，第11页。

价值的一个缩影。

(二) 从经济生产领域与政治制度等的互动揭示社会特征及演进脉络

唐长孺（1911—1994）早年研究辽金元史，不久即转为专攻魏晋南北朝隋唐史。1946 年，他撰成《唐书兵志笺证》一稿尤为精于考证之作，经陈寅恪评审而被聘为教授。1949 年以后，唐氏治学仍以扎实深入著称，且在新的时代条件下，他与何兹全、周一良、王仲荦、马长寿等位先生一同开拓了魏晋南北朝史的研究领域。在此以前，陈寅恪的论著代表了二十世纪三四十年代魏晋南北朝史研究的新水平，他着眼于较长的历史过程，探索魏晋南北朝史的演进脉络，尤其"重视不同的种族、家族、地域、文化为背景的社会集团的活动，从中发现历史的联系和推移"①。又经过唐长孺这批学者在五六十年代的努力，在魏晋南北朝的多个领域取得全面创获。"他们通过精审的考辨，严谨的论证，多方位地勾画了魏晋南北朝社会的重要特征与发展大势。特别是在陈寅恪所忽视的社会经济领域取得的成绩尤大，如土地制度、赋税制度、部门经济、整体经济以及依附关系等重大课题皆有突破性进展。"② 唐长孺所撰《孙吴建国及汉末江南的宗部与山越》（1955）和《南朝寒人的兴起》（1959），即为从经济生产领域与政治制度等的互动揭示魏晋南北朝社会特征及其演进脉络的成功之作。

前一文考察的重点是：（1）关于山越。针对有的学者认为山越是孙吴境内的少数民族（汉代越族之后裔）的看法，唐氏提出了完全不同的新见解，认为：山越分布状况虽大体上和西汉时越族居地相同（只是退入山中），但却不能照西汉的看法将之认作与汉人截然不同的种族。山越实为居于山地的南方土著。其主要根据为：《后汉书·循吏传·刘宠传》所载会稽郡境内"山民愿

---

① 田余庆：《秦汉魏晋史探微》，中华书局 1993 年版，第 390 页。
② 曹文柱等：《二十世纪魏晋南北朝史研究》，《历史研究》2002 年第 5 期。

朴，乃有白首不入市井者"，地方官不把他们当越人，他们也不以越人自居。说明经过汉代三百年的杂居，原先住在山中的越人已在一定程度上接受汉族文化。(2) 山越与宗部关系密切。唐氏遍引《三国志》《后汉书》《晋书》中的记载，考证各篇中常见的"宗部""宗伍""宗贼"之"宗"，不应如清人何焯所云与"賨"同义，而应如李贤注所释为"宗党"。宗部、宗伍应释为"结聚宗族而成的部伍"。大族豪强为了反抗政府的征发，同时也是保卫和扩大其既得权益，他们必然要据守险阻，组织武装。"在平地上的大族武装不久就被孙氏政权所吸收或消灭，而在山险之区却维持得较久；并且又因频受征剿，入山愈深，于是以大族为核心的宗部组织与山民或山越结成一体而难以区别了。"证明山越与宗部之间关系的实质，是东汉末年以来为了逃避政府沉重的赋役负担，在大族控制下"在险阻地区组成武装集团"。①(3) 分析宗帅与政府的矛盾。作为宗族首领的宗帅，同时又是大地主。一般宗族部众与宗帅的关系，即地主与依附农民的关系，故又称"田客""部曲"。部众是为逃避政府的赋役而来。因而作为大地主或大族首领的宗帅，产生了与政府争夺剥削对象和劳动力的矛盾。通过分析《三国志·孙策传》注引《江表传》所载的典型史料，证明豫章太守华歆在宗部控制区域内不能收税，只能向宗帅征求，"由此可见五六千家的宗民对政府没有直接的关系"②。而《三国志·陆凯传》所载陆凯谏孙皓所言"先帝战士不给他役，使春惟知农，秋惟收稻，江渚有事，责其死效"，这类史料尤确切地说明孙吴的兵既要打仗又要种田这一实质性问题。(4) 由此而形成孙吴不同于曹魏的领兵制度与复客制度。因为孙坚出身地方豪强，以后上升为江南豪族，其政权基础也是以孙氏为首的若干宗族联盟。其中有江南旧族，有南渡的北方大族，也有孙权新提拔的将领。"孙氏与他们共同抗拒了北方军事集团的侵入，也共同击破了与他们竞争的另外各个宗族组织，同

---

① 唐长孺：《魏晋南北朝史论丛》，第1—14页。
② 唐长孺：《魏晋南北朝史论丛》，第16页。

时他们也共同分取了所获得的利益。"① 领兵制度即父子世袭拥有军队，复客制度即国家将屯田户赏赐给私人，免其徭役。此两项制度恰好适应了吴国的社会状况和政治权力关系，由此实现孙氏皇家及其联合者共同瓜分劳动力和土地。从历史发展的趋势看，"魏、晋以后是世家大族在经济上、政治上取得最大限度发展的时期，而在最初却表现在孙吴的制度上"②。本文从考证"山越"与"宗部"的具体内涵开始，而作者所着力的，是从这一局部向纵深处分析东汉末以后大土地所有者的形成和演变，政府与地方豪强之间对剥削对象和劳动力的争夺，孙吴建国的政治统治格局，皇家集团与最有势力的大族之间采取对劳动力和土地瓜分的办法在制度上的反映，以及由此而显示的历史发展趋势，这正是唐氏在新中国成立后治史的特色。

《南朝寒人的兴起》同样体现了通过深入考辨、分析，以求揭示历史发展的深层动向的风格。著者摆脱习常以婚宦论士庶的窠臼，首先从经济基础论述南朝"寒人"的社会地位和阶级身份，他们是寒族地主，包括地方豪强、庶族地主和向地主转化的商人。如《宋书·孝义传》所载张进之虽是大族、富人，却仍是寒门，所任主簿、校尉都是寒官，所以至元嘉初才得以蠲免徭役。其次，他分析南朝的实际政治权力在转入寒人手中，这是门阀制度内在矛盾导致的必然趋势。门阀制度下，官职上的区别是清官和浊官。士族占据"职闲廪重"的清官，如秘书省官属、东宫官属都是出身官中第一等清官。"大体上清官都不是繁剧之职，他们或是文学侍从之臣，或是议论而不治事。……优闲而不负实际责任的为清，办理庶政者较次以至于浊。"这"恰好说明门阀贵族之腐朽，实际工作既由寒人来办，权力自然要转入寒人手中"。③再次，唐氏论述南朝王公贵人的左右或"门生"（实为随从），很多都是富人，其目的，一是为逃避课役，二是假王公贵人或朝廷的权力，方便从事商业活动。而南朝皇帝则利用寒人加

---

① 唐长孺：《魏晋南北朝史论丛》，第 19 页。
② 唐长孺：《魏晋南北朝史论丛》，第 27 页。
③ 唐长孺：《魏晋南北朝史论丛》，第 551 页。

强对政治、军事的控制。他举出《南齐书·幸臣传》序所云用亲信寒人,专署诏令机密;《宋书·恩幸传》序谓"官置百司,权不外假","耳目所寄,事归近习",都说明皇权增强和寒人柄用的关系。在对上述大量史料深入分析的基础上,著者揭示出门阀制度必然崩坏的趋势:"当宋、齐二代的门阀贵族如王球、江敩之流傲慢地不接待寒人之际,却也正是大量寒人挤入士族,以至士庶不分之时……寒门地主和转向地主的商人们通过宋、齐二代的长期的统治阶级内部斗争,他们获得了胜利。向来由门阀贵族独占的权利不能不对寒门地主、商人开放,虽然这并不是甘心的。"① 到最后,"政治上统治阶级间士庶之别也就必然消除"②。唐氏此文通过从各个局部问题的考辨入手,层层揭示、分析各个局部问题间的内在联系,论述寒族地主必然利用自己的经济能力作斗争,而门阀制度内部恰恰包含着最终否定它自身的矛盾,因而导致门阀制度的完结。

唐氏晚年又著有《魏晋南北朝隋唐史三论》一书,对汉至隋唐一千余年的历史演变作贯通的研究,上溯汉代社会结构,分三篇,从自然经济和商品经济的状况,土地制度的演变,门阀制度形成到衰落,直接劳动者身份和构成的变化,军事制度,学术思想文化等项,总论魏晋时期、南北朝时期唐代社会演变的脉络,在材料翔实、考辨精审的基础上进行理论上的分析和概括,因而被誉为代表这一领域研究水平的鸿篇巨制。

(三) 对社会形态演变的探索

以唯物史观为指导的史学工作者重视社会形态演变的探索,因而在50年代至60年代初出现了古史分期讨论的热潮,有不少原先属于新考证学派的学者也积极参加,并且发表了很有影响的论著。这里以赵光贤先生为例。

---

① 唐长孺:《魏晋南北朝史论丛》,第570—571页。
② 唐长孺:《魏晋南北朝史论丛》,第576页。

赵光贤（1910—2003）所著《周代社会辨析》从1958年属稿到1980年出版，经历了二十多年。这部著作出版后，即以其鲜明的理论指导、详审的史料和深入精到的辨析，受到学术界的重视。作者在古史分期讨论中是属于"西周封建论"者，书中对下列几项问题的辨析尤具卓识。

一是周代封建生产关系建立的条件及其主要特征。

作者认为，依据马克思在《摩尔根〈古代社会〉一书摘要》中一段论述："现代家庭在萌芽时，不仅包含着奴隶制（servitus），而且也包含着农奴制，因为它从一开始就是同田野耕作的劳役有关的。它以缩影的形式包含了一切后来在社会及其国家中广泛发展起来的对立。"① 这就告诉我们，农奴制是和奴隶制在阶级社会开始时同时萌芽的，因为它从一开始就同田间耕作的劳役有关，在公社内部，多个人连同他的家属在分配给他一块份地上独立地从事劳动，就成为农奴制的来源。其又一来源，是恩格斯所指出的，征服者让旧居民替自己种植土地，而把一部分作物献给征服者时，就发生了农奴制。作者认为，原先殷代社会属于东方型的家庭奴隶制。"周灭殷后，除了殷遗民迁洛邑的，由贵族下降为农民外，对其它原来的农民，根据周公的政策，都令其耕种原有土地不变，对原来的宗族部落组织等也都继续保持下去，正符合恩格斯的话，他们事实上成为周族的农奴，而非种族奴隶。"故"殷周之际，周初生长起来的农奴制逐渐取代了殷代的奴隶制，所以此时农奴制的成长意味着新的生产方式代替了旧的生产方式。它是划时代的社会变革。古代东方型奴隶社会的规律性，结合着殷周之际的历史条件，决定了当时从奴隶社会逐渐走向封建社会，它是符合历史唯物主义的"。② 周王国的建立和新的生产关系的建立并非偶然，其条件有三：一是，周人本是农业民族，拥有较高的农业生产水平；二是，殷纣王的暴虐统治和殷

---

① 赵光贤先生此处是依据恩格斯《家庭、私有制和国家的起源》中所引，见《马克思恩格斯选集》第四卷，人民出版社1972年版，第53页。参见马克思《摩尔根〈古代社会〉一书摘要》，人民出版社1965年版，第38页。

② 赵光贤：《周代社会辨析》，人民出版社1980年版，第28页。

民的普遍反抗，动摇了殷王国的基础；三是，周统治者在建立新国家之后采取了一系列的正确措施，使新政权巩固下来，并在一定的生产水平的基础上逐渐改变生产关系，这样就形成了新的封建制国家。

作者认为周代实行了受田制度，"受田的办法是一夫百亩，这就是通常所说井田制"。根据《孟子·滕文公》所述，井田制有三个特点：一，"其中包括公田和私田，形成对立的统一，没有一方即没有另一方。如将公田与私田分开，那么'雨我公田，遂及我私'便成为不可理解的了。正因有公田、私田的对立，所以生产者（即所谓野人）在公田上和在私田上的劳动，在时间上和地点上是完全分开的"。二，"农民把在公田上的收获交给公家，这是一种代役租的形式，也叫做劳动地租。这是一种剥削劳动者剩余劳动的形式，孟子叫做助，它书叫做藉，所以孟子说：'助者藉也。'《诗·韩奕》：'实亩实藉'，亩当指私田，藉当指公田"。三，"这种田是贵族的禄田，贵族们靠着剥削农民的剩余劳动以维持其生活，所以孟子说：'井地不均，谷禄不平。'但是行之既久，暴君污吏为了满足其贪欲，往往'慢其经界'，侵占更多的土地，加重对农民的剥削。由此可见，井田制是土地占有者与生产者相结合的一种特殊形式，也就是土地占有者剥削生产者的一种特殊形式"。① 井田制之存在与否不在田地是否呈井字形，而在它是否具备这三个特点。关于周代的受田制度，不但在《汉书·食货志》《孟子》《荀子·大略》《吕氏春秋·乐成》《周礼·大司徒》等文献都有记载，而且在新出土的云梦秦简的田律中也发现了有力的证据。秦简中规定："入顷刍稿，以其受田之数，无垦不垦，顷入刍三石，稿二石……"作者指出："这些简上所记载着的秦律当是战国末期在秦国曾实行过的，这一条规定，农民应按他受田的多少来向政府交纳刍和稿。值得注意的是，律文既已规定，每顷要出刍三石，稿二石，又规定按'受田之数'定应交刍稿之量，显然农民所受的田可以超过一顷，即不

---

① 赵光贤：《周代社会辨析》，第46、47—48页。

限百亩。它告诉我们,在战国末叶秦国还实行受田,而这种制度必定有它长久的历史;换句话说,受田制度不是秦国的创造,而是来源于西周。"①

二是周代主要农业生产者的身份问题。

作者认为,周代一夫百亩的受田制导源于农村公社的份田。"本来是公社的公有田,此时变为王田,又被赏赐给贵族们,成为他们的领地,而村社田也往往被贵族所夺。于是原来公社的自由农民就变为贵族领主的农奴和隶农。"② 关于西周的直接生产者的身份,《诗·豳风·七月》为我们提供了最好的依据。诗中言"无衣无褐,曷以卒岁",说明农民生活之苦。"三之日于耜",说明农民有自己的生产工具。"同我妇子,馌彼南亩",说明农民有自己的小家庭。"六月食郁及薁,七月亨葵及菽",说明农民吃的很坏。可是"十月纳禾稼,黍稷重穋,禾麻菽麦",把好粮都交给主人。还要为主人服劳役,如修房、凿冰,要向主人献狐皮、羔皮等,受超经济剥削。"从此诗所描写的农民生活的景象来看,这农民有他自己的妻、子,成一个小家庭;他用自己的工具在田地上劳动,老婆孩子给他送饭,完全过着个体的经济生活。他受着主人的严重剥削,所以他决不是一个公社的自由农民。从他有自己的家庭、生产工具和个体经济等方面来看,说他是一个农奴,比说他是一个奴隶似更恰当。"③ 周代主要直接生产者"庶人",其身份究竟是农奴,还是奴隶,是长期聚讼的问题。对此作者作了深入的辨析。首先举出两条金文材料来反驳将"庶人"解释为"奴隶"的说法。《牧簋》:"不用先王作刑(借为型),亦多虐庶民。"又,《叔弓镈》:"谏罚朕庶人左右毋讳。"作者反诘道:"试解上引金文,周王不以先王为仪型,为什么就会只虐待奴隶?难道对平民就不虐待?为什么叔弓对王的'庶人、左右'有过,直言无讳,却把奴隶放在王的'左右'之上?"④ 显

---

① 赵光贤:《周代社会辨析》,第41页。
② 赵光贤:《周代社会辨析》,第69页。
③ 赵光贤:《周代社会辨析》,第70—71页。
④ 赵光贤:《周代社会辨析》,第76页。

然，若以庶人为奴隶，这些金文材料都无法解释。作者又以陕西岐山县董家村新出土的《卫盉》铭文，作为新的对庶人为奴隶说的有力反证。铭文说："矩伯庶人取堇章（瑾章）于裘卫，才（在）八十朋厥贾（价）……"作者指出："这个反证就在'矩伯庶人'四个字上。作器者裘卫是一个贵族，和他做交易的矩伯也是一个贵族。裘卫为什么称矩伯为庶人？这样的称呼是金文中前所未见的，难道矩伯是奴隶吗？当然不是。那么怎样解释'矩伯庶人'这个称呼呢？我的推测是这样：矩伯这个贵族可能由于犯罪，受到周王的处罚，降为庶人，当时可能没收了他的一些动产，但还保留着土地，后来又恢复了他的贵族身份，可是被没收的财产已不可能取回，他不得已只好用几块田地向富有的裘卫手里换取许多礼器，但裘卫在作器时仍称矩伯为庶人。我以为，矩伯身份下降，不会下降到奴隶的地位，只能降为平民。"① 因此，金文中"矩伯庶人"一词的出现，无疑否定了庶人是奴隶的说法。

三是如何正确认识周代"宗法制度"与封建制社会的关系。

对此，作者提出了三点看法。第一，周代以前不存在宗法制度，宗法制度是周人创立的，它把统治阶级成员都纳入宗法的系统之中，以巩固统治阶级的利益。第二，以往论宗法制度，根据汉儒的说法，君统与宗统分开，这是极大的误解，实际上相反，二者合而为一。作者说："过去封建时代的礼家虽然无不谈宗法，但始终没有给我们一个明确的定义。当然他们受了时代和阶级的局限也不可能做到这一点。今天我们接受了马克思主义的历史观，对这问题应当有一个正确的理解。"② 根据汉儒的理解，宗法制度是卿大夫、士的继统法，与天子诸侯无关。《礼记·丧服小记》言，"别子为祖，继别为宗"，"有五世而迁之宗"。《礼记·郊特牲》又言，"诸侯不敢祖天子，大夫不敢祖诸侯"。其致误原因是汉代要提高君权，把君统从宗统中独立出去，就突出了天子

---

① 赵光贤：《周代社会辨析》，第77—78页。
② 赵光贤：《周代社会辨析》，第100页。

的地位。"如古文献和金文所证明的,自西周以来,天子是共主,同时也是同姓诸侯的大宗;诸侯是一国之君,同时也是同族卿大夫的大宗。所以周王室称为宗周,鲁国也称为宗鲁或宗国。后世礼家强分君统与宗统为二,并把宗法看成只是卿大夫士的继统法是不符合历史事实的。""天子、诸侯、卿大夫、士之间的关系都是用宗法制度来维系着的。""天子对诸侯与王朝卿士来说是大宗。诸侯对其同族是大宗,对天子则是小宗。诸侯之别子为卿大夫,对诸侯来说是小宗,对其诸弟来说则是大宗。《礼记》所说'别子为祖,继别为宗''有百世不迁之宗,有五世而迁之宗',这只有在诸侯的诸弟彼此之间的关系上说是对的,这样就把宗法关系局限于很狭小的圈子里,这样就不合于建立宗法制度的原意了。"① 在西周人看来,周王是天下共主,也就是同姓诸侯与王朝卿士的大宗,而诸侯在其封国之内,也是同族的大宗。周人称镐京为宗周,认为天下的大宗在此,否则宗周之称便不可解。到了春秋时期,这个看法并未改变。作者举出《左传》僖公五年载晋士蒍对晋献公讲的话进行了分析:士蒍"讽刺献公信骊姬之谗,欲害世子申生,所谓宗子指申生,显然他认为晋侯为同族的大宗,世子就是宗子。《己白钟》铭以己白为大宗。《晋邦盦》铭记晋侯嫁女于楚,为楚国的宗妇,宗妇就是宗子之妻,可见楚国也以太子为宗子。……这些例子都说明在春秋时期诸侯王子都以君统、宗统合而为一,诸侯是君,同时就是所有他的子孙的大宗。这和汉儒以来的宗法说正好相反"。② 第三,尤应认识宗法制度在本质上是土地私有财产的制度。作者引用了马克思《1844年的经济学哲学手稿》中的一段话:"长子继承权的所有者,即长子,是属于土地的。……土地占有制是私有制的基础,但是在封建土地占有制之下,占有者至少显得好象是占有地的君主。"并加以阐释:"马克思明白地指出这是封建土地占有制,在这里,'长子继承权的所有者,即长子,是属于土地的'。这话说得非常深刻。

---

① 赵光贤:《周代社会辨析》,第105页。
② 赵光贤:《周代社会辨析》,第103页。

试想没有私有土地,要宗法何用?战国以前庶人不立宗法,不正是因为他们没有土地吗?由此看来,宗法制度的继统问题实质上是土地财产的继承问题,是毫无疑义的了。这就是封建土地所有制的特点。……只有马克思从把长子继承制看作一种建立在私有财产之上并为保护它而存在的角度来看,才真正揭穿了宗法制度的秘密。"①

作者在书中还讨论了封国、采邑、世卿等项制度与周代社会性质的关系,从意识形态方面考察周代社会性质,及春秋战国之际的社会变革等问题。《周代社会辨析》一书确实表明作者将研究工作建立在充分占有材料的基础之上,包括十分重视新出土考古材料的使用,并自觉地以马克思主义基本观点和辩证分析的方法为指导,从经济基础到上层建筑、意识形态领域作贯通的研究,提出了一系列创见,因而此书出版后产生了很好的反响,评论者誉之为"辨有特色,析有新意"的成功之作。②

以上论述新中国成立后这批出色学者的成就,只是举要式的,难免挂一漏万。这些分析证明:就研究的层次和达到的深度而言,与五四前后考证史家的特点相比,1949 年以后的学者由于运用科学历史观为指导,确实已达到了新的高度。即:从以往探索古代帝王世系一类问题,到论述中国两千年历史演进的不同阶段特点,以及经济基础、上层建筑、意识形态之间的互动关系的变迁;由以往进行古籍辨伪,古史中具体事件、制度问题的辨伪,到论述历史现象内部的规律性,并要从中总结与当前国计民生关系密切的经验教训;由以往探求一个时期带全局性的大事,到揭示出社会形态演变的内在动因和特征;等等。由于科学历史观指导的力量和学者们的出色努力,至此,新历史考证学实现了质的飞跃,它已汇入新中国成立后推进马克思主义史学发展壮大的时代大趋势之中。

---

① 赵光贤:《周代社会辨析》,第 107—108 页。
② 参见张作耀《辨有特色,析有新意》,《历史研究》1981 年第 6 期;王玉哲《一部新的古史分期问题的专著——读赵光贤:〈周代社会辨析〉》,《历史教学》1982 年第 4 期。

五、新历史考证学演进道路的启示意义

总结新历史考证学演进道路的深刻启示意义有二：一是提高我们对唯物史观理论之科学价值的认识，坚定以此指导史学研究的信念；二是澄清对一些问题的错误认识，正确评价新中国史学的得与失。

正确地认识我们以往走过的道路，直接关系到如何认定今后前进的方向。新时期以来，经过实行改革开放、拨乱反正，批判极"左"路线，清除教条主义的恶劣影响，并大力引进西方新学理，史学界出现了思想解放、学术繁荣的局面。但是毋庸讳言，在对待是否坚持以唯物史观指导史学研究上，的确存在着认识的分歧，与此相联系，在如何正确评价新中国史学的成绩与失误上，也存在大不相同的看法。有的人对唯物史观指导作用认识产生动摇，也正由于错误地认为新中国前十七年史学"完全政治化"，谈不上有重要学术价值，"十七年"一言以蔽之，就是教条化横行。这种看法是否符合事实呢？我们通过正确地总结新历史考证学如何在新中国成立后达到新的境界，便可以对此作有力的澄清。

蒙文通、谭其骧等学者，由原先注重作具体问题的考证，到重视对中国历史进程作宏观概括，并且自觉地维护中华民族的利益，或是做到透过历史表象揭示历史演进的规律性，或是从经济生产领域与政治制度等的互动揭示社会阶级的特征，或是以马克思主义基本原理探讨社会形态的演变，他们正是由于自觉地接受了唯物史观指导，而在学术上产生了质的飞跃。这是20世纪史学发展史上具有十分深刻意义的大事。

唯物史观是科学的历史观，同时又是科学的思想方法论，是人类优秀文明的当然继承者和合乎逻辑的发展，因而它与历史学中的实证方法自然也有许多相通之处。唯物史观也强调搜集史料，要求占有充分的材料；同样重视对材料的考辨，去伪存真，重视史料出处的环境，重视甄别、审查的工作，务求立论有坚实

的史料依据；同样遵从孤证不能成立的原则，遇有力之反证即应放弃，训练严谨、科学的态度，反对主观臆断，所得的结论必须经受住事后的验证，发现原先认识有错误迅即改正，绝不讳饰；同样要求尊重前人的成果，同时又反对盲从，学贵独创，要有所发现，不断前进；等等。诸如此类，因为都是做学问的基本方法和原则，所以唯物史观与实证史学都是相通的。唯物史观又是总结了欧洲近代哲学、经济学、社会主义学说和历史学最高成果的科学思想体系，因而它又远远高出于实证史学。特别是，唯物史观揭示出："一切重要历史事件的终极原因和伟大动力是社会的经济发展，是生产方式和交换方式的改变，是由此产生的社会之划分为不同的阶级，是这些阶级彼此之间的斗争。"[①] 生产关系的总和构成上层建筑的物质基础，是社会存在决定社会意识，而不是相反，同时承认社会意识对社会存在起反作用；重视人民群众在历史上的重要作用；唯物、辩证地分析一切历史现象，坚持历史主义的态度；把历史看成按其自然过程发展的整体运动；等等。这样认识的广度和洞察历史现象本质的识见，是传统思想和近代进化史观等等所无法比拟的。唯物史观又是开放的思想体系，它与时俱进，并且能与每一国家民族复杂多样的历史进程相结合而灵活地运用，做出恰当的概括。像唯物史观理论这样的科学体系，研究者如能潜心钻研，真正地掌握它，用以指导对错综变化的历史现象进行分析，学术工作就能进入新境。有的学者称许唐长孺新中国成立后治学"始终注意从具体史实的考订分析入手，溯其渊源，考其流变，以把握历史演进的大势，探求历史发展的趋向，终究达到发微阐宏的境界"；研究每一问题，必作到"精深分析，由表及里，探求历史的真实面貌与发展演变的规律"。[②] 此等成就，此等境界，正得益于科学世界观的指导和精深的实证功力二者的结合。周一良先生对解放后大陆学者与他以前曾经共事过的港台、欧美学者的研究风格作过比较，对我们也很

[①] 恩格斯：《〈社会主义从空想到科学的发展〉1892年英文版导言》，《马克思恩格斯选集》第三卷，人民出版社1995年版，第704—705页。

[②] 朱雷：《魏晋南北朝史论丛·前言》，第5页。

有启发。他于1982年赴美访问时,极留心阅读隔绝几十年的港台与欧美的中国史学著作,以严耕望《中国地方行政制度史》一书为"最有价值者"之一,很珍惜地随身携带回国。他评价说:"严书久仰其名而未得见,读后深佩其考订之细密周详。所不足者,只就制度论制度,未能放眼联系当时政治、社会、事件、人物,以探求制度之运行及其所以然之故,这种地方大陆学人就显出所长了。"①周氏以行家评论,发人深思。大陆学人之所以能联系政治、社会等项论述"制度之运行及其所以然之故",正因为有宏观理论对实证研究作指导,所以能够获得对历史的整体性和更深层次的认识。

"十七年"史学演进确实经历过严重的曲折,发生过教条主义的严重错误,我们对此已经作过彻底清算,彻底批判了教条式的所谓马克思主义,认清其危害。今天我们要坚持的是马克思主义的科学理论、基本原理,在根本上是与教条主义相对立的。"十七年"的史学工作,与全国社会主义建设的全局一样,尽管有过严重失误,但从总体上说,成绩仍是巨大的。将"十七年"史学贬责为"完全政治化","只剩下一部农民战争史",这种看法与客观事实大相径庭,有的人怀疑唯物史观的指导作用,即与这种错误估计直接有关。我们之所以作出"十七年史学虽然经历过严重曲折,但从全局看,仍然取得了巨大的成就"这样的评价,主要理由是:(1)新中国成立后至60年代初的大多数年份,学术空气健康向上,史学界展开了热烈的学术争鸣;(2)新历史考证学达到了新境界;(3)在通史、断代史、专史领域都产生了一批优秀的史著;(4)创立开拓了诸多学术领域,包括近代史和现代史、世界史、经济史、民族史、史学史等;(5)史学理论有重要论著问世,标志着中国学者在运用唯物史观上取得重要进展;(6)成功地完成多项大型历史文献整理工程;(7)建立了基本完整的学科体系,培养了一批史学人才。②教条主义虽然一度

---

① 周一良:《毕竟是书生》,第90页。
② 参见陈其泰《建国后十七年史学"完全政治化"说的商榷》,《学术研究》2001年第12期;《关于建国后十七年史学的评价问题》,《南开学报》2002年第2期。

盛行，但其所占年份加起来尚不及"十七年"的三分之一。再者，对于造成教条主义错误的原因更须具体分析，一是，因研究者对运用唯物史观缺乏经验所致。像这种情况只要在实践中加强锻炼，同时开展健康的批评、自我批评即能逐步解决。二是，由于政治上"左"的错误干扰、影响，这是教条化泛滥的主要原因，在1958年"大跃进"以后三年中最为明显。对此，只要纠正了"左"的错误指导思想，便能迅速扭转局面，如1960年中央作出了调整政策之后，学术界的研究、讨论立即正常开展起来，新时期以来拨乱反正，学术研究更出现了空前繁荣，即为明证。三是，"四人帮"及其爪牙的恶意煽动、猖狂破坏。那是在"文革"即将发动时期，其反革命罪行已遭到彻底的清算，故不属于学术讨论的范围之内。合而观之，教条化盛行的原因，绝不是由于提倡唯物史观指导所致。恰恰相反，当教条主义逆流汹涌而来的时候，真正坚持马克思主义的史学家如郭沫若、范文澜、翦伯赞等人，他们挺身而出予以严肃批判，在他们身上才真正显示出唯物史观的科学品格。实际上，"十七年"中存在着两种对立的学风，一种是实事求是、坚持将马克思主义基本原理与中国历史实际相结合的优良学风，一种是教条式地摘引马列词句，当作公式随意套用的恶劣学风。"十七年"史学所取得的成就，恰恰是正直、严肃的学者大力发扬优良学风、坚决抵制教条主义恶劣学风而取得的。这也是考察、评价"十七年"史学的一个极为重要的思想方法论问题。不应当只看到教条化、公式化在一段时间的盛行和危害，更不能将曾经发生的教条主义错误不加分析地归罪于唯物史观，从而怀疑以至否定唯物史观科学理论的指导作用。

在唯物史观的指导下历史考证学达到新的境界，是这一科学理论的正确性和生命力的生动证明。20世纪中国史学的进展为我们提供了大量宝贵经验，只要我们善于继承这笔精神遗产，坚持在唯物史观指导下从事新的理论创造，同时大力吸取西方新学理，潜心研究，艰苦努力，就一定能迎来新世纪中国史学的美好前景！

《中国近代史资料丛刊》的学术价值

1949年6月，在迎接全国解放的胜利气氛中，新政治协商会议筹备会在北京召开。7月1日，史学界人士率先组织了中国新史学研究会筹备会，负责人是马克思主义史学家范文澜。在他领导下，学会确立了以推动近代史研究为工作的重点，因而立即展开了组织编辑《中国近代史资料丛刊》的工作，以贯彻毛泽东于1942年在《改造我们的学习》著名讲演中提出的重要指示："对于近百年的中国史，应聚集人材，分工合作地去做，克服无组织的状态。应先作经济史、政治史、军事史、文化史几个部门的分析的研究，然后才有可能作综合的研究。"首先于1950年成立了总编辑委员会，由十一位著名学者组成：徐特立、范文澜、翦伯赞、陈垣、郑振铎、向达、胡绳、吕振羽、华岗、邵循正、白寿彝，并确定了各个专题和负责各专题编辑工作的学者。

1951年7月，中国史学会在北京正式成立，会后召开了理事会，推举郭沫若为会长，吴玉章、范文澜为副会长。范文澜负责史学会的日常工作，他又是《中国近代史资料丛刊》的总负责人。在此后十年中，史学会的主要工作，即为继续编辑出版《丛刊》。继第一种《义和团》出版之后，1952年出版《太平天国》（向达主编）和《回民起义》（白寿彝主编），1953年出版《戊戌变法》（翦伯赞主编），1954年出版《鸦片战争》（齐思和主编），1955年出版《中法战争》，1956年出版《中日战争》（均为邵循正主编），1957年出版《辛亥革命》（柴德赓主编）和《捻军》（范文澜主编），1959年出版《洋务运动》（聂崇岐主编）。以上，经过精心组织，十年之中编辑出版《丛刊》十种，共六十册，三千余万字，规模如此巨大，而且是连续出书，持续不断，令人赞叹！它是在马克思主义观点指导下对近代史资料的一次大规模的科学整理，涵盖了近代史各个重要时期，提供了最基本和最有价值的研究资料。这一浩巨工程的完成是新中国历史科学的盛举，它毫无疑义地为20世纪中国史学增添了亮丽的光彩！这部大型文献历来重视利用者甚众，20世纪80年代初李一氓先生曾在国务院古籍整理小组会议上讲，光在美国利用这部文献进行研究就出了一百多名博士。这里仅从以下四个方面论述这部重要文献的学术价值。

一、规模宏大，网罗齐备

《中国近代史资料丛刊》的最大成就是，规模巨大，网罗齐备，为近代史研究提供了系统、全面的史料，具有极高的学术价值。

我们可以《鸦片战争》专题来说明。《鸦片战争》共六册，于1954年编成，并于当年由上海神州国光社出版，1955年再版，1957年由上海人民出版社出版新一版。这部书之所以如此受到学术界的重视和欢迎，就因为编者有远大眼光和周密的安排，所选择的资料完整地反映了鸦片战争的全过程，给研究者提供了极大的便利。第一部分为"鸦片战争前英美对中国的经济侵略"，选录了北京故宫博物院保存的《道光朝外洋通商案》和《清代外交史料（道光朝）》、《清道光朝关税案》等档案材料，及梁廷枏《粤海关志》等著作，证明英国自嘉庆、道光以来对中国进行可耻的鸦片走私贸易，变本加厉、日益猖獗，造成中国白银大量外流、财政严重匮乏,有力地揭露英国的殖民者毒害中国人民的可耻行径和经济侵略是导致鸦片战争发生的原因。书中这些清宫廷档案材料,原本藏在故宫博物院,一般人罕能见到,现在经编者发掘选择、整理刊布,提供给广大研究者使用。像这类编者苦心搜集的官私文献在书中占有很大比重,这就使这套《丛刊》的史料价值更显得无比珍贵。

本书的(二)、(三)、(四)部分为:"禁烟运动的开始";"林则徐领导下的禁烟运动抗英斗争";"英国对中国的军事侵略"。它们构成了本书的重点部分。其中,"禁烟运动的开始"部分,选录了故宫博物院藏《查禁鸦片烟案(道光十一年)》、许乃济《许太常奏议》(钞本)、黄爵滋《黄少司寇奏疏》(钞本)、佚名《溃痈流毒》(钞本)等罕见史料,以及俞正燮、蒋湘南、周乐、贺昌熙、朱锦琮、吴嘉宾、包世臣、陈光亨等人的文集或论著中极有价值的史料。"林则徐领导下的禁烟运动抗英斗争"中,不仅选录了一批数量可观的原稿本、钞本,如《林则徐日记》、佚名《鸦片奏案》、《澳门新闻纸》、林则徐和邓廷桢关于鸦片战争的信札等,还有陈康祺所撰笔记《郎潜纪闻》《燕下乡脞录》两种,外国资料则有本书主编齐思和所译《英国蓝皮书》。

官家记载和私人著述(包括笔记),是治史者可资利用的两大类基本史料,它们各有独具的史料价值,同时又往往各有不可据信的缺失。大概言之,前者记述重大事件的时间、政府决策的程序、重要的议论,及备载一代典章、文献等项,往往能提供有价值的史料,但又因其出于官方记载,有时多所讳饰,甚至被一再篡改;后者因其记载无顾忌,且撰述者的动机每在破除一时之忌讳,立志留下真实的记载,故值得以资参证,但其弊在于有时因辗转相传而造成失真,或因闻见有限,只能获知局部之事,甚或一鳞一爪,而不能反映全面情况。前人结合切身的治史经验,对其利弊曾作过评论。如明人王世贞言:"国史人恣而善蔽真,其叙章典、述文献,不可废也;野史人臆而善失真,其征是非、削讳忌，不可废也。"① 近代史家陈寅恪云："通论吾国史料，大抵私家纂述易流于诬妄，而官修之书，其病又在多所讳饰，考史事之本末者，苟能于官书及私著等量齐观，详辨而慎取之，则庶几得其真相，而无诬讳之失矣。"② 这些见解是很有见地的。本书所选录的各部分的资料，均充分地兼顾了官方文书和私人著述两大方面，大量地发掘了其中有价值者。前面列举的《道光朝外洋通商案》《清代外交史料》《查禁鸦片烟案》等，都是有关中英贸易和禁烟运动的重要官方史料。而龚自珍《定庵全集》、徐继畲《退密斋文集》、黄钧宰《金壶七墨》和陈康祺所撰两种笔记，则是私家著述中提供了有关林则徐领导下的禁烟运动和抗英斗争的许多难得史料的见证。《郎潜纪闻》载："四镇（按，指王锡朋、郑国鸿、葛云飞、谢朝恩四总兵）守舟山时，兵民辑睦，忠义响应，西人已丧胆思遁，其时若非大帅遥制，可使弭首受约束……不幸穆相当国，一意主和，耆英、琦善、伊里布诸人，多选懦，无远略，自和议成，而军士灰心，敌益狂狡，遂有四忠并命之祸。有士人赋诗纪事云：'海外方求战，朝端竟议和，将军伊里布，宰相穆彰阿。'直笔叙述，不恶而严矣。"③ 作者记事时，正值《南京条约》签订后，投降派得势，钳制社会舆论，评说战争真相触犯时忌之际，却能秉笔直书，指出社会公论对于穆彰阿、耆英、琦善、伊里布等民族败类媚敌求降行为的抨击，表达对定海四总兵抗敌殉国的英勇行为的歌颂！《燕下乡脞录》中《裕谦殉节》一节的背景是：裕谦在镇海殉难后，有人竟散布流言蜚语对他诋毁，陈康祺因家在浙东，故有可能收集各种口碑资料证明裕谦早有殉国之志，与侵略军交战之前已从容作好各种布置，而导致裕谦死难的原因是当时领兵守招宝山之提督余步云临阵脱逃，"招宝山提标兵即溃，公遂不能支矣，投身泮池，昏顿展转以死"④。这是私家著述对镇海战役史实作了重要的补充和

---

① 王世贞：《弇山堂别集》卷二十《史乘考误一》，中华书局1985年版，第361页。
② 陈寅恪：《顺宗实录与续玄怪录》，《金明馆丛稿二编》，第74页。
③ 中国史学会编：《鸦片战争》（二），神州国光社1955年版，第625—626页。
④ 中国史学会编：《鸦片战争》（二），第630页。

辩证。

中国是一个多民族的统一国家，各族人民在长期的历史进程中结成了越来越亲密的关系，尤其在近代反帝国主义、反封建主义斗争中更是患难与共，互相支持，彼此的关系更加密不可分。《丛刊》对于近代少数民族民众的正义斗争是很重视的，特设了《回民起义》专题，由著名学者、回族史学家白寿彝先生负责编纂。他于20世纪40年代，就以不避艰辛的精神在昆明等地搜集到一批很有价值的史料；新中国成立后，他又进一步在北京各图书馆、回族学者和宗教人士，以及其他历史学家、文献学家帮助下，加以扩充和系统化。这部书之所以具有很高的史料价值，首先在于搜集文献丰富，种类齐全。书中仅选录的有关云南回民起义的私人著述之抄本一项，就有李元丙《永昌府保山县汉回互斗及杜文秀实行革命之缘起》、赵清《辩冤解冤录》（沙宝诚抄本）、佚名《缅宁回民叩阍稿》（马生凤抄本）、《永昌回民檄文》、《迤西汉回事略》（王崇武抄本）、徐元华《咸同野获编》（王崇武抄本），总计达三十二篇之多。书中还选录了有价值的地方志及碑刻材料，如《永昌府志》、《大理县志》、《咸丰十年庚申楚城陷碑记》（佚名）、《重修赵州城碑记》（马仲山）等。

在《辛亥革命》专题（柴德赓主编）中，编者也尽力地搜集了辛亥革命准备阶段及武昌首义后少数民族地区的有关史料。如，第三册选录了《陕甘新民变档案》《云贵民变档案》；第六册选录了黄钺撰《陇右光复记》，故宫档案馆《陕甘起义清方档案》；第七册选录了故宫档案馆《蒙古起义清方档案》，邹鲁撰《新疆伊犁举义》，张开枚撰《辛亥新疆伊犁乱事本末》，钟广生撰《辛亥新疆定变纪略》，故宫档案馆《西藏起义清方档案》等。这些都为研究辛亥武昌举义后在祖国广阔的边疆民族地区为何迅速地掀起了反封建革命斗争的珍贵文献记载。

《中国近代史资料丛刊》虽然是以政治史为重点，但编纂者又很重视政治突发事件与社会状况、学术文化的关系。这种社会结构、社会状况和文化领域方面的变动对于透视中国近代历史进程是极重要的，因为这些变动既是政治领域激烈变动的反映，反过来又对政治发生有力的推动。中国封建社会从明代已进入后期，到晚明，市民阶层的活跃和一些士人要求批判旧的传统、争取个性解放的思想抬头已经相当突出，满族入主中原、明清鼎革的变局虽然使这种势头受到阻遏，但是清朝初年和乾嘉时期一些杰出学者批判专制压迫，揭露理学空疏的祸害，提倡学术领域求实求真、反对盲从的理性精神，也都从不同方面、不同层次显示出挣脱中世纪思想羁绊的力量。这些，都是1840年以后中国社会逐步走向近代的内在动力。因此，到了戊戌时期，在维新派采取的要求改革的政治行动的刺激下，大江南北在短时间内兴起了成立学会、发行报纸、创办新学堂的热潮，形成了文化领域的深刻变动与政治上的维新举措互相促进、空前激烈深刻的新旧嬗变时期，为中国社会注入了更新活力。因而被称为戊戌新文化运动，又被称为中国近代第一次思想解放运动，对20世纪的中国历史影响甚巨！《戊戌变法》专题的编纂者深深地体察到社会领域、文化领域这种新旧嬗变的意义，因此十分关注戊戌维新时期的学会组织、新学堂的开设、报纸的创办等，极具卓识地分别设立了相关专题，发掘大量重要史料，集中地反映了上述历史动向。如选录光绪二十三年（1897）八月初一日《知新报》第二十九册所载《中报日盛》：

> 西六月二十九号，日本内阁官报云：中国之创设新闻纸，虽在数十年前，然风气未开，上下官民鲜有购阅，故其业不振焉。至同治末年，申报、字林沪报，比肩接踵，相继而兴，其他如香港之循环报，及一二种之新闻纸，孤行海内。嗣后上海又有林乐知之万国公报，别开生面，稍可读者，继起之汇报、匯报、益文报、上海报、新闻报并天津时报皆倏兴倏废，惟新闻报迄今尚存。然自中日之役，各省之风气，于兹大变，识时务者，莫不注意于中外之事矣。如湖广总督，于所属部下，发购阅新闻纸之谕，江苏巡抚，及江苏学政亦喻省中各府属书院观之。又北京翰林出身之诸员，创立官书局，有汇报发刊之举。湖南学政，助力刊行湘报，皆古今未有之盛事也。而民间绅士，亦异常奋发，所到无不

勉立报馆,其在上海者,时务报、指南报、苏报、华报、苏海汇报、集成报、富强报、画报、农会报。于中途停止者,中外博闻报、时事日报、商务报。此外广州博闻报、中外新报、中西报、广报、维新报、南纪日报、星报、叻报、福报、汉报、天津直报、译报、粤西广仁报、澳门知新报、杭报,皆次第举办,或者耳目日开,中国有转机欤。①

这是概述因中日战争发生,中国战败,民族危机更加深重,局势危急之后,国内社会各界人士为民族前途忧愤,痛切感到了解国内外大事,及时传递信息,以启发民众,激起爱国热情和推动国内社会变革的重要,同时集中地反映近代新闻出版业的空前巨大变化。

再如,选录《知新报》光绪二十三年五月初一日载《学会彬彬》的消息,其中云:

> 京师强学会封禁以后,一二有志之士,倡为小会,数日一集,每假陶然亭枣花寺等处,为讲学之地。后官书局复开,而此小会仍别行,相与讲求实学,惟日孜孜。顷闻集者益众,已有数十人,共集资在琉璃厂甸内,僦一屋,极壮丽,由总理衙门存案,作为公举,延请通西文者数人,作为教习,每日皆有定课,会中人自九点至三点钟,咸习会中,彬彬济济,他日所成,当益切实矣。闻顷间常住会中者,为刑部主事总署章京张君菊生元济云。②

这段报道,也正是当日北京一些有志之士痛感国事日非,立志改革,开风气之先,讲求西学,寻求救国真理的生动写照。它提供了具体切实的证据,说明中国社会行进到19世纪末叶,爱国和进步的时代潮流终于冲破了封建专制禁止士人参政的堤防,知识分子结成团体,定期集会自由讨论,群情踊跃,人才济济,成为近代新的知识分子群体形成的起点,预示着中世纪式闭塞的

---

① 中国史学会编:《戊戌变法》(四),上海人民出版社1957年版,第379—380页。
② 中国史学会编:《戊戌变法》(四),第381页。

社会状况的解体和开始与世界潮流相沟通、西方新思想进一步传播的新的时代的到来。

我们还可读到编者选录的地方风气开始发生深刻变化的宝贵史料。光绪二十三年十一月初一日《知新报》的一则报道说：

> 湘省人士，素称守旧，而近日丕变之急冠于行省。顷闻陈中丞宝箴，江学使标，创一时务学堂，特聘新会梁孝廉启超主讲席，诸生投考者至四千余人。梁孝廉深通中外，明于政学，故湘人鼓舞，不期景从，然自非陈、江两公提倡之力，何以至此。又闻黄廉访遵宪，新任湖南臬司，下车伊始，倡禁民间缠足，风举雷动，以至秋闱诸生，所有进场器物，俱标贴不缠足会字样，风气之盛，极于时矣。①

还有光绪二十四年五月十一日《国闻报》题为《湖南学会林立》的一则报道：

> 湖南风气日开，较之江海各省，有过之无不及也。自上年前学使江建霞文宗创立湘学会于校经书院，为多士讲学之地。近则日新月异，继长增高。后来名目有所谓南学会、群萌会、延年会、学战会、法律会，不半载之间，讲堂之场居然林立。或暂僦书院屋舍，或另赁街市民房，人尽愤兴，士皆淬厉，为楚有材，于斯为盛，新学之兴，此邦殆其嚆矢欤。②

这两则报道，则提供了湖南当日成为全国最有生气的省份之生动证据。从京师有志之士定期集会讲求救国道理，到地方省份创办学会学堂，举行演讲，发行报纸，实行改革，这些珍贵的材料正有力地证明，中国社会的新旧交替，已经达到一个临界点，内部深刻变化之势已经形成，千年坚冰已经打破。因此之故，尽管以西太后为首的封建顽固势力残酷绞杀了戊戌新政，但是，思想解放的潮流既然已经冲开了决口，那么它就再也阻遏不住，必

---

① 中国史学会编：《戊戌变法》（四），第382页。
② 中国史学会编：《戊戌变法》（四），第383页。

然地推动中国社会在新的20世纪加速变化和进步。

二、贯彻中国史与世界史密切联系的指导思想

贯彻中国史与世界史密切联系的指导思想，是《丛刊》科学性的突出表现。从鸦片战争开始，中国史便空前地被卷入世界史的格局中，中西文化的冲突和交流已无法分割开来。研究近代史，必须同时重视利用国内的和国外的史料，而以往的研究者却对国外材料了解甚少或无从获得，因而在材料的运用上局限性很大。有鉴于此，《丛刊》的编者自觉地并大力地体现上述与世界格局密切联系的历史特点和治史意识，突破了以往整理历史文献一般只限于国内史料的局限，尽可能地收集和选录了为数甚多的外国文献。这些文献少数原先已有中译本，大多数都是《丛刊》编者新译出或组织翻译的。

《鸦片战争》专题中所选录的一批英国方面的官方文件和著述就很有价值，使许多研究者第一次从本书中获得了英方的记载。由齐思和翻译的《英国蓝皮书》的史料价值尤其值得重视。此蓝皮书于1840年在伦敦出版，副题是《和对华贸易有关系的不列颠商人上给女王陛下政府的呈文 遵照女王陛下的命令颁发给上下两院的议员们》。这些呈文大多是出自英国官员或起劲地主张对中国进行殖民掠夺的商人之手，但是，恰恰从这些文件中暴露出英国政府如何长期支持可耻的鸦片走私活动，证明鸦片走私如何造成中国白银的大量外流和财政的危机，更可证明英国殖民主义商人和官员是如何长时间蓄谋对中国发动武装侵略的。

在蓝皮书第六件《下列布利斯特签字商人致外交大臣巴麦尊子爵》中，布利斯特市商人陈述：

> 近三年来，茶叶贸易因鸦片走私的船只日渐众多，而遭受危险。又以英国的不法商人来中国的日渐其多，许多快艇小船，阑入珠江，船主水手，不遵守任何法律，不服从任何权威，常常斗殴争打，以致逞凶杀人，无法无天。

向中国进行鸦片走私，是经过大不列颠的国会准许的，因为当国会重新授予东印度公司统治印度的权利的时候，政府仍授予该公司鸦片专卖的权利。（译者按：此指一八三三年国会通过的《东印度公司法案》而言。）并且由东印度公司的印度政府在加尔各答政府官厅，公开地分期出售，目的是在向中国走私，并且在加尔各答、马德拉斯、孟买走私的鸦片，都正式登记，通过本地的海关，然后才转运到中国。[①]

在蓝皮书第七件《伦敦东印度与中国协会致巴麦尊子爵》中，该协会应外交大臣巴麦尊的请求，逐项报告三个问题：一、英国对华贸易的现状；二、所得出的结论；三、向政府提出的建议。

协会陈述说："鸦片的产生是在东印度公司领土之内的严格专利，东印度公司获得一笔很大的税收……放弃这一个重要的税源是不妥当的"，"我们应当承认鸦片贸易的本身，是经最高当局准许的"。[②] 这是在伦敦东印度公司与中国协会向政府大臣提出的正式报告中，公开承认对中国的鸦片走私贸易，是得到"最高当局准许的"，英国殖民当局一直支持这一严重毒害中国人民的身体和心灵，而又从中国攫取大量财富的可耻行为。而文件中一再声称的英国殖民当局必须保护其鸦片走私中获得的巨额税收，则承认这一经济利益驱动，正是它不顾一切打开中国大门，直至发动侵略战争的根本原因。

文件提供了下列统计数字：1837 年 7 月 1 日至 1838 年 6 月 30 日的中英贸易，中国对英输出的产品（主要为茶、丝）共达 12589924 圆，以每圆合 5 先令计，为 3147481 英镑；英国用来偿付以上进口货的制造品，五金 620114 英镑，棉布 1640781 英镑，而靠鸦片走私贸易一项，即达 3376157 英镑。三项相加，英国便由大量入超变成巨额出超。如报告所说："这项贸易均衡，是对于中国不利的。中国主要的是用白银来偿付英属印度的鸦片，大

[①] 中国史学会编：《鸦片战争》（二），第 642—643 页。
[②] 中国史学会编：《鸦片战争》（二），第 644—645 页。

约二年偿清,从中国流入到加尔各答与孟买的银两,值二九七七二六五二卢比,即三百万英镑。据广州商会(译者按:系外侨人的组织。)统计,自广州输出的白银,在一八三七——一八三八年度,是八九七四七七六圆,因此鸦片贸易对中国说来,造成大量白银外流,对国家不能增加税收,只便宜了少数政府官吏,这是中国政府决定禁烟主要原因之一。"① 这正是从伦敦东印度公司与中国协会人士之口,说出鸦片走私贸易造成了中国财政的严重危机,证明中国政府实行禁烟的正义性和紧迫性!

协会在这份应政府的请求提交的报告中向英国政府鼓动说:"两种制度之间的区别,如此之大,是不易妥协的。……甚至为了明确的、公正的目的而施以武力,可以有很大的成绩。"② "自一八〇八年以来的对华贸易,使我们得到一个强有力的印象,即是:屈服只有使危机加深。我方应当用武力强迫中国方面让步。"③ 并且援引一位叫普乐登的官员在 1831 年 8 月讲过的话:"我十分相信,假使适当的施用武力,并且政府加以坚持,可以从中国方面,获得较为优待的商业章程。"④ 这份报告在当时即已向英国政府建议:通过施加压力,让中国缔结一通商条约,首先要求开放广州、厦门、福州、宁波、扬子江(即后来《南京条约》所规定的上海)为通商口岸,可再要求"将一岛割让与英国"。此时甚至已经周密地计划了派遣舰队向中国发动武装侵略的时机,舰队的规模、编制和进攻胁迫中国政府的策略:"在中国沿海用兵的季节,是西南季候风盛吹的时候,即四月到十一月。为了及时赶上作战,在二月中或三月初,舰队就要集中在麻六甲海峡,准备着进入中国海,劫夺自广州西南到东北岸的盐船,这是中国政府极重要的专利。""舰队还可以劫夺漕船,在四月中由台湾先运往福建,船数很多。""舰队必须包括一只英海军中最大的战舰,以吓唬中国人,使他们知道英国可以用来打中国

---

① 中国史学会编:《鸦片战争》(二),第 646 页。
② 中国史学会编:《鸦片战争》(二),第 648—649 页。
③ 中国史学会编:《鸦片战争》(二),第 652 页。
④ 中国史学会编:《鸦片战争》(二),第 652 页。

的舰队的威力与性质。"① 关于舰队的其他编制，报告建议应有一只二等军舰，二只一等巡洋帆舰，二只装有二十八个炮座的巡洋舰，二只小巡洋帆舰等，整个舰队共2540人，加上陆战队3960人，总计出兵6500人。报告提出的胁迫中国政府的策略是："封锁了中国海口，并且获得了中国的公私资产以后，军队应当即开往北京的附近，第一个目的在于直接向中国皇帝通信，说明我们的冤屈，并要求赔偿。（如可能时，不必用战争方法进行。）如此举被拒绝，那就要继续封锁，并在沿岸占据一、二个岛屿。""假若认为台湾对于占领太大，那厦门包括金门岛，可以给我一个良港，可以控制，并可据以劫取台湾商业。第二个重要的岛，是舟山群岛，在北纬三十二度，我们可以获得，并设法占据及距离仅几里的普陀岛。这些岛与岛的占领，与坚强的封锁，自长城以至天坝（Tienpack'），可以使中国政府接受条件，达到最要目的。"② 时为1839年11月2日，当这份以伦敦东印度公司与中国协会的名义由外交大臣巴麦尊向英国递交报告的时候，英国对华发动武装侵略的一整套计划已经完全策划好了。这份报告可谓将英国殖民者的侵略性、蛮横性与阴险狡诈的特点和盘托出，《丛刊》对它翻译、选录，这确实是为中国的研究者提供了亟为必须、极有价值、可与中文文献相对比照的国外资料。

《鸦片战争》各册所选录或在《书目解题》中介绍的外国文献合计达三十种。其中，英国官方文件有：《外国外交文件汇编》（1841—1842），英国外交部档案馆主任编辑；《英国蓝皮书》（1830—1833）；《英国蓝皮书——和对华贸易有关系的不列颠商人上给女王陛下政府的呈文》。英国人的私人著作中，有亲身参加侵华战争的英军官兵等人所撰写的著作，如宾汉撰《英军在华作战记》；康宁加木撰《鸦片战争——在华作战回忆录》；英国皇家海军舰长利洛撰《英军在华作战末期记事：包括扬子江战役及南京条约》；周斯林撰《在华六月从军记》；奥特隆尼撰《对华作

---

① 中国史学会编：《鸦片战争》（二），第655—656页。
② 中国史学会编：《鸦片战争》（二），第657页。

战记》；柏纳德撰《复仇号轮舰航行作战记》；麦克法森撰《在华二年记》。出自英国社会人士及学者之手的著作则有：地尔洼撰《鸦片罪过论——试论大不列颠商人被摈除于那个庞大的帝国的有利的、无限制的贸易的主要原因之发展》；《道光年间英人来华自记》；拜尔狄撰《环球航行记》；德庇时撰《战期中与议和后的中国》（二册）；考斯丁撰《大不列颠和中国（1833—1860）》；格林柏格撰《英国贸易与中国的开放（1800—1842）》等。属于美国人所撰写的有：亨德撰《广州番鬼录——缔约以前时期番鬼在广州的情形（1825—1844）》及《旧中国杂记》；马士撰《中华帝国国际关系史》及《东印度公司对华贸易编年史（1635—1834）》。此外还选录了当时在澳门发行的《澳门月报》。

再如，《太平天国》专题（八册，向达主编，编者有王重民、田余庆、金毓黻、贺昌群、邓之诚、郑天挺、罗尔纲等二十人）第三部分所选录的即为"外人记载"。共选录七种：美国罗孝全撰《洪秀全革命之真相》；瑞典韩山文撰《太平天国起义记》；《英国政府蓝皮书中之太平天国史料》；晏玛太撰《太平军纪事》；富礼赐撰《天京游记》；晏玛太撰《小刀会占据上海目击记》；罗孝全撰《小刀会首领刘丽川访问记》。

《中法战争》和《中日战争》（各七册，均为邵循正主编）所选录的外交资料更为丰富。《中法战争》前两册选录的主要有：日本岩村成允编《安南通史》（摘译）；《1787年越法凡尔赛条约》；《1874年越法和平同盟条约》；法国堵布益撰《东京问题的由来》；法国晃西士·加尼撰《柬埔寨以北探路记》；法国马罗尔撰《李维业远征记》；法国毕乐撰《山西北宁兴化诸役》；越南黎德贡撰《法军谅山惨败》；法国罗亚尔撰《中法海战》。在第七册中法越南交涉档案部分，选录外交资料尤多，有：《法国外交文牍》；《法国黄皮书》；《英国蓝皮书》；《美国对外兰家文牍——中法事件》；毕乐撰《内阁的危机与初步协定的签订》等，共计二十四种。在《中日战争》专题中，选录的外交史料更为丰富多样，涉及日、朝、俄、美、德、法、英七个国家。其中，日本的有日方记载的中日战史；《井上特派全权大臣复命书》；《伊藤特派全权大臣复命书》；台湾抗战日方资料；《日本帝国会议志》；伊藤博文编《秘书类纂》；陆奥宗光撰《蹇蹇录》。朝鲜的有全允植撰《云养录》。俄国的有《俄帝国主义在远东的开端》；俄方有关中日战争（1894—1895）文件。美国的有《美国外交文件》；科士达撰《外交回忆录》（按，著者科士达曾任美国务卿，中日战争期间被中国聘为张荫桓、邵友濂及李鸿章对日媾和使节法律和外交顾问，并陪同李经方赴台湾办理该岛割让的移交手续）；田贝论中日战争（按，田贝当中日战争时任美国驻华公使，并且是中日和谈前两国接触的居间人）。还有：德国干涉还辽事件的文件；法国施阿兰论三国交涉（按，中日战争时，施阿兰任法国驻中国公使）；英国人赫德等关于朝鲜事情书翰（按，赫德在晚清任中国总税务司达四十八年，是英国对中国侵略的主要代表人物之一，编者在《书目解题》中指出，从这些书翰中可以看出赫德对中、朝、日之间外交事务如何捣鬼）。

总之，《丛刊》中经过编者苦心经营选出和翻译的国外史料，的确充分地体现出中国近代各种重要事件和社会变化是与世界格局的变动紧密地互相联系的，只有研究了外国的史料，才能具有世界眼光，从而对中国近代史的诸多问题，获得更加深刻的认识。这些史料所提供的西方国家和日本对华政策的内幕，外国不同政治派别和阶层人士中对有关事件的不同态度和反应，以及外国侵略者自己记载下来的侵华罪行，更是不可或缺的第一手资料。

三、提供研究性成果，为初涉史者指示门径

《中国近代史资料丛刊》较之一般的资料书不同，它还具有原创性的特点，不仅发掘收集了丰富的资料，并且在此基础上做了许多更具创造性的工作，这就是贯彻以历史唯物主义为指导，在保证史料可信性的前提下，对若干重要问题作了简要的评论，使这一大型资料工程提高到研究性成果的层次，因而对于广大的

大学生、研究生和其他喜爱历史学的读者具有指示门径的作用。这同样体现了《丛刊》对于 20 世纪史学发展所具有的重大意义。

戊戌维新就是近代史上具有重要意义的历史阶段,对中国社会的演进影响极为深远。但在当时,学术界有相当一部分人不敢给予维新派的活动以应有的评价,而是偏重于指责康梁等人"只讲缓慢的改良,反对突进,反对革命",因而着重讲维新派的弱点和局限,不敢明确地肯定其历史意义。针对这种倾向,《戊戌变法》专题的主编翦伯赞先生在全书序言中明确指出:"戊戌变法运动是具有爱国主义性质和进步意义的",康梁等维新派"企图运用政权力量,自上而下地实行他们所想望的君主立宪的政治主张,并从而使中国走上资本主义的道路"。"戊戌维新运动在当时社会中所起的思想启蒙作用是不能低估的",维新派"向顽固的封建势力作了猛烈的思想斗争"。① 这些论断,不仅对于当时的研究者,尤其是青年史学工作者阅读这些资料、进行研究工作具有指导意义,而且经过半个世纪学术实践的考验证明了其正确性。《戊戌变法》专题的高度价值又表现在,它科学地确定了这部书选录资料所应该包括的范围:"它应该提供戊戌变法运动发展的全过程的重要资料,即包括它的发生的时代背景,百日维新的具体经过和内容以及它对后来的影响。"②

根据上述高明的史识,本书即对 19 世纪 60 年代至 90 年代数十年间大量而分散的早期维新派的论著作了筛选,整理、辑录了一批最有代表性的论著,如冯桂芬《校邠庐抗议》,郑观应《盛世危言》,王韬《弢园文录外编》,薛福成《筹洋刍议》,马建忠《适可斋纪言纪行》,汤震《危言》,邵作舟《邵氏危言》,何启、胡礼垣《新政真诠》,陈虬《治平通议》,陈炽《庸书》等。本书对近代早期维新思潮资料的选粹和整理,在学术界尚属首次,对于研究晚清政治史和思想史、学术史都提供了重要的研究基础。

---

① 中国史学会编:《戊戌变法》(一),第 1—2 页。
② 中国史学会编:《戊戌变法》(一),第 2 页。

本书编者充分地突出了百日维新运动的经过和内容、戊戌维新的政治纲领和政治意图这一主题，选录了包括记述戊戌变法始末的专著，当时人的论著、墨迹、遗稿、笔记、杂录，当事人的日记，上谕和奏议等大量历史文献。这些文献对于推进戊戌变法史研究所具有的重要意义，可以概括为如下三项：一是，提供了多视角、多层次的第一手史料，为客观地揭示戊戌变法运动历史全貌准备了集中而可靠的资料条件，这是十分难得的。编者从晚清大量官私记载中，选录了上谕三百一十六条，奏议一百零九篇。有戊戌维新运动的领袖康有为向光绪帝先后七次的上书，及其《请告天祖誓群臣以变法定国是折》等二十九件奏议。又提供了较之光绪帝上谕和康有为奏议的重要性略次一等的文献，如陶模《培养人材疏》、胡燏棻《变法自强疏》、李端棻《请推广学校折》、容闳《续拟银行条陈》及《津镇铁路条陈》、张謇《代拟请留各省股款振兴农工商务疏》、严复《上今上皇帝万言书》、徐致靖《保荐人才折》及《请明定国是疏》、梁启超《公车上书请变通科举折》、陈宝箴《奏厘正学术造就人才折》、杨深秀《请御门誓众折》等维新派及其支持者重要奏议共三十五件，总理衙门、吏部、兵部及孙家鼐等奏议二十五件，荣禄、张之洞、许应骙、文悌、曾廉、徐桐、袁世凯等奏议二十件以及康有为、梁启超、谭嗣同、杨锐、汪康年、唐才常、张之洞、刘坤一、王先谦等人的书信共一百二十二篇。二是，本书所选录和整理的文献中，为数不少是属于以往未被研究者注意或是首次公开发表的文献，如梁启超《戊戌政变纪事本末》，此篇以往从未收入各个版本的梁启超的文集之中，这一次是编者由《清议报》卷廿一中选入和整理的。又如，康有为的一批未刊稿，如《中日和约书后》《驳后党张之洞于荫霖伪示》《光绪帝上宾请讨袁贼哀启》等，均系康氏后人所提供的史料。书中选录的翁同龢、叶昌炽、谭献、孙宝瑄、于荫霖、王闿运、袁世凯、胡寿颐等人的日记，也都是第一次整理和公开出版的，这些人物各以不同的身份，从不同角度留下了对当时事件的第一手记载，以这些日记所载与其他文献相比勘，极有利于将戊戌时期一系列重要事件的真相考辨清楚。

三是，为若干以往印行过而舛讹甚多的史料提供可靠的版本。如《康南海自编年谱》，是研究戊戌维新历史的基本文献，但以往印行过的版本错讹甚多，研究者殊感不满意，本书第四册所选录的康氏年谱，则经过认真的校勘，改正了大量错误，故它是为近代史研究者提供的第一个定本。

一部资料书，要做到选录系统、全面，而又确实提供有价值的记载，就必须要求选编者以进步的史识统率全书。本书主编翦伯赞在20世纪30年代即撰成以唯物史观为指导的重要史学理论著作《历史哲学教程》，因而是中国马克思主义史学的重要奠基者。在他的主持下，《戊戌变法》全书鲜明地体现了以马克思主义观点指导各部分史料的编选和整理的特点。上文已讲到，主编者确立本书"应该提供戊戌变法运动发展的全过程的重要资料"，前面溯其思想渊源，中间从各个层面反映维新的经过、人物的活动等项，最后反映社会各阶层的反响以至外国的态度，这恰恰充分地体现了运用辩证唯物主义和历史唯物主义原理，以全面的、发展的、辩证的观点观察事物，和尽可能地提供各方面有价值的记载以揭示事物真相的科学态度。此外，还有两项在书中也十分突出：一是从分散无序、难以寻找的大量史料中向研究者提供能反映事物本质的东西；二是运用解题，对各类史料作适当的评价，给予研究者以有益的启示。

戊戌时期创办众多的近代报刊，报道朝野及国外新闻，发表维新言论，反映社会阶层动态。但因为发行报刊在当时是新生事物，有的报纸发行数量和发行范围很受限制，加上历时久远，许多报刊都难以找到。本书编者不惮辛劳，多方求索，获得了一批有用的史料，从《时务报》《知新报》《湘学报》《中外时报》《申报》等报纸选录了评论四十三篇，新闻一百九十三则。这里仅举本书所载天津《国闻报》的两则新闻为例说明其价值。

光绪二十四年（1898）九月初九日《国闻报》载《一人刚断》："清国八月初六日以后，一切反改守旧政策……军机大臣刚毅一人主持于上……以为新法万不可用，必当扫除净尽，而新党之人亦必须屏斥一空。""清国北京官场云：自本年三、四月以来,刚毅常以守旧之故,见斥于皇帝,故此次借此以行其报复。夫用人、行政二者,乃国家安危所关系,而清国人往往以一己之私意,阴行其颠倒之权,其是非利害,则一切置之不顾,此亦中国人故技如此,不独刚毅一人为然也。"①

光绪二十四年十月二十三日《国闻报》载《北京大学堂述闻》:"北京访事人来函云:自八月以来,朝局变更。凡四五月以后皇上所创制之新政,其尚未明言作废者,独铁路矿务总局及大学堂二事耳。……然则路矿局之设,亦不过徒留其虚名而已。北京尘天粪地之中,所留一线光明,独有大学堂一举而已。"② 这两则新闻的重要史料价值在于,证明戊戌政变之后,清廷统治者如何更加专制凶残、无可救药,把中国社会进一步拖向黑暗之中,证明除了用暴力革命推翻清廷统治之外,中国别无出路!

《戊戌变法》第四册末附有由翦伯赞撰写的《戊戌变法书目解题》,作者对于烦琐的史料,仔细爬梳,披沙拣金,往往能以简要的语句,指出史料中之最有价值的部分,这样做,尤其对初涉近代史研究的青年学者起到指导的作用。如蔡郕撰《清代史论》(民国四年上海会文堂铅印本)是十六卷的大书,编者则以高度提炼的手法,要言不烦地指出它对戊戌变法研究的价值:"是书论述满清一代历史,始天命朝迄宣统朝,凡十二朝事。卷十五光绪朝论戊戌变法的失败,谓由于其志太锐、其势太骤,革新之诏,月数十下,守旧诸臣啧有烦言,阻挠之举百出,及礼部六堂官之罢斥,实促成政变之主因。"③ 又如,徐珂辑《清稗类钞》(民国六年上海商务印书馆铅印本)卷帙更浩巨,多达四十八册,编者极精到地向读者提示书中与戊戌变法研究关系密切的部分:"是书分九十二类,三百余万言。第九册狱讼类中有记戊戌六君子冤狱事。第二十五册才辩类中有记康广仁善辩一则。第二十七册师友类中,有记林旭交名流,汪康年好客二则。会党类中有记唐才常组自立会起义事。第二十八册著述类中,有记戊戌

---

① 中国史学会编:《戊戌变法》(三),第443页。
② 中国史学会编:《戊戌变法》(三),第462页。
③ 中国史学会编:《戊戌变法》(四),第576页。

政变后康梁流亡日本,办《清议报》,及唐才常在上海办《亚东时报》事。"①有的仅著寥寥数语,即能让读者明了该书对于研究近代史有何用处。如编者为王韬撰《西学辑存六种》所写解题说,此书"论述西方学术政教,皆详其原起。对各国游历中国人士,皆'厘次氏族,胪载著作',借此可以考知西学东渐之始"②。像这样简要的解题,确为读者提取出精华,编者以自己付出的大量时间和精力,为研究者做最需要的奠基和指路工作,而众多的近代史研究者,则能借此获得许多宝贵的资料,开阔了视野,提升了认识水平和鉴别史料的能力,并且大大提高了工作效率,这就有可能从总体上对推动近代史研究达到新的高度发挥有力的作用。还有的解题,则为研究者运用联系的、辩证分析的观点对待史料作出示范,如在英国传教士李提摩太所著《留华四十五年记》(1916年伦敦出版)一书的解题中指出李在庚子后与荣禄关系密切,及西太后谕任其为各国新教教会在中国之代表,说明他并非真实帮助维新运动。③

齐思和主编的《鸦片战争》也同样鲜明地体现出这种思想性和指导性特点,因此同样具有突出的研究性价值。这里仅补充两项例证。

其一是,编者在全书之前,选录了马克思恩格斯论鸦片战争的内容。这两位科学历史观的创立者,虽然远在西欧,但根据从中国传去的信息、英国官方文件及私人著作,却极其深刻地分析第一次鸦片战争对中国造成的严重后果,中国处于东西方冲突这一历史关口的特殊地位,以及英国政府在政策上和宣传上的伪善性。马克思在《论鸦片贸易》(第一篇)中指出:"第一次鸦片战争,还促进鸦片贸易底增大而使合法的贸易受到损失。如果文明世界底合力制裁,不能强迫英国放弃在印度强迫种植鸦片和在中国武力宣传贩卖鸦片,则第二次的鸦片战争,将发生相同的结果。我们不必细讲这种贸易是不道德的,关于这一点,甚至英国

---

① 中国史学会编:《戊戌变法》(四),第576—577页。
② 中国史学会编:《戊戌变法》(四),第587页。
③ 中国史学会编:《戊戌变法》(四),第649页。

人蒙哥米尔·马尔丁说了以下的话：'不必说，贩卖奴隶同贩卖鸦片比较起来，还是善良的事情。我们并没有杀死非洲黑人，因为我们底直接利益，要求我们保存他们底生命；我们没有改变他们底人的本性，没有损坏他们的智慧，没有消灭他们的心灵。可是鸦片贩卖者却腐化了、降低了和毁坏了不幸福的人底精神生活，而且还毒杀了他们的身体；鸦片贩卖者时时刻刻向食欲无厌的吃人神贡献新的牺牲品，而充当凶手的英人和服毒自杀的华人，就彼此竞争，向吃人神底祭台上贡献牺牲品。'"华人不能同时购买商品又购买毒药；在现有情势之下，对华贸易底扩大，就是鸦片贸易底扩大，鸦片贸易底扩大与合法贸易底发展是两不相容的，——这些原理，人们在两年以前差不多到处都承认了。"① 马克思又说："中国皇帝为阻止自己臣民的自杀行动起见，禁止外人输入这种毒药和禁止华人吸食这种毒药，而东印度公司却将印度鸦片底种植及其向中国之私卖，变成自己财政系统中的组成部分。半野蛮人已站在道德的立场，而文明世界却拿抢劫的原则来与他们对立。这个幅员广大的帝国，包含着差不多有三分之一的人类，它不管时势怎么变迁，还是处于停滞的状态，它受人貌视而被排斥于世界联系系统之外，因此它就自高自大地以老大天朝至善尽美的幻想自欺，——可是现在这个帝国，终究为时势所迫，不得不进行拼死的决斗，在这个决斗中，旧世界底代表以道德思想来鼓励自己，而最新社会底代表却争取那种以最贱的价格购买和以最贵的价格出卖的权利。这是一种多么悲惨的情景呵！诗人底任何幻想，也未必能想象出比这更离奇的情景吧。"②

马克思作为代表人类崇高智慧的卓越思想家，他对中国和英国的特点有准确的把握，他的论述深刻地揭露了第一次鸦片战争前后英国对中国所进行的可耻的鸦片走私贸易的经济掠夺性质，使中国陷入严重的财政危机，严厉地谴责了鸦片走私对中华民族的心灵和身体的可怕毒害，有力地声讨英国殖民者犯下的不可饶

---

① 中国史学会编：《鸦片战争》（一），第1—2页。
② 中国史学会编：《鸦片战争》（一），第4页。

恶的罪行，同时，又极其精辟地分析在历史进程中处于落后地位的中国，实行禁烟和抗击侵略上所代表的正义性和道德心，而斥责英国政府"戴着基督教的假面具的、始终空谈文明"、"装腔作势"的伪善特点！[①] 马恩这些充满科学精神的分析、洞察历史事实本质的论断和明辨是非的态度，在50年代亟待开展运用正确观点把近代史研究引向深入的时候，无疑是具有指明正确方向的重大意义的，而在半个世纪以后的今天，关于鸦片战争史的研究虽然已经取得了许多可喜的成绩，但是近十多年来学术工作的进程又恰恰表明，在科学地解释鸦片战争的起因就是英国进行可耻的鸦片贸易和发动野蛮的军事侵略，辩证地分析当时中国闭关自守的落后性和中国人民抗击侵略的正义性这种复杂历史现象，揭露英国侵略对中国人民造成的灾难等根本问题上，马恩的上述观点对于研究者仍然一点也没有过时！我们只能在这些科学的论断的启示下继续前进，在事关历史进程本质的重大是非问题上不能态度含混，更不能向后倒退！

其二是，编者对于鸦片战争时期若干重要史料真实作者之姓名作了严密的考证。在鸦片战争期间及《南京条约》签订之后，有一批私人著述，站在中国人民反抗侵略和揭露投降派罪行的正义立场上记述史事，但由于投降派权势吓人、炙手可热，这些揭露他们丑行的记载动触时忌，因而不敢署真实姓名（或不署真实姓名）。搜集确凿的证据，将一些重要史料的作者考证清楚，是研究工作必不可少的一项。如，北京图书馆藏有钞本《夷艘入寇记》，又有钞本《夷舶入寇记》，南京大学图书馆藏有同为钞本的《英夷入寇记》，这三钞本都不著撰人。齐思和《鸦片战争》第六册书末《书目解题》中对此作了详细考证："各钞本皆不著作者姓名，盖恐触时讳，当时记载鸦片战争之书多如此。此书各传钞本，名称不一……实为一书。至于文字，稍有出入，乃钞本书之常事，不仅此书为然。是书事核文直，叙次有法，议论亦有特识，与官书之粉饰欺罔者迥然不同，是以风行一时。各书多征引

[①] 中国史学会编：《鸦片战争》（一），第7页。

之,目为信史,而不知其究出谁氏之事。惟汤纪尚《槃薖斋文集》谓出于魏源之手。按汤氏与魏氏为世交,知之甚稔,当极可信。余取是书与魏氏《圣武记》中之《道光洋艘征抚记》细加比较,然后知两书本为一书。""最近杜定友先生得一钞本,即署'魏源默深著',则是书之出于魏源,又多一佐证。"① 魏源是清嘉道时期杰出的思想家、史学家,他对当时的历史变局有敏锐的观察,主张革除积弊,重视记载当代史,被誉为"良史之才",他又坚决主张抗击英国侵略,到过定海前线,与林则徐为知交,受林之委托著成《海国图志》,呼吁"师夷长技以制夷",成为近代主张向西方学习、寻找救国真理的先声。本书主编齐思和发掘出确凿可靠的史实,证明众多钞本《夷艘入寇记》的真实作者乃是魏源,这对于正确评价此书的史料价值,以及认识当时社会各方人士不怕触犯时忌,争相传抄这一记载真实历史、激扬民族正气的著作,由此显示出中华民族的强烈爱国精神,都具有重要意义。半个世纪以来,此一有关此书作者以及在当时流传情况的考证成果,已为学术界广泛认同,即便曾有论者提出过异议,也因其所举证据不能成立而无法否定这一正确的结论。②

四、以科学方法整理历史文献的典范工程

《中国近代史资料丛刊》自陆续编成出版以来,之所以在海内外产生极其广泛的影响,至今仍为治近代史的学者所重视,发挥其重要的学术价值,就因为它是运用科学、合理、完善的方法对近代史浩繁史料的第一次系统整理,堪称大型历史文献工程的典范。中华民族自古以来历史意识发达,在整理历史文献方面更有悠久的传统,积累了极其丰富的经验。远的如西汉成帝时期刘

---

① 中国史学会编:《鸦片战争》(六),第509页。
② 参见姚薇元《关于〈道光洋艘征抚记〉的作者问题》,《历史研究》1959年第12期;姚薇元《再论〈道光洋艘征抚记〉祖本和作者》,《历史研究》1981年第4期;陈其泰《魏源与鸦片战争史》,《史学史研究》1982年第3期。

向、刘歆对历史文献大规模的整理，较近的如清乾隆年间编纂《四库全书》，以及乾嘉时期众多学者对文献的校勘、训诂、考证、辑佚等所做的大量工作，都取得了很大成功，成为学术史上的盛事，嘉惠学林之功，至为巨大，历代学者对此称道不已。新中国成立后，在中国史学会组织领导下编纂完成的《中国近代史资料丛刊》，是大规模历史文献整理的又一盛事，而且由于领导者和各专题主编者具有现代科学思维，有现代的世界眼光，他们继承我国古代学者整理历史文献的优良传统和近代以来文献学者的成功经验，加上是在新中国诞生后蒸蒸日上的社会环境中进行工作，运用了马克思主义的观点为指导，发扬了为学术至诚奉献的精神和社会主义制度的协作精神，因而其方法和成果超迈前人。这一浩巨工程的圆满完成堪称为后人提供在新的时代条件下大规模整理历史文献的典范。

运用科学的整理方法，创立严密合理的体例，是《丛刊》各个专题的共同特色。在中国史学会的领导下，各个专题均依照下列科学的工作程序进行：（一）尽可能地广泛搜集史料；（二）精心地选录和合理地分类、编排；（三）分段、标点、校勘；（四）撰写书目解题，编写与本专题资料相关的多种附录。这些环节中无论其中的哪一项，工作量都是异常浩繁的。仅拿分段标点和校正错字来说，《丛刊》全部史料达三千余万字，都由编选者认真地进行正确的标点，让千万读者方便地阅读、使用，仅此一项就是功德无量的工作！各个专题的《书目解题》，尤其显示出整理者的功力和学识，为广大史学工作者提供了研究性、指导性的成果。齐思和主编的《鸦片战争》专题，搜集到有关鸦片战争的论著、史料共计二百余种，经选录编入书内的有一百五十种。凡已选录，或未选录而较为重要的书籍，都将其作者、版本、主要史料价值，以及需加考辨的问题撰成《书目解题》，以供读者参考。又有从其他线索获知一些书名而未见原书的，择要列于《书目解题》之后，以待进一步的访求。主编齐思和亲自撰写《书目解题》，共录书籍二百五十六种，分成七部分：一、马列主义经典著作；二、鸦片战争前中西通商史料；三、官修书籍及谕折汇编；四、私家纂著（此部分史料数量最大，又分为记述类、纂辑类、传记类、笔记类、诗文集类共五类）；五、近人著作；六、外人著作；七、待访书籍。翦伯赞撰写的《戊戌变法书目解题》录书计二百九十六种，分十二类：一、总类；二、上谕、奏议；三、专著（又区分为有关变法思想渊源和政治、文化、学术背景的著作，及有关记载戊戌变法经过和反映各派人物不同观点的著作两类）；四、文集；五、传记、年谱；六、笔记、杂录；七、日记；八、诗集；九、小说；十、报纸杂志；十一、近人著述；十二、书目（列有《万木草堂丛书目录》《中国近代史书目初编》等）。从以上两个专题的《书目解题》，即可了解《丛刊》征引史料之广泛，门类之齐备。读者依据此书目的指导，即可便捷地找到所需要的其他有关史料原本。

为了使研究者获得更多的方便，《丛刊》编者还不辞劳苦，提供了附录资料。如《鸦片战争》专题即有五件"附录"：一、鸦片战争人物传记（包括中方人物三十二人，英方人物十人）；二、清道光朝军机大臣年表；三、鸦片战争时期总督年表；四、鸦片战争时期各省巡抚年表；五、鸦片战争时期英国执政表。

由柴德赓主编的《辛亥革命》专题（八册，约三百二十万字，上海人民出版社1957年出版），从1951年开始组成编辑队伍进行工作，至1956年完成，共历时六年之久。编者在全书《叙言》中，曾具体说明他们在编选工作中遇到的困难，以及如何恰当地解决，他们的思考和处理方法，更可进一步说明在中国史学会领导下《丛刊》编辑工作的科学性。辛亥革命资料搜集不易，主要存在三项困难：一、有的问题，资料本不完备，不易说明。二、有的资料，分散各地，不易收集。三、有些资料是曾经被歪曲的，考订困难。但编者经过数年认真的、坚持不懈的努力，在各方面支持与协助下，终于获得丰富的史料。经过择其重要，去其重复，最后选录了一百二十余种。其中，从未发表的有十余种，字数约占四分之一。此外，虽曾发表而刊本难得的占十之七八。编选工作的科学性，主要表现在经过周密思考，妥当地解决了以下三个问题：

首先是断限问题。辛亥革命时间不长，但从它的历史发展来说，酝酿的时间很长；从它的革命任务来说，"革命尚未完成"，后面发生的事件与前仍有联系。编者对此作出合理的决定："孙中山先生是民主革命的先行者，兴中会是革命的第一个组织，本书叙述革命党的活动，应该从一八九四年檀香山兴中会成立起，至中山先生辞临时大总统，一九一二年北京政府成立止。其中某些材料事实上不能割断，也有牵涉到民国元年以后的。"

其次是体例问题。辛亥革命前后革命党人的活动，共经十七八年，牵涉到的地区，是有全国规模的。但编者通过对史料的调查、搜集，发现史料多的互相雷同，叠床架屋；少的寥寥无几，没有具体材料。因此，编者确定全书编纂体例为以事件为主，理由是："如果一部书一部书地编排，不但篇幅浩大，而且重点不突出，读者不易得头绪。为使读者容易掌握材料，决定以历史事件为主，按时代先后为序，每一事件，选择一些主要的或基本的材料，集中在一起，以便说明问题。"至于材料的具体安排，则采取"大致以革命方面的记载为主，列在前面；以清方档案或官方记载列在后面"。

最后是编次问题。按上述确定体例原则，全书按辛亥革命酝酿、发生分为四个时期：兴中会时期的革命活动；同盟会时期的革命活动（附清廷预备立宪等资料）；武昌起义及各省响应的经过；南京临时政府及中华民国成立的经过。每一时期为一大部分，其中二、三两部分选录史料最多，共占六册。编者遇到的又一问题是，每每一种史料，前后关联到多次事件的发生，究竟放在什么地方最合适，需要斟酌考虑再三。故编者苦心孤诣地作了这样的编次安排："像华兴会、光复会材料不多，我们找到刘揆一的《黄兴传记》，固可放在华兴会篇，但按其内容说，放在广州三月二十九日之役似较合适；又如陶成章的《浙案纪略》，亦可放在光复会篇，但就其记述说，放在徐锡麟及秋瑾案似为妥当。至于材料多的，不能全部收入，只取其重要的或有代表性的材料。像同盟会的记载是比较多的，因邹鲁《中国国民党史稿》中同盟会篇比较完整，别的就不必重复了；贵州起义是革命党人和立宪派进行剧烈斗争的典型事例,已经有周素园先生的《贵州民党痛史》,事情很清楚,别的也就不收入了。"① 本书编者还作了大量的文字校勘、改错工作,这是因为有关辛亥革命时期的宣传品和记载,因校对工作差,错讹极多,经过编者花费大量心力作了校对、改错,才提供给读者文字正确而可靠的史料。本书还选用了大量珍贵的图片,且在书末附有《征引书目提要》。

《中国近代史资料丛刊》堪称科学精神、奉献精神和为学术工作奋发努力精神的结晶。就负责各专题的学者言,其中如范文澜、邵循正、聂崇岐等位,自然本身即以近代史专家的身份担任主编工作,其他不少人则原先的主要研究领域是在古代史或外国史,如翦伯赞、向达、齐思和等位,但是为了发展新中国历史科学的需要,却丝毫不计较研究领域的转换和编纂工作的艰巨,无不毅然地全力以赴投身进去。正因为中国史学会的卓有成效的组织工作,尤其是各卷主编均为国内第一流的学者,具有丰富的学识、严谨的科学态度和高度负责的精神,在他们的主持下,编纂工作遇到的困难都迎刃而解,取得了高水平的学术成果。全书各专题在搜集资料和征集优良版本过程中,得到了学术界、社会贤达和各方面人士的大力支持,他们纷纷将私人珍藏的史料,包括大量珍本、抄本或善本贡献出来,供编纂工作之用。这些无私地献出私人珍藏史料的学者和社会贤达中,我们可以举出,如《鸦片战争》专题有郑振铎、向达、王重民、张元济、祁龙威、林纪寿、徐宗元等位;《戊戌变法》专题有张元济、叶恭绰、康同璧、梁启雄、梁思庄、张次溪等位;《辛亥革命》专题有钱基博、章士钊、叶恭绰等位,所有这些先生慷慨拿出私人珍藏服务于学术工作的精神是很感人的,同样体现了新中国成立后全国人民热情奋发为推进各项事业前进的崇高精神和时代风尚。在中国史学会的组织、领导下,经过著名历史学家和历史工作者的艰苦努力、共同奋斗,这套计六十册的《中国近代史资料丛刊》,以它所囊括的丰富内容、珍贵文献和所体现的进步史识,以它凝聚的科学

---

① 中国史学会编:《辛亥革命》(一),上海人民出版社1957年版,第1—4页。

精神、奉献精神和学术价值，成为矗立在新中国历史科学领域的一座丰碑，为海内外众多学人所珍惜、所赞赏，而实现这一盛举的中国史学会和各位编纂者的名字也已永远镌刻在这座丰碑上！

(原刊《当代中国史研究》2002年第2期，后经作者对内容作了补充)

关于中国近代历史进程基本线索的理论

  自鸦片战争至五四运动的八十年是中国历史发展的重要时期，是中国告别其古老的阶段而步入近代，无论社会内部和外部都发生了极其激烈、深刻的变动的时期。中国共产党领导新民主主义革命的纲领、路线、政策的制定，即是建立在对近代中国社会的性质、状况、矛盾作正确分析的基础之上的；今天我们坚定地走中国特色的社会主义道路，坚决维护国家主权和推进国家统一大业，也都与正确地认识和总结近代史走过的道路密切相联系。学术界关于近代史进程基本线索的探讨，溯其源头是发端于20世纪30年代，讨论的高潮则在50年代，至80—90年代再度成为"热点"问题。其中，有随着时间的推移、对于刚刚翻过一页的近代史问题认识更加深入，并提出前瞻性见解的经验；也有因"左"倾思潮泛滥而致使深入讨论的进程被中断的教训；更有在解放思想、实事求是正确路线指引下，从新颖的视角进行思考和分析的诸多新收获，集广大近代史研究者的共同努力，最终才得出的科学的认识。因此，在一定意义上说，关于近代史进程基本线索的理论，是半个世纪来史学界发扬实事求是、民主讨论优良学风结出的硕果，也是中国马克思主义史学理论建设史上的一个重大收获。

一、50年代近代史分期讨论中的理论思考

马克思主义史家关于中国近代社会性质和历史进程基本线索的理论，奠基于20世纪30年代中国社会性质大论战及其后延伸的研究中。本文讨论的重点虽然放在1949年以后，但对发端时期马克思主义学者的主张和学术品格也须作简要的追溯。当时，面临大革命失败后反动势力的嚣张、革命骤入低潮和理论界认识的混乱，以《新思潮》杂志为主要阵地的革命理论工作者，冷静地运用马克思主义理论来分析中国的经济状况和阶级状况，批驳陶希圣、严灵峰、任曙之流的错误观点，展开了关于中国社会性质的论战。他们正确分析了帝国主义使用商品输出、财政资本控制、利用地主军阀和官僚资产阶级为工具等等手段，来奴役、剥削中国人民大众；分析了中国的广大农村仍然保留着封建的生产方式和剥削方式，利用新式生产技术、雇佣工资劳动者经营土地的资本主义生产方式并不存在；分析了在帝国主义压迫和封建势力严重盘踞、阻碍的恶劣条件下，中国的民族资本主义不可能获得充分发展。他们还在华东、华北、华南一些农村进行调查，以亲身获得的确切事实证明中国现实社会的经济情况是：资本主义因素虽然在近代有了增长，但是遭受重重障碍而得不到正常的发展，在农村仍然是封建、半封建势力居于统治地位。这场中国社会性质论战使刚刚诞生的中国马克思主义史学经受了一次重大的考验，证明了马克思主义史家在正确认识中国国情的基础上运用唯物史观原理，通过总结中国近代历史的规律来指导革命工作，表现出中国马克思主义史学在发展初期就具有革命性与科学性相结合的学术品格。其后，何干之、吕振羽、翦伯赞等人继续撰成有价值的著作，推进了对中国近代社会性质的科学认识。而毛泽东于1938年著成的《中国革命与中国共产党》，更集中了全党智慧，科学、系统地阐明中国近代半殖民地半封建的社会性质，正确地制定了革命的任务、方针、路线等纲领性理论，并为中国新

民主主义革命胜利的伟大实践所证实。

1949年新中国成立后，近代史研究长期成为学术界关注的重点领域，其原因有二：一是，近代以来，自1840年起至1919年五四运动的八十年间，中国人民进行了艰苦卓绝的反帝反封建斗争，这段历史与新中国的现实联系极为密切、深刻，正确把握近代史的脉络对于了解中国国情关系重大。二是，近代史是一个新开垦的研究领域，有许多新鲜课题吸引着学者们的兴趣。1950年，研究近代史的专门机构中国科学院历史研究所三所成立，中国史学会于1950年起成立《中国近代史资料丛刊》总编辑委员会，有计划地展开自鸦片战争至辛亥革命等重要历史专题的史料收集、整理、编辑、出版工作，专门研究机构的设立和大型史料丛刊的编辑，也起到了有力的推动作用。1954年，胡绳在《历史研究》创刊号上发表了《中国近代历史的分期问题》，成为推进学术界对近代史理论问题思考的新的起点。至1956年大约两年时间内，先后有孙守任、金冲及、黄一良、范文澜、戴逸、荣孟源、李新、来新夏、王仁忱等撰文发表意见，还有一些高等学校或学术刊物编辑部邀请近代史专家召开会议、进行座谈、各抒己见，形成了关于近代史分期和历史发展基本线索的一次热烈讨论。新中国成立后不久的这场讨论，与中国古代史分期、汉民族形成、资本主义萌芽、农民战争、封建土地制度等问题的热烈讨论一起，成为50年代学术界展开百家争鸣的标志。今天我们重新审视，这场讨论对于推进近代社会性质和历史进程基本线索的理论思考，确实取得了巨大收获。

（一）扩大到从社会经济、政治诸领域作综合考察

推进中国近代史的研究，需要从以往对各个重大历史事件的叙述和评价，上升到对历史演进阶段性特点和历史发展基本线索的认识，并且从以往主要偏重于政治史，扩大到从社会经济、政治、军事、外交、学术文化诸方面，进行综合的考察和概括，这是50年代近代史讨论所取得的第一项收获。

胡绳在1954年《历史研究》创刊号上发表的《中国近代历史的分期问题》一文认为，以往的近代史著作在对近代历史发展阶段和基本线索的认识上存在两个问题：（1）较早的一些著作对划分近代历史发展阶段缺乏正确的观点；（2）许多关于中国近代史的著作（包括在马克思主义理论指导下所完成的著作）放弃了分期的办法。"它们逐一地叙述中国近代史中的若干突出的主要大事件，而在叙述每一大事时，附带述及与之有关的前后各方面的事情。这样叙述方法大致上可说是类似于'纪事本末体'的方法。"他认为，不进行分期，而采取这种类似纪事本末体的叙述方法，往往会使多个历史事件的先后次序错乱，拆散了许多原本互相关联的历史现象，并使历史发展的基本线索模糊不清。包括范文澜的《中国近代史》上册、华岗的《中国民族解放运动史》这些影响很大的著作，也存在着"政治史内容上有很大比重"的明显局限。由于只选取突出的大事件作为叙述主题，就很容易造成只看到眼前的一些政治事件，"而关于社会生活、经济生活和文化的叙述分量很小，不能得到适当的地位"。关于中国近代史演进的重心，胡绳的理解是："通过具体历史事实的分析来说明在外国帝国主义侵略中国的条件下，中国社会内部怎样产生了新的阶级，多个阶级间的关系发生了什么变化，阶级斗争的形式是怎样发展的。"他又说："要使历史研究真正渗透着马克思主义的思想力量，就要善于通过经济政治和文化现象而表明在中国近代历史舞台上的各种社会力量的面貌和实质，它们的来历，它们的相互关系和相互斗争，它们的发展趋势。"[①] 胡绳文章中所提出的问题相当重要，反映了自40年代以来，近代史著作的编纂对历史进程的认识得到了进一步深化，这是具有开拓性意义的。

（二）通过争鸣和论辩，达到更高水平的认识

分期讨论中的又一重要收获，是学者们各抒己见、展开争

[①] 胡绳：《中国近代历史的分期问题》，《历史研究》1954年第1期。

鸣，在运用唯物史观和辩证法分析近代史诸多具体问题的认识方面，达到了更高水平。当时参加讨论的各方都力图以马克思主义基本原理为指导来分析近代历史进程的阶段特点，由于所持角度不同，因而侧重点也各有不同，在许多问题上提出了独到的阐释，其中最有特色的观点有四家。

三高潮七阶段说。胡绳认为，应当"基本上用阶级斗争的表现来做划分时期的标志"。他提出近代史上三个革命高涨时期，即：太平天国革命运动；甲午战争以后第二次革命运动的高涨（戊戌维新和义和团运动）；辛亥革命。进而他将近代史细分为七个阶段：（1）1840—1850年，从鸦片战争到太平天国起义前，是中国由封建社会开始转变为半殖民地半封建社会时期。（2）1851—1864年，太平天国运动是这一历史阶段的主要内容，包括第二次鸦片战争。（3）1864—1895年，是半殖民地半封建社会的形成时期，包括外国资本主义在中国的扩张，部分中国商人、地主和官僚开始投资新式工业，以及资产阶级改良主义思潮的发展。（4）1895—1900年，即从中日甲午战争到义和团运动失败的全过程。（5）1901—1905年，是资产阶级民主革命派逐渐发展、壮大的时期。（6）1905—1912年，从同盟会成立到辛亥革命胜利，直至胜利果实被袁世凯所篡夺。（7）1912—1919年，从辛亥革命失败到五四运动爆发，是由资产阶级领导的革命过渡到无产阶级领导的革命的历史时期。①

三大阶段说。章开沅认为，1840—1873年为第一阶段，是半殖民地半封建社会的开始和第一次革命高潮时期；1873—1905年，是半殖民地半封建社会完备形成和第二次革命高潮时期；1905—1919年，是半殖民地半封建社会继续发展和第三次革命高潮及新民主主义革命的酝酿时期。何以将1873年作为第一、二阶段的分界呢？章开沅论证说，从太平天国运动到回民起义失败，这一时期没有阶级力量配备的明显变化，这说明在19世纪60年代中国社会经济尚未发生显著的阶段性变化。可是自70年

---

① 胡绳：《中国近代历史的分期问题》，《历史研究》1954年第1期。

关于中国近代历史进程基本线索的理论

代起,随着一批官僚、地主、商人投资工矿企业和资本主义性质的手工作坊及工场的继续发展,资产阶级启蒙运动逐渐发展、壮大,从要求发展资本主义经济到要求实行君主立宪政体,中日甲午战争之后更发展为政治斗争,阶级力量的对比开始发生变化。此外,以1905年作为第二、三阶段分期界限,则是因为近代民族工业直到1905年之后才有较为显著的发展,并且出现了统一的资产阶级政党,产生了完备的民主革命纲领。此后,同盟会成为全国范围内革命运动的领导团体,资产阶级革命替代旧式农民战争成为历史的主流。①

四段说。范文澜认为:(1)1840—1864年,此期内鸦片战争开始了中国半殖民地的历史,太平天国运动开始了中国人民反帝反封建的历史。(2)1864—1895年,此期总的形势是清朝消灭了太平天国的余波,国内统治得到暂时的稳定,洋务派创办了新式军事工业,形式上也有助于清朝的封建统治。但是由于中法战争、中日战争中清朝相继失败,帝国主义更深刻地侵入中国,中国更加陷入殖民地化的深渊。(3)1895—1905年,此期帝国主义加剧对中国的经济政治压迫和军事掠夺,中国被瓜分的危机十分严重。中国人民在这个紧急关头,激起了爱国救亡运动,在长城以南,资产阶级有戊戌变法的维新运动,农民阶级有义和团运动,在长城以外,东三省人民抵抗日本、沙俄两个帝国主义,最后在日俄战争刺激和俄国革命运动的影响下,推动了中国资产阶级民主革命的前进。(4)1905—1919年,此期总的形势是中国的前途非常险恶,中国人民的革命方式却有了改进,同盟会成立以后,旧式的中国革命改成新式的革命,并且获得中国资产阶级革命所能做到的一些成就,虽然很小,但比起旧式革命来是一个大进步。1912年资产阶级革命派失败后,立宪派得意活跃,袁世凯加紧准备恢复帝制。1914年袁世凯恢复帝制,资产阶级立宪派政治上受挫后反对帝制活动,同时中国历史又处于由旧民主主义革

---

① 章开沅:《中国近代史分期问题的讨论》,《中国近代史分期问题讨论集》,生活·读书·新知三联书店1957年版,第193—195页。

命向新民主主义革命过渡的阶段。

范文澜在他以前所著的、经过多次修订的《中国近代史》上册基础上论述了近代史的分期问题,因而对于一系列问题的分析更具理论上的启发意义。譬如,他论述清政府在中法战争和中日战争中被迫反抗,称"在反抗这一点上符合于人民意志"。义和团运动虽然形式上十分落后,但表现出坚决的反帝精神,间接地推动了中国社会的前进:"北方经济比南方落后,农民受封建主义的影响比南方农民更浓厚,迷信团体白莲教因此在农村中广泛流传。义和团这个自发的大规模的反帝运动,在形式上比太平天国运动落后得多,但爱国主义的本质是一样的旺盛。""义和团运动本身带着很大的落后性,但这个运动直接地打击了帝国主义,同时也间接地推动了中国社会的前进。封建顽固派首领西太后为形势所迫,不得不下诏'变法',口头上承认'维新',对人民的要求实行让些步。前些时严厉禁止的办学堂,改法律,订商法,废八股,停科举等等新政,在义和团运动之后,她都被迫认为合法了。有了这些新政,资产阶级立宪派得到很多的活动机会。"范文澜对于20世纪初年资产阶级立宪派的活动和作用的论述尤能发前人之所未发。他认为,立宪派也是"代表资产阶级的政党"。"维新派要求改良,是希望推行资本主义,左翼谭嗣同甚至为推行资本主义,思想上接近于革命。立宪派在经济上也还是要求推行资本主义,但在政治上,是要保护清朝统治和封建势力合力来反对革命。……当然,立宪派与清朝廷也有矛盾,在迭次要求立宪的活动里,多少起些削弱清朝封建专制统治的作用,在革命派不能在国内活动的情况下,立宪派的报纸刊物向青年学生也多少介绍了一些资本主义思想。"他又论述辛亥前夕立宪派的活动起到加速清朝溃亡的作用:"一九○五年以来,中国资本主义有较大的发展,资产阶级积累了一些力量,因而经济上发动争路矿运动,政治上加紧要求实行立宪,形成戊戌以后的改良主义运动的高潮。一九一一年,立宪派与清朝廷的关系终于破裂,立宪派转而拥护袁世凯,反对清朝廷,清朝廷陷于完全孤立。""阶级利益使得立宪派诚意拥护袁世凯,而袁世凯并无诚意对待立宪派。在立宪派帮助袁世凯打击孙中山系统的政客以后,一九一四年,袁世凯便废除临时约法,第二年袁世凯宣布自己做皇帝。当时以梁启超为首的反帝制运动,立宪派人立在最前线,革命派反而落后了。"[1] 以上都是对复杂的历史进程进行辩证的深入分析而得出的论断,对于以后近代史研究者显然有很大的裨益。

五段说。金冲及认为近代史划分为五个时期。(1)1840—1864年,为中国由封建主义开始走上半殖民地道路,及农民反封建高涨时期。(2)1864—1894年,为中国半殖民地半封建社会逐步形成及清朝统治秩序暂时稳定时期。(3)1895—1900年,为中国半殖民地半封建社会正式形成,资产阶级倾向改良主义运动和农民自发的反帝运动高涨时期。(4)1901—1914年,为半殖民地半封建社会继续加深,反帝反封建资产阶级民主革命高涨时期。(5)1914—1919年,中国由旧民主主义革命转变到新民主主义革命的时期。此主张所划分的前四段,与胡绳、范文澜诸家大体接近,所不同者是以1914年为界标,再划分前后为两个阶段,其理由是,因"一战"爆发之机,民族资本主义得到空前发展,但其后又遇到严重的障碍。在政治文化领域,辛亥革命失败后,中国处于封建军阀黑暗统治之下,思想界发起了意义深远的新文化运动,新民主主义革命潮流正在酝酿之中。[2]

(三)在以革命高潮为主线作分析的同时,提出应重视以社会经济领域的变化来考察

在这场分期讨论中,以马克思主义为指导的学者们除了十分重视从革命高潮(即阶级斗争的发展和表现)为主线来分析中国近代社会的演进脉络外,同时又提出应重视以社会经济领域的变化,尤其是资本主义发展作为考察近代社会的线索的问题,这是很有理论意义的又一重要收获。以往长时间对于50年代这一重

---

[1] 范文澜:《中国近代史的分期问题》,《中国近代史分期问题讨论集》,第81—94页。

[2] 金冲及:《对于中国近代历史分期问题的意见》,《历史研究》1955年第2期。

大理论创获相当忽略，因此很有必要对此进行分析和评价。

近代中国，饱受封建主义压迫和资本帝国主义侵略之苦，灾难深重，人民大众处于痛苦的深渊。中国社会要进步，就必须动员民众，认清帝国主义和封建主义这两大严重障碍，展开一次又一次艰苦卓绝的斗争，沉重地打击帝国主义和封建主义反动势力，一步一步地实现民族独立、人民民主、国家富强的目的。因此，反帝反封建革命斗争的展开和不断高涨，是贯穿近代社会的基本线索，这是历史事实所昭示的，是完全正确的。在1954—1956年这场讨论中，许多研究者都着重从阶级斗争的视角，论述革命高涨的迭次出现、国内阶级关系的变化，分别对这八十年历史演进的脉络作出有系统的分析，并且运用唯物辩证法对许多问题提出非常中肯的看法。当时，离1919年近代史结束不过三十余年，这些成果的取得，无疑是由于努力运用马克思主义为指导而得出的，是中国近代史领域研究进程上的重要收获。历史问题错综复杂，研究者分析问题的着重点可以有所不同，很难、也没有必要在短时间内对划分历史时期取得一致；再则，近代社会遭受帝国主义和封建主义压迫，沉沦为半殖民地半封建社会的进程，和人民大众前仆后继展开反帝反封建斗争的进程，本来是环环相扣、前后相续的，如你以某一年代、某一事件为界标划分出某一阶段固然言之有理，而他若将界标向后移一点，以另一年代作为划分阶段的标准，也很可能持之有故。所以，分期问题的讨论，关键在于推进对中国历史进程的认识，在于坚持以科学观点为指导，对于一些重大历史事件或问题作出深刻分析，这样做了，在学术上就有收获，而不应当以讨论分期是否达到一致看法作为是否有价值的标准。

处在新中国成立不久、20世纪伟大的革命高潮刚刚过去之后这一特定历史环境下，研究者特别重视从反帝反封建这一主线来考察近代史的基本线索，这是完全符合逻辑的。但是即使如此，研究者也并没有忘记从又一重要视角——社会经济变动，尤其是中国资本主义的发展来分析近代史演进的基本线索。这一事实正好显示出中国马克思主义史家一贯坚持科学性与革命性相结合的基本方向这一治学特色，我们从理论层面来评价，这一努力尤具启发意义。如在金冲及的文章中已有了"分期的标准应该是将社会经济（生产方式）的表征和阶级斗争的表征结合起来考察"的提法。并且他论及：在1864—1894年这一阶段，社会经济领域的主要变动，一方面是资本主义列强不断扩大在华的商品经销和原料搜刮，中国日益卷入资本主义世界市场之中，清朝的一些重要官僚开始办洋务，创建新式的军火工业和民用工业，另一方面，是民族资本主义有了初步发展，反映在思想文化领域，则是冯桂芬、王韬、容闳、马建忠、郑观应等提出初步改良主义的要求；而以1914年作为划分近代史时期后两个阶段的"界标"，主要原因即社会经济领域有了新的变动，民族资本主义在"一战"后"得到了空前的发展"。[①]

范文澜对这一问题的论证更加翔实，探讨更加深入，并且得出具有重要前瞻性意义的理论概括。范文澜文章的理论价值，可以归结为三项。其一，如何将中国资本主义由微弱到壮大，作为一条基本线索来分析中国近代社会进程，范文澜作了开创性的工作。截至20世纪50年代初，对中国资本主义作系统研究尚相当薄弱，将之作为推动中国近代社会前进的一个重要视角，与近代政治、军事、外交、文化等领域的变化有机结合进行分析、阐述，更是一个崭新的研究课题。范文澜对此作了成功的尝试。他所划分的近代史四个阶段，民间商人办了什么重要新式企业，官办、官督商办、官商合办的新式企业又有哪些，与前一时期相比，有何明显进展，与资本主义经济的发展相适应，政治思想、文化思想领域出现了什么变化，此一时期中国企业所面临的国际环境又如何，帝国主义的经济侵略手段对中国不同类型的新式工业产生了什么影响，中国资产阶级的不同阶层有何反应，以上各项对社会进程又产生了何种影响等，他在文章中都试图作出回答。

其二，由于开始重视对中国资本主义发展史加以梳理，范文

---

① 金冲及：《对于中国近代历史分期问题的意见》，《历史研究》1955年第2期。

澜实际上已接触到中国近代社会新的生产方式、新的社会力量和新的思想主张问题,即初步接触到近代化进程问题,并且对于近代资产阶级在不同时期的作用作了值得重视的积极估计。他分析在1864—1873年清朝统治镇压太平军余波、捻军、苗族起义、回族起义的用兵过程中,洋务派各集团都开办新式军事工业,重要的有1865年曾国藩、李鸿章在上海设江南制造局,1866年左宗棠在福州设马尾船政局,1870年李鸿章接收天津机器制造局。这些虽然是官办的军事工业,"不过,新式机器经过这种工业到底进入中国了。有了机器,不能不招募工匠,也就不能不产生一部分无产阶级,仅仅从这一点来说,官办的军事工业算是也还有一些作用。官办军事工业以外,官办和官督商办的非军事性的工业,其中是多少含有资本主义成分的"。范文澜又称官办和官督商办的非军事工业为"封建主义支配下的资本主义工业";称官商合办工业为"封建主义和资本主义混合的工业";商办工业是"正规的资本主义工业","到了商办工业较多的时候,民族资产阶级也就形成了"。文章中论述近代史第三段(1895—1905)社会经济与历史进程基本线索的关系时说,英、日、美、德等外国资本在中国公开设厂,他们享有各种特权,对中国资本主义的压力更大了,列强进而在中国划分势力范围,准备瓜分中国的野心暴露得十分明显。这一时期,中国商人相继在上海、天津、北京、苏州、南通、无锡、杭州、萧山开办纱厂、纺织厂、面粉厂。这些商办新式工业的设立,表明"民族资产阶级在这个时期里比较有了些力量"。因而构成了1898年戊戌维新这场具有重要进步意义的爱国政治运动的社会基础:"由于民族资产阶级本身的利益,政治上出现以康有为为首的维新运动。他们反对官办工业,主张商办,要求改良政治。他们是从地主官僚转化过来的,与封建主义关系甚密,但在政治主张上已经是明显的资产阶级立场。这种改良主义思想是资产阶级的代表思想,对小资产阶级影响也很大。从此中国社会里出现了一个新的阶级,政治上也出现了一个新的主张。"并且明确地肯定光绪帝和维新派对于某些旧制度的勇猛改革和发展资本主义的积极措施:"戊戌变法,从光绪帝的命令里显示，对某些旧制度的改革相当勇猛，对新制度的全盘推行相当激进。光绪帝允许'有能独立创建学堂，开辟地利，兴办枪炮各厂，有裨于兴国殖民之计者，并照军功之例给予特赏'。向来悬为厉禁的枪炮厂机器厂，竟得'纵民为之，并加保护'，对不要根本改变封建制度而发展资本主义的资产阶级说来，确实如愿以偿，再没有什么可要求的了。这种措施符合于中国资本主义发展的趋向，在当时的条件下，维新运动无疑是进步的运动。"范文澜又以1905—1907年全国分类设厂和机器输入的统计数字，证明这一时期中国工业的显著进步，以此为基础，代表中国资产阶级上层的立宪派和代表下层的革命派各自展开了活动，在20世纪初年社会进程中扮演了不同的角色："随着一九〇五年以后资本主义初步的发展，争路矿运动和要求立宪运动也蓬勃地开展起来。争路矿运动影响了广大人民群众，要求立宪运动影响了广大知识分子。在国内以张謇、汤寿潜等人为首的立宪派，清朝末年已经造成了一个大的社会力量。它主观上要保护清朝的统治，客观上却和清朝廷发生矛盾。这个矛盾的逐渐激化，有利于革命运动的开展。"孙中山和兴中会以"驱逐鞑虏，恢复中华，创立合众政府"为政治纲领，则代表了资产阶级下层的要求。到1905年，革命派汇合成以兴中会为骨干，以孙中山为首领的全国性革命组织——中国革命同盟会。"同盟会的成立，表示资产阶级革命酝酿成熟了，虽然这种成熟不能不是发育欠良先天虚弱的成熟。"①范文澜上述对中国资产阶级历史作用的分析和论断，在当时都堪称新鲜见解。1958年以后，由于政治上"左"的路线的影响、干扰，史学界出现越来越贬低戊戌维新和辛亥革命历史作用的趋势，但那些评价显然不能代表新中国成立后十七年史学界的共同看法，因为在"左"倾思潮泛滥以前，以马克思主义为指导的研究者对这些问题已经作了相当深入的实事求是的研究，并提出了有重要价值的看法。

其三，范文澜提出弱小的资本主义要求发展是中国近代史两

---

① 《历史研究》编辑部主编：《中国近代史分期问题讨论集》，第74—86页。

条基本线索之一的观点,此项对于近代史研究尤其具有前瞻性意义。

中国近代社会性质是半殖民地半封建社会。面对帝国主义的野蛮侵略和封建主义的残酷压迫,中国人民前仆后继、英勇顽强地开展反对帝国主义和封建主义的斗争,构成了近代社会的基本矛盾,因而也是近代史的基本内容。中华民族要独立,中国要富强,首先必须依靠人民大众英勇无畏的革命和斗争开辟道路,这是鸦片战争以后一百年历史所反复证明的颠扑不破的真理。马克思主义史学家分析中国近代社会性质和历史进程基本线索,当然要坚持这一正确的认识。而同时,已有一些学者重视中国资本主义的发展对于推进国家由中世纪的封建社会向近代工业社会前进的意义,这在当时是具有重要意义的理论创新。范文澜分析近代史分期,正是首先以毛泽东关于"帝国主义和中国封建主义相结合,把中国变为半殖民地和殖民地的过程,也就是中国人民反抗帝国主义及其走狗的过程"的观点,对近代史的四个阶段的特点作了深刻的分析。与此同时,他已明确认识到考察中国资本主义的发展对于近代史研究的重要意义,并且将之作为中国近代社会的又一基本线索,因而提出:"帝国主义封建主义主要是帝国主义反对中国资本主义的发展,弱小的中国资本主义在重重压迫下用革命的和改良的方法要求发展,这两个过程综合起来,就是中国近代史。"[①] 正是由于范文澜重视中国资本主义由极其微弱到初步发展,使中国有了新的社会结构(资本主义生产方式)、新的阶级(资产阶级和无产阶级),所以他才对戊戌时期、20世纪初年和辛亥革命至五四运动前的几个阶段社会进程中反映资本主义发展要求的历史事件和社会动向作出具有卓识的分析。与此密切相联系的是,1958年在首都各界人民纪念戊戌运动一百周年大会上,范文澜发表了题为《戊戌变法的历史意义》的讲演,评价戊戌维新运动是具有历史意义的运动,是中国近代史上的第一次思想解放。并分析说:"早在十九世纪下半期,中国开始有一部分

[①] 《历史研究》编辑部主编:《中国近代史分期问题讨论集》,第96页。

商人、地主和官僚投资于新式工业。这些人还只算是中国资产阶级的前身，还不可能提出资产阶级的政治主张。到了同世纪的末年，中国民族资本主义得到初步的发展，形成了新的社会阶级——民族资产阶级。这个阶级同封建地主阶级保持着极为密切的关系，同时又有提出政治主张的要求，它企图走日本明治维新的道路，在不触犯地主阶级根本权利的基础上求得一些发展资本主义的条件。以康有为、梁启超为代表的改良主义派，就是为适应这样的阶级要求而出现在历史舞台上。所以说，变法运动是符合于当时社会发展的趋势的。"[①] 当时，"左"的政治路线已经对学术研究造成相当严重的影响，史学界中将近代史上资产阶级革命派与维新派根本对立起来，赞扬革命、贬低维新运动的思想定势已开始形成，在此情形下，范文澜对戊戌维新的内容和意义的分析、评价，在当时就具有抵制"左"的路线干扰的极不平常的意义。正是由于范文澜率先重视考察近代中国资本主义在各个时期发展的具体情况和政治要求，并上升到近代历史基本线索上加以概括，他才能得出具有重要理论价值的观点。

在20世纪50年代这场讨论中，还有一些研究者也明确提出应注重对近代生产方式和经济领域变迁进行考察。前面已经讲到，金冲及提出应将社会经济的表征作为分期的两项标准之一，对此，他作了阐释："中国近代社会是一个半殖民地半封建的社会。但是这个社会并不是在一八四〇年后就立刻完全形成的。相反，它是由封建社会'一步一步地变成'的。因此，研究中国近代社会内部如何一步一步地发生了重大的变化；封建社会如何逐步解体，资本主义如何逐步发生和发展，中国社会内部如何产生了新的阶级（资产阶级和无产阶级），中国如何变成一个半封建社会；同时帝国主义又如何一步一步地和封建主义结合起来残酷地统治中国，使中国变成一个半殖民地社会。一句话，研究中国近代社会经济结构、生产方式的发展变化，应该是研究中国近代

[①] 范文澜：《范文澜历史论文选集》，中国社会科学出版社1979年版，第190—191页。

历史分期问题的第一个着眼点。"由于金冲及重视近代生产方式的变化,因而对一些问题能有独到看法,如对戊戌维新运动评价说:"他们在政治上主张君主立宪,反对绝对专制;在经济上主张奖励和发展民间企业,反对官办企业的垄断和对私营企业的排挤;在对外上主张独立自主,反对帝国主义的侵略和压迫。这些主张都反映了发展中的民族资产阶级的要求,也是有着强烈的爱国主义色彩的救亡运动,在当时条件下,是有进步意义的。"① 而章开沅提出应以 1873 年为界限划分近代史第二期和第三期的理由,即资本的发展以及与此相适应的早期维新派从要求发展资本主义经济到要求实行君主立宪的主张:"因为从太平天国的失败到回民起义的失败,看不出显明的阶级力量配备的变化,这说明在 60 年代中国社会经济还没有发生显著的阶段性变化。可是在 70 年代以后,随着一批官僚、地主、商人投资于近代工矿企业和资本主义性质的手工工场及作坊的继续发展,资产阶级启蒙运动逐渐发展起来,从要求发展资本主义经济到要求实行君主立宪政体,中日战后更发展成为政治斗争,这当然表现出阶级力量配备的变化。主张发展资本主义'公司'和组织商会(即所谓'毋恃官势、毋杂绅权'的'商务公所')的王韬在一八七四年主编《循环日报》,以后在知识界发生不小的影响,这当然不是偶然的。"②

范文澜、金冲及、章开沅所提出的看法和分析,本来为进一步正确解决近代历史进程基本线索问题开了好头。遗憾的是,此后对学术界造成严重影响的"左"的思潮的大肆泛滥,阻止了这一正确认识的发展和讨论的深入。不过,既然有了可贵理论价值的成果,就不会被外力所剥夺。等到有了适合的社会环境和学术气氛,就必然会被有识者重新提起,并在新的条件下得到发展。

---

① 金冲及:《对于中国近代历史分期问题的意见》,《历史研究》1955 年第 2 期。
② 章开沅:《中国近代史分期问题的讨论》,《历史研究》1955 年第 2 期。又见《中国近代史分期问题讨论集》,第 194 页。

二、新时期关于近代历史进程基本线索的新认识

近代史研究在新中国成立后原本受到了重视,发展迅速且成果丰富,但是50年代后期由于"左"倾思潮的影响,以及教条主义学风的泛滥,严重阻碍了研究工作的深入进行,造成了对于诸多历史问题评价的偏颇和错误。"文革"结束后,学术界经过拨乱反正,批判教条式对待马克思主义的严重错误,迎来了思想解放、勇于探索的大好局面。20世纪80—90年代,有关近代史的许多重大问题、事件和人物发表了大量文章,就多种不同的学术见解展开了热烈争鸣,研究领域也得到了极大拓展。由过去基本偏重于对政治史的研究,转而推向经济史、文化史、社会史等诸多领域,因而对中国近代史的认识不断深化。就理论层面而言,近代中国社会性质和近代历史进程的基本线索也取得了重要的收获。

(一)对"半殖民地半封建社会性质"正确论断作更加深入的阐释

批判教条式对待唯物史观原理的错误,总结以往的经验教训,是80年代初近代史研究取得重大成果的重要原因。学者们反思了以往过分拔高对太平天国起义和义和团运动的历史作用,过度贬低资产阶级领导的维新运动和辛亥革命的评价等错误,冲破了以往极"左"思潮影响下所形成的思维定式,对于深化研究、勇于创新、打破人为"禁区"、不断探求真知具有重大意义。毋庸讳言,也有人借口"纠偏""反对教条化",企图将以往正确的命题加以否定。譬如有的文章提出,把中国近代社会性质论断为"半殖民地半封建社会"是毛泽东的失误;有的文章认为辛亥革命之前的中国是封建社会,辛亥革命以后是资本主义社会,但无论之前和之后,都不是半殖民地半封建社会;还有文章说"半

殖民地半封建社会"完全是一个政治观念，不能用来指导历史研究；等等。在改革开放的新形势下，众多学者以唯物史观原理为指导进行深入分析，明确肯定了"近代社会性质是半殖民地半封建社会"这一论断的正确性，并从以下两个方面进行了更加深入的阐释。

其一，这一论断准确指明了近代中国人民必须以坚持不懈的反帝反封建斗争为根本任务。"半殖民地"指对外民族不独立、国家领土主权遭到破坏，"半封建"指对内封建制度开始崩溃，但还没有形成独立的资本主义社会，它们互为表里、密不可分。"中国社会要前进，就必须要反帝反封建，取得民族解放和独立，走上近代化的道路；因此，认定中国近代社会的半殖民地半封建性质，就说明了这一历史的真理。"[1] 其二，这一论断正确反映出近代中国社会过渡性的特点。"半殖民地半封建"是一个过程，两个"半"字表明两者并存，不能机械地用统计数字的百分比来理解。"半殖民地在揭示国家丧失独立主权的同时，也揭示了被卷入世界市场的资本主义生产，民族资本就是相对于外国资本和买办资本的半殖民地产物，不能把半殖民地理解为单一的政治概念。""半殖民地半封建既相区别又是互存的，不能截然分为两爿，试问没有半殖民地何来半封建？"[2] 半殖民地半封建社会又指一种过渡形态，表明了近代中国社会的特征：它被纳入了资本主义世界体系，却又无法形成独立的资本主义社会，只是从传统社会跨向另一个新式社会的过渡。"就人类历史发展的里程来说，半殖民地半封建社会比传统（封建）社会毕竟已向资本主义近代化的道路迈出了步伐，从社会经济、政治体制到文化生活都有了近代的新内容，这种新内容尽管微弱，却是在缓缓地增长。"[3]

---

[1] 刘大年：《方法论问题》，《近代史研究》，1997年第1期。
[2] 陈旭麓：《关于中国近代史线索的思考》，《思辨留踪》（上），华东师范大学出版社1997年版，第5页。
[3] 陈旭麓：《关于中国近代史线索的思考》，《思辨留踪》（上），第6页。

（二）从更新颖的视角对近代史进程基本线索进行思考和分析

近代历史基本线索和分期问题在 50 年代学术界引起了热烈讨论，进入新时期以来，再度成为关注热点。批判公式化、教条化对待马克思主义的错误倾向，解放思想、实事求是，摆脱了长期束缚人们的思想枷锁，激发了学术探索的热情。学者们在重新认识、评价许多重大事件和问题的基础上，从不同角度对于近代史演进的基本脉络进行了思考，讨论的范围更广泛、视角更新颖，分析更深入。概括起来，主要有以下四种看法。

第一种看法以胡绳为代表。胡绳于 1980 年初著成《从鸦片战争到五四运动》，在《序言》中，他重申了对近代史"三次革命高潮"的主张，并较 50 年代的分析有所发展。例如，他在 50 年代论述第二次革命高潮时，主要指义和团运动，仅附带提及了戊戌维新："农民革命——这是中国社会当时主要的革命力量；资本主义思想——这是中国社会当时的带有进步性的理想"；新的论述则明确提出："包括戊戌维新和义和团运动在内的第二次革命高潮时期是中国近代历史中的一个重要环节。"此外，他不赞成一些学者"按照'洋务运动——戊戌维新——辛亥革命'的线索来论述这个时期的历史的进步潮流"的观点①，而是认为"如果把每次革命高潮时期和在它以前的准备时期合并起来，那就成为四个时期了"。这四个时期就是：（1）从鸦片战争到太平天国失败（1840—1864）；（2）从太平天国失败后到义和团运动（1864—1901）；（3）从义和团运动失败后到辛亥革命（1901—1912）；（4）从辛亥革命失败后到五四运动（1912—1919）。②

80 年代初，章开沅著文论述近代史基本线索，其观点与胡绳的"三次革命高潮论"接近，但角度有所不同，是从民族运动的发展进行分析。他不赞成"洋务——维新——革命"这样的理论

---

① 胡绳：《从鸦片战争到五四运动》（上），人民出版社 1981 年版，第 4 页。
② 胡绳：《从鸦片战争到五四运动》（上），第 5—6 页。

框架，认为这将可能忽略农民和土地问题这样重要的社会内容，因为中国是一个半殖民地半封建社会，不能机械套用"近代史即资本主义发生、发展和衰败的历史"之类的现成公式加以阐释。章开沅从民族运动的角度提出中国近代史的基本线索，认为鸦片战争是中国近代民族运动的发端。他以1900年为界标，将近代史概括为"两个阶段，三次高潮"：第一阶段是太平天国和甲午战争之后，经历了戊戌维新和义和团两次民族运动的高潮，第二阶段则是经历了辛亥革命这次更具近代特征的民族运动高潮。这三次民族运动的高涨，是近代中国历史客观存在的发展态势，体现了中国近代史的基本线索和发展规律。他之所以不用"三次革命高潮"的提法，是认为"革命"一词有广义、狭义两种理解；而"三次革命高潮"的提法不仅容易引起理解上的歧义，而且容易使人联想到新民主主义革命史上的"三次国内革命战争"。但他又特别指出，毛泽东所说的"两个过程"可以作为我们探究近代中国历史基本线索的基点，近代中国历史发展过程是一种民族运动，"两个过程"是客观存在的历史实际，是中国近代史的主干，因而被当作贯穿始终的基本线索也是可以理解的。①

第二种看法以李时岳为代表。在《从洋务、维新到资产阶级革命》及《中国近代史主要线索及其标志之我见》两文中，他提出，"1840—1919年的中国近代史，经历了农民战争、洋务运动、维新运动、资产阶级革命四个阶段"，"反映了近代中国社会的急剧变化，反映了近代中国人民政治觉悟的迅速发展，标志着近代中国历史前进的基本脉络"。他强调，要重视近代史上资本主义经济发生、发展的意义，给予资产阶级政治运动以应有的重视。而在近代中国，争取独立和谋求进步始终是历史的主题，向西方学习、发展资本主义，则是争取独立、谋求进步的根本道路，因此应以资本主义发展（包括经济和政治两方面）作为主要线索来考察中国近代发展的进程。② 他认为，洋务运动、维新运动和辛

---

① 章开沅：《民族运动与中国近代史的基本线索》，《历史研究》1984年第3期。
② 李时岳、胡滨：《论洋务运动》，《人民日报》，1981-3-12。

亥革命反映了近代中国人民政治觉悟的迅速发展，标志着历史前进的基本脉络。一些学者将这种提法概括为"三个阶梯"论，但李时岳本人认为这一提法并不确切，强调应当包括太平天国农民战争，称为"四个阶梯"论。其立论依据是，近代中国社会的发展实际上存在着两个而不是一个趋向：一是从独立国家变为半殖民地（半独立）并向殖民地演化，一是从封建社会变为半封建（半资本主义）并向资本主义演化。前者趋于沉沦，而后者趋向发展。他基本赞成以阶级斗争为线索，认为"三次高潮"论的不完善之处"在于没有把阶级斗争和社会经济紧密地联系起来，从而没有把唯物史观贯彻到底"①，因此"四个阶梯"论与"三次高潮"论并非根本对立，只是部分地修正和补充。

  第三种看法以陈旭麓为代表。他从"中国近代的半殖民地半封建社会的过渡性"角度来分析，认为中国近代史的研究应特别注重发生重大历史事件的年份，因为"历史线索是引之弥长的观念化了的历史链条，链条不是光滑平直的，而是有一个一个环节的，这些环节就是产生重大事件或历史转折的年份"②。就鸦片战争至五四运动前这一历史阶段而言，陈旭麓认为应特别重视四个年代：（1）1840年鸦片战争的爆发，"揭开了侵略与对抗、中西社会冲突的帷幕，中国自此被轰出中世纪、进入近代，开始有了世界的概念，萌发了'师夷'即学习西方资本主义的要求，产生了前朝所未有的一系列变化。所以，它标示的不只是这场战争胜败的严峻性，更因为它标示着以商品和资本来改变中国传统社会的轨道，作为中国的近代与中世纪的分界线，是显而易见的"。（2）1860—1861年，"是经历了四年的第二次鸦片战争及北京被攻陷的'庚申事变'的年份。人们说的三千年来一大变局，不是在鸦片战争的当初就感觉到了的，而是经过第二次鸦片战争才认识的，由此在观念形态上产生了某些变化，以'洋'代'夷'观念的转化，洋务事业的发轫，资本主义商品的出现，资产阶级改

---

① 李时岳：《中国近代史主要线索及其标志之我见》，《历史研究》1984年第2期。
② 陈旭麓：《关于中国近代史线索的思考》，《思辨留踪》（上），第9页。

良思想的冒头，它们给封建的封闭体打开了缺口，向近代化迈出了一小步，虽然是灾难迫发出来的微弱反响，却是具有时代气息的，应该说中国近代的新旧递嬗在这里已明显地呈现。过去没有把它列为阶段性的历史年份，事实上它是一个带转折性的历史年份"。（3）1894—1895年，"中日甲午战争在中国近代史上呈现的阶段性最没有争议，因为它标志着资本帝国主义侵华的新阶段，刺激了中华民族的觉醒，给中国的政治、经济和思想明显地划出了一条战前战后的线。许多爱国人士感到没有政治体制的改革，徒然仿效西方的军事技术、生产技术已不足恃，而且军事技术和生产技术的有限发展也将受制于封建主义，为其腐蚀。所以有要求政治近代化的戊戌维新运动，资产阶级的革命势力也同时并起，大大地推动了中国的形势"。（4）1911—1912年，"这个由武昌起义、诞生南京临时政府组成的年份，推翻了清朝，推翻了两千几百年的封建帝制，对清史来说是终结，对民国史来说是开创，富有划时代意义"，以此"作为半殖民地半封建社会全过程的许多峰峦中的一个较高的峰峦，为实现政治近代化迈出了大步"。①陈旭麓划分近代史线索的着眼点，是在坚持中国近代是半殖民地半封建社会性质的前提下，特别关注其过渡性特点和近代化由萌芽到逐步壮大的进程，也是对资本主义在经济、政治上的微弱发展和逐步成长的关注。因此，他没有将太平天国运动的爆发或结束视为重要历史年代，也未将义和团运动作为重要标志；相反地，他强调"庚申事变"标志着中国向近代化迈出了一小步，从此洋务事业发轫，资本主义商品开始出现，资产阶级改良思想开始冒头。同样地，以1894—1895年作为重要分界，是因为甲午战争的失败刺激了要求政治近代化的戊戌维新运动的酝酿与发生。陈旭麓对近代史线索的见解，是与其对洋务运动的评价有着密切关系的。他认为，考察洋务运动，既应看到其封建性的一面，又应肯定其促进资本主义发生、发展的客观性一面。他说："洋务派是地主阶级的当权派。他们虽然倡办了一批洋务企业，

---

① 陈旭麓：《关于中国近代史线索的思考》，《思辨留踪》（上），第10—13页。

有军用的，也有民用性的近代企业。然而，洋务集团只是略带资本主义倾向的封建官僚集团，在主观上，他们并不想把封建的中国变为资本主义的中国；但在客观上，他们却不自觉地促进了中国资本主义和资产阶级的产生。就是洋务运动时期，中国社会出现了两种新兴的社会力量：一种是掌握着一定资本，并以之投资于工商业，成为握有生产资料、从事近代化生产的资产阶级，这些人掌握的企业，促进着中国近代物质文明的进步。还有一种社会力量，他们本人并不一定握有多少资本或产业，但在向西方探求新知的过程中建立了自己的政治理想和抱负，掌握着有别于传统封建规范的新型思想武器，呼吁在中国发展资本主义，成为中国资产阶级的精神方面的代言人。洋务运动促进中国资本主义发生发展的客观作用，是值得肯定，我们不能因为洋务大官们政治上的反动，就一笔抹煞他们在促进中国社会阶级变动过程中的积极作用。"[1] 他从促进资本主义发生、发展的角度，把洋务运动作为推动中国社会近代化进程的重要一环，这一看法同李时岳的见解较为接近。

第四种以刘大年为代表。他把整部中国近代史概括为"两个基本问题"，一是民族不独立，要求在外国侵略压迫下解放出来；二是社会生产落后，要求实现工业化、近代化。这两个基本问题息息相关，贯穿始终。就前一个问题，他论述说，鸦片战争以前的中国独立于世界东方，在政治和文化上对周围地区广有影响，而自英国用鸦片和大炮打开中国大门之日起，这一情况发生了根本性变化。中国在战争中遭受失败，割地赔款，受到了不平等条约的束缚，逐渐走上了半殖民地道路，民族矛盾从此成为社会基本矛盾之一。近代史上发生的多次战争，一类是列强所发动的侵略战争，另一类是连绵不断的内战。前者直接反对外国侵略、争取民族独立；后者则是人民大众对于帝国主义与封建势力的同盟进行革命，而那个同盟的盟主正是帝国主义，所以国内革命战争的根本目的仍然是为了争取民族独立。"两种战争集中到一点，

---

[1] 陈旭麓：《近代阶级与历史步伐》，《思辨留踪》（上），第114—115页。

是强调说明了中国的近代首先存在民族不独立,中国要求在外国侵略压迫下解放出来这个基本问题。"有关近代化,他论述道:"近代化的核心是工业化,从落后的封建社会进到工业化,是与资本主义分不开的。中国封建经济相当发达,走上资本主义,实现近代化,是历史发展的一种趋势。"外国资本主义侵入促使中国封建经济解体,给资本主义的发展创造了某种可能,例如机器设备输入、技术引进等;但是外国侵略的根本目的是将中国变为殖民地,所以又竭力压迫、限制中国民族资产阶级的发展,因此中国民族工业的发展可谓步履维艰。至于近代史上的两个基本问题——民族独立与近代化的关系是什么,又如何去解决呢,他认为:"它们紧密地联结在一起,不是各自孤立的。没有民族独立,不能实现近代化;没有近代化,政治、经济、文化永远落后,不能实现真正的民族独立。中国人民百折不回追求民族独立,最终目的仍在追求国家的近代化。"[①] 也就是说,实现近代化是需要中国人民长期奋斗的目标,但是不可能先走上工业化、后取得民族独立,而是必须首先争取民族独立,打开工业化的大门。

(三)"两个基本问题"说具有的重要理论意义

上述四种关于近代历史基本线索的看法,以及其他一些同中有异、各具见识的看法,显示出新时期以来学术界思想之活跃和问题讨论之广泛。不同意见的争鸣又促进了学者们的思考,促使问题的探讨更加深入。历史进程内容纷纭复杂,近代中国社会又处于风云激荡、国内外矛盾交错、变动极其剧烈的时代,因此,对于近代历史演进基本线索的认识也自然见仁见智、各具特识,完全不必要也不应该只限定于一种模式。只要确实是依据历史事实为基础进行分析、探索,而不是凭主观臆断,就应该受到尊重,而且随着时间的检验,更能显示出哪种见解最符合历史实际和最具科学价值。值得注意的是,胡绳虽然在分期问题上仍然坚

---

① 刘大年:《方法论问题》,《近代史研究》1997年第1期。

持"三个革命高潮"的主张,但也明确提出中国成为独立国家和实现近代化,是贯穿近代史进程的两个基本问题。他认为必须通过进行反帝反封建斗争才能使中国摆脱贫穷落后,为近代化开辟道路,"近代中国并不是近代化的中国,不是一个商品经济发达,教育发达,工业化、民主化的国家。在近代中国面前摆着两个问题:即一、如何摆脱帝国主义的统治和压迫,成为一个独立的国家;二、如何使中国近代化。这两个问题显然是密切相关的。因为落后,所以挨打;因为不断地挨打,所以更落后。这是一个恶性的循环"。"以首先解决近代化问题为突破口,来解除这种恶性循环,行不行呢?在半殖民地半封建的中国,一切工业救国、教育救国,以合法的途径实现民主化、近代化的主张都不能成功。致力于振兴工业、振兴教育的好心人,虽然取得了一些成就,但并不能达到中国近代化的目的,不能使中国独立自强。不动摇原有的政治和社会秩序而谋求实现民主化的努力更是毫无作用。这些善良的愿望之所以不能实现,就是因为有帝国主义及其在中国的代理人的严重的阻力。"[1] 诚如有的学者所言,"'两个基本问题'说——这是在新的认识基础上的整合和重新统一"[2]。经过50年代的讨论和八九十年代的学术争鸣,可以看出,以刘大年为代表的有关将"两个基本问题"作为考察近代历史基本线索的看法,吸收了自50年代以来许多学者从政治史领域扩大到经济史、社会史和文化史研究的新认识、新观点,论述更加全面,涵盖内容更加广泛。它论证了近代中国半殖民地半封建的社会性质,这个理论的正确性历经七十多年的学术研究和实践检验已得到了充分证实,是学术界所取得的重要成果。当然,他的论述较为概括,尚须进一步加以丰富和发展,使之更具说服力。

---

[1] 胡绳:《关于近代中国与世界的几个问题》,《胡绳全书》第三卷(上),人民出版社1998年版,第77页。
[2] 姜涛:《晚清政治史》,载曾业英主编《五十年来的中国近代史研究》,上海书店出版社2000年版,第38页。

三、坚持正确认识路线的逻辑依归

从20世纪30年代至90年代，关于中国近代社会性质和历史进程基本线索的探讨，前后历经了七十年。从总体而言，中国马克思主义史家一直坚持的正是唯物史观与中国历史实际相结合的方向。其主要特点有两项：

第一，坚持了近代中国社会是"半殖民地半封建社会"这一早已被中国革命的伟大实践所证实的科学论断。坚持这一点，不是为了维护某种权威的需要，也不是思想僵化、信奉教条、唯本本是从，而是为了正确地认识中国的近代是怎样过来的，为了正确地认识中国的国情，为了正确地把握现代中国前进的方向。历史无疑是最好的教科书，尤其是中国近代从备受帝国主义宰割、封建势力压迫、积贫积弱，经过人民大众百折不挠的斗争，经由民主革命到建立社会主义共和国的历史，更是对青年一代进行思想教育的宝贵教材，从中深刻认识到中国走社会主义道路的必然性，深刻认识到只有经过英勇顽强、不屈不挠的革命斗争，才能使祖国从帝国主义和封建主义残酷压迫下解放出来，实现民族独立和富强，深刻认识到中华民族的光荣传统和灵魂，从而更加明确前进的方向。刘大年对此作了极为中肯的论述："我们知道，新中国不是从天上掉下来的，它是从昨天即从近代史上一步一步走过来的。现在中国的社会主义道路不是由任何其他什么决定的，是近代一百一十年历史反复斗争、反复选择而来的。你认为它合理也罢，不合理也罢，你无法去改变历史，事实上只有了解过去的历史，才能认识我们所走道路的总体上的合理性。我们只有知道近代，才知道今天前进了多少，只有知道近代也才了解应当如何去克服前进道路上的种种困难。这与我们经常说的爱国主义，提高思想认识水平存在直接的重要的关系，一点也不假。""一个人要生存下去，不能只有躯壳，没有灵魂，一个民族要生存、兴旺发达下去也是这样。一个民族的牢固性，取决于它的以经济、文化发展水平为基础的灵魂的牢固性、顽强性，它表现在现实中，更表现在经过千锤百炼成的历史里。我们讲中国历史，说到底，就是要讲出我们这个民族所以生存下来，还要发展下去的灵魂。为什么我们总是强调要研究近代史、学习近代史，这绝不是什么个人或专业兴趣问题。从中国与近代中国历史上两个基本问题的密切关系上来看，讲中国近代历史，讲中国由衰败到复兴的过程，显现出我们这个民族的灵魂是怎么样的，这对于人们当前和今后继续捍卫民族独立、复兴，捍卫现代化建设加速进行，决不是可有可无的事。"①

第二，对于中国近代社会前进的另一根本要求，争取经济的独立、发展资本主义和实现近代化，此项与进行反帝反封建斗争的任务密切相关，因而也是自 20 世纪 50 年代以来马克思主义史学家一直关注和探讨的问题，由于坚持这一科学认识的正确方向，因而使认识不断深化，最后达到比较圆满的结论。在 20 世纪 50 年代处于革命高潮刚刚过去的时代环境，人们的主要注意力放在论述反帝反封建革命斗争方面，这是容易理解的。然则在当时，就有范文澜等马克思主义学者对中国资本主义的发展和近代化问题提出了前瞻性的看法。范文澜在其划分的近代史进程的四个阶段中，对于新的资本主义生产力和资本主义企业在各阶段中有何发展变化，与此相适应，在思想文化领域出现了哪些反映资本主义发展要求的新趋向，他都试图作出回答。他已经开始对中国资本主义发展作了梳理，并且对中国资产阶级在不同时期的作用作了积极估计。范文澜在坚持毛泽东所论述的"帝国主义和中国封建主义相结合，把中国变为半殖民地和殖民地的过程，也就是中国人民反抗帝国主义及其走狗的过程"的论断的同时，又明确地提出如下论断："帝国主义封建主义主要是帝国主义反对中国资本主义的发展，弱小的中国资本主义在重重压迫下用革命和改良的方法要求发展，这两个过程综合起来，就是中国近代史"，表明了他已极具卓识地将资本主义的发展作为考察中国近

---

① 刘大年：《方法论问题》，《近代史研究》1997 年第 1 期。

代社会进程的又一基本线索。当时金冲及、章开沅也在近代史分期讨论中，从出现新的生产方式、新的阶级力量角度，对于资本主义发展的作用提出很有见地的分析。这些重要事实都证明：中国马克思主义史家坚持在研究工作中将革命性与科学性二者紧密结合起来，坚持从掌握充分的史料出发对近代社会发展基本线索作出更加深入和更加科学的剖析，这同囿于成说、死搬硬套的教条主义做法完全不可同日而语。上述范文澜等人提出具有科学价值的见解标志着对中国近代历史进程基本线索的探讨在当时已取得了值得重视的进展，虽然这场讨论由于此后"左"倾思想的泛滥而中断，但是一旦排除了"左"的干扰，政治环境正常了，正确的认识路线必然会被有识者继续推进。至80—90年代，章开沅、李时岳、陈旭麓等位学者分别提出从民族运动的发展来作分析，应重视包括经济和政治两方面表现出来的资本主义的发展为基本线索来考察，关注近代化由萌发到逐步壮大的进程等见解，证明了在改革开放、思想解放年代认识的进一步深入。而刘大年提出的"两个基本问题"的观点，不仅坚持了"近代中国是半殖民地半封建社会"这一正确结论，而且概括了自50年代以来许多学者从资本主义由弱小到壮大的发展和近代化进程的角度考察而获得的科学认识，因而使问题得到比较圆满的解决。这是几代学者坚持实事求是地探索历史进程中的本质问题而最终取得的共识，也是近代史领域坚持解放思想，坚持以唯物史观原理分析中国历史实际问题这一正确认识路线的逻辑依归。

（原刊《江海学刊》2008年第5期）

当代中国马克思主义史学家关于民族问题的理论

1949年中华人民共和国的成立，标志着中国共产党领导下全国各民族团结平等、共同发展的时代的到来，标志着由历史上充斥着民族间压迫、奴役的时代向多民族形成平等、友爱的大家庭时代的转变，这一社会现实的巨变极大地推动着历史研究和民族理论的迅速发展。在中国广袤的国土上，各民族祖先的活动十分丰富而生动，留下来的史料记载也极其繁富，这就为中国马克思主义史家提供了广阔多样的研究课题。这些学者明确而卓有成效地把唯物史观的基本原理与中国民族史的丰富实际结合起来，表现出理论上极为可贵的创造性，他们积极探讨，各抒己见，因此，到20世纪50年代至60年代初，中国史学界出现了对民族问题积极探讨和争鸣的良好局面。

进入新时期以来，对民族问题理论的研究与探讨更加活跃，主要体现在以下三项：一是对于历史上民族关系的主流这一问题达成了广泛共识；二是论述了对中国史范围的处理和历史上民族统一的不同阶段；三是提出了"中华民族多元一体格局"的理论。

——关于历史上民族关系的主流。从历史记载来看，古代各民族之间（包括汉族与少数民族之间以及各少数民族之间）既有不少关于民族和好、经济文化交流的记载，也有不少关于战争的记载。有的学者根据其所统计的历史上民族间战争与和好相处二者年份的多寡，或主张历史上民族关系的主流是战争，或主张主流是民族和好，双方各有年代依据而相持不下。1981年，在北京举行的民族关系学术研讨会上，对此更是展开了热烈讨论。会上，以白寿彝、翁独健、谭其骧等为代表的一些学者提出了另外一种比较超脱的观点，即认为历史上民族关系的主流应该是各民族间关系越来越密切，共同创造了祖国的历史。这一论点与分析得到了大多数与会学者的赞同。白寿彝认为："主流是什么呢？几千年的历史证明：尽管民族之间好一段、歹一段，但总而言之，是许多民族共同创造了我们的历史，各民族共同努力，不断地把中国历史推向前进。"① 对于这一段话，白寿彝从三个层次进行了论证：第一层，各民族在各方面的不同贡献中相互依赖、相互支援，对促进历史发展是很重要的。第二层，从整个国家历史的发展来看，凡是盛大的皇朝，没有少数民族的支持是不行的。"李世民当了'天可汗'，唐朝就特别显得强盛。当时长安成为国际市场，经商的有各少数民族商人，还有许多外国商人。从这些事实来看，大的皇朝，没有少数民族的支持，不跟少数民族搞好关系，是不行的。"② 第三层，从历史发展的阶段看，少数民族的进步，同样是中国整个社会进步的重要标志。如魏晋南北朝时期和宋元时期广大边疆地区的封建化，都标志着中国封建社会进入新的阶段。近代以来，各民族共同反对民族压迫，共同反对殖民主义、帝国主义的压迫，更大大促进了历史的前进。③ 其后，白寿彝在1989年出版的《中国通史·导论卷》中，对此又作了进一步阐述。

同在1981年民族关系史学术研讨会上，谭其骧也认为，中国历史上各民族间长期的经济、文化、政治关系，逐渐发展下

---

① 白寿彝：《白寿彝民族宗教论集》，北京师范大学出版社1992年版，第53页。
② 白寿彝：《白寿彝民族宗教论集》，第55页。
③ 白寿彝：《白寿彝民族宗教论集》，第55—56页。

来,越来越密切。他说:"我们很赞成前几天翁独健同志讲的一段话,我们历史上中原王朝跟边疆少数民族的关系到底是什么关系?主流是什么?是和平共处,还是打仗?我们看不必去深究它,确实有的时期是很好的,和平共处,有的时期是打仗,有的时期打仗还打得很凶。但是,总的关系是越来越密切。我看这点是谁也不能否定的。随着历史的发展,边区各族和中原汉族之间的关系越来越密切了,形成了一种相互依存的关系。"[①] 他还举出明朝与后金、蒙古的关系进行论证,认为通过互市,通过战争,最后需要统一,而清朝之所以能造成大一统的局面并且巩固下来,是顺应历史的潮流,是历史的发展自然形成的。[②]

——关于对中国史记载范围的处理和历史上民族统一发展过程的不同形式。正确处理中国史记载的范围,其实质是肃清旧时代中原正统论的恶劣影响,科学地将中国史真正写成各民族活动的历史。封建时代的史家是把皇朝史等同于中国史。中华人民共和国成立之后,尽管史学工作者在道理上都明白封建正统论为谬论,但是在中国史记载内容的实际处理上,仍有一些人摆脱不了陈腐的封建正统论的影响,不自觉地把中国史内容限制在中原王朝的版图之内,这等于是在"汉族"或"汉族统治者"和"中国"之间画等号,完全背离了"中国史是中国境内各民族的历史"这一科学要求。20世纪80年代以后,学术界对这一问题的探讨有了实质性进展,其中,方国瑜等学者的论点可为代表。方国瑜明确批评有的同志所持的"中国历代王朝有时强盛,有时衰弱,疆域时大时小,写中国史若是按今天中国的版图为范围不合适,应该按各王朝的版图来叙述中国的历史"的观点。他说:"我认为中国历史应该以全中国五十多个民族的历史为范围。""王朝史不等于中国史。王朝的兴亡不等于中国的兴亡;王朝分合也不等于中国的分合。自古以来只有一个中国。……如果按照那种以历代王朝疆域为范围的说法,那么,在三国时代,又应该

---

① 谭其骧:《历史上的中国和中国历代疆域》,《长水粹编》,河北教育出版社2000年版,第7—8页。
② 谭其骧:《历史上的中国和中国历代疆域》,《长水粹编》,第9—10页。

以魏、蜀、吴中哪一国作为中国的历史呢？""我国历史这么漫长，有这么多人口，可是我们并没有分成几个国家，这有着十分深刻的内在原因。清朝垮台时，当时中国并没有一个武力强大的政权，可是并没有出现分裂。孙中山的临时政府挂五色旗，表示汉、满、蒙、回、藏仍为一国。回顾各民族共同创造祖国的历史，我们更加坚信各民族的团结今后一定能不断巩固和发展。"①白寿彝对中国史内容的范围亦作了明确表述，他认为："中华人民共和国的疆域是中华人民共和国境内各民族共同进行历史活动的舞台，也就是我们撰写中国通史所用以贯串古今的历史活动的地理范围。"② 对此，谭其骧也有重要论述。他提出，所谓历史时期的中国，应以清朝完成统一以后，帝国主义侵入中国以前的清朝版图为范围，"具体说，就是从十八世纪五十年代到十九世纪四十年代鸦片战争以前这个时期的中国版图作为我们历史时期的中国的范围"③。这个提法，更为注重历史的依据，强调我们要记住1840年鸦片战争以后，帝国主义列强对中国进行侵略，掠夺走的国土，特别是沙俄通过1858年《中俄瑷珲条约》和1860年《中俄北京条约》强迫中国割让巴尔喀什湖（今哈萨克斯坦东南部堰塞湖）以东、以南和斋桑淖尔南北，以及乌苏里江以东、黑龙江以北大片领土的历史事实。

在几千年时间里，多民族的统一是否有不同的形式？统一的过程中是否存在着阶段性？对此，白寿彝进行了详细阐述，并提出了民族统一发展过程经历了四种统一形式的理论，即单一民族的统一；地区性多民族的统一；全国性多民族的统一；社会主义的全国性多民族的统一。他说："从历史的发展上看，这四种民族统一的形式，是按着程序前进，一步高于一步。先是有若干单一的民族内部统一的出现，如夏、商、周等族的最初形成。然后有地区性的多民族的统一，如战国七雄。然后有全国性多民族的统一，如秦、汉、隋、唐、元、明、清。然后有社会主义的全国

---

① 丹仲其：《方国瑜教授访问记》，《史学史研究》1983年第1期。
② 白寿彝主编：《中国通史·导论卷》，上海人民出版社1989年版，第79页。
③ 谭其骧：《历史上的中国和中国历代疆域》，《长水粹编》，第4页。

性多民族的统一,有中华人民共和国的诞生。"① 同时他论述,从历史进程的全局看,分裂局面是暂时的,统一才是历史的主流,而在曲折过程中出现过的地方政权,对于本地区生产的发展和政治、军事制度的创设,也有其历史性贡献。这一理论的意义在于,正确阐明了中国这个具有久远历史传统、幅员辽阔、人口居世界首位的国家在多民族统一进程中的层次性,以及统一发展总趋势中所包含的地区性和阶段性特点;辩证分析了中国由于地理、经济、政治及文化特点而形成的统一总趋势与暂时出现的曲折之间的关系,指出分裂局面虽然是历史的曲折,但割据性的地方政权有其历史性意义,不应一笔抹杀。这就为评价历史上少数民族杰出人物的贡献,进一步提供了理论依据;同时,恰当说明了社会主义全国性多民族统一既是在历史上的全国性统一基础之上发展的,又有着阶段性的不同,因为在社会主义制度下实现了真正的各民族平等,中国久远的统一传统至此得到了升华。

——关于"中华民族的多元一体格局"的理论。这是费孝通于1988年8月在香港中文大学作讲演时提出的,其主要表述是:"中华民族作为一个自觉的民族实体,是近百年来中国和西方列强对抗中出现的,但作为一个自在的民族实体则是几千年的历史过程所形成的。它的主流是由许许多多分散孤立存在的民族单位,经过接触、混杂、联结和融合,同时也有分裂和消亡,形成一个你来我去、我来你去,我中有你、你中有我,而又各具个性的多元统一体。……汉族继续不断吸收其他民族的成分而日益壮大,而且渗入其他民族的聚居区,构成起着凝聚和联系作用的网络,奠定了以这个疆域内许多民族联合成的不可分割的统一体的基础,成为一个自在的民族实体,经过民族自觉而称为中华民族。"② 这段表述揭示出:第一,中华民族是包括中国境内五十六个民族的民族实体,在这个民族实体里所有归属的成分都已具高一层的民族认同意识,即共休戚、共存亡、共荣辱、共命运的感

---

① 白寿彝主编:《中国通史·导论卷》,第91页。
② 费孝通:《从实求知录》,北京大学出版社1998年版,第131页。

情和道义。故此，民族认同意识有两个层次，在多元一体格局中，五十六个民族是基层，中华民族是高层。第二，多元一体格局经历了从分散到多元结合成一体的过程，在这个过程中必须有一个起凝聚作用的核心。汉族就是多元基层中的一元，由于它发挥凝聚作用把多元结合成一体，这一体不再是汉族而成了中华民族，一个高层次认同的民族。第三，高层次的认同并不一定取代或排斥低层次的认同，不同层次可以并存不悖，甚至在不同层次的认同基础上可以发展各自原有的特点。对此，林耀华评价说，在这篇讲演中，费孝通运用了考古学、语言学、人类学、民族学和历史学等方面的丰富资料，深刻追溯了中华民族格局的成因并指出了这一格局的最大特点，即一体中包含着多元，多元中拥戴着一体。"从而为我们认识中国民族和文化的总特点提供了一件有力的认识工具和理解全局的钥匙。"他还指出："在国家的政治统一时，文化多元这个侧面会得到强调并得到合理的体现；而在天下动荡时，政治统一这个侧面又会顽强地上升为各民族普遍认同的当务之急。正是基于这样的体会，我才深深感到'多元一体'这个概念的提出将大有益于我们今后的学术研究和工作实践。"①

（原刊《河北学刊》2007年第1期）

---

① 费孝通：《中华民族研究新探索》，中国社会科学出版社1991年版，第9—10页。

范文澜与毛泽东的学术交谊

在中南海丰泽园毛泽东故居的书房里,至今仍珍藏着一套《笔记小说大观》。这套书是范文澜在延安时送给毛泽东的,毛泽东生前十分珍爱,始终带在身边。三十年间,这两位在20世纪政治、学术界非凡的人物,围绕着著史、读书所结成的深厚友谊,堪称20世纪学术史上之佳话。

一、撰写《中国通史简编》

1940年春节前夕,范文澜由河南游击区历经艰险冲破国民党的封锁线到达延安。当时的情景如他在回忆文章中所说的:"快乐得把铺盖丢弃在汽车上,多光明的边区啊!"

早先,范文澜在天津、北京等多所大学任教,是一位有名的国学专家,后来到开封河南大学,积极从事抗战动员工作,并到达游击区参加了新四军。党中央对这样一位知名教授来到延安很重视,不久便任命他为延安马列学院历史研究室主任。随后,毛泽东直接向范文澜"交待了一项任务,要求在短期内编出一本篇幅约有十来万字的中国通史"(叶蠖生《我所了解的中国历史研究室》），为广大干部学习之用。

毛泽东说："我们这个民族有数千年的历史，有它的许多珍贵品。对于这些，我们还是小学生。今天的中国是历史的中国的一个发展；我们是马克思主义的历史主义者，我们不应当割断历史。从孔夫子到孙中山，我们应当给以总结，承继这一份珍贵的遗产。这对于指导当前的伟大的运动，是有重要帮助的。"

对范文澜来说，由于马列主义和毛泽东思想的教育，使他的思想理论认识产生了质的飞跃。从研究领域来说，在此之前，范文澜在大学任教期间，开设的仅是经学、《文心雕龙》、中国上古史、文学史等课程，尚未有研究中国通史的计划。到延安后，适逢时会地转向中国通史新领域。这一转折，毛泽东和党中央起了决定性的作用。

诚然，范文澜通向唯物史观，是有思想基础的。自他1925年在南开大学与师生一起参加反帝大游行以来，在十几年岁月里，他把自己的学术事业与国家民族的命运联系起来。在北平，他因接触革命者和进步学生，谈论共产主义而两次被抓进监狱。到开封后，他组织抗战训练班，编辑《游击战术》一书。该书在河南很快销售了五千册。范文澜由此被误认为"游击专家"。他在中原游击区时，对于当地所能找到的革命理论书籍，如饥似渴地阅读，日寇飞机在不远处扔炸弹都影响不了他，他已完全沉浸于书中。到了延安，他更是废寝忘食地阅读马列著作和党的文件，由于经常与毛泽东和其他党的领导人交谈，获益很大。

以毛泽东为代表的中国共产党人的新民主主义革命理论，是范文澜到达延安之后顺利地、迅速地撰成《中国通史简编》的理论背景。马克思说的好："人体的解剖对于猴子的解剖是一把钥匙"，真正掌握了当前革命理论的实质，使范文澜分析历史问题时做到左右逢源。对于当前革命理论，活的马克思主义的学习，他是有深刻体会的，多年以后，他曾明确地说过，要认真学习党的文件，读《人民日报》，这是当前活的马克思主义。如果他没有长期的、独到的体会，他是不会做出这样的总结的。在河南大学期间，他曾主编抗战进步刊物《经世》和《风雨》杂志，并写出许多揭露日寇侵略、怒斥投降派,动员人民抗战的文章。

当时,范文澜在延安窑洞里的油灯下著书,物质条件极为艰苦,图书资料也奇缺。范文澜说:"那时连《农政全书》《天工开物》这类书都找不到。"

然而,《中国通史简编》至1941年5月即撰成,总共不到十个月时间,这株20世纪中国史学的奇葩就绽开了。这除了由于范文澜娴熟于传统经史以外,主要还得力于他运用崭新的科学历史观分析问题,以及他来到延安后,根据地干部群众蓬勃向上、对革命前途充满信心的热情和艰苦奋斗的精神极大地教育、感染了他,延安精神滋养、造就了他,使他的史学当之无愧地成为时代精神的体现。

二、著史和读书

《中国通史简编》的撰写始于1940年8月,在撰写过程中,党中央和毛泽东同志予以很大的关注。关于如何写的问题,范文澜曾专门请教过毛泽东。毛主席不止一次对他说,写中国历史要夹叙夹议,后来他就是依照毛主席的意见做的。

中央原来的意图是将这部书写成十几万字,但在撰写过程中,研究室的学者们发现对具有五千年文明的中国,这样的字数无法容纳通史的内容,于是要求增至二十五万字,后来仍觉得不行,要求增至四十五万字。中央充分尊重他们的意见:"你们写吧,能写多少算多少。"

《中国通史简编》(上册,自远古至五代十国)出版时,毛泽东给予很高的评价:"我们党在延安又做了一件大事。我们共产党人对于自己国家几千年的历史有了发言权,也拿出了科学的著作了。"(佟冬《我的历史》,《中国当代社会科学家传》第4辑)

据荣孟源回忆,《中国通史简编》上册出版时,毛泽东非常高兴,特意请范文澜吃了一顿饭。(荣孟源《范文澜同志在延安》《延安中央研究院回忆录》)

1941年底，范文澜担任延安中央研究院副院长兼任历史研究室主任，继续全力以赴撰写宋元时期以后篇章，同时又完成自北宋至清代鸦片战争部分，中国古代史部分至此告竣。

由于范文澜对传统经学有着精深的研究，被邀请在延安新哲学会年会上讲演中国经学简史，讲演的提纲后来经过整理，发表在延安《中国文化》第二卷第二、三期上（1941），题为《中国经学史的演变》。

毛泽东亲临听讲，并写信给予热情的肯定："提纲看了，十分高兴，倘能写出来，必有大益，因为用马克思主义清算经学这是头一次，因为目前大地主大资产阶级复古反动十分猖獗，目前思想斗争的第一任务就是反对这种反动。你的历史学工作继续下去，对这一斗争必有大的影响。第三次讲演因病没有听到，不知对康梁章胡的错误一面有所批判否？不知涉及廖平吴虞叶德辉等人否？越对这些近人有所批判，越能在学术界发生影响。"

"我对历史全无研究，倘能因你的研究学得一点，深为幸事。"

当时，范文澜还主持编选了作为根据地干部学习文化之用的课本《中国国文选》，这也是毛泽东指定由范文澜负责编选的。据叶蠖生回忆说："毛泽东同志还指定了一些需要节选的文章，如《聊斋志异》和《西游记》中的一些篇章。这些文字要使只有初中文化程度的人都能读懂，需要加很多注释。于是研究室决定用全力突击完成这一任务，指定由范老、齐燕铭、刘亚生、佟冬、金灿然和我负责。大家突击赶任务，每天都在油灯下工作到深夜。没有夜餐，就在炭火盆上煮几粒枣子吃，觉得味道异常甘美。"这部《中国国文选》在1942年完成付印，毛泽东专门写了序言，强调干部学习文化的重要，称赞文化课本的编成是一大胜利，表扬了范文澜、徐特立等同志。

延安学术研究气氛很浓厚，毛泽东等领导人和学者之间经常互相借书。毛泽东曾介绍谢觉哉（当时任陕甘宁边区参议会副议长）向范文澜借书，写信说："《明季南北略》及其他明代杂史我处均无，范文澜同志处或可找得，你可去问讯看。"（《毛泽东书

信选集》，毛泽东致谢觉哉信，1944年7月28日）

三、开拓近代史领域

　　《中国近代史》（上册）是范文澜的又一代表性著作。学术界评价这部名著造端宏大，材料新颖，前驱先路。并称它的产生，标志着近代史研究达到新阶段，它所奠定的基本框架和提出的一系列深刻论断，影响了近代史研究长达几十年。

　　范文澜创辟和拓展近代史研究的巨大贡献，同样是直接受到毛泽东的影响。首先，毛泽东就范文澜作中国经学史的讲演写的信，对范文澜的触动很大。

　　研究经学史要特别关注近、当代，研究历史当然也要重视近代史。以往范文澜长期究心经、史，研治范围在上古及中古阶段（《文心雕龙》产生于南朝），要将近代也列为研究重点，不仅是领域空前扩大，而且是艰巨的转移。他的学术渊源中有浙东学派注重当代史、经世致用的影响，他在抗战前夕撰成《大丈夫》以后，已经显露出把著述与国家民族命运相结合的倾向，到河南以后又满腔热情地投身于抗战动员和宣传工作，并针对抗战时局撰写了一系列的文章，这些又意味着此一空前扩大和艰巨转移存在着可能性。对范文澜产生进一步推动的，是毛泽东在延安整风运动中所作的著名报告《改造我们的学习》。毛泽东发出号召："对于近百年的中国史，应聚集人材，分工合作去研究"，作为党在理论、文化工作的一项重大任务。恰好到1941年底，范文澜已完成《中国通史简编》两宋至鸦片战争前部分。整风运动结束之后，他便全力投入《中国近代史》的写作。此后，近代史一直成为范文澜学术工作的一个重点。

　　至1945年冬，范文澜离开延安去晋冀鲁豫边区之时，他已撰成自鸦片战争至义和团运动部分。此书于1946年在延安出版，初名为《中国近代史》（上编第一分册），以后才改题为《中国近代史》（上册）。从解放战争至1953年，共出版九版，每一版都作了修改,其中在北方大学任校长时和进北京城后所作大的修改就有四次。

新中国成立后,范文澜担任中国史学会副会长,负责领导史学界的工作,他的一项重要业绩,便是组织各方面专家,落实毛泽东于1941年发表的《改造我们的学习》一文中的指示:"对于近百年的中国史,应聚集人材,分工合作地去做,消除无组织状态。应先作经济史政治史军事史文化史几个部门的分析研究,然后才有可能作综合研究。"这便是《中国近代史资料丛刊》这套大型资料书的编纂。1951年中国史学会成立时,所确定的重点工作之一便是编辑、出版《丛刊》,确定了十二个专题,成立了由徐特立、范文澜、翦伯赞、陈垣、郑振铎、向达、胡绳、吕振羽、华岗、邵循正、白寿彝组成的总编辑委员会。范文澜是史学会负责日常工作的副会长,也是《丛刊》的总负责人。1951年以后十年中,史学会共先后编辑出版《丛刊》十种。1951年出版《义和团》(翦伯赞主编),1952年出版《太平天国》(向达主编)和《回民起义》(白寿彝主编),1953年出版《戊戌变法》(翦伯赞主编),1954年出版《鸦片战争》(齐思和主编),1955年出版《中法战争》,1956年出版《中日战争》(均为邵循正主编),1957年出版《辛亥革命》(柴德赓主编)和《捻军》(范文澜主编),1959年出版《洋务运动》(聂崇岐主编)。这是一项大型的综合工程,共计六十册,两千余万字。每一种的扉页上都特意印上毛泽东这段重要的论述。范文澜及中国史学会主持这项工作,连年出书,持续不断,无论是工作效率或编选质量,都是令人赞叹的!近代史资料,甚为分散,搜集不易,《丛刊》的出版,集中了大量有价值的、经过整理和考辨的史料,确实为近代史研究者提供了极大的便利,在海外也产生了巨大的影响。

范文澜精通我们民族的古代史,又精通我们民族的近代史,而他从整个人民事业的利益出发,更强调近现代史是研究工作的重点,强调研究工作应该贯彻"古为今用"的原则。下面一件事例突出地说明他和毛泽东对此观点的一致:1958年4月28日,范文澜在《人民日报》发表《历史研究必须厚今薄古》一文,认为"厚今薄古是中国史学的传统",举出孔子《春秋》、司马迁《史记》和司马光《资治通鉴》三部书,都有重视近现代史的特点,并得出结论说:史书自然有多种写法,"但是,明显地反映出当时政治生活的历史著作,究竟是史学的正常形态,是史学的主流,自《春秋》至《国粹报·史篇》都应是代表各个时期的历史著作。此外,不反映当时政治生活的史书,只能作为变态支流而存在"。

毛泽东在报上读了范文澜这篇文章,很是赞赏,过了十天,他在中共八大二次会议上讲话,讲到范文澜这篇文章,心情仍然很兴奋,说:"范文澜同志最近写的一篇文章,《历史研究必须厚今薄古》,我看了很高兴。(这时站起来讲话了)这篇文章引用了很多事实证明厚今薄古是史学的传统。敢于站起来讲话了,这才像个样子。"还说:"这篇文章讲的道理很重要,研究历史的人应该注意。"(毛泽东《在中共八大二次会议上的讲话》)

四、身体力行百家争鸣

范文澜受到毛泽东又一重要影响,是积极地提倡和实行百家争鸣的学风。

"百家争鸣"正式作为指导全国文化、学术工作的方针,是毛泽东和党中央在 1956 年提出来的,而学术研究应该贯彻百家争鸣的精神,则在 1953 年"中国历史问题研究委员会"举行第一次会议和筹办《历史研究》杂志时就提出了。这与郭沫若和范文澜两位著名历史学家对古史分期观点不同,需要展开讨论、争鸣大有关系。在古史分期上,郭沫若主西周奴隶说,范文澜主西周封建说,形成了史学界影响最大的两大派,毛泽东当然熟知这种情况,实行"百家争鸣"方针的精神最早向史学界提出,与这种背景大有关系。故 1953 年 9 月 21 日中国历史问题研究委员会开会时,陈伯达即传达了党中央的指示精神,"要开展批评和自我批评","不宜把方式弄得死板",考虑由陈寅恪担任历史研究所二所所长，并提出"聘请研究人员的范围不要太狭，要开一下门，像顾颉刚也可以找来。增加几个研究所可以把历史研究的阵营搞起来，学术问题在各所讨论。由郭沫若、范文澜同志来共同组织讨论会"。在这次会议上讲历史研究要百家争鸣的问题，实际上是党中央毛泽东主席的意见。（参见《刘大年存当代学人手札》及《刘大年历史研究论文选集·〈历史研究〉的光荣》）

当时，范文澜即建议在这个会上考虑把他的《中国通史简编》作为讨论的底稿。1956年，党中央和毛泽东向全国提出"百花齐放""百家争鸣"，以发展文艺、繁荣学术的方针，范文澜在《学习》上发表《百家争鸣和史学》一文，结合史学界如何坚持实事求是、扎实钻研的学风和反对教条主义不良倾向的问题，作了深刻而精辟的阐发。他说，好比农夫，必须有足够的土地，然后工具和技术有所展布而大有收获。史学工作也一样，必须掌握大量史料，然后用马克思主义的科学方法予以全面的深入的钻研，才能得出切实的、具有真知灼见的认识。浮光掠影、浅尝辄止的人，鸣不出引人注意的声音，对于发展学术毫无裨益，更不用说教条主义者企图一鸣惊人，结果只能是让人生厌的一片鼓噪。范文澜坚信贯彻这一方针和发扬实事求是的学风，必定会为科学地揭示出中国历史发展的道路和特点，开辟无限广阔的前景。1958年在北京大学历史系的演讲中，他以鲜明的态度，针对由于搞"运动"，大学里有不少教师不敢讲出自己对历史问题的看法的不正常情况，强调说："比如说，我们教历史课，明明自己有心得，有见解，却不敢讲出来，宁愿拿一本心以为非的书，按照它那种说法去讲。……这样的'谦虚谨慎'是不需要的，是有害的。我们应该把'我'大大恢复起来，对经典著作也好，对所谓'权威'说话也好，用'我'来批判它们，以客观存在为准绳，合理的接受，不合理的放弃。"范文澜不愧是学术研究中奋发独立精神的有力提倡者，在他的许多论著中，坚持唯物史观、实事求是、独立思考、百家争鸣、虚心接受批评以改正错误等，与百家争鸣学风完全是相统一的，其统一的基础就是追求真理，才能对中国历史获得科学的认识。

范文澜在史学界提倡百家争鸣，本人更模范地执行。他很虚心地接受别人的批评建议，自己又勇于提出并坚持对古史分期的见解。他和郭沫若关于古史分期的主张不同，两人在刊物上发表文章讨论，以后在著作中分别为自己的观点辩护，谁也没有改变基本观点。但他们共同领导史学界的活动，彼此推重，并没有因学术观点的不同，而存在丝毫宗派之争、门户之见。范文澜本人在近代维新派大受贬低的情况下，勇于讲出戊戌维新是近代史上第一次思想解放运动的话，在"左"的思潮泛滥的形势下，他敢于挺身而出，"保"帝王将相，"保"王朝体系。他自己是近代史研究领域的奠基者，长期担任近代史研究所的所长，对于鸦片战争到五四运动以前的历史阶段如何划分，几次发表文章，主张分为四个时期。当刘大年等几位长期在他身边工作的学者准备写一部近代史，并提出按照三次革命高潮分期的时候，他完全赞成照这些学者的看法，认为没有必要统一于一种说法。他的身体力行，对于史学界开展百家争鸣，起到很好的促进作用。

五、学术知音

毛泽东的藏书中有一套《中国通史简编》，书里留下了他多次读后所作的各种标记。毛泽东一生最爱读书，他生前讲过："我一生最大的爱好是读书"，"饭可以一日不吃，觉可以一日不睡，书不可以一日不读"。毛泽东酷爱读史书，阅读范围广泛，他的历史知识丰富、精熟，简直罕有其比。在他的文章、讲话中，引用了许多历史人物、事件、典故，随手拈来，无不恰当、精辟。他有一部武英殿版的二十四史，从1952年购置以后，就经常阅读，他说：研究中国历史，必须扎扎实实把二十四史学好。这部卷帙浩巨的史书中，其中许多篇章，毛泽东都作了标点、断句，加上着重线和各种不同的读书标记，写了批语。不少册的封面上，有他用不同颜色笔迹划的多次阅读过的圈记，还有些册的封面上，为了查阅方便，写满他注意的历史人物传记的篇目。毛泽东常常讲到贾谊，称他为"英俊天才"，特别赞誉他所写两篇名文《过秦论》和《治安策》中对历史问题和西汉社会现实问题的卓越的见识。并说："全文切中当时事理，有一种颇好的气氛，值得一读。"（张贻玖《毛泽东读史》）贾谊敢于大胆直言，痛陈利害，说明当时朝廷上有一种鼓励直谏、广开言路的风气。这正是毛泽东所特别称道的当时"有一种颇好的气氛"，他从贾谊的政论中受到启发，作为最高领导人，他当时很向往形成一种开明的、民主的、让大家畅所欲言的气氛。

1958年3月，毛泽东在成都会议上讲话，讲要树立势如破竹、高屋建瓴的精神状态，说："自古以来，创立新思想、新学派、新教派的，都是学问不足的青年人，他们一眼看去就抓起新东西，同老古董战斗，博学家老古董总是压迫他们，而他们总是能战而胜之，难道不是吗？"然后举出古今中外的例子，有：青年马克思与恩格斯、青年列宁、青年黑格尔、青年达尔文、青年牛顿，以及青年孔夫子、颜渊、贾谊、诸葛亮、王弼、康有为、梁启超等。讲话时还对在座的范文澜说："范老，你是历史学家，讲错了你可要纠正啊！"毛泽东不愧为评说历史的高明的行家。他的评说有两个特点。一是对祖国悠久的历史有深厚的感情，对于有卓越建树和非凡谋略的人物充分地肯定，他的论说寓含着深刻的哲理。二是着重阐发历史遗产中具有民主性、人民性和智慧过人、具有辩证法的东西，将之特别彰显出来，赋予古代的智慧以新的意义，为今人提供观察问题和处理问题的借鉴。范文澜的史著在观点、认识上与毛泽东是息息相通的，他以历史主义的态度，站在人民的立场，指点江山、评论千古，有许多深刻的思想和精辟的见解，因而受到毛泽东的赞赏。

1966年当"文革"发生时，陈伯达之流企图整垮范文澜，诬陷他是"保皇党"，要将他置之死地，范文澜也自感处境很危险。由于毛泽东的干预，陈伯达之流的毒辣阴谋才未能得逞。不久，举行庆祝1966年国庆游行，范文澜仍被安排上天安门城楼参加庆祝大会。当时，他站在城楼东头，离毛泽东较远。毛泽东看到他后，特意走过来，对他大声地说："范文澜同志，有人要打倒你，我不打倒你。"用这种特别的方式，公开表示对范文澜的保护。1968年7月20日，毛泽东派人到范文澜的住处传话，说：中国需要一部通史，在没有新的写法以前，还是按照你那种方法写下去。通史不光是古代近代，还要包括现代。这对长时间陷于郁闷无奈、无所作为的范文澜，无疑具有巨大的鼓舞力量。他立即兴奋起来，找人组织修订和续写的班子，制订计划，包括将他的《中国近代史》整个拆散和大规模补充重写，以及续写1919至1949年现代史部分的计划。当时的情形是，他体弱患病也不愿住院治病，一心想抢时间完成毛泽东的嘱托。可惜终因衰弱病重，未能如愿，于1969年7月29日逝世。毛泽东具有如此渊博而娴熟的历史知识，又在党内处于这么高的地位，还赞许范文澜的著作资料多，内容丰富，让人愿意看下去，是极其难得的，他不愧是范文澜学术上的知音。

毛泽东和范文澜各自在政治领域和学术领域，代表了20世纪中国的时代精神，又同样具有浓厚的中国民族的特色，因此彼此在精神上保持着强烈的共鸣。毛泽东提倡中国作风、中国气派，范文澜的作品正是代表这种风格的上乘之作。他和毛泽东一样，精熟于古代的名家名作，对古典文学有高深的素养，且擅长于写古文，善于从当代汉语和人民大众活的语言中吸收丰富营养，因而他的著作既有鲜明的时代风貌，又有厚重、洗练、生动的风格，气势磅礴，文采斐然。范文澜很敬佩毛泽东诗词恢宏的意境、深邃的思想和高超的驾驭语言的能力。1946年秋，他在晋冀鲁豫解放区，读到毛泽东著名的词《沁园春·雪》，为毛泽东抒发的雄伟的意境和词的高度艺术成就而欣喜激动，写了《沁园春译文》发表在《人民日报》，表达他对毛泽东的非凡胸襟和才华的景仰，这篇译文，也表现了范文澜的文学审美情趣和高超的文字功力。

下篇 白寿彝学术风采

刻意的追求　新辟的境界
——白寿彝著《中国史学史》第一册评介

通读了白寿彝教授新著《中国史学史》第一册之后，掩卷凝思，不禁有一种充实之感。这种充实感的产生，不仅是由于著者在书中展现出开阔的视野，深入的分析，独创的格局，同时，还由于书中实实在在地向读者证明了总结史学过去的发展与建设今天的新史学之间有机地相联系，与今天的社会也是有机地相联系。而这一切，又是以读者感到比较亲切的谈心交流的方式讲述的。当你读完之后，自然地要思索中国史学的历程，规律与阶段，成就与局限，还要进而思考作为一个史学工作者在今天应当担负的时代责任。——你从多方面获得了有益的启示，因而才感到充实。

深入地总结史学演进的理论问题，努力阐明研究史学史与当前史学、当前社会的关系，是本书的一个显著特色。

白先生研究史学史已有四十多年。四十多年的经历，就是他刻意地探求关于史学发展和史学社会功能之真理性认识的过程。他在40年代即在大学讲授这门课程。60年代前期，撰写了《谈史学遗产》等论文，编著了《史学史教本初稿》。"十年动乱"之后，研究工作获得新的进展。他在本书《叙篇》中，回顾了自己不断探索的过程,最后说:"总之,这四十多年,对于中国史学史的摸索,首先是暗中摸索,继而是在晨光熹微下,于曲折小径上徘徊,继而好像是看见了应该走上的大道。现在的问题是,还要看得更清楚些,要赶紧走上大道。"①这些话说得很谦虚,也很实在,道出了多年治学的甘苦,同时也表达出自己在科学的春天,学术上进入新境而又加紧探索的心情。据我看来,关于总结史学发展"四个部分"的理论及其推进,集中地体现了著者多年探索的成果。

任何理论的创造都是困难的事,总结史学发展的理论又何尝不是如此。中国史学源远流长,典籍丰富,史家辈出,各个时期史学的演进曲折复杂,总结中国史学的规律,必须作多层次的概括,增加了难度。这是其一。其二,平心而论,史学史这门学科在相当长时间内并不引起重视,在五六十年代,造诣较高而又专门从事这一学科研究的只有少数几位前辈学者。这种情况不独国内为然。一位研究外国史学史的专家讲过,西方史学家有一句谚语:"史学的女神从不喜欢谈论自己的历史。"可见史学史之不大受重视,中外皆然,是一种通病。这样在相当长时期内形成一种不大正常的状况:研究历史的人天天讲"不能割断历史的联系",而自己的专业却似乎可以不讲历史的联系。对以往的史书只是作为史料来研究,而很少考虑从中能总结、概括出什么理论。因此,少数有造诣的学者所做的,更是从没有路的地方创榛辟莽、开出新路的工作。

白先生关于总结史学发展"四个部分"的理论是,研究中国史学的遗产,应该从历史观、史料学、历史编纂、历史文学四个方面进行,它们是一个史家或一个时期史学内容的构成部分;它们在不同的历史时期有各自的发展情况,也都有它们那个时代所赋予的特定任务,从纵观的角度说,无论哪一方面,在史学长河中,都经历了矛盾斗争由低到高的发展过程;中国古代的史学,不仅仅是一堆历史记录(史料),更重要的是一笔丰富的遗产,

---

① 白寿彝:《中国史学史》第一册,上海人民出版社1986年版,第182—183页。

应从这四个部分总结发掘，批判地继承其优良的成果，加以改造，并有所创新，从而发展我们的新史学。

我个人看法，我们对"四个部分"理论应给予足够的重视。它是从中国史学发展的实际作出的概括和升华，具有条理性、系统性的优点，对于研究史学史富有启发意义。历史观在史学中起指导的作用，是史学的灵魂；史料可靠性如何，丰富与否，抉择精审与否，则决定史书的可信程度。这两点对于中外史学来说都是适用的。历史编纂形式的丰富，历史家重视文学的修养的传统，则反映出中国史学的特点。因此，"四个部分"的理论是从中国史学发展的实际总结出来的，体现出"共性"（史学）与"个性"（中国史学）的统一。这一理论还深刻地反映出：一个史家或一个时期的史学固然是一个统一体，但它不是铁板一块，也不是混沌一团，而是可以按一定的系统加以分析、鉴别、评价的。所以这一理论实则又是提供了一种研究的方法论，对于企求入门的研究者尤有帮助。对于如何改进今天的新史学来说，这一理论则提供了思考的角度，所以也是值得重视的。

"四个部分"的理论在史学界产生了影响。更可贵的是，著者在本书中又有新的突破，推进了这一理论，论述得更加丰满。在历史观方面，他提出：在历史理论中，社会存在决定社会意识，物质生产和物质生产者的历史，社会历史之辩证发展及其规律性，这三个问题对史学工作更有指导的意义。它们比之于生产力与生产关系、阶级关系、人物评价等类问题，居于更高的层次。在史料学方面，则提出：对史料应有辩证的看法。一方面是，"对于史学研究来说，史料是不可少的"；另一方面是，"史料又有很大的局限性"，"一条可以说是相当忠实的材料，可以替历史的真相说话，可也不一定就能为历史真相说话。近代的唯心史观史学家，宣称史料即史学，这是很浅见的说法，是不利于史学的正常发展的"。总的来说，"史料可以成为史学理论的依据，而史学理论的科学成就，则虽极为丰富的史料也无可与之比拟。经典作家把人类社会的发展总结为五种生产方式，但未经过研究的材料，无论它如何丰富，也不能直接显示出这样的科学结论。

马克思著《资本论》，使用了大量的资产阶级材料，但可以相信，在这些材料中，没有直接表述剩余价值的道理"。① 著者在书中还特别提出思想资料的问题，他说："大抵史料中可以作为思想资料的部分，在一定条件下都可以起死回生。""有不少史料，很明显，一直到现在是有生命力的。如我国的医药书、我国的农书、我国的传统体育和传统艺术等，就是这样。""有的史料，好像是死的了，但如适当地跟别的史料联系起来，却未尝不可死而复生。如《左传》中所载曹刿论战一事，已是两千六七百年前的事了，在春秋史的发展上也没有显著的影响，可以说是死材料了吧。但毛泽东同志把曹刿论战所面临的长勺之战跟后来的昆阳之战、赤壁之战、淝水之战等战役联系起来，论证一定战役中敌众我寡之不可怕及以少胜多的可能性，这就在精神上为当时的抗日战争增加了力量。又如愚公移山，本是一个古老的寓言。毛泽东同志用来教育群众，对革命和建设也都起了鼓舞群众的作用。"② 在历史编纂方面，书中强调："史书的编纂，是史学成果最便于集中体现的所在，也是传播史学知识的重要的途径。历史理论的运用，史料的掌握和处理，史实的组织和再现，都可以在这里见个高低。刘知幾所谓才、学、识，章学诚所谓史德，都可以在这里有所体现。"讲求合理的编纂形式并不只是技术性问题，主要的目的，"是为了反映历史真相"，并且"为了便于读者，为了便于传播历史知识"。史书的内容与史书的形式之间的关系是："形式是为了体现内容，内容不当因迁就形式而对自身有所损害。同时，形式也应有自身的完整性，也应该适当地保持一个相当完整的形象。"③ 在历史文学方面，著者认为："把我国的历史文学的优良传统总结起来，我想最值得注意的是这样的六个字：准确、凝练、生动。"④ 这些看法，我以为都是有的放矢的精到的见解。

推动著者几十年不倦地探索这些理论问题的动力是：通过总

---

① 白寿彝：《中国史学史》第一册，第20—21页。
② 白寿彝：《中国史学史》第一册，第21—22页。
③ 白寿彝：《中国史学史》第一册，第23—25页。
④ 白寿彝：《中国史学史》第一册，第28页。

结史学遗产中的优良部分，吸收养料、获得借鉴，以利于当代史学的创新，"对社会发展过程及其规律的研究作出应有的贡献"①。白寿彝先生贯彻了自己的主张，在史学实践中他力求创新。书中阐述了他所主编的多卷本《中国通史》，吸收前人的经验并加以改造，创立了一种"新综合体"，这对读者来说也是饶有兴味的。"全书中有十卷是每一卷分为四个部分。第一部分是叙说，内容包含基本史料的阐述，已有研究的成果和本卷的编写大意。第二部分是综述，阐述这一个历史时期的总的发展形势，其中包括政治、经济、军事、民族、文化和中外关系。第三个部分是典志，分篇论述生产力和生产关系的状况以及政治制度、军事制度、法律、风俗等。第四部分是传记，包括个人传记，学派传记，艺术家、宗教家传记等。"② 综述要求能总揽历史发展的总过程及其规律，这跟旧日的本纪有本质的区别。典志则取法于旧史之书志体。旧日的书志尽管以记制度为主，并不能凭以观察社会发展的各个主要方面。这里设立的典志，则要求它能反映一个时代社会制度的主要方面，包括从生产力到生产关系，从经济基础到上层建筑。综述与典志的关系，是要求前者能阐述历史发展之阶段性的全貌，而后者则是对这一历史发展过程中若干侧面的剖视。传记，则要求所记人物不是一个一个孤立的人物，而是特定历史时期特定历史环境中的人物。著者总结这种"新综合体"的特点说："在形式上汲取固有的体例而加以改造，在内容上则与旧史大异。这只有在马克思主义指导之下，经过艰苦的努力，才有可能作得好。……这种新的综合体的好处，现在可以看得出来的是便于容纳更多的历史内容，可能更进一步地反映历史发展的面貌。"③ 这种编纂形式，显然是一项很可贵的创新。当然，目前流行的按章节叙述历史的编纂形式仍会继续采用并得到改进。不同的史书形式同时并存而又互相取长补短，正有利于史学的发展。可以设想，假若著者不是重视总结祖国的史学遗产，重视批判继

---

① 白寿彝：《中国史学史》第一册，第 29 页。
② 白寿彝：《中国史学史》第一册，第 26 页。
③ 白寿彝：《中国史学史》第一册，第 26—27 页。

承基础上的创新,那么在历史编纂上要提出这样重要的创建,恐怕是不大可能的。

以上讲的,可以说都是属于对史学内部规律的探讨及其推进。著者在书中还探讨了有关史学外部规律的两个问题。一是史学与时代的关系。著者强调史学史著作"要把历史时代的特点及其跟史学发展的相互关系写出来。要把史学家的学术生活和学术成就摆在时代的潮流中去把握"。① 二是关于史学的社会影响。这是研究史学史要回答史学有什么用的问题,回答史学的社会功能的问题。著者指出:"无论什么学问,不是专供个人欣赏用的,而是要为更多的人服务的。要使更多的人接受这样的知识,使其在生活上和工作上发生作用。我们长期以来的习惯,无论写书或写论文,都是写给同行看的。在同行中,还是写给更少数的人看的。这样,写的人和看的人都在一个很小的范围内打圈子,不能使研究的成果发挥更大的社会效果,同时也就阻碍了我们这门学科的发展前途。"② 著者还讲到,以前向历史系学生做报告,讲"学历史有什么用",总讲得不那么理直气壮,说服力不强。"近几年,我就认为,历史工作最大的作用就在于武装人们的头脑,教育人们参与历史的创造,推动历史的前进。人们的能力有大小,工作岗位有差异,但认识了历史的使命和历史的前途,就会成为物质的力量。""我们过去的史学家,很重视这个问题,过去的政治家、思想家,也同样重视这个问题。"③ 著者还一再充满热情地引证当代历史理论的最杰出成果——马克思总结的人类社会发展规律和毛泽东同志总结的中国历史和革命的规律,如何有力地推动了历史的前进。历史学,作为一定社会文化的组成部分,它是一定社会经济政治形态在观念上的反映,同时必然地要反过来对社会的经济政治产生影响。著者论述这两个问题,运用了社会存在与社会意识相互关系的基本原理,分析它在本学科的具体表现。自觉地重视历史科学对当代社会的推动作用,这应该是马

---

① 白寿彝:《中国史学史》第一册,第193页。
② 白寿彝:《中国史学史》第一册,第195页。
③ 白寿彝:《中国史学史》第一册,第180页。

克思主义史学的一个基本特征。既然历史理论是正确地总结人类以往的实践,那么它对人类的未来必然具有指导的作用,应该大力宣传、发挥它的能动作用。这样做,不仅丝毫无损于历史学的学术价值,而且正是要释放出它的能量,产生巨大的社会效果。在中国共产党成立六十周年时,著者撰写了《回顾与展望》一文,从那时起五年多来,他在许多场合都再三再四讲到要把科学的历史知识交给群众,让群众懂得历史的规律,认识历史的前途,群策群力,众志成城,自觉地推动历史前进。真是满腔热情,语重心长,充分地表现出一个历史家强烈的时代责任感。我想,如果多数史学工作者都自觉地把本专业工作跟振兴中华、实现四化的大业联系起来,那么,史学工作不会存在什么危机,而会呈现出蓬勃的生机和广阔的前途。

本书又一显著特色,是在辩证分析的基础上作宏观的概括,系统地提出了史学史分期的新见解。

《叙篇》中专辟两章论述史学史分期问题。著者总的看法是,在1949年中华人民共和国建立以前,中国史学的演进可以分为七个时期:先秦时期,秦汉时期,魏晋南北朝隋唐时期,宋元时期,明清时期,近代前期,近代后期。对于每一时期史学的主要成就、总体特点及其演进阶段,著者都有中肯、切实、深入的分析和简洁的论述,写得很集中而又很丰满,很概括而又很具体,确是著者用力很深之所在。举其最要者,如讲:先秦时期是中国史学的创始或童年时期,经历了由远古传说到逐步形成正式史书的过程。秦汉时期是中国史学的成长时期,以马、班和刘向为代表,"在史书编纂上,在历史文献学上都已有颇具规模的成就。在历史理论上,也可以说有了一些体系"。魏晋南北朝隋唐时期,是中国史学的发展时期,表现为:史书数量上显著发展;史学反映了门阀地主的要求,姓氏之学极盛;还有民族史、中外交通、域外情况的撰述。宋元时期,是中国史学继续前进的时期。"在这个时期,史书的编撰和历史文献的整理研究,都取得了新的成就。在历史观上,出现了尖锐的斗争。在历史文学上,少数史家也是有成就的。"明清时期,中国封建社会处于衰老阶段,这种时代特点反映在史学上，"一方面是因循保守气息的充斥，另一方面，是反映时代抗议精神的优秀作品在不断地问世"。① 这些论述，确是从大处落墨，提纲挈领，勾画出中国史学发展的脉络，显示出研究的深度和概括的能力，因而能够提出自成体系的看法。

著者对史学演进特点的概括，是以对一系列重要史家和史学问题的辩证分析为基础的。具体问题具体分析，是马克思主义的活的灵魂，也是史学研究获得科学认识的钥匙。这里举出书中几个运用辩证分析的好例子。

对孔子思想的辩证分析。孔子在整理和传播古代文化上有伟大贡献，他的思想学说影响后代至为深远。但是，由于他的学说具有多方面性，充满着矛盾，后人往往容易察其一端而未能观其全体，睹其表面而未能窥其实质。在不同的时代、不同的政治气候下，孔子时而是"至圣先师"，时而是"孔家店的老板"，时而是"复辟倒退的祖师爷"，时而是"东方文化的典范人物"，其实，不过是用了各种不同的有色眼镜去看孔子，或出于不同的政治需要去改塑孔子的形象而已。这些暂且不说。从严格的学术研究角度说，孔子也是一个评价最为分歧的历史人物，而且在不同时期的"价值波动"也最大。这一现象就很值得认真研究。我们可以写一本《孔子研究史》或《孔子研究的反思》一类的书，认真地总结一下：对同一的孔子，同一的材料《论语》，在不同的时期，研究者是如何作不同的取舍、分析的；或是同一的研究者，前后又是如何作不同的取舍、分析的。我想，这也将是一件很有意义的文化反思工作，肯定可以帮助提高我们运用辩证法的水平。以前确曾有人不按照辩证法的科学态度办事，采取了先入为主、曲解材料的方法，所得出的就只能是片面性的、绝对化的结论。那样做，对孔子批判一通了事，干脆倒挺干脆，无奈客观事物是复杂的，哪能这么干脆？须知，片面性和绝对化，正是辩证法的对立物。这就在思想方法上种下了错误的根，等到某种政

---

① 参见白寿彝《中国史学史》第一册《叙篇》第二章。

治气候到来时,就恶性发展,铸成了大错。回顾孔子研究史上的这类教训,我以为是很深刻的,应视为反面的鉴戒,提醒我们锻炼思想方法,提高辩证分析的能力。本书著者在孔子研究上很注重辩证地分析问题,评价比较公允,而且前后比较一致。若拿著者在60年代所写的《中国史学的童年》《史学史教本初稿》与本书对照一下即可看出,基本论点是前后一贯的。本书评价孔子的要点是:一、"孔子生当奴隶制社会向封建社会过渡的年代。他的思想和事业都反映了社会制度交替时新旧交替的矛盾"。二、"他开创了私人讲学的局面,使学术从官府垄断的状况下得到解放,使无传统身份的人也有机会接触这些从不能接触到的东西,这是孔子在学术传习和教育制度上的革新。但他所用以教育年轻一代的是《诗》、《书》、礼、乐,这仍然是旧有的传统知识"。三、"在政治上,他以学者的身份周游列国,过问人家的政治,这也是一件新鲜的事情。但他所宣传的是'祖述尧舜,宪章文武',仍然是古圣先王的那一套,这是一个方面。在另一方面,他在政治思想上,不断谴责当时的'天下无道',而希望一个'天下有道'的社会,而这个'天下有道'的社会却又恰恰在口头上是孔子所理想的社会,实质上又不是他所标榜的古圣先王之道"。四、在史学上,"孔子作《春秋》","开始了私人作史,并以所著史书传授后学。这是中国史学史上的一件大事"。① 这些论述,把孔子放到他所处的时代来分析,"把问题严格地提到一定的历史范围内来考察",因而比较恰当地评价了孔子的历史地位。着语不多,但这是对有关孔子的材料作深入的辩证分析,而审慎作出的结论。

对董仲舒和司马迁历史思想的分析。董仲舒虽不是历史学家,但他的历史思想对汉代和后代影响很大。以往研究者一般对董仲舒与司马迁历史思想的对立讲得比较多,而对两人一致的一面较少说及。著者认为,司马迁"历史观中有不少的唯物主义因素和朴素的辩证观点,这跟董仲舒的唯心主义和形而上学是有区

---

① 白寿彝:《中国史学史》第一册,第47—48页。

别的"。董仲舒"发挥了春秋公羊学大一统的论点为汉皇朝的统一事业服务"。"司马迁曾从董仲舒问春秋公羊学,他也拥护汉的统一,尊重孔子在历史上的成就。""在维护汉家统治利益上,两人是一致的,而在如何维护这一具体问题上两人有很不同的看法。""从汉武帝控制思想的效果说,在这两人身上都取得了一定的成功。"① 这些见解,也都是发前人所未发。

书中论述朱熹"在思想领域里是唯心主义的大师","他把历史割裂成为三代以上和三代以下两截,同时也就把人类划分为圣、凡两类。这显然是封建的等级观在历史观念上的反映"。同时又指出,朱熹"在历史文献的研究和整理上,有时是有实事求是精神的。他在这方面的工作也有很大的分量。他把《周易》经传,区分为伏羲之易、文王之易、孔子之易,这种区分的办法并不符合历史实际,但区分的方法,是有历史观点的。对于《尚书》,他看出古文和今文的不同,觉察到古文的可疑之处。他对《诗经》,居然敢于说出这部圣经里会有许多情诗。他在辨伪上涉及到的书籍相当多"。② 这些分析也是相当精辟的。

著者对于近代史学发展脉络的论述,也有颇多精彩之处。如,对于鸦片战争至五四前夜史学思潮的演进,白先生用"民族危机的迫切感","变法和历史必变的观点","史学工作和革命思想的宣传",作为提挈三个阶段的纲,是很中肯的。又如,书中提出了"中国史学近代化的过程"这一新课题,论述近代化过程的特点和具体表现。关于特点,书中说"彻底地反对帝国主义和封建主义是此后三十多年间中国史学的最大特色和主流"。关于史学近代化过程中出现的引人注目的新情况,书中分别从史学的内容、史学观点、史料的使用和研究方法的改进、著述的形式等方面说明,由于论述的集中而加强了力度。著者说,"史学工作的主要内容变了。以前的史学工作是以帝王将相和其他方面历史上的大人物为主要的研究对象。现在注意力转移到所谓'文化

---

① 白寿彝:《中国史学史》第一册,第53—54页。
② 白寿彝:《中国史学史》第一册,第70—74页。

史'方面,其中包括民族史、语言文字史、经济史、政治史、学术思想史、宗教史、文艺史、风俗史等,实际上就是要以社会制度、社会生活及有关意识形态方面的历史为主要内容。这不只是在研究对象上大大恢廓了,更主要的是动摇以至撤除了帝王将相等历史人物在历史舞台上高踞一切的宝座,而代之以新的内容"。"传统的某些历史观点受到了批判;研究中国遭受侵略的历史跟研究世界史、国际关系史得到一定的联系。历史传统的观点认为尧、舜、禹、汤以至神农、伏羲、黄帝,再远还可以上推到盘古,都是客观存在的,而且他们的时代都是中国历史上的黄金时代。这些沿袭久远的传统观点经过批判后,相信的人很少了,而这些观点起源和演变本身的历史还受到了审查。""在史料方面,利用了古老的文化遗存,利用了出土的文献,还利用了佛教、道教的典籍和档案材料,利用了域外的材料和语言学的材料。其成绩好的,可以改变某一历史时期或某些历史重大问题的研究面貌。"[1] 这些论述,深刻地揭示出自新文化运动和五四以后,史学领域意义重大的本质性变化。

本书第三个显著特色是:对先秦史学的论述,探索了新的课题,独创了新的格局。

论述先秦时期的史学是本书的正文部分。

论述先秦史学可以有两种方法。一种是照有的史学史著作所采用的,先"释史"以正名清源,并论列上古时代各类史官及其职掌,然后说到史书。另一种是本书的写法,从远古的传说说起,理由是:"在先秦、汉初旧籍中所保存的远古流传下来的传说,尽管是零碎的、是难免为后人所加工过的,但也保存了后人无法虚构的一些内容,从而多少可以看出来远古的人们传述历史的一些踪迹。"[2] 第一章论述"从远古的传说到国史的出现",第四章前面两节,则从历史观的角度,论述殷商以前的观念是"神的世界",周初以后,"神的世界被冲破了一个缺口","历史来到

---

[1] 白寿彝:《中国史学史》第一册,第103—104页。
[2] 白寿彝:《中国史学史》第一册,第197页。

人间"。在这些篇章中，著者的兴趣并不在于叙述传说的内容，而在于论述传说中神的形象逐步地变化、逐步地被修改的过程，说明"人的主动性"如何露头和发展，"人的努力和人心向背在历史上的重要作用"如何被逐步认识。从而造成了："神的权力在一定程度上下放到了人间，神的光圈可以说是缩小了，也可以说是褪色了，人的形象逐渐地显露出来。"①

两相比较，可以说：前一种写法可以为读者提供知识，后一种写法则启发读者去把握历史意识萌芽的实质。因为，人类逐步地从神意支配的意识中摆脱出来、逐步地认识到人类自身力量的过程，正是"历史"萌芽和出现的过程；揭示这一原理，总结这一过程，是史学史专著的一项任务。黑格尔说的好："'历史'这东西需要理智——就是在一种独立的客观的眼光下去观察一种对象，并且了解它和其他对象间合理的联系的这一种能力。所以只有那些民族，它们已经达到相当的发展程度，并且能够从这一点出发，个人已经了解他们自己是为本身而存在的，就是有自我意识的时候，那种民族才有'历史'和一般散文。"② 这里的"个人"是指人类成员，"为本身而存在"和"自我意识"，就是指人类从神意支配中摆脱出来，逐步认识到人的主动性、人的努力。将本书"神的世界""来到人间"等节与此联系起来，我们对黑格尔的话就能够理解得很具体，感到他的确讲出了深刻的真理。

白先生把他在《叙篇》中阐述的关于"四个部分"、史学与时代的关系等项理论，都贯串、体现到正文之中，对先秦史学的内容作了纵深的开掘。

就历史记载说，书中涉及的范围很广，诸如《公羊传》《穀梁传》《山海经》《竹书纪年》《世本》《尧典》《禹贡》《周礼》《仪礼》《天问》都有论列。以《公》《穀》二传为例，这两部书由于历来被认为是解释《春秋经》的，属于经部，一般史学史研

---

① 白寿彝：《中国史学史》第一册，第290、291页。
② 黑格尔著，王造时译：《历史哲学》，生活·读书·新知三联书店1956年版，第205页。

究者都不予重视,偶有提及,评价也很低,批评它们解释牵强、文字重复烦琐、史料价值不高。本书著者独具慧眼,对二传的历史思想、史料价值、文风都有论述。认为《公羊传》有大一统思想,《穀梁传》则要保守些。《春秋经》只是一大片事目,二传对于这些事目的详细内容,基本上都说到了,且把《春秋经》所讳的事一一说明,对历史记载有很认真的态度。二传在词汇的选用和表述上,每一个字都要求很严格,体现了一种准确、凝练的文风。这些都是前人少有说及的。

就历史问题说,前面三章(第一章"从远古传说到国史的出现",第二章"春秋经传和私人撰述",第三章"战国时期的多种撰述")主要论述了先秦历史记载由简单到复杂的发展,它们在史料学、历史编纂、历史文学所取得的成就。在此基础上,专辟第四、第五两章,突出地论述"历史观点的初步形成"和"历史知识的运用"两大问题。这样,就以多层次、多侧面的论述,代替了常见的平直式叙述;不仅在内容上有重要的突破,在结构上也别开生面地创造了新的格局。

既然历史观点是史学的灵魂,既然史学要发挥社会功能,那么,对这两个问题就应该作集中的探讨。在先秦时代,从殷商以前的神秘史观,到西周初年开始重视人事的历史观点,到孔墨的先王史观,到荀子、韩非的进化历史观点,所走过的是曲折的然而毕竟是有规律可循的道路。著者在这一章所做的,堪称"提要钩玄"的工作,分析了大量资料,终于理出了一条发展的线索,肯定了各个时代思想家、史学家一步一步地推进真理性认识过程的贡献。这是一件很有意义的工作。先秦时代初步形成的历史观对后代影响极为深远。从近点说,孔孟对人事的重视,荀子"人之生,不能无群"的观点,韩非论述"上古""中古""近古",论述"世异则事异""事异则备变"的观点,与汉初贾谊的思想,尤其是与司马迁"通古今之变"的光辉思想,都有直接的关系。从远点说,直至清代章学诚,近代龚自珍、魏源、谭嗣同等人的观点,也都明显地受到先秦诸子的影响。在"历史知识的运用"一章,论述商鞅等人"运用了历史知识观察当前和未来的重大问题","采取行政手段适应历史趋势","事实上起到了推动历史发展的作用",① 所做的也是钩稽贯串、烛幽阐微的工作。这一章以丰富的材料,证明了先秦思想家、史学家重视运用历史知识,并在实际上取得了明显的社会效果。这样做,开拓了史学史研究的新领域,体现了著者在《叙篇》中提出的关于史学社会功用的论点,对于我们今天充分地发挥历史教育应有的巨大作用,有重要的启发意义。多层次、多侧面论述的方式,可使读者对一个时期史学的发展有立体的感觉,一个个具有真实历史感的史学家、思想家就能印进读者脑海之中。当然,这样做需要有多方面的功力,还要有统筹全局、互相照应的能力。

本书在文字表述上的优点是,做到了要言不烦,深入浅出。对于一些复杂的问题,或是辨明古籍作者、时代、真伪、传授之类的考证性问题,都能用简要明白的话说出来,给人以明快之感。著者曾在许多场合,提出专家著书应做到深入浅出,唯其专家理解得深刻,才能表述得简洁明了。著者对这一主张是身体力行的。全书的风格,采用了与读者交谈的方式,避免了有的学术著作容易使人感到枯燥的毛病。像"师友之谊"一节,写研究院导师黄子通先生一番严厉的话,使著者"出了一身汗",此后学业有了长进,写楚图南先生、侯外庐先生长期以来对著者在事业上的关心、支持,都给人以深刻的印象。

本书取得了多方面的成就,也存在若干不足。一是对所引材料有的阐述还不够。这点著者在题记中已经谈到。二是对于史学史上有些问题,还需要作进一步的具体分析。如对于乾嘉学术,书中认为"在古籍整理上取得了相当大的成绩",但"仅限于很小的天地内,对于明清之际以经世致用为目标的史学来说,是无从比拟的"。② 近年有的学者则提出:乾嘉时代出现了"学术的繁荣",当时的学者用严密考证的方法治经治史,"他们的学术是成功的"。这个问题就需要进一步讨论。史学史这门学科近年来获

---

① 白寿彝:《中国史学史》第一册,第339、341页。
② 白寿彝:《中国史学史》第一册,第87、88页。

得了比较显著的进展，可以预期，《中国史学史》第一册所取得的开拓性的成就，定能对这门学科的建设起到推动的作用。

(原刊《史学史研究》1987年第1期)

理论方向和开拓精神
——读白寿彝主编《中国通史·导论卷》

恰逢国庆四十周年前夕,白寿彝教授主编的《中国通史·导论卷》出版发行,引起了读书界和人们的关注。中共十一届三中全会以来,是白先生著书立说成果丰硕的时期,先后主编《中国通史纲要》(1980)和《中国通史纲要续编》(1987),《史学概论》(1982)、《回族人物志·元代》(1985)、《回族人物志·明代》(1988),自著《史记新论》(1981)、《历史教育和史学遗产》(1983)、《中国史学史》第一册(1986),其中《中国通史纲要》重印达十二次,印数近七十六万册,并发行了英、日、西班牙文版。他所发起和主编的《中国通史》更是一个规模浩大的工程,约请了国内近百位专家共同撰写,论述范围上自远古时代,下至中华人民共和国成立,计划分为十二卷二十二册,总字数预计一千四百万字左右。这项工作早由通讯社和电台向国内外报道,人们期待着全书陆续刊行问世。

一、理论方向

人们对这部著作的关注尤在于：当前，我们正处于反思和总结近年来历史经验的时刻。就理论学术领域而言，这些年来既有可喜的思想活跃的局面，但也出现了偏向。在历史研究范围内有两个问题更为突出，一是马克思主义对于史学工作的指导作用能否削弱或偏离？二是应该怎样看待我们民族的历史文化传统，其中有没有优良的东西值得发扬？这些问题显然对当前史学工作以至整个社会主义精神文明建设关系重大，本书是大型《中国通史》的《导论卷》，对此如何回答，自然受到人们的重视。

《导论卷》的内容，按白先生在"题记"中所说，"只讲述一些我们感到兴趣的问题"。第一章，讲"统一的多民族的历史"，说明全书高度重视各民族历史的著述旨趣；二至六章，论述历史发展的地理条件，人的因素、科学技术和社会生产力，生产关系和阶级关系，国家和法，社会意识形态；七、八两章讲历史理论、体裁形式和历史文学的传统；最后以"中国和世界"一章作双向考察，既把世界史作为中国史研究的背景，又论述中国史对世界史的意义。可见全书是在广泛的范围内分析了中国历史的许多重要理论问题。本书的最大特色，就在于坚持用马克思主义的基本原理分析问题，以对中国历史实际的新概括，去丰富马克思主义历史理论宝库，表现出理论方向上的坚定性和勇于探索的精神。在《导论卷》撰写之时，"史学危机"呼声正高，其中，有的是出于严肃的思考，要求改进或改变以前的研究现状，克服"课题陈旧""内容狭窄，风格单调"的毛病，要求改变历史学不受重视的现状，呼吁发挥史学的社会功能；有的则出于理论方向上的迷惘，在西方五光十色的所谓"新思潮"涌来时缺乏自觉性，不加选择地盲目接受，反过来对马克思主义的指导作用产生动摇或怀疑。前者有积极意义，后者则是消极的、有害的。这种现象出现在开放时期并不奇怪，重要的是要以严肃的态度加以澄清、引导和纠正。

本书著者这样强调:"历史理论有许多问题要探索,也有许多领域要开拓。做这种探索和开拓的工作,首先必须是从学习马克思主义开始,并且定为日常课程,坚持下去,久而弥笃。"这当然是对怀疑马克思主义论调的明确批评。著者认为,"从中国历史来看,有两个应该在已有的成果上继续探索的重要理论问题。一个是关于中国历史发展规律的问题,一个是关于中国史学发展规律的问题"。中国历史有自己的特点,譬如:因地域辽阔,各民族、各地区间发展不平衡,研究工作应作高度的概括,既要能说明各种社会现象的差异性,又要能说明差异性中所具有的同一性;中国历史的发展有传习力量的顽固性,社会变革往往不彻底,对这类历史的传习现象,要深入地研究;历史还有类似"循环"的假象,如治乱兴衰不断更替,农民起义和农民战争不断以类似的形式出现,等等,我们要透过这些现象而发现其遮盖的本质。探索这类问题,离不开理论指导,也离不开历史资料。所以,要克服或者只熟悉马克思主义理论、或者只熟悉历史资料两种倾向。

关于中国史学发展的规律,著者认为,"当前须着重探索的有两个问题。一个是史学发展的社会条件,一个是史学的效果"①。古代史学家、思想家重视从历史中吸取经验教训。我们今天更应该发挥史学的社会功能,让史学能在广大群众中发生影响,产生巨大的物质力量,帮助群众认识历史前途、历史使命,那么我们的史学就更有意义,也有空前广阔的前途。

《导论卷》的出版正好证明:本书主编白寿彝先生和其他撰稿人自觉地、旗帜鲜明地坚持马克思主义普遍原理与中国历史实际相结合,以自己的研究抵制了理论方向上的偏差,因而能提出一系列具有理论意义和学术价值的新论断。

---

① 白寿彝主编:《中国通史·导论卷》,上海人民出版社1989年版,第285—290页。

二、对中国历史问题的新概括

如何贯彻正确的理论指导，撰写出一部具有切实内容的、统一的多民族的中国通史，是《导论卷》极其重视的理论问题。写中国史如何处理民族关系，是一个重大的问题，它关系到巩固和加强民族团结，关系到我们国家的前途。然而，大家还远远没有认识到这个问题在理论上和实践上的重要性。《导论卷》做到了：表明全书以撰写"统一的多民族的"中国通史、进行民族团结教育为己任，有力地论证了友好关系的发展是历史上民族关系的主流。这是十分可贵的努力。

白先生在新中国成立初年就撰写有《论历史上祖国国土问题的处理》等文章，强调中国史的内容应该包括今天中华人民共和国境内各民族的活动，反对以历代皇朝的疆域作为历代国土范围的做法。《中国通史纲要》贯彻了上述观点，论述应该写出各民族共同创造祖国的历史。如今《导论卷》把这些问题深化了，首章以饱满的笔力，阐明全书要记述全国各兄弟民族共同创造祖国历史的宗旨，廓清历史上所笼罩的一些迷雾，论述社会主义大家庭的民族团结来之不易的深刻道理。对此，书中有许多精到的见解，如：

——深入地发掘了中国史学上重视民族史撰述的传统。编著者从大处着笔，总结了自孔子、司马迁以下，传统史家中重视少数民族记载的历史眼光和对少数民族问题的理智态度，概述了两千年的传统，并且高度评价了抗日战争以后李维汉及吕振羽同志对开展民族问题科学研究所作的贡献。这些系统的新见解对于民族史和史学史研究，也都具有开创的意义。

——对于中国史所记载的范围作了具有科学意义的界定："中华人民共和国的疆域是中华人民共和国境内各民族共同进行历史活动的舞台，也就是我们撰写中国通史所用以贯串古今的历史活动的地理范围。"真正体现出全国各兄弟民族都是历史的创造者、历史的主人。

——提出关于历史上民族关系的主流,应该作深入的具体分析,"在中国历史的长河中,民族关系是曲折的。但总的来说,友好关系越来越发展。无论在时间的继续性上,在关系到的地区上,在牵涉的方面上,都是这样"。尤其在进入近代以后,各族人民在历次反帝革命斗争中大大增强了民族间的亲密友好。抚今追昔,我们更应该特别珍重历史上民族间友好关系发展的主流。

——论述了几千年来多民族统一国家形成的历史,经历了由单一民族的内部统一,到区域性的民族统一,到历史上的全国性大统一,到今天社会主义的多民族统一的过程。说明从全局看,统一是历史发展的趋向。

本书对中国历史上地理条件、人的因素与社会发展的关系,对生产关系、国家制度等项理论问题也都有新的概括。在论述地理与民族关系时,分析因地理条件不同形成了不同的民族特点,"例如北方民族因交通便利容易走向联合,社会发展的进程比较快,这与他们从事游牧活动、具有勇敢的精神有关。南方民族,往往局促于山地,交通不便,极不利于联系和融合。这是南方民族虽然在民族数量上超过北方民族,但在社会发展上却落后于北方民族的一个很重要的原因"①。关于封建社会界限森严的等级制,本书提出:在中国,封建地主阶级内部也构成等级特点。如封建社会成长时期的秦汉,皇帝是最高的地主,居于等级的顶端。以下是世家地主、豪强地主、高资地主,此外还有不少中小地主。而且由于地主阶级是封建生产关系的决定性方面,因此,地主阶级内部等级特征的变化,也构成封建社会阶段性发展的一个标志。对具体问题作具体分析的优良学风于此得以显示。

本书"社会意识形态"一章,以不足万字的浓缩笔墨,提纲挈领地概述了三千年思想变迁之大势,对于各种学说的要点、思想变迁的阶级和时代的蕴含,作了精当的分析,对于何者是反映了时代要求和人民利益的进步思想,何者是代表了反动阶级利

---

① 白寿彝主编:《中国通史·导论卷》,第147页。

益、阻碍社会前进的思想糟粕,严格地加以剔抉辨析,体现出我们时代理论著作应该具备的鲜明性、战斗性和充分说理的风格。著者站在社会主义精神文明的高度俯视,中肯地从三个层次总结中国思想史的精华,即:唯物主义的优良传统;社会政治思想的革新进取精神;人性论及道德学说的丰富遗产。这些论述吸收了多年来思想史专家们的研究成果,同时又站得更高,其中颇多精警的论断,把深刻的哲理与强烈的时代责任感融而为一,对于史学研究,对于创造民族新文化的人们,都具有激励前进的力量!

马克思主义和中国历史实际的结合,无论如何,都是我们必须坚持的正确方向。《导论卷》编著者的创造性努力对此无疑是一个积极的推动。

三、开拓精神

马克思主义是发展的学说,它要求不断解决新问题,开拓新境界。《导论卷》又一特色即研究上的开拓创新精神。上述关于中国历史理论问题提出的一系列新鲜论点即勇于探索获得的,而开拓创新精神更集中的体现,还在书中关于体裁构想和中国史与外国史比较研究的论述。

体裁的构想和创新首先要突破几十年来形成的"定势"。自20世纪初以来,历史著作的编写一直都采用分章节叙述的形式,风行七八十年而不衰,著者与读者都习以为常,几乎无人想到要改变它。又因为,传统史学、近代史学和新中国成立以后的当代史学明显地区分为不同的阶段,不少人早已形成一种固定的看法:传统的史书体裁乃是过去时代的东西,纯属封建货色,除了其中保存了一堆史料以外,谈不上对它继承利用的问题。这些看法在相当长时间内几乎定型化了,成为思想上和事实上的定势。白寿彝先生经过多年的深思熟虑,提出史书编纂的改革主张:"历史现象是复杂的,单一的体裁如果用于表达复杂的历史进程,显然是不够的。断代史和通史的撰写,都必须按照不同的对象,采取不同的体裁，同时又能把各种体裁互相配合，把全书熔为一体。"①他倡导以新综合体多层次地反映历史，就要突破半个多世纪形成的固定的格局，并且化腐朽为神奇，从旧史体裁形式中吸取营养（还要学习外国史书的优点），加以利用、改造和再创造。这确实需要理论的勇气，宏大的气魄，开拓的精神。那么，这种新综合体怎样构成？各个部分设置的依据和作用是什么？如何互相配合形成整体？对于这些读者所关心的问题，《导论卷》有明确的回答。

本书自第二卷"上古时代"（先秦）以下，每卷均由序说、综述、典志、传记四个部分构成。"以'序说'置于全卷之首，开宗明义。"序说的主要内容和要求是：对基本资料，包括文献、考古资料、民俗学资料的说明，有的需对著作年代作必要的考辨；论述前人和今人已有的研究成果，加以适当的总结，说明在这一领域中哪些问题已经解决，哪些正在解决，提出自己的看法；扼要地说明本卷的编纂意图和编纂的具体问题。"序说"的设立，既吸收了自《太史公自序》以下序说体文字的优点，又吸收了外国有的史书首先讲文献和研究状况的长处。

"综述"是全书的主干部分，在这一部分，要写出历史发展的总向。它吸收了本纪、编年体和章节体之长而加以发展。书中认为：章节体具有把历史的阶段性发展和历史现象的主次表达出来的优点，它今后仍可使用。但是若以此作为一部大型史书中的唯一体裁则有很大局限，因为"典章制度、学术文化和人物事迹的论述都不易得到充分的展开"。综述的主要任务，是要紧紧抓住每一历史时期的纲，只写对历史全局有影响的大事，其中包括政治、经济、文化、民族、中外关系等方面，着重写的是历史发展的方向。也要写出历史发展的阶段性。对于人物、制度等，只讲到其有关历史发展的大端即止，具体细节放在传记、典志中去写，形成诸体配合。

"典志"，是对历史现象进行剖视，其作用是从各社会剖面来

---

① 白寿彝：《历史教育和史学遗产》，河南人民出版社1983年版，第112页。

反映一个历史时期的特点，体现出人类史是"具有许多规定和关系的丰富的总体"。吸收传统典志体史书中有用的东西加以改造发展，根据今天的需要，大致可设立地理、民族、社会经济、政治制度、军事制度、法律，以及宗教、礼俗、中外关系等专题，各卷可据需要作灵活调整。

"传记"，是人物的群像。人的作用不能改变历史的规律，但能影响历史发展的速度和状况。人的作用，包括人民群众的作用，也包括领导人物、代表人物的个人作用。传记要写各方面代表人物的活动，"还要写出他们身上所反映的时代特点"。

四种体裁互相配合，务使全书脉络贯通。"要通过现象揭示出历史的本质，要于历史沿革流变之中探索历史的发展规律。"[①] 新体裁的创造归根到底是为了容纳更加丰富的内容，多层次地反映出历史发展的全貌。这不仅对我国史学具有创新意义，而且不夸大地说，对于世界史学也是一个贡献。

中外历史比较研究的开拓性意义是明显的，因为这是一项难度很大的工作。一个学者要真正懂得中国史或懂得外国史就不容易，更何况将两者比较，从中讲出真知灼见。所以本书对中国与世界的论述，同样表现出宏阔的眼界和开拓精神。如书中关于中国文明具有发展的连续性的特点，"具有不断自我更新、自我代谢的能力"的论点，就是从比较研究中得出的。在世界文明古国中，埃及和巴比伦在公元前一千年代前半期被波斯人征服，古希腊文明也在公元前4世纪之后衰落。只有中国的文化传统从未中断，文字前后一脉相承，史书从时间到内容前后相接，文明一直延续。著者自豪地说：中国文明"历尽危机而未消残壮志"，"屡经考验而能活泼泼地生存下来。……'天行健，君子以自强不息'。这大体可以表明中国文明发展连续性的基本特色"。[②] 书中论述造成"欧洲中心论"的谬误之一，是忽视了中国历史发展的典型性。就封建制而论，中国史上的封建制是正常连续演变和高

[①] 白寿彝主编：《中国通史·导论卷》，第310—328页。
[②] 白寿彝主编：《中国通史·导论卷》，第360页。

度发展的,阶级结构复杂,可据的文献和考古资料也极丰富,无疑要比欧洲更为典型。书中以有力的史实,论述中国在历史上对整个世界的发展都发挥了重要的作用。即使在中国历史上最暗淡的近代时期,中国的作用也不能忽视,她"作为一个统一的东方大国的存在,给西方殖民者的侵略扩张造成了巨大的障碍"[①]。我们要承认近代以来的落后,但是绝不能妄自菲薄,应该发扬民族历史的优良传统,奋发图强,同时大力学习别国长处,为人类作出无愧于前人的贡献。《导论卷》昂扬地阐发我国民族精神和优良传统,正是为了发挥史学的社会作用,推动完成这一伟大的时代任务。

四、思辨色彩

学术界有不少人称道白先生的论著具有思辨色彩,这是指具有哲理的眼光,以辩证的、联系的、发展的观点,对具体问题作具体分析。《导论卷》同样显示出这种特色。上文论及的理论建树都是根据辩证分析立论的。这里还可举出:书中论述"统一国家"跟各民族利益关系时,说:"'一'和'多',是辩证的统一。'一'存在于'多'中。'多'好了,'一'就会更好。反过来说,'多'要团结为'一','多'才可以使'一'更有力量。"并批评历史上的统治者重视"一"而往往忽视"多"的短视的做法。[②] 关于人口问题,指出:人口的多少不能作为国家发展的主要依据,在旧史家中也有论及此者。这是一方面。而另一方面,统治者又要加强人口的编制,这是封建国家的一项重要职能。所以商鞅变法实行按什伍编制,有罪连坐。萧何入咸阳,先取秦图籍,目的之一即掌握天下户口。历代都有户律,等等。这样就把问题讲透彻、讲得切合实际了。辩证分析是马克思主义的灵魂,

---

[①] 白寿彝主编:《中国通史·导论卷》,第380页。
[②] 白寿彝主编:《中国通史·导论卷》,第98页。

也是推进历史研究最重要的武器。《导论卷》在这方面的成就,对我们也富有启发的意义。

《导论卷》是多卷本《中国通史》理论的主导和全书的先导。它在理论方向、研究视野和探讨深度等多方面的成就,使我们有理由相信:悠久的、内容无比丰富的中国历史进程,将在以下各卷中波澜壮阔地展开,全书将为当代中国史坛赢得更加令人瞩目的成就。

(原刊《群言》1990年第1期)

不断开拓史学史学科的新境界
——读《白寿彝史学论集》

正值白寿彝教授从事学术工作六十五周年和八十五岁寿诞之际,《白寿彝史学论集》(精装,上、下册)由北京师范大学出版社隆重出版,受到学术界的关注。这部论集收入著者有关史学的论著一百二十篇(包括专书《史学史教本初稿》),分为八辑编排。与去年出版的《白寿彝民族宗教论集》合在一起,两书合计有一百六十万字之巨,汇集了白先生六十余年来在史学、文献学、民族学和宗教学等多个学科门类的研究成果,代表了著者的理论建树和广博学识,这两部书的出版肯定对当前的学术工作起到积极的推进作用。《白寿彝史学论集》内容丰富,读者从书中一定能获得多方面的感受。本文只能侧重于史学史研究的范围谈一点粗浅的认识。我认为:把哲学思考引进史学史学科的研究,提高这一学科的学术品位,在探求形成史学史学科体系的道路上不断地提出新问题,是白寿彝先生的一项重要学术贡献。具体地说,《白寿彝史学论集》的重要特色之一是,阐述史学史学科的内容、任务和研究方法,对重要的史家、史著和综合性问题提出真知灼见,推进学科建设,突出地显示出在学术研究上不断开拓进取的精神。

不断开拓史学史学科的新境界

有关史学史学科的研究成果,在本书中占了很大分量,这些篇章凝聚着白寿彝先生自20世纪60年代初以来的大量心血。中国史学史作为一门学科被正式提出来,是在20世纪20年代。而对这门学科的体系作认真的探讨,则始于60年代初期。当时,北京、上海、武汉等地的史学界曾几次开会,郑重其事地讨论建设中国史学史学科体系的一些重要问题,包括研究的目的要求、内容、分期等项。由于老一辈史学家的努力,60年代初期的史学史研究顿现活跃局面。进入新时期以来,这门学科更获得了很大的发展。白先生于40年代初即在云南大学讲授中国史学史。1961年他受教育部委托承担撰写中国史学史古代部分的任务。在60年代前期,他撰写了《谈史学遗产》《中国史学的童年》《司马迁与班固》《中国史学史研究任务的商榷》等重要论文,著成《史学史教本初稿》。80年代以来著述更多,有《中国史学史》(第一册)、《谈史学遗产答客问》(共五篇)、《说六通》、《说"疏通知远"》、《中国史学史上的两个重大问题》、《六十年来中国史学的发展》、《谈谈近代史学》等论著。白先生在史学史这一园地上辛勤耕耘长达半个世纪,不仅成果丰富,更重要的是不断地围绕学科的建设提出新问题和新思路,推进学科的建设上升到新境界。上列主要论著,除《中国史学史》(第一册)外,均汇集在本书之中。

概括地说,自60年代初以来,白先生对史学史学科的开拓,主要经历了两个阶段:前一阶段,明确要求摆脱旧的要籍解题式的格局,研究中国史学发展的规律,发掘其内在精华;后一阶段,则进而要求突破学术专史的局限,总结史家对历史本身认识的发展过程,总结史学的时代特点和社会影响,使这门学科对推动社会前进和当前史学的发展发挥应有的作用。

在60年代初,著者即围绕史学史学科的一些基本范畴、命题阐发了一系列重要的观点,如:(1)提出中国史学史的任务,是研究中国史学发展的过程及其规律性。(2)论述围绕这个任务,要从历史观、史料学、历史编纂、历史文学四个方面进行深入的研究和开掘。如关于历史观,就特别强调对于历史上具有进步意义的观点都应该重视和发掘。(3) 在历史编纂方面，著者进一步发展了 40 年代论述史书体裁的论点，指出在著作形式上应当百花齐放，中国古代史书体裁不仅多样，而且各种体裁都经历了发展变化，不同体裁之间也不是隔着不可逾越的鸿沟。这些基本观点，在其所著《史学史教本初稿》和《司马迁与班固》等论文中均得到成功的体现，因而对于史学史学科摆脱要籍解题式的旧格局起到显著的推动作用；而从方法论言，又有指示研究门径的意义。

进入 80 年代以后，我国社会生活和学术文化跨入了新的历史时期，白寿彝先生关于史学史的论述也推进到新境界，要求摆脱单纯学术史的局限，明确提出要研究史学与时代的关系，发挥学科的社会功能。在《中国史学史上的两个重大问题》一文中，著者提出：我们面临着国家建设事业迅速发展的形势，史学史工作也应该甩掉旧的躯壳，大踏步前进。为实现这个目的，有两个重要问题是应该多下点功夫及早解决的。这两个问题如果解决得好，史学史这门学科就可能面目一新。这两个重要问题，一是对于历史本身的认识的发展过程，二是史学的社会作用的发展过程。著者以高度概括的手法，指出古代重要史家在认识历史上的成就：自先秦以来，具有唯物主义因素的观点，在史学史上是不断出现的。"中国史学有一个悠久的传统，在社会动乱比较激烈的时候，或是在大动乱的前后，我们总有史学的杰作出现。在经过春秋战国以及秦汉之际的社会变乱，到了汉武帝时，统一的局面才巩固下来，就在这个时候，司马迁写出了他的《史记》。魏晋南北朝时期的长期变乱、分裂，通过了隋唐时期的稳定，到了唐中叶以后，封建社会内部的矛盾比较突出，就在这个时期，杜佑写出了他的《通典》。两宋，是一个阶级矛盾、民族矛盾交织的时期，在这个时期，司马光写了《资治通鉴》，郑樵写了《通志》。明末清初，封建社会的险象环生，正所谓'天崩地裂'的时代，黄宗羲的《明夷待访录》、王夫之的《读通鉴论》、顾炎武的《日知录》、唐甄的《潜书》，虽然分量不大，但代表了时代的脉搏，鞭挞了封建统治的腐朽。像这样的著作，都有丰富的历史观点，都应该进行深入的研究。章学诚的《文史通义》，在旧的史学著作中，是一部在理论上比较丰富的书。"而我们以往的研究工作，对这些著作在理论上发掘很不够，对于历史本身认识的发展过程，缺乏总结。必须重视研究这些问题，才能改变史学史专书中的表述显得内容贫枯的状况。文中又深刻地指出：马克思主义经典作家十分重视历史理论的实践意义，马克思、恩格斯高度概括了历史发展进程，指出了无产阶级革命的道路和共产主义的历史前途。毛泽东同志对于中国社会和中国革命的深刻分析，指引着中国革命从胜利走向胜利。"古代的史学家、思想家，不可能这样高度地理解历史知识在社会发展中所起的作用，但从历史中吸取经验教训，这是我们的一个古老的传统。"《礼记·经解》论"疏通知远"，我国政治家、思想家引证历史根据论述变法主张，汉初、唐初重视从前代灭亡中总结经验教训，司马光著史作为封建国家治国之鉴，这些都说明，"不少的古人曾经用言论或实践回答了这个问题，但在我们研究史学史时，很少注意这个问题，甚至有时还觉得这是一个狭隘的、实用的问题，不愿理睬"。著者提出，认真地、深入地研究这两个重要问题，改变以往以人为主、以书为主的许多框框，"综合起来，展示出各个历史时期史学发展的清晰面貌"，这是史学史学科前进的方向。[1]

著者所撰《中国史学史》第一册先秦篇以及收入本书的《说"疏通知远"》一文，堪称实践上述两项主张的代表作。《中国史学史》第一册先秦篇设置了"历史观点的形成"一章，用综合研究的方法，论述先秦思想家、史学家对历史本身认识的发展过程。著者从古代传说特别是大量文献材料中，揭示出远古先民历史观念从萌发到形成的过程，做到提纲挈领，清晰地总结出由神、天史观——神意史观——先王史观的发展脉络。殷周之际的历史变局，推动周人对神意如何影响人类社会提出了修改，认为上帝要选择好儿子才赐福给他，作为上帝的儿子也要以好的行为

---

[1] 详见白寿彝《中国史学史上的两个重大问题》，《白寿彝史学论集》（下），北京师范大学出版社1994年版，第602—605页。

争取获得福泽。著者生动地说："在这里，人的主观能动性露了个头，神的世界冲破了一个缺口，历史要挤到人间来了。"经过西周至春秋时期社会的变迁和阶级关系的变动，周代文化的积累和春秋时期学术文化扩大到民间的变化，至春秋晚期，孔子开创了私人撰述的传统，并创立了儒家学派。嗣后，墨子开创了墨家学派。孔、墨两家代表了原先处于萌芽状态的历史观点至春秋以后已有所发展。孔子重视人的活动，他称赞的古圣王是人而不是神，又主张"举贤才"，对鬼神则采取保留态度。所以孔子思想的特点是，"在传统思想的形式下，采取了经过修改的新内容"。墨子尊天，承认鬼神的存在，但同时，他又主张用"力"改变人的社会地位。墨子主张"尚贤"，并看到了较为广大范围的群众，故比孔子更进一步。"但从更高的层次看，孔、墨都是尊先王的"，"都认为圣王是可以转乱为治的"。至战国时期，发展到商鞅重视历史变革，荀子主张"制天命而用之"和韩非重视"势"和"变"的思想，达到了先秦历史观点的新高度。其他对《左传》《国语》《老子》《庄子》等书的历史观点，著者也都有中肯的分析。如认为"从历史思想上看，先秦史学发展到《左传》是很大的进步"。"《左传》是更善于表达春秋这个动乱时期的各种社会矛盾的。它比《国语》有更丰富的社会矛盾的记载，而且它所记载的矛盾基本上表现了不断展开的形式。"[1] 著者实现了前面所说作综合研究，写出一个时期历史观的发展过程的要求，改变了过去以人或以书为主的框框。从丰富纷繁的历史文献中，清理出并叙述了自远古历史意识萌芽到代表新兴地主阶级前进要求的历史观点，分析演变的不同阶段的特点，并且找出了直接与秦汉时期重"变"的观点大大发展相衔接的线索，因而使人感到上下贯通、脉络清晰。

《说"疏通知远"》一文，则重点论述先秦思想家、历史家对历史知识运用的发展过程。"疏通知远，《书》教也"，是《礼

---

[1] 详见白寿彝《中国史学史》第一册第一篇第四章"历史观点的初步形成"，第273—322页。

记·经解》上的话，著者对它作了新的诠释："'疏通知远'是先秦人运用历史知识的一种表现形式，并不仅仅限于《书》。所谓'疏通知远'，可以包含两个意思。一个是依据自己的历史知识观察当前的历史动向，又一个是依据自己的历史知识，提出自己对未来的想法。"文中的论述，视角新颖，发掘深入，而且很有现实意义。著者认为：战国时期著名的思想家都运用已有的历史知识，观察当前的变局，预见社会未来的前途。以孟子、荀子和韩非为例，文中对他们运用历史知识都作了中肯的分析。孟子对于历史前途的看法，见于《梁惠王》篇中。他认为当时战乱纷扰的局面，最后要归于统一、稳定，即"定于一"。什么人能定呢？他的回答是："不嗜杀人者能一之。"这两句答词只十一个字，是孟子对战国局势的论纲。孟子还主张对于善战者、连诸侯者、辟草莱任土地者，都要处以刑罚。著者分析说：孟子所主张的处罚善战者、辟草莱者，"跟商鞅的耕战政策正好针锋相对。从战国的结局看，商鞅的想法是有效果的。从更远的历史看，孟子的话倒是说对了。秦始皇灭六国，并不能使天下'定于一'，而能'定于一'者应该说是'不嗜杀人者'的刘邦和他的伙伴"。孟子还设想过数口之家、五亩之宅、百亩之田的封建小农经济的蓝图，特点是占有一小块土地的个体生产。"这个设想是符合当时历史发展的，秦汉以后容纳了广大劳动力的就是这种生产结构。"荀子著有《王霸篇》，结合历史，把国分为三个类型：一类是可以王天下的国，如汤、武，所谓"义立而王"；一类是霸天下之国，如五伯，所谓"信立而霸"；一类是"不由礼义而由权谋之国"，最后"身死国亡，为天下大戮"。著者分析说：荀子这里所说的"义"，似指人们应得的利益和应负的责任，跟孟子把礼义都说成是先天所具有的是有区别的。荀子的义又跟礼、法相结合，"礼"是指君臣父子以至国家之间行为的准则，"法"是有强制性的国家的规定，故荀子跟法家大大发展了法而把礼义抛弃掉不同。荀子曾到过秦，对秦的政治，有三段评论，总的看法是秦在立信上很不够，秦的历史地位只可列在第二个类型和第三个类型之间，见于《荀子·强国篇》和《议兵篇》。著者说："荀子对秦的历史前途的看法,实际上也是对战国的历史前途的看法。""秦的历史前途,跟荀子的观察实际上并没有很大的距离。"对于历史知识的运用,发展到韩非,取得了更为现实的意义。他继承了商鞅、慎到、申不害的思想,并结合历史而加以发展,总结为处势、抱法、任术。韩非所论势是指政权,势比个人贤智和礼义更重要。他又引用楚齐燕魏的史事论证"奉法者强则国强,奉法者弱则国弱"。并且论述人主驾驭臣下的权术。作者很重视韩非所强调的智法之士跟当涂之人之间的尖锐矛盾,认为:"能否杜绝当涂之人的奸,任用智法之士的长,这是人主之任术活动中最重要的问题。而智法之士与当涂之人之间的尖锐矛盾,也正是战国末年新旧势力、新旧阶级斗争激化的一种表现形式。韩非抓住了这一点给予极大的重视,这是他对于他那个时代之历史觉醒的认识。"结论是,韩非的一套学说,"取证于历史的素材,实际上为秦汉以后的封建专制主义提供了思想的武器"。① 这篇文章以对材料的深入分析和论证的逻辑性,令人信服地说明:历史知识不是无用,而是大有用处,不但可以增长人的智慧,提高人的修养,更重要的是可以作为制定正确政治决策的重要参照和依据。把历史上这些很有价值的史实和议论发掘出来,加以系统的总结,对于我们今天提高对历史学重要性的认识和发挥历史教育的作用,是有重大现实意义的。

《白寿彝史学论集》所汇集的尚只是著者部分学术论著,但已清楚地显示出六十五年来白寿彝先生在学术上的执着追求,和他在史学理论、中国通史研究、史学史和文献学等领域的丰硕收获。白先生治学形成的风格是:视野开阔,并且一向重视哲理思考,紧紧地把握正确的理论方向,在博综文献、具体分析的基础上,进行理论的创造;怀抱着严肃的历史使命感,决心出其所学,为推进社会进步和促进整个学术工作向前发展自觉作出贡献;批判地总结前人的学术成果,发掘其精华,在继承的基础上

---

① 以上均见白寿彝《说"疏通知远"》,《白寿彝史学论集》(下),第668—684页。

勇于创新，不断开拓新的境界。这种治学风格贯串在他所从事的诸多领域的研究工作中，因而令人信服地做到把研究历史——关注现实——展望未来联系起来，把学术工作的理论——材料——社会效果联系起来，从不满足停留在已有水平上，不断地深化对问题的研究。如今，白先生仍然在学术园地上辛勤耕耘，继续从事主编《中国通史》和《中国史学史》的工作，谨此祝愿他健康长寿，在学术上取得更加丰硕的成果。

(原刊《史学史研究》1994年第3期)

史学体系的重大创新
——白寿彝先生主编《中国通史》成就略论

今年是著名历史学家白寿彝先生九十华诞,是他从事学术工作七十周年,又欣逢他担任总主编的多卷本《中国通史》全部出版。这部历时二十年而最终完成的巨著,以其用马克思主义作理论指导的鲜明性,以其内容极为宏富、探讨几千年中国历史各方面问题所达到的前所未有的广度和深度,以其编纂体裁的重大创新和科学性、时代性,获得了学术界和社会各界的高度重视。

一、"积一代之智慧"的巨著

白先生主编的这部《中国通史》,上起远古时代,下迄中华人民共和国成立,囊括了中国几千年历史发展中政治、经济、民族、军事、学术文化各个方面,全书共十二卷二十二册,约一千四百万字,堪称20世纪最大的史学工程之一。白先生从70年代后期起就酝酿编写《中国通史》,他曾多次出国访问而很有感触,深感编纂一部内容宏富、与我们民族悠久的文明和大国的地位相称、具有高度科学性的《中国通史》的必要,并且冀望这部通史要表达出深刻的历史感和鲜明的时代感。1979年正式提出设想并开始启动。白先生倡议和主持的这一大型项目得到北京师范大学和全国许多兄弟高等院校、科研单位的支持。一大批卓有成就、造诣高深的知名学者共襄盛举,他们之中有:王振铎、苏秉琦、徐喜辰、斯维至、杨钊、高敏、安作璋、何兹全、周一良、史念海、陈光崇、邓广铭、陈振、陈得芝、王毓铨、周远廉、章开沅、林增平、龚书铎、王桧林、邱汉生、刘家和、何绍庚等。由白先生和这些知名学者组成全书编委会,他们中的大多数人担任了分卷主编,参加全书撰稿的学者共有五百余人。由白先生总揽全局,提出全书的总体设想和要求,并采取卓有成效的推动和组织措施,各分卷主编精心实施,有关的众多专家通力合作,终于完成了这一浩大的工程,被学术界称誉为"二十世纪中国史学的压轴之作"。

多卷本《中国通史》对于推动中国史学发展的重大意义,首先就在于它是集中了一代人智慧而成的巨著。王毓铨先生为《中国通史》的完成写了两句贺诗:"积一代之智慧,备百世之长编。"前一句,中肯地讲出这部巨著的时代意义,它汇聚了史学界一代人的智慧,是集体的认识水平和研究成果的结晶。后一句,中肯地讲出其深远影响,由于这部巨著凝聚了一代人的心血,多少年之后人们若要深入地研究或重新编著中国通史,这部书都是必备的参考和重要的依据。

荟萃了众多名家、数百位学者的智慧和心血的《中国通史》,的确因它集中了大量最新研究成果而为世人所瞩目。譬如,第一卷《导论卷》是由白先生和其他多位专家撰写的,对中国通史编纂的重大理论问题作了系统而深刻的论述。首章"统一的多民族的历史"由白先生亲自撰写,以七万多字的篇幅,论述"关于中国民族史撰述的回顾""党的民族政策和民族分布现状""统一的多民族历史的编撰"三个有关通史编纂的全局性问题,作为全书的重要理论指导。担任以下八章撰写工作的作者中有知名学者邱汉生、刘家和等。第二至四章,论述历史发展的地理条件,人的因素、科学技术和社会生产力,生产关系和阶级关系,提出了

"地理条件的复杂性和经济发展的不平衡性""多种生产关系的并存"等重要论点。五、六两章论述"国家和法""社会意识形态",阐发了关于国家的社会职能和统治职能、中国思想史上唯物主义的优良传统、社会政治思想的革新进取精神、人性论及道德学说的丰富遗产等重要理论问题。七、八两章论述"历史理论和历史文献""史书体裁和历史文学",探讨了历史的客观性和可知性,史书体裁的综合运用,多体裁配合、多层面地反映历史等问题。第九章"中国与世界",论述了中国历史和文明发展的连续性,中国史在世界史中的重要性等极有价值的问题。在一部中国通史中,用整卷的篇幅来论述理论问题,这还是首创。综观《导论卷》的全部论述,有许多是加强了过去理论研究的薄弱环节(如历史地理的理论、中国史在世界史中的地位等),更有许多是开创性的研究(如关于中国民族史撰述的回顾、统一的多民族历史的编撰、多种生产关系的并存、社会政治思想的革新进取精神、多体裁配合、多层面地反映历史等)。因此,《导论卷》不仅为全书各卷的编纂提供了理论指导,而且将中国历史理论的研究提高到一个新的高度。

再如第二卷《远古时代》,由著名考古学家苏秉琦主编。本卷的论述,在极大程度上概括了远古时代考古学研究的成果,坚持实事求是,认真地从考古学文化入手,理清了中国史前民族、文化及社会的发展脉络。这在以往的通史撰述中是没有先例的,在考古学工作上也是一项创举。书中许多在具体考古发现的基础上进行分析和概括、富有理论色彩和启发意义的论述向读者扑面而来。农业的发生是人类历史上划时代的重大事件,本书告诉我们:在全世界少数几个农业起源中心中,中国独居其二。中国的农业以精耕细作为其特色,这在远古时代已露其端倪。中国古籍中有神农尝百草和黄帝播种百谷的传说。而考古发现则提供了如下依据:大约在公元前6500年至公元前5000年,中国北方已出现一系列发达的新石器文化,其中有不少遗址发现了栽培谷物的遗存。如河北武安磁山遗址有许多窖穴中发现粮食朽灰,经鉴定是粟;河南新郑裴李岗和甘肃秦安大地湾都发现了炭化的黍。这些遗址所属的新石器文化，都有比较发达的农业工具，又以磁山文化所在的中原地区最为发达。"由此可见中国北方农业的起源还可以追溯到更早的年代，而中原应是旱地农业起源的核心地区。"[①] 近年又在长江中游发现了城背溪文化遗址和彭头山文化遗址，年代约相当于公元前7000年和公元前5000年。在这两处遗址中，已不止一次地发现了稻谷遗存。"这些稻谷遗存的年代都远远早于中国其他地区发现的稻谷遗存，也早于一般认为可能是稻作农业发源地的印度恒河流域和东南亚山地所发现的稻谷遗存，所以长江中下游应是稻作农业起源的一个重要的中心。"[②] 考古发现正好与远古传说相印证：是中国人自己的祖先发明了农业，而不是从外界学习来的。读着这样的论述，不仅能获得宝贵的历史学、考古学知识，而且增强了我们的民族自豪感。

又如，第三卷《商周史卷》的"序说"部分，是由著名学者徐喜辰、邹衡、胡厚宣撰写的。首章论述历史文献，按五经、史地书、诸子、辞赋四类，扼要而具体地论述先秦丰富的历史文献的主要内容、史料价值，对于为数不少的历史文献的真伪问题、今古文学派异同问题，以及作者或成书年代有争议者，均作了中肯的论述和必要的考订，并简要地论述前人对各种重要文献整理的成果，介绍最可据信的注本。第二章论述考古资料，分三节论述"主要都城遗址的发掘""考古学文化的研究""考古资料反映的社会、经济、文化等方面的问题"；第三章论述甲骨文和金文，内容包括丰富而纷繁的考古资料、古文字资料及青铜器的出现、价值、研究状况。这两章，也都提纲挈领，条分缕析，显示出本卷研究工作丰厚的考古学基础，又为初学者提供了很好的研究入门指南。第四章论述商周史研究概况，分为四节，系统地论述近代以来实证史学家和马克思主义史学家在五四前后、30年代、抗战及解放战争时期和新中国成立以后的研究成果，脉络清晰，评价恰当，中肯地指出在商周史领域哪些问题已经解决，哪

---

① 白寿彝总主编：《中国通史》第二卷《远古时代》，上海人民出版社1994年版，第6页。

② 白寿彝总主编：《中国通史》第二卷《远古时代》，第7页。

些问题正在解决之中，十分有利于帮助读者思考当前研究工作进一步努力的方向。这些内容都出自作过长期研究的专家之手，因而确实反映出当代史学在这一领域所达到的最高水平。

二、对马克思主义理论的运用达到新的高度

集中众多学者的最新研究成果，是白先生主编《中国通史》实现重大创新的基础。然而，众多合作者的研究、探索，需要有高明的史识作为指导思想，对这一浩大的史学工程起到统率和灵魂的作用。白先生在新中国成立初年就自觉、刻苦地学习马克思主义，运用它来分析中国历史问题。进入新时期以后，他认识到，运用唯物史观来指导研究中国通史，必须做到把反映历史的规律性与反映历史的丰富性二者结合起来。这标志着中国史学界对于编纂中国通史的理论认识达到了新的高度，以及对于中国通史所应包含的内容的理解，达到了新的高度。多卷本《中国通史》之所以能实现重大创新，此项至为关键。

我国古代史学家有重视通史撰修的传统，产生了像《史记》《资治通鉴》这样的名著，形成了如清代章学诚所概括的"通史家风"①。进入20世纪以来，先后产生的通史著作，形成了在运用进步历史观作指导上三次意义重大的跨越。20世纪初，即有夏曾佑著成《中国古代史》（原名《最新中学中国历史教科书》，完成自上古至隋统一，1904—1906年分三册出版）。这是近代史家运用进化论观点指导研究历史而撰成的第一部通史著作。夏氏把几千年中国历史划分为上古之世（自远古至战国，包括周初以前为传疑时代，周初至战国为化成时代）、中古之世（自秦至唐，包括自秦至三国为极盛期，晋至隋为中衰期，唐代为复盛期）、近古之世（自五代至清，五代宋元明为退化期，清代为更化期）。书中对各个时代历史的演进递变，均贯串以进化、因果的关系来

---

① 《文史通义》内篇五《申郑》。

观察、分析。如论人类起源,说:"由古之说,则人之生为神造;由今之说,则人之生为天演。"① 夏氏解释远古时代自渔猎社会——游牧社会——耕稼社会的演进,更是周密地运用了社会进化观点。他称清代为"更化期",则明显地表达出他对二千年一直实行的秦朝专制政体行将结束、中国的政治制度将开新局的看法,故说:"清代二百六十一年为更化之期,此期前半,学问、政治集秦以来之大成,后半世局人心,开秦以来所未有。此盖处秦人成局之已穷,而将转入他局者。"②《中国古代史》以西方传入的进化史观为指导,对中国历史作了别开生面的叙述,给人以新鲜的、符合近代理性并能使人得到启发的知识,与旧史中充斥的循环史观或退化史观迥然而异。书一出版即令人耳目一新,因此本书成为近代史学正式确立的重要标志。此后著成的同样影响颇大的邓之诚《中华二千年史》、缪凤林《中国史要略》、张荫麟《中国史纲》等,在历史观上都同属以进化史观为指导的范畴。

20世纪通史编纂在理论指导上又一次质的飞跃,是马克思主义史学家确立以唯物史观为指导,着重阐明历史发展的规律性,可以郭沫若、范文澜为代表。1929年,郭沫若著成《中国古代社会研究》一书。当时,国内革命正处在低潮时期,许多进步青年和爱国民众感到困惑彷徨。一些别有用心的人则散布中国"国情特殊",中国社会的发展道路与别国不同,以此动摇人们对革命前途的信心。郭沫若的这部著作,则以唯物史观基本原理为指导,以甲骨文、金文和文献典籍为资料,论述中国历史也走人类共同的发展道路,由原始社会——奴隶社会——封建社会——资本主义社会,最后要走向社会主义社会。他明确地宣布自己著述的宗旨:"我们把中国实际的社会清算出来,把中国的文化,中国的思想,加以严密的批判,让你们看看中国的国情,中国的传统,究竟是否两样!"③ 遵循着相同的理论方向,范文澜在延安时

---

① 夏曾佑:《中国古代史》,河北教育出版社2000年版,第8—9页。
② 夏曾佑:《中国古代史》,第12页。
③ 郭沫若:《中国古代社会研究》,《郭沫若全集·历史编》第一卷,人民出版社1982年版,第9—10页。

期著成更加系统的《中国通史简编》；在此基础上，又经过约二十年的努力，完成了修订本《中国通史简编》（共三编四册，起自远古，迄于五代），观点更加成熟，内容更加丰富。这两部重要著作，在历史观指导上更进一步，明确地将阐述马克思主义关于人类社会发展的普遍规律与中国历史的具体实际相结合，换言之，要着力探讨共同性与特殊性二者的联结。故此，著者在延安时期申明："我们要了解中华民族与整个人类社会的共同的前途，我们必须了解这两个历史的共同性与其特殊性。只有真正了解了历史的共同性与特殊性，才能真正把握社会发展的基础法则，顺利地推动社会向一定目标前进。"① 至1954年，他进一步指出："列宁指示我们，研究历史首先要明确地划分社会发展的诸阶段，给历史画出基本的轮廓来，然后才能进行各方面的研究。本书企图用马克思主义的普遍真理和中国的具体历史结合起来，说明它曾经经过了原始公社制社会、奴隶社会、封建社会诸阶段。虽然写的未必正确，但方向显然是正确的。"② 范文澜的通史著作以其观点新颖和材料丰富而受到广泛的欢迎，延安版《中国通史简编》著成后，在各个解放区及当时的上海、香港多有翻译。解放后的修订本累计印数也达百万册以上。戴逸教授称范著通史是"杰出的著作"③。在40年代至60年代初，还有吕振羽著成《简明中国通史》，翦伯赞主编《中国史纲要》，郭沫若主编《中国史稿》，这三部通史著作同样以阐明唯物史观普遍原理与中国历史具体实际相结合为鲜明的宗旨，在长时间内产生了很大影响，讲出了真实可信的历史知识，起到教育人民的巨大作用。

时代在前进，1979年以后，中国历史进入了改革、开放的新时期，学术工作也亟须开创出新局面。恰好，白寿彝先生在这一时期提出的多卷本《中国通史》的理论指导，明确地要求做到反映历史的规律性与反映历史的丰富性二者结合。这就体现了对于

---

① 范文澜：《中国通史简编》，华北新华书店1948年版，第1页。
② 范文澜：《中国通史简编》（修订本）第一编，第13页。
③ 戴逸：《时代需要这样的历史学家——在纪念范文澜诞辰100周年学术座谈会上的发言》，《近代史研究》1994年第1期。

在唯物史观指导下如何更好地反映历史的理解，达到新的高度，对于中国通史所应包含的内容的理解，达到了新的高度。依我看来，此项实则标志着 20 世纪通史编纂在理论指导上达到新的飞跃，这部内容空前宏富的巨著，就是以这一崭新的指导思想为统帅而成功地完成的。

首先，白先生明确地提出这部通史的目标是："既反映历史的规律性，又反映历史的丰富性。"① 依据马克思在《〈政治经济学批判〉导言》中论述人口问题的研究，可以归结为：首先经过"表象的具体"，再到"多层次的抽象"，最后回到"具有许多规定和关系的总体"这样的研究方法。马克思说这种方法"显然是科学上的正确方法"。并说，"具体之所以具体，因为它是许多规定的综合，因而是多样性的统一"。白先生由此得出结论说："这对我们是很有启发的，研究人口是如此，那么研究如此丰富复杂的人类历史客观进程更应该如此。"②

其次，白先生一再强调要反对教条主义对待马克思主义的错误倾向，强调要认真地作具体分析，通过总结中国历史上存在的具体规律，去丰富历史唯物主义理论。他说："有一个认识论上的问题要搞清楚，即马克思主义经典作家并没有把真理的大门关死，马克思主义理论本身就要求人们去不断地丰富它、发展它。从历史唯物主义理论来看，在经典作家解释的普遍规律以外，还有不少比较具体的规律有待于我们去研究，去发掘。"③ 又说，"要研究我国历史发展规律，研究全人类的社会发展规律。但是不同国家不同民族的社会各有自己的具体情况。……这种研究的正确成果必将使马克思主义的社会发展学说增加丰富的内容。"④

由于在理论指导上达到了新的高度，因此，白先生在《中国通史纲要》和《中国通史·导论卷》中阐述了有关中国历史发展的一系列重要问题，如：中国封建社会发展的内部分期；在封建

---

① 白寿彝主编：《中国通史·导论卷》，第 326 页。
② 白寿彝主编：《中国通史·导论卷》，第 322 页。
③ 白寿彝：《面临伟大的历史时代》，《白寿彝史学论集》（上），第 288 页。
④ 白寿彝：《要发挥历史教育应有的作用》，《白寿彝史学论集》（上），第 275 页。

社会各个阶段，占支配地位的地主阶级身份的变化；广大边区封建化进程对中国历史的重大影响；社会发展的不平衡性；多种生产关系的并存；对封建国家管理职能的分析；等等。多卷本《中国通史》的撰写，体现了这些论点，从而使我们对中国历史的认识，更加深化、更加丰富了。

由于在理论指导上达到了新的高度，因此多卷本《中国通史》确定了要多层面地反映历史。不仅要写出各个时代重要的历史事件和史实，显示历史演进的趋势和阶段的特点，而且要反映出各个时代历史发展各方面的条件、交互作用的各方面的因素等，还要写出人的活动，因为，人的活动，集中体现了历史的规律性和历史的丰富性、复杂性、生动性之辩证关系。经济条件等决定历史运动的根本方向，而个人的活动能够局部地改变历史的外部面貌和某些结果；经济条件等的规律性，也往往要通过历史人物的活动表现出来。

自觉地、明确地把反映历史的规律性与反映历史的丰富性二者结合，作为撰写中国通史的指导思想，这是我国进入改革开放的新时期，马克思主义史学家在理论上取得的重大进展，是认识上的巨大飞跃。以白先生这一观点为指导，才有多卷本《中国通史》这一内容宏富恢廓的巨著的撰成。与此密切相联系的是，白先生一再强调中国历史是全中国各民族共同创造的历史，要给予历史上的民族关系和各民族的活动与贡献以充分的重视，以利于加强今天全国各民族的团结和多民族统一国家的巩固。列为这部十二卷巨著之冠，是首先论述"统一的多民族的历史"，在中国通史撰述中予民族史以这样高度的重视，这是前所未见的。白先生根据他长期的研究和思考，阐明了"中华人民共和国的疆域是中华人民共和国境内各民族共同进行历史活动的舞台，也就是我们撰写中国通史所用以贯串古今的历史活动的地理范围"[①]。不应当把历史上皇朝的疆域作为今天撰写中国历史的范围，将殷周史限制在黄河流域，把春秋战国史基本上限于黄河、长江两大流

---

① 白寿彝主编：《中国通史·导论卷》，第79页。

域，如此等等。因为，"如从中国历史发展的总过程来看，这是不能说明中国各族人民是如何共同创造祖国历史的。很显然，不能跳出皇朝疆域的圈子，就会掉入大民族主义的泥潭里，这既不符合历史的真相，也不利于民族的团结"①。他又阐明了：多民族国家的形成是经过一个漫长的过程，统一的程度越来越高。"先是有若干单一的民族内部统一的出现，如夏、商、周等族的最初形成。然后有地区性的多民族的统一，如战国七雄。然后有全国性多民族的统一，如秦、汉、隋、唐、元、明、清。然后有社会主义的全国性多民族的统一，有中华人民共和国的诞生。"② "撰写统一的多民族国家的历史，还是要把汉族的历史写好，因为汉族是主体民族。同时，也要把各民族的历史适当地作出安排，这是我们必须尽量克服的难点。"③ 白先生在《导论卷》和其他文章、讲演中，还一再强调历史上汉族或周边民族统一意识的增长。他继承并发展了以往马克思主义民族史家的论述，也继承并发展了陈垣先生在《通鉴胡注表微》一书中的有关论述，得出了极具卓识的论点："统一是我国历史发展的主流。……历史上也出现过割据局面，但无论是统一时期或割据时期，统一意识总是占支配的地位。"④ "尽管出现分裂阶段，但在思想意识上还是统一的。比如三国时期，曹魏在北方，东吴在江南，刘备在四川，都是割据，但是这三国无论哪一国，都自认为是正统，都要统一中国。这就是说，三国时期，尽管三国鼎立，但统一的意识却是共同的。南北朝时期也是如此。北朝自认为他就是中国，南朝是从自己分裂出去的一部分。南朝也认为自己是中国，北朝应属他所有。所以当时的历史家，北朝称南朝是'岛夷'，不承认他是正式政权，南朝称北朝是'索虏'。这两种称呼带有污蔑的意思，但都同样反映了统一的意识。"⑤ 关于民族关系史的认识，学术界

---

① 白寿彝主编：《中国通史·导论卷》，第81页。
② 白寿彝主编：《中国通史·导论卷》，第91页。
③ 白寿彝主编：《中国通史·导论卷》，第98页。
④ 白寿彝：《白寿彝民族宗教论集·题记》，北京师范大学出版社1992年版，第1页。
⑤ 白寿彝：《关于"统一的多民族国家"》，《白寿彝民族宗教论集》，第13页。

曾经有两派意见，争论不休。有人说民族关系主流是友好、合作。有人则认为主流是民族矛盾、民族斗争，以至有时发起民族战争。白先生则从历史的全局和总的发展趋势看问题，提出民族之间的团结越来越加强，友好是民族关系史的主流的观点。他说："我们过去有一个时期，民族间关系很好，这主要是说汉族和各少数民族的关系很好。很好的时间还很长呢！但不能否认，也有些时候搞民族战争。对各民族不公平待遇，也是很显著的。但这些也只是一时间的现象。……从几千年来民族关系发展上来看，民族之间互相影响越来越大，互相之间的团结越来越密切，对祖国的共同贡献越来越显著，我看这才是民族关系的主流。"①上述白先生关于历史上疆域问题的处理、多民族的统一在悠久历史中的逐步发展、统一意识的不断加强、友好是民族关系史的主流等观点，对于史学研究均具有指导的意义，也保证了多卷本《中国通史》在记载民族史、反映各民族对祖国历史的共同贡献上有鲜明的特色。

三、编纂体裁上意义重大的创新

历史理论上达到新的高度和反映历史丰富性、生动性的要求，必须落实到编纂体裁这一载体之上。史书的内容和形式是辩证统一的关系，体裁形式的确定和运用，决定它所能容纳的内容之深度和广度。所以，体裁形式不是单纯的技术问题，历史学家确定何种体裁形式，实则体现出他对历史如何理解，以及如何正确反映历史。白先生根据他对传统史书体裁形式中包含的合理性的精湛理解，根据批判继承的原则，以及对近代史书体裁形式的优点和我国历史著作优点的吸收、借鉴，决定《中国通史》在第三卷以下，各卷采用"序说""综述""典志""传记"互相配合

---

① 白寿彝：《史学工作在教育上的重大意义》，《白寿彝史学论集》（上），第247—248页。

的新综合体,多层次地反映历史。新综合体的确立为写历史提供了极其广大的包容量,且具有突出的科学性和鲜明的时代性。这样,在研究成果上"积一代之智慧";在理论上自觉地把反映历史的规律性与反映历史的丰富性结合起来,达到了认识上的巨大飞跃;在历史编纂上创造新综合体,多层次地反映历史:三者结合,融为一体,便实现了史学体系的重大创新。故此,多卷本《中国通史》的完成才成为学术界瞩目的事件,成为20世纪中国史学发展的重要里程碑。

新综合体的确立,实有久远的历史渊源。

中国传统史学体裁多样,且各有其合理性。纪传体实是一种综合体,本纪、表、书志、列传互相配合而又各尽其用,包罗万有,容量广阔。编年体年经事纬,将同时发生的事件集中展现于读者面前,时代感强。纪事本末体按事立篇,自为首尾,灵活变化,起讫自如。在20世纪初年史学近代化进程中,章太炎、梁启超二位著名学者都对新的时代潮流的涌起有强烈的感受,各自设想编纂中国通史,贯串进化史观和"开发民智,启导方来"的宗旨,并且都不谋而合地在吸收传统史书体裁优点的基础上,作新综合体的探索。章太炎所预想的通史由五体构成:(1)表。有帝王表、舆地表等,共五篇。(2)典。有种族典、民宅典、食货典等,共十二篇。(3)记。有周服记、秦帝记、党锢记等,共十篇。(4)考纪。有秦始皇考纪至洪秀全考纪共九篇。(5)别录。有管商萧葛别录、李斯别录、会党别录等共二十五篇。其中的"记",就是吸收纪事本末体的优点设立的。[1] "表""典""考纪""别录"则由纪传体中的表、志、别传等演变而来。可见总体上是对纪传体的发展,发挥其综合的优点。不过,章氏仅仅是提出设想,除撰写有几篇"别录"外,全书并未着手,且究竟是以"记"或"典"来概述社会大势,他自己并不明确,而"考纪"和"别录"同是记人,却要以"考纪"专记帝王,表示高人一等,则不免带着封建性的意味。梁启超于20世纪初年也酝

---

[1] 《章太炎来简》,《新民丛报》,1902-8-4。

酝写《中国通史》，后来到1918年，他才"屏弃百事，专致力于通史之作"。据现见于《饮冰室合集》中有关《中国通史》的部分作品（《太古及三代载记》之《古代传疑章第一》，《春秋载记》，《春秋年表》，《战国载记》，《战国年表》等）及他致陈叔通的一封书信①所述，梁启超是设想以"载记""年表""志略""传记"四者配合，作为通史的体裁。在其设想中，"载记"是主干部分，作用是叙述一个时期的主要事件和历史大势。梁启超的这种尝试与上述章太炎的设想颇有异曲同工之妙，他们都看到传统的纪传体具有诸体配合而又各尽其用、构成一时代之全史的优点，在继承的基础上加以改造；并且都极重视吸收纪事本末体详一事之起讫、首尾完整、伸缩自如的优点。而梁启超的设想更进一步，解决了通史撰述中主干部分这一难题，用以叙述历史演进的大势。②梁、章二氏的探索是很有价值的，对后人很有启发意义，但一部中国通史的撰著是多么巨大的工程，不仅要靠体裁体例思考之完善，尤要有统贯全书的理论指导，要有众多学者分途以赴、合力以成，要有安定的、有利于学术发展的社会环境。这些梁、章二氏都不具备，所以他们仅处于提出有益的设想和探索阶段。

这样，我们可以看出，在过去整整一个世纪中，通史撰著采用何种体裁，实际上是按两条线发展的。一是流行的章节体，20世纪初年夏曾佑《中国古代史》即开创用这种体裁，它是由学习西方章节体史书体裁（经由日本），而又糅合了本国的纪事本末体的特点而形成的。20世纪的通史、断代史、专史著作，以及历史人物传记，都大量采用这种体裁。分章节来叙述背景、事件、演进阶段、各方面状况等项，确有其方便之处，有其优点和合理性，今后无疑还会继续使用。再者便是新综合体的探索和创立。20世纪初梁启超和章太炎提出了有价值的设想，作了某些局部的探索，但还有关键性问题尚未解决，更远未达到全面实践阶段。

---

① 丁文江，赵丰田编：《梁启超年谱长编》"一九一八年"，第859—874页。

② 详见陈其泰《近三百年历史编撰上的一种重要趋势——自马骕至梁启超对新综合体的探索》，《史学史研究》1984年第2期。

白先生主编《中国通史》才把前贤提出的设想大大向前推进了，圆满地实现了。白先生何以有如此的魄力？这不仅因为他自觉地以科学理论作指导，在历史观上站到了新的高度，还因为他对体裁问题作了多年的思考和探索。

1946年，白先生曾在昆明发表《中国历史体裁的演变》的讲演，提出了《史记》所创体裁"是一种综合的体裁"的概念。又认为，自明代以来三百多年体裁上是"专史为主"的时期。当时，人们都对用章节体写历史书习以为常，但他却认为当前在体裁上处于"艰难万状"，因为："以前，人与社会的关系不很显著，所以平面的，甚而至于是点线的，写法已可以使人满意。现在，人与社会的关系日见复杂，非用立体的写法不能适应大家的要求。……现在将要以人民为重要的内容，并且能供给大多数人民阅读为最大的目的，以后的史书形式必须是能适合这种内容这种目的的体裁才是最好的体裁。"[1] 既然认为史书体裁问题面临很大困境，那就意味着从40年代起他就在思考史书体裁的创新了。至60年代初，白先生撰写《谈史学遗产》一文，论述对于我国丰富的史学遗产应自觉地予以批判继承，特别讲到对于以往某些史书体裁，也应以批判继承的态度加以改造、利用："在表达形式和其他方面，史学遗产中也有优良传统和非优良传统的区别。对于这些优良传统，也要像对待过去文艺形式一样，'我们也并不拒绝利用'。"[2] 传统的史书体裁，一般人容易看成是固定不变的，白先生在此文中则指出应看到同一体裁的发展，说："我们研究史书体裁，跟著录家不同，不能专从分类上着眼，更应该看到一种体裁的发展。比如就编年体来说，《春秋》只记有年月可考的史事，《左传》就不只记事，还要记言，不只记当年的事，还要于必要的时候或原其事之始，或要其事之终。荀悦撰《汉纪》，提出'通比其事，例系年月'，这是对编年体的一个重要发展。这八个字的内容，不只是要按年月把史事通通地安排起来，

---

[1] 白寿彝：《中国史学史论集》，中华书局1999年版，第427页。
[2] 白寿彝：《中国史学史论集》，第433—434页。

还包容有类比的办法。"① 到《后汉纪》和《资治通鉴》，更有新的发展。白先生这一对传统史书体裁中优秀的东西应加以继承、改造、利用的思想，到 80 年代初发展成熟，实现重大的突破。1981 年，他发表《谈史书的编撰》一文，进一步论述不同史书体裁的互相补充、交叉、综合，说："史书的体裁，一向受重视的，主要是纪传体、编年体和纪事本末体。一般的看法，在这三种体裁之间好像有一条截然的鸿沟，它们的形式也好像是固定不变的。实际上，不是这样。纪传体史书，其中很大的部分是记人物，但不是一种单一的体裁，而是一种综合的体裁。"② "纪传体是本纪、列传、世家、载记、书志、表和史论的综合。……纪传体把这些体裁综合起来，在每一部书里形成一个互相配合的整体。所以它既是多种体裁的混合，又有自己特殊的规格，形成了一种新的体裁。"③ 尤其重要的是，白先生在本文中精辟地讲了今天史书体裁的创新，要吸收古代史家的长处，还应该超过他们："历史现象是复杂的，单一的体裁如果用于表达复杂的历史进程，显然是不够的。断代史和通史的撰写，都必须按照不同的对象，采取不同的体裁，同时又能把各种体裁互相配合，把全书内容熔为一体。近些年，也许可以说近几百年，我们这个传统没有得到很好的发扬，因而我们的历史著作，在很大程度上不能表达更为广泛的社会现象。就专门史来说，体裁的问题，比写通史要简单一些，但单一的形式还是不行的。今天我们要采用综合的体裁来写历史，不止是要吸收古代历史家的长处，还应该超过他们。"④

这段话，实际上是多卷本《中国通史》实现体裁的重大创新的纲领。采用新的综合体裁，是为了反映复杂的历史进程，反映广泛的社会现象，要继承、吸收传统史书体裁的长处，还要超过它们，体现出高度的科学性和鲜明的时代性。白先生是把理论上的探讨与史书体裁上的探讨二者结合起来，互为表里，同时解

---

① 白寿彝：《中国史学史论集》，第 440 页。
② 白寿彝：《中国史学史论集》，第 450 页。
③ 白寿彝：《中国史学史论集》，第 494—495 页。
④ 白寿彝：《中国史学史论集》，第 495 页。

决,在历史观指导上做到反映客观历史的规律性与丰富性相结合,在体裁上采用新综合体,内容与形式相得益彰,互相统一。

白先生创立的新综合体的构成是:《中国通史》第三卷《商周史卷》以下,各卷论述一个时期的历史,均采用(甲编)序说、(乙编)综述、(丙编)典志、(丁编)传记的体例,四个部分互相配合,形成一个整体。"序说",不仅吸收自《太史公自序》至宋、明人论著中的"序说"中有用的东西,又吸收近代以来西方大型历史著作开头设立专章论述历史文献、研究概况的长处,加以发展。《中国通史》中的这一部分,因其系统、翔实论述历史文献和总结研究工作的进展,极受学术界的重视,青年学者更视为必备之书,因为"序说"为治学指示了出发点和门径。前文已讲到《商周史卷》中"序说"诸多佳处,第八卷《元史卷》"序说"也堪称美不胜收。它根据蒙元史研究领域的特点,不仅系统地介绍国内文献资料和研究成果,而且对读者了解、掌握甚少的国外文献和外国学者研究成果,也作了详尽的论述。此即第七章"国外的蒙元史研究",分两节,论述"十九世纪末以前的蒙元史研究"和"二十世纪的蒙元史研究",涉及法国、俄国(包括苏联)、德国、英国、美国、日本、蒙古及其他国家,介绍了多桑、沙畹、施密特、伯希和、韩百诗、符拉基米尔佐夫、傅海波等众多外国学者的研究成果,与前面论述中国学者自钱大昕、丁谦、洪钧、屠寄、沈曾植,至王国维、陈垣、陈寅恪、姚从吾、韩儒林、翁独健、邵循正等人的成就相映衬,全面展现了蒙元史研究进展的历程。这样的"序说",内容丰富、系统、全面,论述精审严谨,有很高的学术价值,这恰恰是以前的历史著作中所难以容纳的。

各卷的"综述"部分构成全书的主干,纲举目张,宏观地论述各个时期历史发展的总趋势。第四卷《秦汉卷》论述的秦汉时期,在中国历史上是一个伟大的时期,我们统一的多民族国家在这个时期进入新阶段,封建社会也建立起来。本卷"综述"即把握了这一历史时期的特点,以秦汉时期的民族概况为第一章,指陈这一历史时期新的民族状况,包括汉族的形成以及一些少数民族的简况,这与第三卷"综述"以神话、传说为第一章,明显不同。继之以二、三两章,论述秦封建皇朝的建立,秦的暴政与秦末农民战争。对于西汉这一中国历史上第一个盛大的朝代,作者设立"西汉皇朝的建立和巩固""西汉盛世"两章,概括而又具体地论述了对楚战争的胜利、汉皇朝规模的树立、郡国制与封国制的并存、"文景之治"、强干弱枝的重要措施、民族关系和统一局面的发展等重要问题,清晰地再现了西汉时期封建关系成长、国力逐步强盛、民族关系发展的历史趋势,对封建皇权加强和武帝统治政策的制定等问题提炼恰当,因而受到论者的好评。第五卷《三国两晋南北朝史卷》则面对与西汉长期统一大不相同的分裂局面,撰著者匠心独运,清楚地划分了这一时期不同的历史阶段,在混乱中理出线索。由于撰著者善于把握全局和叙述得当,结果这一本来复杂混乱的历史时期就显得头绪较为分明了。

"综述"与"典志"的关系,是要求前者能阐述历史发展的阶段性的全貌,而后者则是对这一历史发展过程中若干侧面的剖视。各个历史时期有不同的特点,因之各卷"典志"篇目的设置,既在总体上显出均衡的协调,又各具时代的特色。如《隋唐史卷》设有"长安和洛阳","隋唐科举制","隋唐官制","隋唐律令","隋唐礼俗"等篇;《元史卷》设有"运河与海运","钞法","元代投下分封制度","元代的礼俗"等篇;《清史卷》设有"手工业与资本主义萌芽","商人、商业、商镇","官修图书"等篇;《近代前期卷》设有"自然经济的分解","交通邮电","河工、漕运、盐政的衰败","海关、关税","宪政","秘密结社"等;《近代后期卷》设有"土地制度和土地改革","外国对华投资","国家垄断资本","民族资本","新民主主义经济"等篇。很明显,各卷"典志"与"综述"配合,都是为了从各个社会剖面,来反映历史时期这一"多样性的统一"及其特色。

"传记"在各卷中占有较大篇幅,反映人物创造历史的作用,同时又通过他们的思想、性格、行为表现时代的特点。第十一卷《近代前期卷》的"传记",从鸦片战争以来众多的人物中,精心选择了三十五位各方面最具代表性的人物,为之立传。他们是:鸦片战争时期的民族英雄和进步思想家林则徐、龚自珍、魏源,人民起义领袖洪秀全、李秀成、洪仁玕、杜文秀,晚清重要当权人物和封疆大吏慈禧太后、奕䜣、光绪帝、曾国藩、李鸿章、左宗棠、张之洞,维新派人物郑观应、康有为、梁启超、严复、谭嗣同,近代外交家和实业家黄遵宪、张謇,科学家和工程师李善兰、徐寿、詹天佑,革命派人物孙中山、黄兴、邹容、陈天华、章太炎、秋瑾、宋教仁,复辟帝制的袁世凯和反袁英雄蔡锷,京剧艺术家程长庚、谭鑫培。这些人物传记汇合起来,组成了近代史雄浑壮阔的历史画卷,读者由此能更加集中而形象地看到进入近代八十年来,我们民族展开的前仆后继的反抗帝国主义侵略和反抗封建统治的英勇斗争,看到志士仁人呕心沥血探索救国救民的道路,由倡"师夷长技"先声,继而发动维新变法,到采取武装革命,推翻清朝的反动统治。还有其他出色人物,或以保卫共和政体,或以宣传新思想,或以兴办近代工业,或以哲学、史学、文学、科学、艺术活动,对历史进程发挥了强有力的推动或不同程度的积极作用,当然也有人起到消极甚至反动的作用。"传记"与"综述""典志"配合,使《中国通史》展现的历史进程更加多姿多彩、波澜起伏、有声有色。多年以来通史著作中没有完整人物形象的缺陷得到弥补,增加了对读者的吸引力,人们也可以从中国历史上众多有作为人物的身上吸取丰富的智慧和思想营养。

　　白先生创立的以"序说""综述""典志""传记"互相配合的通史编纂体裁,为叙述中国几千年历史成功地提供了宏大而新颖的载体。在这种新综合体中,有对文献资料、考古资料和研究状况的科学论述,有对历史发展主干、各阶段基本脉络和总相的论述,有社会各个横剖面的展示,有对历史运动主体——人的活动的生动清晰的描绘,因此,多卷本《中国通史》体裁的创造,具有丰富性、科学性、时代性的特点,学术界对此同样予以高度评价。曾经有过这种看法,认为旧的史书只提供可资利用的史料,至于其形式等都是封建性的,毫无继承的价值。也曾有人担心采用这种体裁会不会搞成"新纪传体"。现在白先生及众多合作者拿出来的这一成功实践，对此已作出圆满的回答，而且有的省份正在进行的编写本省通史工作，已决定采用这种新综合体。白先生是以科学理论为指导，吸收了纪传体诸体配合、包容丰富的长处，而彻底摒弃其封建性，又吸收了章节体、纪事本末体和外国史学著作的长处，融合在一起。在批判继承、改造的基础上，进行大胆的再创造，使反映历史的规律性与丰富性的指导思想与新综合体的形式互为表里，完美统一。拿各卷中给人物传记较多篇幅这一点来说，这自然是吸收纪传体的长处，但又彻底摒弃纪传体后期把列传变成仕途履历表，和"人多体猥，不可究诘"的严重弊病，使之具有崭新的时代面貌，着重写出人物身上体现的时代特点，以及他对历史的贡献和影响。读着这些传记，我们毫不感到是旧的列传的翻版，而是随处体现出新的观点、新的视角、新的评价，确是新时代的新创作。

总之，多卷本《中国通史》，是一部以马克思主义为指导的、内容丰富的皇皇巨著。它集中了"积一代之智慧"的研究成果，在历史理论指导上达到了新的高度，并且在体裁上创造了新综合体的崭新形式，实现史学体系的重大创新。这部巨著的完成，是白先生和各位共同合作的专家们向新中国成立五十周年和 21 世纪献出的一份厚礼！总主编白寿彝先生不顾高龄，仍然保持如此旺盛的学术创新精神，以一二十年的艰苦劳动作出如此巨大的成就，对于我们后学实是最可宝贵的激励！这部巨著又昭示我们：坚持在唯物史观指导下从事新的理论创造这一方向，发扬传统史学的优良传统，吸收近代史家的优秀成果，坚持学术研究中的创新精神，就能不断推进史学走向新的境界。这对未来世纪史学的发展无疑具有深远的意义。

（原刊《史学理论研究》2000 年第 1 期）

为学术投入了全部生命
——深切怀念白寿彝师

2000年3月21日,我国著名的史学家、教育家、思想家白寿彝先生心脏停止了跳动,学术界失去了一位治学气象博大、风范高尚的杰出名家,我失去了随时可以问学请益、始终给我以关怀帮助的敬爱的导师,怎能不感到深深的哀痛!我自60年代初便学习先生的论著,1978年有幸考上先生指导的"中国史学史"专业研究生,以后二十一年中先生为我传道、授业、解惑,谆谆教诲,耳提面命,把我引入学术殿堂,使我获得极大教益。先生在世时,每隔一段时间,总要召我去谈话,我如有较为重要的需请教的问题,也事先同先生约好时间见面。每次这样的谈话,都是我学习的最好机会。先生渊博的学识,睿智的思想,对问题开阔的视野和精彩的分析,都令我如沐春风,随着先生思路清晰的议论,眼前顿开新的境界,兴奋不已。先生工作繁忙,我不应多打扰,谈话也不宜时间长,可是几乎每次都在不知不觉中至中午时分才结束,最后当我告辞时,先生还要讲一句:"要讲的话还多得很!"我深深理解先生对学生关心、督促的殷切心意,每次谈话都使我温暖于心,增添力量。先生辞世至今已有一个月了,而我却时刻感到先生的音容笑貌宛在,好像我依然如往日一样可以经常向他老人家请教。

一、史学巨著　巍峨丰碑

先生以九十一岁高龄辞世，学术界不少朋友在表达悲悼之情时，都共同地以极其崇敬的心情说："他老人家真是功德圆满。"这不仅是敬仰先生寿逾九旬，德高望重，学识渊博，在民族史、民族理论、中国通史、史学史、史学理论等诸多领域都有高深造诣，而尤为赞叹先生在七十岁以后，以二十年的心血，主编《中国通史》这部巨著大功告成，并在庆祝白先生九十华诞之前全部出版，得到党和国家领导人的高度评价和热情祝贺，受到学术界和社会各界的高度重视。江泽民总书记在贺信中说："《中国通史》的出版，是我国史学界的一大喜事。您在耄耋之年，仍笔耕不辍，勤于研究，可谓老骥伏枥，壮心未已。对您和您的同事们在史学研究上取得的重要成就，我表示衷心的祝贺！""领导干部应该读一读《中国通史》。这对于大家弄清楚我国历史的基本脉络和中华民族的发展历程，增强民族自尊心、自信心和奋发图强的精神，增强唯物史观，丰富治国经验，都是很有好处的。""我相信，这套《中国通史》，一定会有益于推动全党全社会进一步形成学习历史的浓厚风气。"学术界则赞誉白先生主编的这部巨著"是20世纪中国史学的压轴之作"，"是20世纪中国史学发展的重要里程碑"。

《中国通史》编纂工作的正式启动，是1981年。当时，白先生首先抓了《导论卷》提纲的制订，在集体讨论的基础上，他亲自写了《中国历史上的十二个方面346个问题》，在《史学史研究》杂志发表；在此之前，先生已主编完成了《中国通史纲要》一书，对中国几千年历史的主要问题作了系统的探讨，已为《中国通史》的编纂作了准备。此后，有关各卷的编写工作会议陆续召开，每一卷的进行，先生都亲自约请专家，亲自组织、部署，同编写组成员深入讨论。1983年7月新华社向全国报道了由白寿彝先生主编的大型《中国通史》正在编纂的消息。学术界的朋友都为先生此举宏大的气魄、周密的计划而敬佩，为先生在借鉴古今中外史书体裁的基础上，大胆创立"新综合体"的新颖体裁折服。而同时，《中国通史》工程如此浩巨，先生已经是年逾七旬的老人，能否主持此项工作至最终完成，人们不免又多少存有疑虑。有的外地学者曾对我说，他想象白先生主持如此巨大的工程，国家应该拨一栋大楼，调集许多书籍资料，集中众多专家来研究、撰写。当我告诉他绝没有这回事，白先生还是按照他原来的方式工作之后，这位朋友表示很惊讶。先生以他二十年的精力，贯注于此，他本人，他所邀集的二十几位国内第一流的专家，以及合作的四百余位学者的心血，一起凝成这座20世纪中国史学的巍峨丰碑，先生的业绩将因此而流传千载！先生曾对访问他的记者说过："不当挂名主编，是我的铁的原则。"全书二十二册，都是经他亲手定稿的，这是何等惊人的毅力，何等感人的精神！《导论卷》首章"统一的多民族的历史"，共七万多字，是先生亲自撰写的，现在大家看到的，《历史科学与理论建设》[①]一书前面有这一章手稿修改稿的照片，上面有先生写的"86.1.21，第四稿"等字样。以先生如此之高的学识和名望，撰写这一章至第四稿还要修改，这是多么令人叹服的严肃认真的著述态度，是多么执着的生命的投入。先生对全书的定稿，或补充，或改写，或删节，或合并调整，或润色字句，手法高超，各得其宜。直至各卷目录的编排，图版的选用，无不亲手裁定。先生在第四卷秦汉时期上册的《题记》中说明：本卷典志编论述秦汉时期的生产力、生产状况、经济制度和政治制度，相当广泛和深入，为通史撰述中所仅见。"土地制度和阶级结构"，即为其中很重要的一章。"这一章原来是三篇文章。一篇是高敏同志的《土地制度》；一篇是安作璋同志的《地主阶级的形成及其发展》；一篇是廖德清同志的《农民和其他劳动者》。这三篇文章所论述的问题，相互间的关系特别密切，论述的内容有相当多的重复。经过商量，

---

① 北京师范大学史学研究所编，1999年出版。

对这三篇进行了一些增删和局部的改写,把三篇合为一篇。在这一章里,有的论点如同作者平日所持见解不尽相同,并不等于对平日见解的放弃,这是应当说明的。"这是其中一例,而先生在多卷定稿过程中对原稿作这类增删、改写、调整、合并以及加工的工作,是举不胜举的。唯其全书的篇章都经过先生定稿,所以他对各卷中写得精彩的篇章如数家珍,熟悉得很。譬如,他在第五卷魏晋南北朝时期《题记》中说:"在我们的书稿中,有好多佳作,如周一良同志的文献资料,黄展岳同志的考古资料,祝总斌同志写的门阀制度,郭预衡同志写的曹植,何绍庚同志写的祖冲之,曾敬民同志和何绍庚同志合写的葛洪,郭朋同志写的道安,季羡林同志写的法显,科技史小组的同志们合写的科技各章,都是可以提出来说一说的。"白先生总揽全局,兢兢业业,坚韧不拔,二十年如一日,全力组织推动,解决编纂过程中数不尽的难题,全书终于在共和国成立五十周年前夕全部出版,可谓誉满神州。我既为先生的非凡学术荣誉而高兴,又不免感佩于怀。记得大约是1991年初夏,那时先生腿力尚健,能在校园内散步。一天我在图书馆前面遇见他老人家,自然要问起《中国通史》的进展。先生很高兴,说第四卷秦汉卷已经发排,第五卷魏晋南北朝卷过些日子也可发排,第十卷清史卷稿子已经齐了,等着定稿。接着说,"一至三卷已经出版,再加秦汉卷完成,全书就完成了三分之一,等另外两卷都定稿,就完成全书的一半了"!我明白,先生是在为自己鼓劲,把这项艰巨的工作继续充满信心地干下去。我说,能这样加快进度,着实难得。这时先生感慨地说:"干这个事,真是甜、酸、苦、辣都尝遍!"梅花香自苦寒来,《中国通史》这株学术之花何以开得这样灿烂夺目,正是白先生和他带领的众多学者不畏艰难、精勤研究,用心血浇灌的结果。先生为这部巨著投入了全部生命,成为后学献身学术的楷模。

二、洽览深思　开拓创新

"我将仍走新路!"这是先生在八十多岁高龄时讲的,是他一生治学坚持不断开拓创新、永葆学术青春的精神最好的写照。先生对马克思主义理论有高深的造诣,针对有的人主张淡化理论指导的倾向,他一再著文强调坚持马克思主义理论方向的重要性;同时他又一再论述要以坚决的态度认真地克服教条化的错误,深刻地论述要通过总结中国这个历史悠久的东方大国的特点,去丰富马克思主义历史理论,并强调这是史学工作者义不容辞的任务。先生对于这一思想的精辟概括,就是:"坚持在唯物史观指导下从事新的理论创造。"《中国通史》总的理论指导,便是自觉地把反映历史发展的规律性与反映历史发展的丰富性二者结合起来,使科学的内容与新颖的容量以及广阔的体裁形式互相统一。先生研治中国史学史前后共历五十多年,他为推进这门学科的发展所作的非凡贡献,生动地体现出他在学术上不断创新的精神。早在 1946 年,他在昆明作题为《中国历史体裁的演变》的讲演,系统地考察二千多年中历史体裁的发展变化,并针对当时大家对于章节体史书流行、几乎成为单一的体裁、而人们习以为常的情况,独具卓识地提出:从社会的发展和史学的发展的要求看,目前的体裁是"艰难万状",因此要实现体裁的创新。"现在,人与社会的关系日见复杂,非用立体的写法不能适应大家的要求。"当时能讲出这样的话,可谓见解超前,议论惊人。至 60 年代初,先生发表《中国史学史研究任务的商榷》《谈史学遗产》等论文,完成《史学史教本初稿》,创立了主要从历史观、史料价值、历史编纂、历史文学四个方面研究史学发展的模式,标志着把史学史研究推进到一个崭新阶段,摆脱了以往的要籍解题式的格局。至 80 年代,先生又一次焕发学术青春,发表了《谈史学遗产答客问》等重要论文,完成《中国史学史》(第一册)的撰著,进一步提出要加强对史学与社会生活、学术思潮广泛联系的考察,论述史学如何反映了时代的要求,优秀史著产生出来后又如何对社会产生反作用,标志着将史学史学科建设又推向新的阶段,摆脱了学术专史的旧格局,从而为学科发展开辟了更为广阔的前景。我们从先生的著作和他日常的谈论中,极强烈地感受到:先生时时刻刻都在深入思考,总是不断地提出新的问题,永远不满足已有的成绩,不断地开拓前进。

先生治学,与单纯在书斋里做学问大不相同。他博览群书,深思精研,同时他怀有强烈的时代感和使命感,深切关心着国家民族的命运,要用自己潜心研究所得的成果,帮助推动社会前进,推动学术工作沿着正确的方向向前发展。1981年,他在为纪念中国共产党成立六十周年撰写的文章中说:"史学工作者应该重视开阔自己的视野,把天地看得大一些。这首先是要站得高些,要有察往知来、承前启后的抱负。要善于发现重大问题,推动全国史学的前进。我们不能要求每一个史学工作者都作到这一点,但总要有一些同志敢于担起时代交付的担子,敢于跟同志们互相勉励,携手迈进。"① 先生正是把担负时代的责任作为自己的使命,以推动全国史学的前进为尺度来衡量自己的工作。先生著述的特点,可以作这样的概括:把对历史的发展及其规律的深入研究、当前时代的要求、对未来前途的观察,三者结合起来;把理论的指导、深刻的哲学思考、扎实的史料功底、阐释史料的内在联系,尽可能完美、受读者欢迎的著述形式,三者结合起来。先生凡所撰述,大至鸿篇巨制,小至札记短文,无不仔细考虑,慎重下笔。共同的风格,是论述深刻,思辨性强,文字准确、简洁,有时看似平实,实则越咀嚼越有味。先生常教导我们,"好的论著应该是艺术品",他本人身体力行,堪称楷模。这里包含着先生深刻的群众观点,写文章要让广大读者读得明白,喜闻乐见。大家还熟知先生的一句名言:"我是七十岁以后才开始做学问。"这句话,体现出先生老当益壮、奋发进取、勇于开拓的高尚精神,又寓含先生所称为"学问"者,应指确有真知灼见、自

---

① 白寿彝:《回顾与前瞻》,《中国史研究》1981年第2期。

成体系,对社会有意义,学术上有高价值。我们于此应该看到榜样,看到巨大的差距,警策高悬,不断自励。先生七十岁以后二十一年中,除主编完成《中国通史》这部可称是他整个生命的投入的大规模著作外,先后撰成和出版的著作还达十三部之多。这些著作都对推进中国通史、民族史、史学理论、史学史的研究具有重大价值。一位高龄的学者连续有如此之多的成果问世,确实令人赞佩。当《中国通史》最后一卷定稿送出版社发排之时,正值1998年初秋,白先生已年届九旬,刚刚完成了如此巨大的劳绩,他老人家却不休息,立即又投入《史学史教本初稿》的定稿和组织多卷本《中国史学史》以及《中国回族史》的编纂工作。去年夏天,先生因病住进北京友谊医院,后来病情逐渐转重,然而先生的大脑一直没有停止思考,直至元旦前夕,病情已变得危重,先生仍然应《群言》杂志编辑部之约,撰写了《千禧寄语》一文,对历史学的任务和功用,提出了很有创新意义和宝贵学术价值的见解:"历史学是一门研究社会发展规律、民族特点以及历代盛衰兴亡之故的学问。在正确的思想指导下,历史知识的传播有利于国家民族的相互了解,增进友谊,有利于国际间的和平,有利于思想建设和文化建设。史学一直被简单地认为只是研究过去的事情,这是很错误的。在新世纪里,史学工作者应负起时代的责任,让史学发挥更大的作用,协同各方面的工作,推动历史的前进。"[1] 这篇文章竟成为先生的绝笔,也是他对全国史学工作者和后学的最后嘱咐。

三、时穷节见 刚正不阿

白先生刚正不阿、绝不向邪恶势力屈服的崇高气节在知识界被广为传颂。1973年,"四人帮"势力嚣张,采用突然袭击的方法,对教育界的专家学者进行所谓"文化考试",此即所谓"考

---

[1] 白寿彝:《千禧寄语》,《群言》2000年第1期。

教授"事件。北师大是考场之一。先生进场后见此情景，在"考卷"上写了"白寿彝"三个字后，拂袖而去。先生这种抗拒行为，被广播、通报全国，先生却不屈服。1974年，"四人帮"别有用心地大讲儒法斗争史，一直讲到近现代。先生也曾多次在大会上作关于儒法斗争的报告，但他绝不按"四人帮"的调门讲，而是以两点论来说明儒法斗争，不讲违反史实的、违心的话，而且只讲到汉武帝时为止，说"汉武帝以后的，我不懂，不讲了"。"文革"中，"四人帮"大肆吹捧秦始皇，先生撰写了《论秦始皇》一文，却别具风骨，从史实出发分析秦始皇的功与过。十七年之后，1990年3月，在北师大举行的祝贺白寿彝先生八十华诞的会上，邓广铭教授即席发言，热情地赞扬白先生这种卓识和风骨。我也曾问过先生，当时"四人帮"气焰嚣张，压力很大，您为什么敢"交白卷"，心里怎么想的？先生说：因为毛主席讲过反对以考试作突然袭击，我是按这一条做的。对学术的献身精神和不屈服于邪恶势力的气节，正是先生崇高人格的两个方面。先生不幸逝世，首都各界人士隆重举行遗体告别仪式，高悬在会场上的一副挽联非常恰切地表达了北师大师生对先生的敬仰和赞颂之情：

洽览深思精勤无斁累帙鸿篇垂博雅悼先生而今遽逝
时穷节见刚正不阿一张白卷振高风贻后学他日堪循

对朋友，对后学，先生情意殷切，爱护备至。在学术界，先生有不少挚交，交谊长达半个世纪以上，如已先后逝世的侯外庐、楚图南、邓广铭、王振铎、苏秉琦等先生，以及现仍健在的臧克家、杨向奎、王毓铨、周一良、季羡林、史念海等。先生和楚图南是抗战时期同在昆明云南大学任教相识的，其时楚老任历史系主任，先生任教授。先生曾对我们说，他治史学史，其中也有当时楚老对他的影响。楚老曾对他议论说，司马迁写历史人物，各有性格特点，非常成功。项羽、刘邦、陈胜三人都有反秦思想，三人讲出的话却不一样。项羽说："彼可取而代之也！"刘邦说："嗟乎！大丈夫一世当如此也！"陈胜则说："王侯将相宁有种乎!"三个人的话都很符合各自的阶级地位、性格志向,写得鲜明生动。先生说,楚老当时的谈话有启发他对史学史兴趣的作用。自在昆明结识以后,两人保持了终生的深厚友谊。先生很尊重楚老,楚老对先生的才学和器识也极尊重。1981年,由先生担任主编的《史学史研究》公开发行,先生请楚老题写刊名,楚老在复函中说:"拙书能附骥尾,既荣且愧。"又说:"中国是有悠久历史文化传统的古国新邦,史料史实、史学史论,浩如烟海,盖世无双。兄能领导这方面的工作,以兄之识、之才、之学、之勤,当可预期学人辈出,超班马、迈刘章,继承并开拓史学新境,为祖国争光,为世界作出贡献。弟虽年迈学荒,然捧读大著,如过屠门而大嚼,亦晚年快事。"先生说,这些话一直是他的精神动力。楚老年事已高,工作又忙,而对先生所赠给的论著,如《谈史学遗产答客问》一至四篇,篇篇仔细阅读,并鼓励先生把"答客问"写下去,"不止是再写四篇、五篇,而是要四五十篇地写下去"。楚老逝世后,经先生大力倡议、积极推动,由北京师范大学出版社隆重出版了《楚图南文集》。他们的深厚交谊堪称文化学术界的一段佳话。在北师大,先生以对学生要求严格著称,但他又循循善诱,为学生的进步感到由衷高兴。我于1981年硕士论文答辩完成后,先生即安排将其中能独立的部分交刊物发表,在此前后我呈交先生的习作,先生也及时安排刊载,并说:"要逐步把你们介绍给学术界。"对文章中的毛病,先生更是及时严肃地指出。有一次,我写了一篇关于章学诚的文章。文章交上去刚几天,恰好在校园中遇见先生,他说:"你文章的前面我给你切去一大块肉,切去了一大块!"其他便不说什么,我明白先生这样使用强调的语气,是要让我谨记今后为文务必删除枝蔓。等拿回文章一看,先生的批语是:"本文有新意。开头一段宜删。"这一段有六百余字,只保留一句,直接下文,其余全部删掉。经这样修改后,尽去累赘,顿觉文气贯通,结构合理。先生是优秀的共产党员,又是优秀的老盟员,对民盟很有感情,对盟的工作关心支持。春节前夕,他病情转重,还惦记着交盟费。盟内同志都为先生对盟组织的重视深深感动。白先生主编的

《回族人物志》（包括自元代至近代，共四册）于1997年全部出版，这部书是在先生撰成于40年代的《回族先正事略》的基础上编著完成的，先生发凡起例，亲拟编写纲目，悉心指导编写组成员写作，直至亲自领导逐章逐节讨论，修改定稿，前后历十一年之久。书出版后，先生却坚决不要一分钱稿费，说："我搞了一辈子历史，晚年总想为自己的民族做点事，我如果拿了这个稿费就不值钱了。"敬爱的先生，您对中华民族、对国家社会忠诚奉献，功绩卓著，而对组织、对他人却一无所求。您虽然离开了我们，但您的精神永在，您的著作和思想，您崇高的人格力量，将永远教育激励着后学不断前进！

2000年4月22日

（原刊《群言》2000年第7期，《新华文摘》2000年第11期转载）

白寿彝先生编纂
《回民起义》的学术价值

我国著名的历史学家、杰出的回族学者白寿彝先生为中国历史科学作出了巨大的贡献,在中国通史、中国史学史、史学理论、民族理论、民族史、宗教史和中国交通史等领域都有卓越的建树。其中,还应包含一项重要的学术业绩,白先生于新中国成立后积极地参加中国史学会的筹备和建立工作,被选为第一届理事会常务理事,还担任中国史学会组织成立的《中国近代史资料丛刊》总编辑委员会委员,并编纂《回民起义》一书。先生于2000年3月21日以九十一岁高龄逝世之后,学术界许多专家纷纷撰文,评价先生在中国通史、史学史、民族理论、民族史等诸多方面的成就,而对于《回民起义》一书的学术价值惜未见有专文论述。兹特撰成这篇小文略陈浅见,期望引起学术界进一步讨论的兴趣。

新中国成立前夕,新政治协商会议筹备会在北京召开,史学界人士率先组织了中国新史学研究会筹备会。学会确立了以推动近代史研究为工作的重点,决定组织编辑《中国近代史资料丛刊》的工作,于1950年成立了由著名学者组成的总编辑委员会。白寿彝先生负责《回民起义》专题的编纂工作。此书于1952年由上海神州国光社出版，共四册。前两册是关于云南回民起义的资料，包含道光年间的起义和咸丰同治年间的起义。后两册是关于西北回民起义的资料。白先生于 40 年代在昆明云南大学任教之时，即花费了很大精力搜集有关清代云南回民起义的史料。但他在当时从事此项工作与解放后编辑《回民起义》，前后有着完全不同的感受，本书《题记》中概述过去受尽阻挠而如今各方大力支持的天壤之别，表达过去长时间的努力和心愿今天才能结成果实的激动心情：

> 没有中国共产党英明的领导，没有毛泽东主席伟大的民族政策的照耀，中国各少数民族人民翻不了身，像这样的一部书也不可能出版。我还记得，在一九四三年，我编的一本关于云南回民起义的小册子，题名作《杜文秀革命史料》的，被国民党反动派的图书杂志审查委员会留难半年后，不准出版，说是"挑拨汉回情感，妨碍抗战"。后来我把这部稿子改编了，又把书名改题作《咸同滇变见闻录》，好容易出版了。出版后，书的销行也是困难的。在需要这书最多的地方昆明，是很难买到这本书的。像这样的情况，在今天说，已恍如隔世。今天，我们的这部书，在编校过程中，随时都在受着各方面同志们的鼓励和督促。大家不是阻难这部书的出版；正相反，是希望早一些出来，希望内容多些，编得好些。作为毛泽东时代的一个回族历史工作者，我真感到一种说不出的光荣和骄傲。①

显然，在旧中国，根本不具备系统搜集出版回民起义资料的条件，因而新中国成立伊始，由中国史学会组织、白寿彝先生编纂的这部史料汇集确是一项开创性的工作。搜集回民起义史料的工作有特殊的困难，因为，在清代，云南或西北的起义都被镇压，也就不可能有当时人站在起义民众立场所作的正面记载，若干原始资料即使能幸而得以保存也早已散落在民间，寻找极其不

---

① 中国史学会编：《回民起义·题记》，《回民起义》（一），神州国光社1952年版，第1页。

易。白先生40年代在昆明时，即以执着的精神千方百计到处访求，包括在昆明和外县，克服种种困难，他辗转寻觅，找到了一些原始史料和抄本，其中还有马生凤这样的长时期以保存本民族历史文献为职志的回族学者搜集并存留下来的资料。《回民起义》书中有关清代云南回族人民起义的史料，即以此为基础。新中国成立后，又进一步在北京各图书馆、回族学者和宗教人士，以及其他历史学家、文献学家帮助下，加以扩充和系统化。这部书之所以具有很高的史料价值，首先在于搜集文献丰富，种类齐全。共包括四大类：（一）官书（和半官书）；（二）奏议；（三）私人著述；（四）方志和碑刻文字。

官方的史料，如《钦定平定云南回匪方略》五十卷，奕䜣纂修（成书于光绪二十二年）。关于其史料价值，编者说："这书收录咸丰五年九月至光绪五年十月间有关云南回民起义及镇压云南回民起义的奏谕，是一部按着年月日排列的奏谕汇编。在这些奏谕里，对于回民起义，一般地是颠倒黑白，捏造事实。如卷四十七所收癸酉年正月二十四日岑毓英奏折，所述大理攻破情况，可以说是完全捏造的。但同时，透过这些奏谕，我们也不是不可以发现真的情况；尤其是在清奴仆的互相攻讦的奏疏里，更可以暴露出当时的一些真实状况的。"① 又如《平定关陇纪略》，易孔昭、胡孚骏、刘然亮编，这三位编书人是左宗棠旧部下杨昌濬和魏光焘的幕僚，他们编此书，是依照杨、魏的意思进行工作，依据的材料则完全是当时的章奏。故 "它是《平定陕甘新疆回匪方略》以外的，唯一的关于陕甘回民起义的比较详细的书"②。奏议一类的书选录的有：贺长龄《耐庵奏议存稿》，李星沅《李文恭公奏议》，林则徐《云贵奏稿》，陶模《陶勤肃公奏议遗稿》。私人著述一类，有相当数量是编者长期寻访收集的。仅第一册中，就选录有：李元丙《永昌府保山县汉回互斗及杜文秀实行革命之缘起》，是记载道光二十年（1840）以后的回汉冲突，回民不断

---

① 中国史学会编：《回民起义》（一），第304页。
② 中国史学会编：《回民起义》（二），第241页。

地遭受迫害，以致发展到杜文秀联合回汉反抗满清的革命的重要史料。作者李元丙，云南永平人，他在民国二十七年（1938）作此文时已七十一岁。"据他说，本文是他根据幼年听到汉族长老目睹当时事变者的传述来写的。"而此原稿本的发现，则是当年在"昆明正义路礼拜寺内的一个破纸篓里捡得的"。[①] 赵清《辩冤解冤录》，编者经多方寻访，共得三个抄本（它们的所有者分别为沙宝诚、白孟愚、马生凤），而用沙宝诚的抄本为底本，以其余两个抄本比勘整理而成。佚名《缅宁回民叩阍稿》，原见于马生凤遗著《云南回教纪录》稿本。马生凤是云南富民人，清同治十三年（1874）出生，清末及民国初年曾任军职。1930年左右，他任昆明振学社副社长，利用云南回教俱进会这一机构，征集咸丰同治年间云南回民起义资料。并邀请长老们口述见闻，笔记成篇。这篇《缅宁回民叩阍稿》，见于他所写《云南回教纪录》的附录。1940年，白寿彝先生在云南因得阿訇沙平安的帮助，获读《纪录》稿本和马生凤遗藏的一些材料。当时，白先生从稿本中录出此篇，加以整理后，以《杜文秀叩阍稿》为题，发表在他所编《咸同滇变见闻录》里。嗣后，学者吴乾就曾对此文写了一篇考证文章，指出：此稿内所说，是道光十九年（1839）的事，和杜文秀并无关系。因为，道光十九年杜文秀才是个十二岁上学的孩子，况且文秀原籍永昌府保山县，而此一回民被杀害过千的事件系发生在顺宁府缅宁厅，不可能由外府的一个十二岁的小孩出面跋涉数千里告阍。故他提出这一篇应该称为《缅宁厅回民叩阍稿》。白寿彝先生认为这个看法是正确的，故他将这篇史料选入《回民起义》时改题了篇名，并详细地将吴乾就的考证的理由引在本篇解题之中。《回民起义》选录的云南回民起义的史料，属于依据抄本整理的，还有《永昌回民檄文》、《迤西汉回事略》（王崇武抄本）、徐元华《咸同野获编》（王崇武抄本）等，总计达三十二篇之多。关于第四类史料，有《永昌府志》《大理县志》，及《咸丰十年庚申楚城陷碑记》（佚名）、《重修赵州城碑

---

① 中国史学会编：《回民起义》（一），第2页。

记》（马仲山）等碑刻文字五种。由此可见，此书收集的资料丰富而珍贵，编者所做工作之精审和见识之卓越。

善于剔别旧记载的偏见和诬枉，保留其中有价值的成分，这是《回民起义》具有重要学术价值的另一重要体现。后人所能见到的清朝统治阵营或旧文人的有关记载，必然站在封建阶级的立场，对回民起义作了许多歪曲和污蔑，但或因夸耀自己的功绩，或因不同利益派别之间互相揭短，中间也总要反映出若干事实的真相。因而，需要编者独具慧眼，善于作区分和鉴别的工作，透过歪曲性的记载，发现其中透露出历史真相的材料。如：《回民起义》第四册，选录了《秦陇回务纪略》（八卷），光绪六年（1880）余澍畴著。余是凤翔知府张兆栋的幕僚。这书卷一记陕西回民起义时的一般情况，其余七卷差不多都是记同治元年（1861）六月至三年（1863）九月间张兆栋为清政府守凤翔时的战守情况。编者指出："这书的写作目的，基本上是在于表彰兆栋反义军的事迹，有时也附带地表彰著者本人的某些才能。这书的用处，就在于它集中地记述凤翔一隅的情况，对于清统治阶级内部的腐败和矛盾，兵勇对于义军的同情，以及义军的勇敢和其部队中之有不少的汉民成分，都有具体的暴露。"① 当然也有的记载，原出自汉族官员之手，而较能反映出回民受欺压及忍无可忍起而反抗的事实，较少存有偏见。如张集馨《临潼纪事》一文，系作者于咸丰八年（1860）在甘肃布政使任上，丁忧路过陕西时所记，叙述临潼回汉两村因演剧引起纠纷，回民被打至重伤，多次赴县申诉，县令不管，反加扑责，以至引起双方恶斗，互相杀伤多人，事闻省城，竟令首府派兵弹压，陕西巡抚还放出狂言："回民不遵约束，即派兵剿洗。"文末张集馨议论云："余闻此事，颇嫌孟浪。向来地方官偏袒汉民，凡争讼斗殴，无论曲直，皆抑压回民。汉民复恃众欺凌。不知回性桀骜，亿万同心。日积月长，仇恨滋深。滇南回患至今猖獗，官不能制，转受回民侵欺。

---

① 中国史学会编：《回民起义》（四），第214页。

履霜坚冰，殆非一日。陕省当事可不顾念前车之覆乎！"① 依他主张，应是先将临潼县令严参重治，"然后分回汉之曲直而平理之，必可相安无事"。《纪事》总共不足千字，但编者白先生眼光敏锐，发现它具有远远高于一般清朝官员所记的史料价值，故特从1948年10月上海出版的《子曰丛刊》中选出，并加整理采用。

《回民起义》全书总字数约二百万字，出版以后，因其重要的学术价值而一向受到近代史和民族史研究者的重视。为满足学术界当前的需要，最近，此书又由上海人民出版社与上海书店出版社联合再版发行。

(原刊《回族研究》2002年第2期)

---

① 中国史学会编：《回民起义》（三），第17页。

白寿彝主编《中国通史纲要》对历史上民族关系的处理

白寿彝教授主编的《中国通史纲要》（以下简称《纲要》）一书，自 1980 年初版以来，因受到学术界和广大读者的欢迎，已经先后重印达二十九次，累计印数多达九十六万余册，同时又被译成多种外国文，行销世界各地。白先生是著名的老一辈马克思主义史学家，同时他又是回族著名学者，长期与国内民族界人士有密切接触，并连续几届担任全国人大常委会委员和民族委员会副主任职务，具有社会活动家的丰富阅历和体验。因此，由他主编的通史著作，既体现出熟练地运用马克思主义观点对中国历史进行阐释、概括的精到见解，又凝聚着他对祖国多民族共同创造历史和历史上各民族的关系越来越加强的深刻理解。如何正确看待和处理历史上的民族关系，是历史研究和民族研究中极重要的课题，关系到能否如实地反映出祖国历史的一个重要方面，关系到是否有利于加强今天各族人民之间的团结，增进各族人民之间的感情，不仅具有理论上、学术上的意义，而且具有现实的意义。《纲要》在这方面做了很有意义的工作，突出了民族关系在中国通史中的地位，鲜明地体现出着眼于加强民族团结来研究民族问题的原则,真挚地歌颂了各族人民对祖国历史的共同贡献。白先生主编的《纲要》之所以受到学术界的高度重视和读者的广泛欢迎,书中有关民族问题的理论观点和具体阐释无疑是至关重要的一项,这也是白寿彝先生学术成就十分重要的一个方面,其成功经验很值得我们总结,并从中得到启发。

《纲要》处理历史上民族关系的创见,主要可以归纳为以下四个方面。

一、《纲要》跟狭隘的民族观点相对立,平等地把国内各民族共同地视为祖国历史的创造者,以显著地位记载各兄弟民族在历史上的贡献

书中肯定了"汉族对中国社会的发展,有很大的贡献"①,同时又强调说,"中国历史上的每一个民族都不是孤立发展的。每一个民族都对祖国历史的创造出过力,也都跟国家的命运同呼吸。在长期的反封建主义、反殖民主义、反帝国主义的斗争中,各民族总是并肩作战。无论在经济的、政治的或文化的方面,每一个民族都从兄弟民族吸收各种营养以丰富自己。每一个民族的语言也不断地接受兄弟民族的影响。甚至每一个民族形成和发展的过程,也是一个不断组合、分化和融合的过程,总是不断地接受兄弟民族的成员,也不断地有自己的成员参加到兄弟民族里去"②。这段话概括地说明了伟大祖国的历史是各族人民共同创造的,民族之间的互相学习和融合,意义极为重大。这是书中叙述民族关系发展变化的基调,也是贯穿全书的一项指导思想。《纲要》"叙论"中设立专节简要介绍全国五十多个民族的人口,分布地区,语言文字,以及各民族在经济生活上和文化生活上的特点。这种做法体现出我国多民族大家庭的每一成员都同是国家的主人和历史舞台上的演员,这在通史著作中是一种独创。著者对

---

① 白寿彝主编:《中国通史纲要》,上海人民出版社1980年版,第12页。
② 白寿彝主编:《中国通史纲要》,第13页。

于汉族的形成和北京城的发展的看法同样具有独到的见识，"叙论"中说："作为中国主体民族的汉族，是经过有关部落和民族的融合而在秦汉时期形成的。"①"辽的南京，金的中都，元的大都，即今北京。这里，自古以来就是军事上、政治上和经济上的一方重镇。元建为都城后，明清相继建都，今天又成为人民共和国的首都。北京的发展，是汉族、契丹族、女真族、蒙古族和其他民族共同创造的。"②这两段话含义深刻，同样有力地证明各族人民与祖国历史血肉相连，密不可分。

上述指导思想是《纲要》的著者长期运用马克思主义研究中国历史与民族问题所得出的结论。1951年白寿彝先生的《论历史上祖国国土问题的处理》一文，就是批评写中国历史在"历代皇朝的疆域里兜圈子"的不正确做法而撰写的，指出它"很容易引导我们的历史工作陷入大汉族主义的偏向"，"限制了本国史的内容，要使它成为单独的汉族的历史或汉族统治者的历史，要在'汉族'或'汉族统治者'和'中国'之间划上等号"，因而是"不合于今天的人民需要的"。并明确提出中国的历史应该以今天的中华人民共和国的国土为范围，由此上溯，研求自有历史以来，在这土地上先民的活动。这样做，才有"可能使本国史有丰富的内容，可能使本国史成为各民族共同的历史，可能使本国史告诉我们这个民族大家庭的由来"。③同年，著者又在另一篇文章《论爱国主义思想教育和少数民族史的结合》中说："各民族共同创造中华民族的全世无匹的悠久的历史，这是我们中华人民所应该引以骄傲的。这种骄傲，比单独地对汉族历史悠久的骄傲，是更有充足的理由。""国内少数民族，在中华民族历史创造的过程中，有不少特出的贡献。……我们的历史教师，把少数民族的特殊贡献尽量地适当地指出来，让广大群众都认识到中华民族所由构成的各民族都是具有高度智慧的民族，这对于民族自尊自信

---

① 白寿彝主编：《中国通史纲要》，第17页。
② 白寿彝主编：《中国通史纲要》，第20页。
③ 白寿彝：《学步集》，生活·读书·新知三联书店1978年版，第1、2页。

心的建立是更有力的。"① 这些话，今天读来仍然很有启发意义。很明显，《纲要》处理历史上民族关系的原则和做法，正是著者在新中国成立初期提出的论点的体现和发展。

二、《纲要》提出了把民族杂居封建化进程作为划分封建社会历史内部分期主要标准之一的观点，并以大量史实作了充分的阐述

这无论对通史研究或对汉族史研究来说，都是重要的创见，丰富了中国史的内容，并且有助于揭示出中国历史的阶段性特点。著者综合对封建化进程、对封建等级土地所有制和社会经济发展状况三个方面的分析，划分封建社会历史为四个时期：秦汉为成长时期；三国至唐为发展时期；五代宋元是进一步发展时期；明清是衰老时期。这种分期主张已获得许多史学工作者的赞同和采用。

民族杂居地区封建化进程，主要指历史上的少数民族在各族互相学习和影响中，由较低级社会形态向较高级社会形态发展的过程，它显示出较大范围内历史的向上运动和质的飞跃。书中说："民族杂居地区的封建化，在中国历史发展过程中意义甚为重大。汉族和少数民族在这样的过程中互相吸收对方的积极因素，活跃了社会生产力，促进了社会经济的繁荣。"②《纲要》从这一观点出发叙述不同时期封建化的进程，分析其意义，确确实实摆脱了只从"历代皇朝疆域"观察历史趋势的旧框框，而将全中国范围都放在自己视野之内。书中说，在三国至唐这一时期内，"发生了民族间的长期斗争，发生了民族的大规模流动和移居。结果是无论在北方和南方，民族杂居的地区都扩大了。因而，汉族充实了自己，少数民族提高了生产水平和生活水平。新的民族关系的局面出现了，民族杂居的封建化过程在前进了，这

---

① 白寿彝：《学步集》，第11、12—13页。
② 白寿彝主编：《中国通史纲要》，第233页。

是封建社会发展时期的一个重要的特征"①。具体来说，在当时，"原先居住在西北部和北部边远地区的匈奴、鲜卑、羯、氐、羌等少数民族……于西晋末年内迁到黄河流域以后，与汉族人错杂居住，互相影响，促使它们的社会发展出现了飞跃。十六国时，少数民族建立的政权，大都任用汉人为官吏，采用汉人的政权组织形式，实行封建的政治、经济政策，加快了它们封建化的进程"。而鲜卑族建立的北魏，"到魏孝文帝时，这种情况更为显著"。在南方，"山越人和蛮人，也逐渐接受了从北方传来的先进生产技术和社会制度，使他们也加速实现了封建化的进程"。② 假若不叙述北方与南方封建化的进程，则显然不能反映出这一时期历史的全貌。

书中进而告诉我们：五代宋元时期（特别是元代）的封建化进程主要是在边疆地区，范围很广阔，因而对于中国封建社会的发展同样具有全局性意义。著者明确提出，不仅要看到蒙古早期和元代中原地区生产力一度遭到破坏，而且更要看到广大边疆地区封建化进程及其对我国历史发展的意义。著者得出五代宋元时期是封建社会进一步发展时期这一独到的新结论，这是重要依据之一。书中说，蒙古早期和元初的破坏，"毕竟是在一定时间内局部地区所发生的现象。就整个中国或蒙古民族本身来考察，元代的社会生产力不是停滞不前，而是向前发展的。这从广大地区的进入封建化过程或进一步封建化，从民族关系的加强，就更看得清楚些。元代继五代、宋、辽、金之后，在这方面是有较多成就的。在辽、金兴起的东北地区，在西夏地区，在今蒙古、新疆、西藏、云南等地区，都显示了这种重要的社会发展状况"③。如蒙古地区，著者指出，"在忽必烈统一中国时，封建化过程大体完成"。这表现在两方面。一是制度性质上，封建牧主对牧民采用劳役、贡赋这类封建性质的剥削。二是农业经济的发展上，"忽必烈时常派汉人向蒙古人传授耕作技术，鼓励蒙古人在牧养

---

① 白寿彝主编：《中国通史纲要》，第18页。
② 白寿彝主编：《中国通史纲要》，第233页。
③ 白寿彝主编：《中国通史纲要》，第284页。

繁殖驼马牛羊之外，也要种田。忽必烈还在蒙古地区大规模实行屯田，促进了当地农业经济的发展"。① 书中对其他地区发展情形也有具体的叙述。

三、《纲要》还以大量史实论证了这样一个基本论点：在中国历史上，民族之间的交流和融合是民族关系的主流

书中如实记载了历史上发生过的民族间的不和以至战争，同时又更着重记载历史上民族间的友好往来和互相融合，突出各族人民对祖国历史发展的共同贡献。这种交流和融合可以溯源很早，西周初年，居住在东北松花江直到黑龙江广阔地区的肃慎族与周就有友好联系。在汉、唐、元、明、清等统一时期，民族间的交流就更加频繁和密切。例如，西汉张骞出使西域的结果，"增进了西汉皇朝和天山南北地区间的了解。此后，这一广大地区的地方政权相继遣使跟汉通好，汉也派使者在这里进行屯田，加强了对这一地区的影响和联系"。武帝时，"西南地区和内地的联系进一步加强了"。②"唐代在国内民族关系方面，有战争，有和好，而总的说来，唐代盛世的民族关系是比以前密切了。"东突厥与唐连年战争之后，"毗伽可汗立，向唐请和。唐答应跟它互市，以丝绸交换马匹。从此，双方建立了亲善的关系"。唐灭西突厥后，"在天山南北的经济文化交流日益频繁，而经过天山南北一直通往西亚的道路，也得以顺利通行"。其他回纥、吐蕃、东北各族、南诏也都与唐有友好关系和经济文化交流。③ 书中突出记述了元代各族人民共同开发边疆地区的情景。如讲到新疆："从蒙古早期直到元代，畏吾儿文化对蒙古人有很大影响，而汉文化又对畏吾儿人有很大影响。忽必烈对畏吾儿人聚居地区的开发，非常重视，屯田的规模不断扩大。"并且"注意发展那里的

---

① 白寿彝主编：《中国通史纲要》，第 285 页。
② 白寿彝主编：《中国通史纲要》，第 128 页。
③ 白寿彝主编：《中国通史纲要》，第 191—193 页。

手工业,曾经派汉族工匠到鄯善(今新疆维吾尔自治区若羌县)地方去传授造弓的技术"。又如讲到云南:当时,"许多蒙、汉、畏吾儿人和回回人来到云南,跟原来居住在这里的白、彝、傣、纳西、哈尼等各族人民共同开发祖国的西南边疆。回回人赛典赤赡思丁在云南兴修水利,传播汉族文化,改善民族关系。汉人张立道消除滇池水患,开辟良田,提高农业生产技术。他们都对云南社会的发展作出了成绩"。① 通过这些记述,热情歌颂了各族人民对祖国历史的共同贡献,读起来令人愉快。《纲要》还通过具体的记述告诉读者:即使是在分裂割据时期,各族人民之间的凝聚力仍然是更加起根本作用的因素。书中讲到在辽、西夏、金跟北宋对峙时期,"它们(辽、西夏、金)相互之间,以及它们和北宋之间,有政治、军事上的矛盾和妥协,也有经济、文化上这样那样的交流"②。宋与西夏间三次大战的结果,"大大加重了双方经济负担和人口的伤亡。战争也造成了正常贸易的停滞,使夏境内的粮食和日用品感到不足,造成了各族人民生活上的困难"。因此,双方此后即达成和议,"商定夏对宋称臣,而宋则每年要给夏银七万二千两,绢帛十五万三千匹,茶叶三万斤,并恢复宋边界上的市场"。宋辽边境上也开辟市场,宋以数量众多的农产品和生活用品跟辽的畜产品互相交换。③ 宋元时期的吐蕃虽然是个封建割据的局面,吐蕃族跟汉族及其他民族的关系也是友好的。"吐蕃人角厮罗在青海一带所建立的政权和北宋政府交往颇多,角厮罗曾受封为节度使,并以'进贡'和'回赐'的名义进行商品交换,用牛、马换取内地的丝织品、茶叶、药材。"④ 这就说明:即使是在分裂割据时期,各族人民之间要求加强友好往来的深厚感情总要顽强地冲破统治者制造的障碍,促使民族关系不断趋于密切。只有抓住这一点,才是抓住事情的主要方面和主要实质。《纲要》这样重视各民族间的友好联系和融合,赞颂各族

---

① 白寿彝主编:《中国通史纲要》,第286—288页。
② 白寿彝主编:《中国通史纲要》,第247页。
③ 白寿彝主编:《中国通史纲要》,第249—250页。
④ 白寿彝主编:《中国通史纲要》,第287页。

人民对历史的共同贡献的做法，不仅与那种竭力要区分历史上民族之间谁是"侵略者"、谁是"被侵略者"的做法截然相反，也跟那种只强调某朝在某地设立什么行政机构的做法根本不同。无疑地，前一种做法才有利于巩固和加强今天各族人民之间的团结，才有利于发展各族人民之间的互相合作，共同把祖国建设得更加繁荣。

四、《纲要》正确评价了少数民族建立的统一政权的历史地位

以往有的历史著作总要把元代说成是蒙古铁骑蹂躏的黑暗时期，《纲要》则对元皇朝的历史地位作了全面评价。一方面指出，成吉思汗所进行的战争，带有极大的掠夺性，"对于封建制度下的生产方式和统治方式并不理解"，"蒙古铁骑所至，都带来极大的破坏，使当地人民蒙受深重的灾难"。① 另一方面又指出，"从元皇朝统治全国的历史来看，它结束了五代以来长期割据的局面，并且显示出大一统的建国规模，在经济和文化上都有所成就"②。书中列举了主要史实来证明，如：忽必烈在"灭宋以后，更大规模地推广屯田，兴办水利。尽管当时社会矛盾很尖锐，农业生产还是得到一定程度的恢复"。在全国设立驿站制度，修通大运河，发展了交通，利于全国的统一。"元代的科学技术、史学和文学艺术，都是有所发展的。国内民族联系的加强，中外文化关系的增进，使少数民族的成员、外来侨民及其后裔也都有机会作出贡献，从而丰富了中国的文化。"③《纲要》对清代前期的历史地位也作了肯定："大致说来，清强盛时期的行政效率要比明代好些。它不只大量沿袭了明制，也注意吸取明的失败教训，清对人民的剥削比明较为缓和。清帝没有宠任宦官和多年不上朝的事。清帝跟军机处的关系，要比明帝跟内阁的关系密切得多。

---

① 白寿彝主编：《中国通史纲要》，第261—262页。
② 白寿彝主编：《中国通史纲要》，第271页。
③ 白寿彝主编：《中国通史纲要》，第268—269页。

白寿彝主编《中国通史纲要》对历史上民族关系的处理

在相当长的时间内,清还能保持一个相当强大的形象,是有原因的。"① 如果不彻底清除笼统"排满"之类的旧观念,就难以得出上述正确结论。对于清代的民族关系,著者透过复杂的历史现象,进行了审慎的分析。一是肯定清初"对边疆少数民族,注意到民族关系的协调",包括蒙古赤斤部、蒙古喀尔喀部、新疆畏吾儿、西藏的达赖和班禅;二是书中没有轻率地把后来准噶尔部起兵指为"叛乱";三是明确肯定清朝康、雍、乾三位皇帝对西北的军事行动和在西南地区"改土归流",是"巩固了国防,稳定了当地的社会秩序"的措施,因而具有(或客观上具有)进步的性质。同时又严重谴责统治者"采取征讨行动的时候,总是给当地人民带来很多灾难"。这种从当时的历史条件出发,对复杂的历史现象作具体分析,正是马克思主义的史学工作者的郑重态度。清代民族关系是个很复杂的问题,研究者往往感到难以作出恰当的概括,《纲要》论述尽管是简略的,却富有启发作用。

书中对少数民族杰出人物的评价也同样显示出著者的历史眼光。除上面提到的北魏孝文帝、忽必烈等人物外,他如说金的阿骨打是女真人的"杰出领袖"②,耶律楚材(契丹人)"是成吉思汗和窝阔台汗时期的博学的政治家"③,郑和(回族人)下西洋,"航海纪录的最终完成,比哥伦布发现美洲和达·伽马到达好望角要早半个多世纪"④,"努尔哈赤和皇太极都是杰出的军事家,皇太极还是杰出的政治家"⑤,对他们都作了充分的恰当的评价,同样体现了用民族平等的观点处理历史上民族关系的原则。

总的来说,《中国通史纲要》对历史上民族关系的叙述,做到了把对历史问题的具体分析、恰当论断,跟加强今天民族团结的著述目的结合起来,具有科学价值和时代高度。这条正确的经验,值得我们重视。由于这是一本纲要性通史著作,书中的叙述

---

① 白寿彝主编:《中国通史纲要》,第344—345页。
② 白寿彝主编:《中国通史纲要》,第250页。
③ 白寿彝主编:《中国通史纲要》,第262页。
④ 白寿彝主编:《中国通史纲要》,第299页。
⑤ 白寿彝主编:《中国通史纲要》,第324页。

和分析都只能做到比较简要,此后,在由白寿彝先生担任总主编的《中国通史》多卷本中已经以更详尽的史料和分析予以展开,作了更加深入和充分的论述。

(本文系与王秀青博士合撰,
原刊《回族研究》2005年第2期)

白寿彝先生学术创新的风范

我国杰出的马克思主义史学家、教育家白寿彝先生辞世已有五年了。五年来，他的音容笑貌仿佛仍时时出现在我们眼前，他的研究成果和许多卓越的见解更时时被人们谈起，仍然具有很强的生命力，仍然活跃在当前的学术工作之中。白先生在学术园地上辛勤耕耘达半个世纪，在中国通史、中国史学史、史学理论、民族史、中国交通史等诸多领域都有精湛的建树，尤为令人敬佩的是他保持学术生命常青，不断提出新问题，推动研究工作向更深的层面掘进。就专门史而言，白先生毕生付出最多心血的就是史学史。1940年，白先生就在云南大学讲授中国史学史，并于1946年在昆明五华书院作了《中国历史体裁的演变》的讲演；60年代初，他在北京师范大学授课和先后撰成多篇论文的基础上编纂了《史学史教本初稿》；到80年代，白先生又撰写了著名的《谈史学遗产答客问》（四篇）和《中国史学史》第一册。以上三个阶段治史学史，每一阶段都提出了迥异于别人的思考，构成了史学史学科发展的不同层次。因而极其鲜明地体现出白先生一步步地为摆脱旧的研究格局，为提高史学史学科的思想性、学术性，并拓展其研究内涵所作的成效卓著的努力，堪称白先生半个多世纪治学创新精神的缩影。

《中国历史体裁的演变》是我们今天能读到的白先生关于史学史的最早的论著,篇幅不长(约八千字),但它宏观地概括了中国三千年史书体裁的演变,提出了诸多极有价值的见解,我们细心细读此篇,可以深刻地感到白先生治史学史起点之高。首先,文章把中国史书体裁的演变划分为四个时期:自春秋到东汉建安五年(200),为第一时期,编年体和纪传体相继确立;第二时期,划至唐贞观十九年(645),是断代史著述普遍地发达的时期;第三时期,划到明末,是通史撰修时期;第四时期,清代,是专史时期。其次,作者不唯用发展的观点来考察整个史学的演进,而且突破了一般人所持一种体裁形成之后不再发展变化的定见,卓有见识地分析同一体裁在史学长河中的发展变化。如论述《左传》与《春秋》相比较,在编年体裁上有两项重要的进步:"第一,《春秋》所记,都是标题式的,《左传》所记,对于一件事的曲折,大抵都是详详细细地说的。像《左传》内许多关于战事的长篇的生动记载,在《春秋》里只用了很少的几个字。第二,《春秋》记事不记言,《左传》里却到处有娓娓动听的言论和关系重要的文告。另外,《左传》有时追记事之始,有时顺记事之终,这一点更是打破编年体之严格的束缚而有以补救编年体之不足。"① 而《汉纪》的撰成标志着编年体的成熟:"它对于《春秋左传》所现示出的缺憾,是已经解决了的。许多无年月可考的史迹已不能再使我们的编年史家困惑,他已经用类举的办法,或因事以及事,或因人以及人,都给他们安排下了一个适当的位置。编年体到了《汉纪》,活动的领域是大大地开拓了,它的功能也大大地增强了。编年体至此才算有真正的成熟,而和纪传体争得了对峙的地位。"② 同是纪传体,由《史记》到《汉书》,同样有了很大发展:"《汉书》虽是继承着《史记》的纪传体,但却比《史记》谨严多了。《汉书》的列传,在各传的分合之间虽不见得比《史记》高明,但在次第排列上确是比《史记》

---

① 白寿彝:《中国历史体裁的演变》,《白寿彝史学论集》(下),第651页。
② 白寿彝:《中国历史体裁的演变》,《白寿彝史学论集》(下),第652—653页。

进步。《汉书》的'十志'也远比《史记》的'八书'规模完备。此外,《汉书》把《史记》之通史式的纪传体改为断代的纪传体,使西汉一代史事首尾具备,也是在史体上的一种创获。这一点,对于后来史书的影响,是特别大的。"① 复次,尤其显示出作者具有过人的学术创新的勇气的是,作者在六十年前已经提出了应当用立体的写法来撰著史书的超前性观点,并且针对当时众多学者习惯于采用流行的章节体裁撰史的做法,表示对此不能安于现状:"以前,人与社会的关系不很显著,所以平面的,甚而至于是点线的,写法已可以使人满意。现在,人与社会的关系日见复杂,非用立体的写法不能适应大家的要求。以前的历史是以各方面的权势者为内容,并且是写给权势者或权势的附属者看的,所以过去的史书形式也还罢了。现在将要以人民为重要的内容,并且能供给大多数人民阅读为最大的目的,以后的史书形式必须是能适合这种内容这种目的的体裁才是最好的体裁。现在中国史学的前途,仅在体裁方面说,还是艰难万状。"② 细读此文,我们完全能够体会到白先生在当时对于史书体裁演进的本质性问题思考的深入,和他在原有史书体裁基础上强烈地力求创新。可以说,以后白先生以新的构史体系编纂中国通史的成功探索,早在六十年前已见其端绪。

这一时期白先生在史学史领域的创新追求,在他所写书评《评金毓黻著〈中国史学史〉》(1947年6月15日)一文中同样有清楚的反映。作者认为,当时已出版的三种中国史学史著作中,"金书可以说是一部最好的书",因为书的内容,说明著者金毓黻先生"确切是用力气写的","作者驾驭史料的经验很富,能把许多综错零碎的材料处理很有条理"。但白先生认为此书的明显缺陷是缺乏著者思想观点的明确一贯,《导言》中对"史学"下了一个定义,但没有以此标准贯串全书,甚至书中有明文说到"史学"的地方也和《导言》所说不同。他批评金先生是"用一

---

① 白寿彝:《中国历史体裁的演变》,《白寿彝史学论集》(下),第652页。
② 白寿彝:《中国历史体裁的演变》,《白寿彝史学论集》(下),第658—659页。

个考据家的立场来写",如作者推崇《文献通考》过于《通典》,称"《通考》之可取者,亦在宁繁勿略"。故白先生的总看法是,本书并未达到"中国史学史"的要求,如"仅想知道一点史书源流、史家小传,这还是一部值得一看的书"。① 其意即如白先生后来的评论中所言,金书有其学术价值,但尚未摆脱"要籍解题式"的格局。五华书院的讲演和这篇书评的撰写,表明白先生当时对"中国史学史"的撰写,心目中已经别树一番境界。

50 年代至 60 年代初,是白先生对中国史学史学科作出卓有成效探索的时期。60 年代初,他撰成《谈史学遗产》和《中国史学史研究任务的商榷》两篇文章。他提出,中国史学史的任务,是研究中国史学的过程及其规律性。围绕这个任务,要从历史观、史料学、历史编纂学和历史文学四个方面进行深入研究和开掘。四个方面密切联系,总的概括,是总结和批判地继承"史学遗产",形成一个理论框架。《谈史学遗产》一文对这四个方面作了精辟的论述。在历史观方面,指出:史家的历史观点对其史学著作起支配作用。中国史学有注重观点的悠久传统,并存在着不同思想倾向的斗争。如孔子重视"史义",司马迁讲"通古今之变",范晔讲"以意为主",刘知幾讲"史识",等等,对于这些很有进步意义的观点都应该重视和发掘。不同史家对于一些重大问题所持不同态度,形成了历史观中的精华和糟粕,需要我们鉴别、剔除。在同一历史家身上,又往往进步与落后观点并存杂糅,应该按其具体情况加以清理。史料是撰史的基础。史料可靠性如何,抉择精审与否,则决定史书的可信程度。从司马迁起,就创造了"考而后信"的优良传统,史料学经过两千年的发展,史料范围扩大了,处理史料的方法改进了,同时也有史料学的分支学科或姐妹学科先后出现。这些都需要加以总结。在历史编纂方面,进一步发展了 40 年代论述史书体裁的论点,指出:"研究史书体裁方面的遗产,批判地继承,对于我们写史书,在著作形

---

① 白寿彝:《评金毓黻著〈中国史学史〉》,《白寿彝史学论集》(下),第 1246—1248 页。

式上的百花齐放，是有好处的。"中国古代史书体裁不仅多种多样，而且各种体裁都经历了发展变化，不同体裁之间也不是隔着不可逾越的鸿沟。在历史文学方面，一方面，需要总结和借鉴《左传》《史记》《通鉴》等名著记事生动形象的优点，另一方面，要学习"大史学家能在情况记述中有意识地但又自然地表达出来他的思想倾向性"的手法，即"寓论断于序事"。①

上述四个部分的理论，是白先生创造性地运用哲理思考，从中国史学发展的实际作出的概括和理论升华，因而有效地推动中国史学史学科摆脱"要籍解题式"的格局。它具有系统性的优点，自成体系，又具有清晰性的优点，容易领会和掌握。如白先生运用这一理论框架去研究司马迁，他在60年代初撰写《史学史教本初稿》"司马迁"一章时，就从表层进入内蕴，作出内容丰富、有血有肉的评价了。这一章紧紧抓住了这四个方面，深入地发掘司马迁史学中具有进步意义的东西，对这位中国史学奠基者的历史地位作出正确评价，因而被治《史记》学者称为代表了新中国成立后《史记》研究突出的创新水平。这就证明：白先生关于史学史研究四个方面内容的论述，可以作为测试历史家智能和造诣的四把标尺，看作结合成为一部史著的四大部件——历史观是灵魂，史料是基础，史书形式是内容的载体，语言是传播思想、学识和感情的媒介。这一理论，又具有方法论的特点，揭示如何把握评价一个史家成就的要领，明显地具有可操作性，尤其是给有志于从事这项学术工作的青年朋友指出了一条研究的门径。

摆脱了"要籍解题式"的旧格局，已经实现了写出一部能够再现中国史学历史观演进的脉络，具备史料学、历史编纂学、历史文学等丰富学术内涵的史学史著作的设想，至此，探索史学史学科体系的工作是否就算达到目的、可以止步呢？不是的。白先生并没有停下创新的步伐，到80年代初，他又明确提出要摆脱"学术专史"局限的课题。这就是说，从更高要求来说，60年代

---

① 白寿彝：《谈史学遗产》，《白寿彝史学论集》（上），第462—486页。

初提出的以四个部分来构建史学史学科的框架,显然解决了对于学科建设极为重要的思想性和科学性的问题,但是这"四个部分"基本上仍只限于在"学术史"的范围内着眼;而学术不能脱离于时代,不能脱离于社会生活,因此史学史学科建设还应当向更高的目标前进。

白先生在80年代发表的多篇论文和撰成的《中国史学史》第一册,就体现了他在探索史学史学科建设道路上的新的跨越。主要的贡献是:论述发挥史学的社会功能,强调研究史学产生的时代条件和史学的社会影响,强调总结历史教育和历史知识的运用。《中国史学史》第一册《叙篇》中,对中国史学史的研究任务和范围作了新的界定。《叙篇》说:本书"论述的范围,包括中国史学本身的发展,中国史学在发展中跟其他学科的关系,中国史学在发展中所反映的时代特点,以及中国史学的各种成果在社会上的影响"。后两项,便是白先生自80年代初以来的创获,开阔了研究者的视野,对学科研究的任务作了更加科学的界定,使这门学科更加贴近于社会和现实,当然也对研究工作提出了更高的要求。为此,《叙篇》中专门立一节,讲"史学的时代特点及其社会影响",非常精到地从根本原理来分析,提出:史学史研究,还应重视"把史学发展放在中国社会发展的总相中去考察。这是很重要的问题。过去的和当代的学者对这个问题,也都有所论述,而说得不多。这是中国史学史上社会存在和社会意识的关系问题,是史学对于社会的反作用的问题,是应该努力探索的"。进而,白先生又从科学价值和教育意义来论述,说:"好多年来,经常有人问:学历史有什么用处。我们研究史学的社会影响,可以说,就是要回答这个问题。……史学工作者出其所学,为社会服务,这是我们的天职,不容推脱。我们从历史上研究史学的社会影响,一要研究历代史学家如何看待这个问题,二要研究史学在实践中具体的社会效果。这是一件有很大意义的科学工作,也是一件有很大意义的教育工作。"① 这些论述,发挥了社会

---

① 白寿彝:《中国史学史》第一册,第40—41、42—43页。

意识对社会存在反作用的原理，对于史学理论也是一项重要贡献。如果我们的史学研究能在广大群众中发生影响，产生巨大的物质力量，帮助群众认识历史前途、历史使命，那么，史学工作就更有意义，也有空前广阔的前途。《中国史学史》第一册正文，第一篇是《先秦时期，中国史学的童年》。这一篇贯彻了上述指导思想，专门写了两章——"历史观点的初步形成"和"历史知识的运用"，发掘了以前大家不大注意的丰富内容，包括春秋、战国时期的思想家和政治家，运用历史知识阐述政治主张，实行变法，进行理论上的辩难。如"历史知识的运用"一章中，论述商鞅等人"运用了历史知识观察当前和未来的重大问题"，"采取行政手段适应历史趋势"，"事实上起了推动历史前进的作用"，因而有力地论证了：历史知识确实有用。① 从知识性角度说，这一篇大致是以《史学史教本初稿》为蓝本；而就论述史学与时代的关系说，则达到了更高的层次，开辟了新的境界。白先生还讲，重视史学对社会的影响，我国有久远的优良传统。联系历史知识而作出政治上的重大决策，历代都有其例。先秦篇是为论述这些问题辟出了一些路径，以后各册的写作还要更多地阐述运用历史知识的内容。

白寿彝先生在生前，对前来采访的编辑、记者常讲到"学术的生命在于创新"，"我永不走旧路"。② 这两句话，确是白先生毕生治学风范的真实写照。正是永远坚持开拓创新的精神，他才在半个多世纪研治史学史的道路上，实现了上述三次意义重大的跨越。史学史这门学科经过上个世纪以来几代学者的努力，得到了重大的发展，多位史学前辈都为此作出了贡献，而其中，白先生的建树尤为突出。著名史学史专家杨翼骧教授讲过：史学史学科今天有这样受重视的地位，是同白先生的贡献分不开的。此言的确反映了客观的事实。白先生在史学史领域的不断探索，是同他整个学术创新的事业紧密相连的，白先生主编的《中国通史》

---

① 白寿彝：《中国史学史》第一册，第339、341页。
② 郭志坤：《创新的学术才有生命力——访白寿彝教授》，《文汇报》，1982-3-12。

十二卷，实现了通史撰著体系的重大突破，被誉为20世纪中国史学的压轴之作，就同他长期研治史学史、在批判继承的基础上探求新的著史形式之努力直接相联系。直到先生辞世之前两个多月，这位已经九十一岁高龄、生病住院的著名学者所写最后一篇文章《新世纪的展望》，仍然表达了他对史学史学科建设的新的思考，在文章中他语重心长地说："历史学是一门研究社会发展规律、民族特点以及历代盛衰兴亡之故的学问。在正确的思想指导下，历史知识的传播有利于国家民族的相互了解，增进友谊，有利于国际间的和平，有利于思想建设和文化建设。"① 今天重读这些话语，我们不能不深深感动！这是睿智者的思考，让我们深切地感受到，直到生命的最后时刻，先生的思想仍然那么锐利，胸怀又是那么宽广。这里强调历史学要总结出民族的特点和对促进各个国家民族的相互了解、增进友谊作出贡献，无疑是将当前世界局势对学术工作提出的要求作了最新的概括，也是对史学史学科建设提出新的期待。我们应当从白先生毕生的学术创新风范中不断地获得激励的力量，竭尽全力把研究工作向前推进！

（原刊《史学史研究》2005年第2期）

---

① 白寿彝：《新世纪的展望》，《史学史研究》2000年第1期。（注：原文题为《千禧寄言》，发表于《群言》2000年第1期，《史学史研究》刊发时改为此题。）

《白寿彝画传》后记

我国著名的老一辈马克思主义史学家、教育家和社会活动家白寿彝先生不幸逝世至今已有四年余了。他的一生为20世纪中国的学术和教育事业作出了卓著的建树，为后人留下了一笔丰厚的思想遗产。

白寿彝先生从青年时代即在学术园地上辛勤耕耘，前后长达半个多世纪。他先后在云南大学、重庆中央大学、南京中央大学、北京师范大学执教，20世纪50年代初以后长期担任北京师范大学历史系教授、主任，1980年又创办北京师范大学史学研究所，曾任中国史学会主席团成员，北京史学会会长，国务院学位委员会委员，国家教委全国高校古籍整理与研究工作指导委员会副主任，兼任中国社会科学院历史研究所、民族研究所和宗教研究所学术委员。寿彝先生治学领域广阔，在中国通史、史学理论、史学史、民族史、宗教史、中国交通史等领域都有高深的造诣。由他担任总主编的《中国通史》共计十二卷二十二册，共约一千四百万字，是以科学历史观为指导、上起远古时代下迄中华人民共和国成立、内容丰富系统的通史巨著，汇集了全国约五百位专家的劳动，凝聚着总主编白寿彝先生二十余年的心血。1999

年春《中国通史》全书出版时，正值寿彝教授九十华诞，党和国家领导人江泽民、李鹏、朱镕基、李瑞环、胡锦涛、李岚清同志都分别致函或电话向白寿彝教授表示热情洋溢的祝贺，学术界称誉这部巨著是20世纪中国史学的压轴之作。在此后五年时间内，《中国通史》又重印了三次，累计印数达三万七千套，这在大型历史著作出版史上是极为罕见的。由白寿彝先生主编、撰成于1980年的《中国通史纲要》则先后重印达三十次之多，总印数逾一百万册。上述两个数字，包含着广大读者对这两部中国通史著作的真情欢迎、寿彝先生的史学工作成果走向广大干部和人民大众之中、同我们伟大时代的脉搏一起跳动的丰富内涵。寿彝先生撰著和主编的《中国回回民族史》（四卷本）、《回族人物传》、《中国史学史》（第一册）、《史学概论》、《白寿彝史学论集》、《白寿彝民族宗教论集》、《中国交通史》、《中国史学史论集》等著作，无不受到学术界的高度重视，为诸多学科和研究领域的研究者提供了十分有益的启迪。

严谨治学和锐意创新，是贯彻寿彝先生一生治学的准则，是他能在多学科领域内同时取得卓著建树的真谛，也是他老人家留给后人的宝贵精神财富。他撰写论著，总是广搜材料，仔细地审查和分析，深入开掘，多方面发现材料的内在联系，总结客观地存在于事物中的规律性，然后熔炼成观点鲜明、表达准确、逻辑清晰、篇章结构合理完美的文章。他临文必敬，大到数十万字的专著，小到一千几百字的小文章，他无不精心构撰而成，真正是严肃认真、一丝不苟。他对访问他的记者说：我永不走老路。并告诫周围的同志和学生：你只有把生命投进去，你写的东西才有生命。他又常说，我七十岁以后才真正做学问。当我们国家进入改革开放的新时期，寿彝先生已届七十岁，但他不知老之将至，相反，迎来了他学术上最辉煌的时期，许多重要著作和重大科研项目，正是在他人生道路最后二十年中完成的，确实令人景仰和赞叹！他对伟大祖国的历史文化真挚地热爱，大力继承、发掘传统文化中的优良遗产。同时，他坚信社会主义前途，坚信以与时前进、不断发展的马克思主义来指导学术研究和各项工作。"在唯物史观指导下从事新的理论创造"这句掷地有声的话，精当地概括了寿彝先生的学术宗旨。他真正做到了把认识和总结客观的历史、体现当今的时代要求、关心国家和民族的未来三者有机地统一起来。他几十年的著述，则是把坚持正确的理论方向，丰富翔实可靠的史料，恰当优美、雅俗共赏的表现形式三者有机地统一起来。他的优良学风和创新精神无疑是一笔极其宝贵的思想遗产，值得我们高度珍视、发扬光大。

白寿彝先生又是著名教育家，他先后为大学本科生、硕士生、博士生开设过多门课程，在北京师范大学历史系担任教授和系主任达数十年，对历史学专业的教学体制和教学方法的改革作出重要贡献。他对学生循循善诱，诲人不倦，因材施教，既严格要求，又热心奖掖，桃李遍天下，有不少学生早已成为学术界和其他部门的知名人物或优秀骨干。寿彝先生又是著名的社会活动家。他是优秀的共产党员，又是中国民主同盟老盟员，曾任全国第一届政协代表、第三至六届全国人大代表、第四至六届全国人大常委会委员、人大民族委员会副主任、中国共产党"十大"代表、"十三大"列席代表、"十五大"特邀代表。作为社会活动家，他多次出国访问。他热爱中华民族，同时热爱他所属于的回族，由于他长期对民族团结进步的事业作出贡献，因而在民族界、宗教界享有很高的威信。学者和社会活动家的身份，使他的眼界十分宽阔，以一种崇高的历史责任感和使命感从事他的学术和教育工作。他自觉地把学术研究、教育事业与推动时代前进结合起来。直到寿彝先生逝世前两个月，他在病重住院期间口述的最后一篇文章《新世纪的展望》中，仍然语重心长地说："历史学是一门研究社会发展规律、民族特点以及历代盛衰兴亡之故的学问。在正确的思想指导下，历史知识的传播有利于国家民族的相互的了解，增进友谊，有利于国际间的和平，有利于思想建设和文化建设。史学一直被简单地认为只是研究过去的事情,这是很错误的。在新世纪里,史学工作者应负起时代的责任,让史学发挥更大的作用,协同各方面的工作,推动历史的前进。"这篇文章,成为这位20世纪杰出学者的临终遗言。

(载瞿林东、陈其泰主编《白寿彝画传》一书,河南大学出版社2005年版)

跋　语

　　读书治学之路崎岖曲折
　　却又充满欣喜格外充实
　　大学里种下梦想
　　研究生阶段幸遇名师指导
　　从此走进学术殿堂
　　深深庆幸自己赶上这伟大时代
　　沐浴着学术发展的大好春光
　　刻苦自励辛勤耕耘
　　三十几个寒暑
　　三百万字篇章
　　抒写我对祖国优良文化传统的挚爱
　　对新世纪学术灿烂前景的渴望

　　上面这段话，表达了我编完《史学萃编》全书后的真切感受。直至此刻，我的心中仍然洋溢着殷切的感激之情，因为这九种著作的相继撰成和全书汇集出版，论其根源都应得力于时代之赐！这也正如我在最近完成的《历史学新视野——展现民族文化非凡创造力》一书后记中所言:"置身于这个伟大的时代,我才有真情、有毅力为深入发掘和理性对待祖国优秀传统文化而接连写出这些论著,并且充满乐观和深情地展望我们民族的未来。"

北京师范大学历史学院对本书的汇集出版给予了宝贵的大力支持。华夏出版社对全书出版予以热心帮助,责任编辑杜晓宇、董秀娟、王敏三位同志为编校工作付出很大心力。为这九本书稿做查核引文、校正错字、规范注释的工作甚为复杂繁重,幸赖各位教授、博士热心为我帮忙,细致工作,付出很大心力,他们是:晁天义、张峰、刘永祥、屈宁、焦杰、李玉君、张雷、施建雄、宋学勤、谢辉元。谨在此向以上单位和朋友郑重表示衷心的谢忱!夫人郭芳多年以来除尽力服务于其本职工作和照顾家庭之外,又为帮助我电脑录入、校对文稿等项付出辛勤的劳动,也在此向她深切致谢!

书中不当之处,诚恳地期望专家、读者惠予指正!

陈其泰
2017 年 8 月 12 日